lonely planet

AUSTRALIE

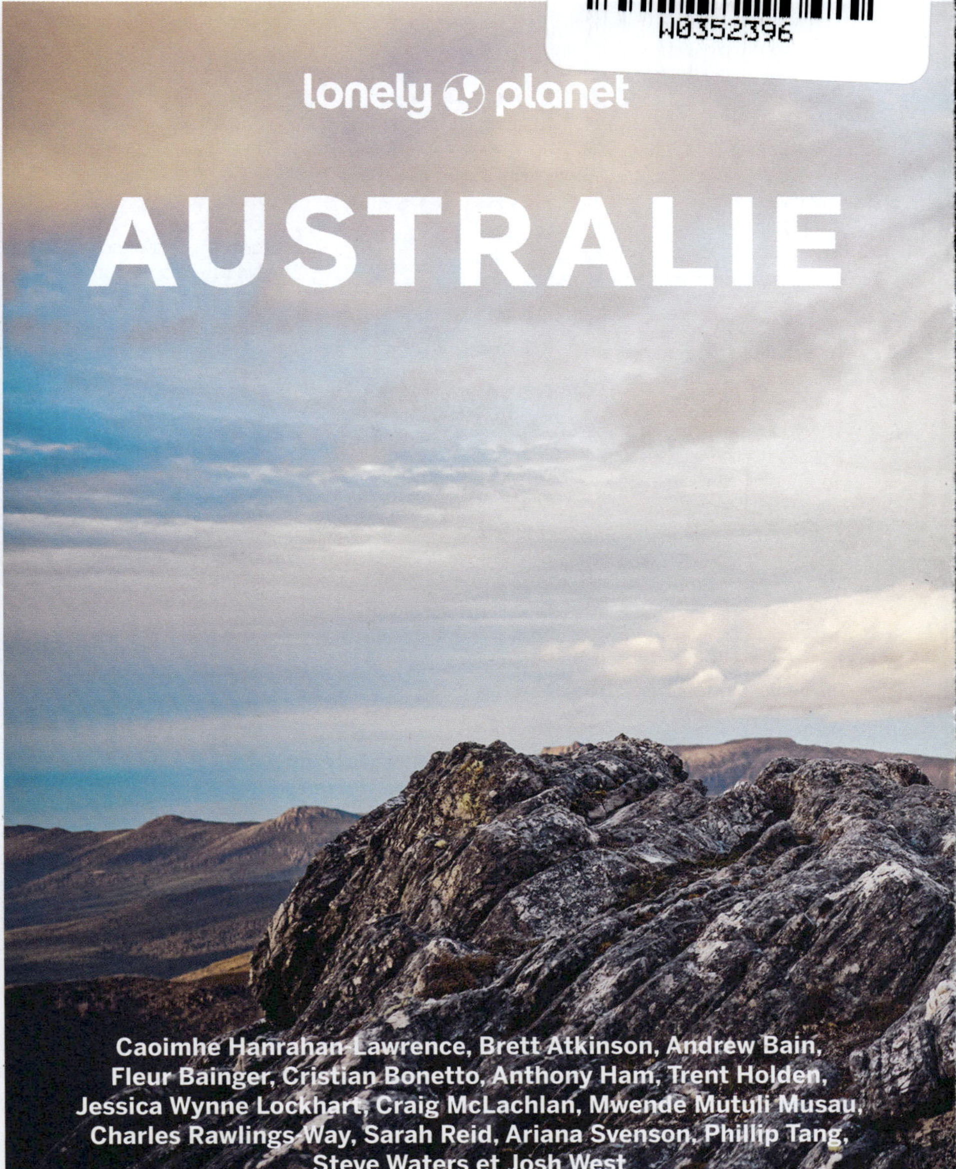

Caoimhe Hanrahan-Lawrence, Brett Atkinson, Andrew Bain,
Fleur Bainger, Cristian Bonetto, Anthony Ham, Trent Holden,
Jessica Wynne Lockhart, Craig McLachlan, Mwende Mutuli Musau,
Charles Rawlings-Way, Sarah Reid, Ariana Svenson, Phillip Tang,
Steve Waters et Josh West

Sommaire

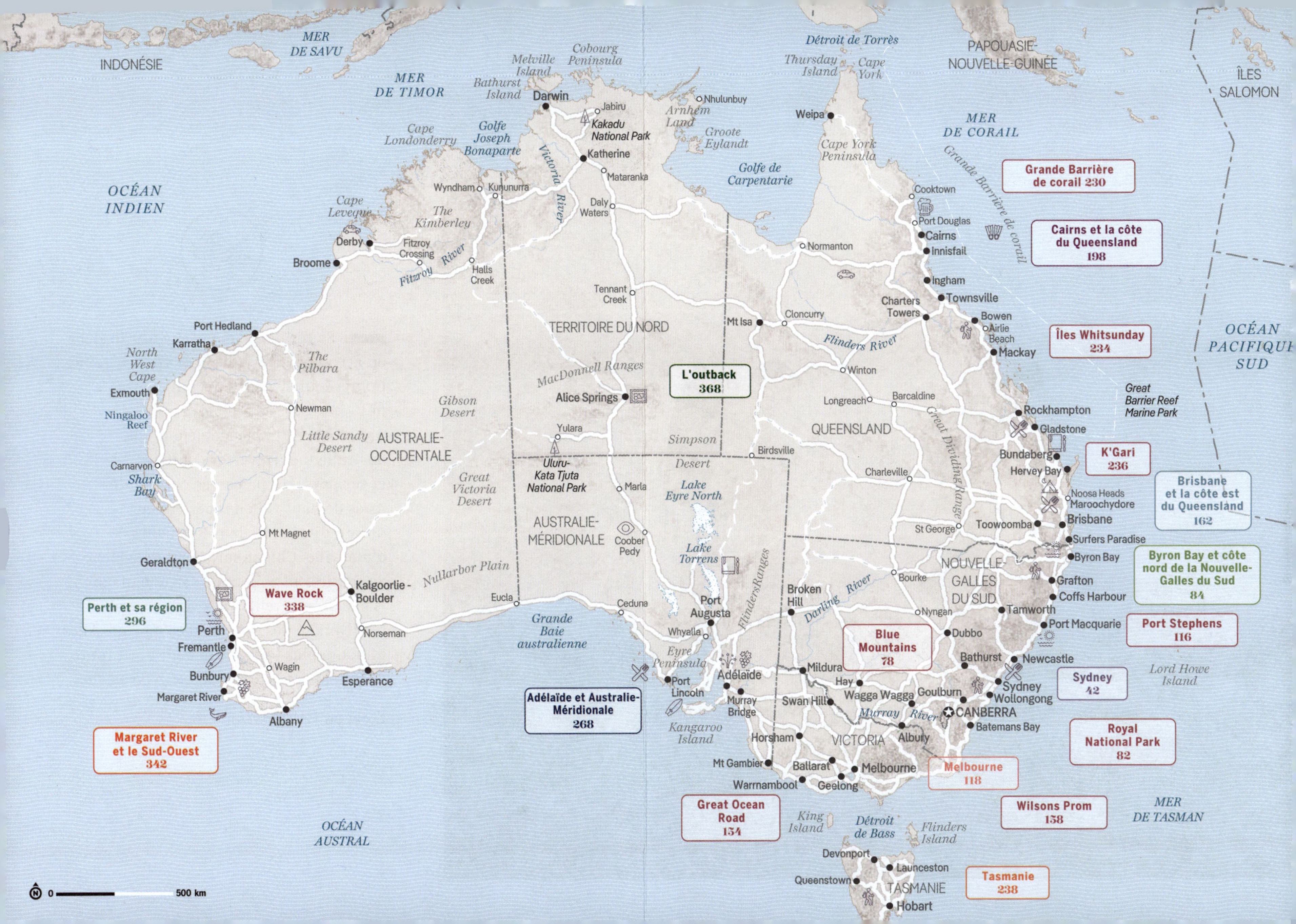

Grande Barrière de corail 230
Cairns et la côte du Queensland 198
Îles Whitsunday 234
L'outback 368
K'Gari 236
Brisbane et la côte est du Queensland 162
Byron Bay et côte nord de la Nouvelle-Galles du Sud 84
Port Stephens 116
Sydney 42
Royal National Park 82
Blue Mountains 78
Melbourne 118
Wilsons Prom 158
Great Ocean Road 154
Tasmanie 238
Adélaïde et Australie-Méridionale 268
Wave Rock 338
Perth et sa région 296
Margaret River et le Sud-Ouest 342
OCÉAN INDIEN
OCÉAN AUSTRAL
OCÉAN PACIFIQUE SUD
MER DE TIMOR
MER DE SAVU
MER DE CORAIL
MER DE TASMAN
INDONÉSIE
PAPOUASIE-NOUVELLE-GUINÉE
ÎLES SALOMON
TERRITOIRE DU NORD
QUEENSLAND
AUSTRALIE-OCCIDENTALE
AUSTRALIE-MÉRIDIONALE
NOUVELLE-GALLES DU SUD
VICTORIA
TASMANIE
CANBERRA
Détroit de Torrès
Thursday Island
Cape York
Cape York Peninsula
Weipa
Golfe de Carpentarie
Groote Eylandt
Arnhem Land
Nhulunbuy
Cobourg Peninsula
Melville Island
Bathurst Island
Darwin
Jabiru
Kakadu National Park
Katherine
Mataranka
Daly Waters
Victoria River
Golfe Joseph Bonaparte
Cape Londonderry
Wyndham
Kununurra
The Kimberley
Cape Leveque
Derby
Broome
Fitzroy Crossing
Fitzroy River
Halls Creek
Tennant Creek
Port Hedland
Karratha
North West Cape
Exmouth
Ningaloo Reef
The Pilbara
Newman
Little Sandy Desert
Gibson Desert
Great Victoria Desert
Carnarvon
Shark Bay
Mt Magnet
Geraldton
Perth
Fremantle
Bunbury
Margaret River
Albany
Wagin
Esperance
Norseman
Kalgoorlie-Boulder
Nullarbor Plain
Eucla
Grande Baie australienne
Ceduna
MacDonnell Ranges
Alice Springs
Yulara
Uluru-Kata Tjuta National Park
Marla
Coober Pedy
Simpson Desert
Lake Eyre North
Lake Torrens
Port Augusta
Whyalla
Eyre Peninsula
Port Lincoln
Kangaroo Island
Adélaïde
Murray Bridge
Flinders Ranges
Mt Gambier
Warrnambool
Horsham
Ballarat
Geelong
Melbourne
King Island
Détroit de Bass
Flinders Island
Devonport
Launceston
Queenstown
Hobart
Swan Hill
Mildura
Broken Hill
Darling River
Hay
Wagga Wagga
Murray River
Albury
Goulburn
Batemans Bay
Wollongong
Sydney
Bathurst
Newcastle
Dubbo
Nyngan
Bourke
Tamworth
Port Macquarie
Coffs Harbour
Grafton
Byron Bay
Surfers Paradise
Lord Howe Island
St George
Toowoomba
Brisbane
Noosa Heads
Maroochydore
Hervey Bay
Bundaberg
Gladstone
Rockhampton
Great Barrier Reef Marine Park
Great Dividing Range
Charleville
Birdsville
Longreach
Barcaldine
Winton
Flinders River
Cloncurry
Mt Isa
Normanton
Charters Towers
Townsville
Ingham
Innisfail
Cairns
Port Douglas
Cooktown
Grande Barrière de corail
Bowen
Airlie Beach
Mackay
0
500 km

Se régaler d'une pêche ultrafraîche en accord avec un excellent vin australien. Comprendre ce que l'art millénaire des Aborigènes a à nous raconter. Approcher la faune emblématique australienne. Traverser l'outback et ses paysages préservés. Siroter des cafés de haut vol en repérant l'art urbain disséminé dans les ruelles d'une ville. Chiner sur un marché local. Se sentir seul au monde sur une plage isolée. S'émerveiller face à l'incroyable biodiversité des écosystèmes marins. Aller toujours plus loin que le bout de la route. Et faire, peut-être, le road trip de sa vie.

C'est ça l'Australie.

Double page précédente Marche dans le bush, Tasmanie (p. 238)

Il existe en Australie plus de 250 nations aborigènes.

Plus de 60% des Aborigènes vivent en Nouvelle-Galles du Sud et dans le Queensland.

À la maison, ils sont 11% à parler une langue traditionnelle.

CULTURE ABORIGÈNE

Les Aborigènes et les peuples indigènes du détroit de Torrès maintiennent un lien fort et continu avec leur "pays" (les terres traditionnelles), même s'ils se trouvent ailleurs en Australie. À travers l'art, la cuisine et les divers échanges touristiques, il existe mille et une façons de découvrir et d'essayer de comprendre tout ce qu'il y a d'unique dans cette incroyable variété de cultures.

★ TEMPS DU RÊVE

Bien que les croyances et les pratiques varient selon les régions et les langues, il existe une vision commune du monde, selon laquelle ce sont les ancêtres qui ont créé la terre, la mer et toute forme de vie. Ce mythe de la Création est appelé Temps du rêve (Dreaming, ou Tjukurrpa en langue anangu).

▶ Voir p. 112 pour plus d'informations

★ NOMS TRADITIONNELS

De nombreux lieux portent un nom aborigène traditionnel, qui s'ajoute au nom anglais (ne vous étonnez pas de voir deux noms accolés dans ces pages) ou le remplace. L'île de K'gari (Fraser Island en anglais) a récemment repris son nom originel.

▶ Voir p. 236 pour plus d'informations sur K'gari

★ CUISINE ABORIGÈNE

Les chefs autochtones ont su se faire une place. Indigène du détroit de Torrès, la cheffe Nornie Bero travaille les ingrédients du bush dans des compositions contemporaines, qui ont fait la célébrité de son bar-restaurant melbournien, Mabu Mabu Big Esso.

▶ Voir p. 137 pour plus d'informations

★ SAISONS ABORIGÈNES

Les quatre saisons occidentales n'existent pas chez les peuples aborigènes, le passage d'une saison à l'autre variant selon les régions.

Page de gauche : homme kuku yalanji traçant des motifs ocre sur son bras
En haut à droite : guide kuku yalanji assis près de la Mossman River
Ci-dessus : art rupestre sur la péninsule de Burrup

Notre sélection

Dénichez un trésor fait main aux Blak Markets de Sydney. (p. 75)

Embarquez à bord du Tribal Warrior pour visiter le port de Sydney avec un guide aborigène. (p. 72)

Suivez une cérémonie de purification (Giingan Gumbaynggirr Cultural Experience) en Nouvelle-Galles du Sud. (p. 99)

Initiez-vous avec Fervor aux saveurs indigènes d'Australie-Occidentale. (p. 325)

Plus de 600 espèces de coraux vivent dans la Grande Barrière de corail.

À Sydney, il y a 35 bassins océaniques artificiels creusés dans les rochers.

Les baleines à bosse parcourent plus de 10 000 km lors de leur migration annuelle entre l'Antarctique et la côte est.

ESCAPADES **AQUATIQUES**

Plus de 12 000 plages émaillent les côtes australiennes, autant de terrains rêvés pour s'amuser en plein air, que ce soit sur, sous ou au bord de l'eau. Options : snorkeling sur la Grande Barrière de corail, surf sur les breaks légendaires de la Nouvelle-Galles du Sud, randonnée vers des cascades dans les forêts côtières ou encore observation des baleines près de la côte. Plongez dans l'aventure !

Page de gauche : plongée, Grande Barrière de corail
À droite : baleine à bosse, Queensland
En bas : raie, Hamelin Bay

→ OBSERVATION DES BALEINES

De mai à novembre, les baleines croisent au large des côtes est et ouest, en route vers des eaux plus tempérées pour se reproduire. C'est la saison propice pour les observer.

UWE BERGWITZ/SHUTTERSTOCK ©

★ BEAUTÉ DE LA GRANDE BARRIÈRE

Le plus grand organisme vivant au monde est menacé, mais cette icône marine du Queensland offre toujours une vision extraordinaire.

▶ Voir p. 230 pour plus d'informations sur la Grande Barrière de corail

CI-CONTRE : YVES DEHOUCK/SHUTTERSTOCK © ; PAGE DE GAUCHE : JEFF HUNTER/GETTY IMAGES ©

↑ RAIES EN RANGS SERRÉS

Hamelin Bay (Australie-Occidentale) est le repaire des raies : raies pastenagues, raies à queue épineuse, entre autres espèces.

▶ Voir p. 354 pour plus d'informations sur Hamelin Bay

Notre sélection

Suivez l'itinéraire de snorkeling autour de l'épave de l'Omeo, échoué à faible profondeur près des côtes d'Australie-Occidentale. (p. 323)

Approchez les dauphins au Bunbury Dolphin Discovery Centre, en Australie-Occidentale. (p. 357)

Plongez avec les requins-tapis vivant dans le fond marin de Julian Rocks, en Nouvelle-Galles du Sud. (p. 105)

RANDONNÉES MÉMORABLES

L'île-continent étant immense, il est peu étonnant d'y trouver une myriade de sentiers de randonnée. Certains d'entre eux suivent les chemins empruntés par les Aborigènes depuis des millénaires. Marcher simplement dans le bush ou attaquer un trek de plusieurs semaines (avec entraînement préalable !) donnent toujours un point de vue unique sur les paysages australiens.

Page de gauche : Lamington National Park (p. 175)
À droite : Bibbulmun Track
En bas : camping, Victoria

→ UN NOM QUI A DU SENS

À parcourir sur plusieurs semaines, le Bibbulmun Track est un itinéraire d'Australie-Occidentale qui doit son nom à un peuple de grands marcheurs, les Bibbulmun Noongar, qui parcouraient d'immenses distances à pied pour rejoindre les sites de cérémonies. Les balises portent l'image de Waugal, le Serpent arc-en-ciel, un symbole important de la culture aborigène.

▸ Voir p. 362 pour plus d'informations sur le Bibbulmun Track

★ PROVISIONS D'EAU

Pour un ou deux jours d'excursion, emportez de l'eau en quantité suffisante. Pour les itinéraires plus longs, prévoyez du matériel de purification.

↑ CAMPING ENCADRÉ

Le camping sauvage n'est pas officiellement autorisé en Australie, et il est interdit dans certains parcs et par le Conseil législatif de certains États. Avant de vous installer, vérifier la législation locale.

Notre sélection

Croisez des pademelons à pattes rouges dans les forêts humides Gondwana. (p. 100)

Émerveillez-vous le long du Cape to Cape Track, qui longe la côte ouest d'Australie-Occidentale. (p. 362)

Marchez sur la piste séculaire du Bibbulmun Track, en Australie-Occidentale. (p. 362)

Découvrez l'art rupestre aborigène à la Red Hands Cave, près de Sydney. (p. 72)

Contemplez le détroit de Bass en arpentant les sentiers du Wilsons Prom, célèbre parc national du Victoria. (p. 158)

Environ un quart des produits frais du continent sont cultivés à Bundaberg, dans le Queensland.

Chaque année, les ostréiculteurs australiens produisent quelque 192 millions d'huîtres.

Il y a plus de 2 000 cafés à Melbourne.

PARADIS DES **GOURMETS**

Des produits fermiers frais de Bundaberg aux huîtres charnues de la Nouvelle-Galles du Sud, en passant par les vins fins de Margaret River, l'Australie est un véritable jardin d'Éden. Simple gourmand, gastronome expert ou pur épicurien, à vous les tables régionales prisées qui ont redéfini la gastronomie australienne moderne, les cafés branchés qui servent bien plus que des tartines, la pêche fraîchement remontée des chalutiers. Une variété de saveurs à goûter d'une ville à l'autre !

Page de gauche : poisson et crustacés, Rockingham, Australie-Occidentale
À droite : cuisine du bush
En bas : huîtres

→ CUISINE DU BUSH

Savourez des prunes de Kakadu, du poivre de Tasmanie et de la *saltbush* au restaurant. Envisagez aussi une visite menée par des Aborigènes qui vous expliqueront l'utilisation traditionnelle des plantes locales.

JACKSON STOCK PHOTOGRAPHY/SHUTTERSTOCK ©

★ PLUTÔT TOQUÉ QU'ÉTOILÉ

À défaut d'étoiles Michelin – le célèbre guide ne répertorie pas (encore) les restaurants de l'île-continent –, il existe un classement local qui attribue des toques.

CI-CONTRE : JONATHON STOKES/LONELY PLANET © ; PAGE DE GAUCHE : RONAN O'CONNELL/LONELY PLANET ©

↑ ACHAT CHEZ LE PRODUCTEUR

Paniers de baies ou bourriches d'huîtres, des produits frais que les producteurs vendent en direct. Autant d'étals à repérer en bord de route ou sur les panneaux qui indiquent les exploitations.

Notre sélection

De l'aube au crépuscule, Régalez-vous dans les cafés, bars et restaurants de la Gold Coast du Queensland. (p. 170)

Expérimentez toute une gamme de cuisines dans le Chinatown de Sydney. (p. 54)

Délectez-vous de saveurs iodées sur les marchés ou aux tables de Leederville, en Australie-Occidentale. (p. 312)

Arpentez les petites rues de Melbourne, d'un café à l'autre, pour trouver le meilleur breuvage. (p. 133)

UNE FAUNE **DE RÊVE**

De la forêt humide au désert, l'Australie abrite une infinité d'écosystèmes qui lui assurent une faune unique au monde. Près de 80% de ses espèces indigènes ne vivent qu'ici.

★ RISQUE D'EXTINCTION

Plus de 550 espèces d'animaux australiens sont considérées comme étant en danger d'extinction. Nombreuses dans tout le pays, des organisations agissent pour protéger les habitats, et proposent souvent des programmes de parrainage et de bénévolat.

En haut : koalas, Coffs Harbour
Ci-dessus : oiseau-lyre, Royal National Park

Notre sélection

Appochez les quokkas, l'espace d'une nuit, sur Rottnest Island, en Australie-Occidentale. (p. 326)

Levez-vous tôt, comme les wallabies, à Byron Bay, en Nouvelle-Galles du Sud. (p. 92)

Regardez les ornithorynques nager dans l'Obi Obi Creek, à Maleny, dans le Queensland. (p. 188)

Attendez la tombée de la nuit pour apercevoir les vers luisants du Great Otway National Park, dans le Victoria. (p. 155)

↙ CHORALE MATINALE

Avec plus de 850 espèces d'oiseaux, les chants sont variés. L'oiseau-lyre est connu pour sa capacité à imiter d'autres oiseaux, des machines et même des mots humains.

ALBERTO MAZZA/500PX ©

ARCHITECTURE ET ARTS

Peu importe que l'on préfère l'art sagement accroché en galerie ou les fresques peintes aux murs de ruelles, les villes d'Australie ont tout à offrir, excellents musées régionaux compris. Les édifices de Sydney construits par des convicts ou encore les opulents bâtiments de Melbourne érigés après la ruée vers l'or enthousiasmeront les amateurs d'architecture.

Notre sélection

Grimpez sur l'emblématique Harbour Bridge de Sydney pour une vue inégalée sur la ville. (photo, p. 50)

Explorez les petites rues de Perth pour voir des œuvres d'art étonnantes. (p. 316)

Admirez l'architecture du CBD de Melbourne. (p. 126)

Écoutez les jeux d'orgue de l'incroyable Brindley Air Organ, à l'Albert Hall de Launceston. (p. 253)

VINS ET BOISSONS **ARTISANALES**

L'Australie produit de bons vins dans ses 65 régions viticoles. Les brasseries artisanales sont encore plus nombreuses, et de plus en plus de distilleries avec salle de dégustation ouvrent leurs portes. Entre classiques du Vieux Monde et nouveaux styles affirmés, les boissons australiennes se savourent. À la vôtre !

Notre sélection

Faites un choix parmi les plus de 200 caves de la région de Margaret River, en Australie-Occidentale. (p. 348)

Célébrez les vins de Tasmanie lors de la Great Eastern Wine Week. (p. 255)

Devinez quelles herbes locales sont utilisées dans le gin Little Things, produit à Perth. (p. 325)

Sirotez le chardonnay local dans les caves de la péninsule de Mornington, dans le Victoria. (photo, p. 142)

SUR LES ÎLES

Les centaines d'îles qui ourlent la côte australienne multiplient les attraits : récifs de corail chatoyants, glamping haut de gamme, découverte des cultures aborigènes et du passé colonial. On les rejoint souvent pour la journée, le temps d'une traversée. Mais le charme de certaines pousse volontiers à un séjour plus long.

CI-CONTRE : ALEXANDRE.ROSA/SHUTTERSTOCK © ; EN BAS : JOAO INACIO/GETTY IMAGES ©

→ PLAGES ÉPOUSTOUFLANTES

Quelques-unes des plus belles plages australiennes se trouvent sur des îles, comme Whitehaven Beach (sur les Whitsunday) qui et son sable blanc… une authentique merveille.

▶ Voir p. 234 pour plus d'informations sur les Whitsunday

Notre sélection

Laissez-vous éblouir par le bleu éclatant des lacs d'eau douce de K'gari (Fraser Island), au large du Queensland. (p. 236)

Abandonnez-vous aux délices des Whitsunday, paradis tropical du Queensland. (p. 234)

Plongez dans le passé des forçats sur Sarah Island, en Tasmanie. (p. 259)

★ PRENDRE SON TEMPS

La plupart des îles peuvent se visiter en une journée, mais il peut être bon d'y passer la nuit. Elles sont beaucoup plus calmes après le départ du dernier ferry.

En haut : K'gari
Ci-contre : Whitehaven Beach, Whitsunday

ART ABORIGÈNE

Une des plus belles expériences en Australie consiste à s'immerger dans la richesse de l'art aborigène. Rupestre ou moderne : on profite d'une introduction merveilleuse à l'une des plus anciennes cultures vivantes de la planète. Certains centres et galeries donnent la possibilité de discuter directement avec les artistes.

→ TECHNIQUES ET PRATIQUE

À travers leurs créations contemporaines, les artistes aborigènes perpétuent les techniques ancestrales et revigorent en même temps les pratiques traditionnelles. Admirez ces œuvres dans les galeries d'art aborigène ou d'art contemporain, ainsi que dans les musées.

En haut : Mulka's Cave, Wave Rock
Ci-dessus : peinture pointilliste par un artiste aborigène

Notre sélection

Découvrez Ceremony, de William Barak, à l'Ian Potter Centre de Melbourne. (p. 137)

Rendez-vous à la Birrunga Gallery, un espace artistique de Brisbane. (p. 191)

Trouvez un trésor à la Cairns Indigenous Art Fair, dans le Queensland. (p. 219)

Admirez les empreintes de mains sur les parois de la Mulka's Cave, en Australie-Occidentale. (p. 341)

★ L'ART EST VIE

Il n'existe pas d'équivalent au mot "art" dans les langues aborigènes. En revanche, le visuel est une partie fondamentale de la culture et de la vie des Aborigènes ; elle relie le passé, le présent et le futur, tout comme elle établit le lien entre les êtres humains et leurs terres.

EXPLORER L'OUTBACK

De vastes étendues de terres isolées et parmi les plus belles formations terrestres au monde : voici l'outback australien. Mais aussi des ciels étoilés sans pareils, des gorges impressionnantes, d'inoubliables monolithes dressés dans un désert semblant sans fin... Un espace enchanteur, unique et offrant de multiples possbilités d'aventures.

Ci-contre : chameleonseye/Shutterstock © ; en bas : Pics by Nick/Shutterstock ©

→ CERTAINS L'AIMENT CHAUD

Il peut faire bien plus chaud dans l'outback que dans les grandes villes. Certaines localités affrontent souvent des températures avoisinant les 40°C en été, avec peu de pluies.

Notre sélection

Enfoncez-vous sous terre à Coober Pedy, une ville unique d'Australie-Méridionale. (p. 380)

Suivez les pistes de 4x4 de Cape Tribulation, dans le Queensland. (p. 206)

Laissez-vous subjuguer par les merveilles géologiques du Gulf Savannah, dans le Queensland. (p. 382)

★ DES ESPACES DÉMESURÉS

Par l'altitude comme par la surface, les sites de l'outback dépassent les normes, et parfois l'entendement. En Australie-Occidentale, Burringurrah/Mt Augustus, dans les terres près de Carnarvon, est 2,5 fois plus grand qu'Uluru.

En haut : Coober Pedy
Ci-contre camping-car dans l'outback

Noël, le lendemain de Noël (Boxing Day), le jour de l'An et le 26 janvier sont fériés. Certaines enseignes sont fermées.

Les températures peuvent parfois dépasser 40°C, et il pleut souvent sur la côte est.

↙ Feu d'artifice du Nouvel An à Sydney

Un premier feu d'artifice à 21h (pour les enfants), puis un second à minuit enflamment le ciel de Sydney Harbour.

▸ www.sydneynewyearseve.com

Feux de bush

C'est la saison des feux de bush (et des cyclones dans le nord). La chaleur attirant les araignées et les serpents, prenez garde en marchant dans le bush.

DÉCEMBRE

Température maximale moyenne en journée à Sydney : 25°C
Jours de pluie : 8

JANVIER

↑ Open d'Australie

En janvier, les fans de tennis viennent à Melbourne assister au premier tournoi du Grand Chelem de l'année.

▸ ausopen.com

L'Australie en ÉTÉ

DE GAUCHE À DROITE : MARTI BUG CATCHER/SHUTTERSTOCK ©, NEALE COUSLAND/SHUTTERSTOCK ©, MAU47/SHUTTERSTOCK ©, MATT JELONEK/GETTY IMAGES ©, AUTAU/SHUTTERSTOCK ©

→ Stomping of the Grapes

En février, ce festival célèbre le début des vendanges sur la côte sud de la Nouvelle-Galles du Sud.

↓ Perth et sa région

À la fin de l'été, la musique vient animer l'agglomération lors de l'excellent Perth Festival et du Laneway Festival, à Fremantle, axé sur la musique indé.

Fringe World

Lors du festival multiartistique le plus insolent de Perth, qui se tient en janvier et en février, des centaines d'artistes se produisent dans les parcs et les pubs de la ville.

▸ fringeworld.com.au

Température maximale moyenne en journée à Sydney : 26°C
Jours de pluie : 8

FÉVRIER

Nouvel An lunaire

La vaste communauté chinoise d'Australie fête le Nouvel An lunaire avec des événements dans tout le pays, surtout dans les grandes villes.

Température maximale moyenne en journée à Sydney : 26°C
Jours de pluie : 9

Dans la valise

Un chapeau et de la crème solaire pour les chaudes journées d'été. Et une veste imperméable pour les destinations les plus au nord.

Le vendredi saint et le lundi de Pâques sont fériés. Durant ce week-end de quatre jours, les Australiens voyagent beaucoup et rendent visite à leur famille.

Les températures sont de 20-25°C dans le sud, et la pluie s'abat dans presque toutes les régions.

↙ Noosa Festival of Surfing

Début mars, le Queensland célèbre sa culture du surf au fil de nombreuses compétitions, dont le plus grand concours au monde de chiens surfeurs.

▶ noosafestivalofsurfing.com

← Sydney Gay and Lesbian Mardi Gras

Sydney célèbre fin février/début mars la force et la diversité de la communauté LGBTQI+ à travers divers événements et un défilé réputé.

▶ mardigras.org.au

Red Earth Arts Festival

Pendant plus de 10 jours en mars, Karratha (Australie-Occidentale) et les villes voisines s'animent lors de ce festival des arts aborigènes.

▶ reaf.com.au

MARS

Température maximale moyenne en journée à Sydney : 25°C
Jours de pluie : 10

AVRIL

L'Australie en AUTOMNE

DE GAUCHE À DROITE : JODIE BARKER/GETTY IMAGES ©, NICK_POLANSZKY/SHUTTERSTOCK ©, LIGHTITUP/SHUTTERSTOCK ©, EYEOFPAUL/GETTY IMAGES ©, TARAS VYSHNYA/SHUTTERSTOCK ©

Melbourne International Comedy Festival

À compter de fin mars, ce festival très couru réunit à Melbourne comédiens australiens et autres artistes anglophones venus du wmonde entier.

▶ comedyfestival.com.au

↙ Sydney Royal Easter Show

Manèges à sensations, sacs remplis de *goodies* et friandises foraines attirent un monde fou à cette foire agricole, le plus grand événement annuel de l'île-continent.

▶ eastershow.com.au

↗ Anzac Day

Le 25 avril, jour férié, le pays commémore l'engagement des soldats australiens et néo-zélandais pendant la Première Guerre mondiale.

Température maximale moyenne en journée à Sydney : 23°C
Jours de pluie : 9

MAI

Température maximale moyenne en journée à Sydney : 20°C
Jours de pluie : 9

Ord Valley Muster

Pendant plus de 10 jours en mai, Kununurra (Australie-Occidentale) s'anime de toute une série d'événements sportifs et culturels avant un grand concert à la pleine lune sur les berges de l'Ord River.

▶ ordvalleymuster.com.au

Dans la valise

Préférez la veste imperméable au parapluie, et prévoyez différentes couches de vêtements pour vous adapter aux variations de température au cours de la même journée.

Les températures tournent autour de 10°C dans le sud et de 20°C dans le nord. Les précipitations sont rares.

↗ VIVID Sydney

De fin mai à mi-juin, Sydney prend des couleurs durant le VIVID, lorsque projections et animations lumineuses habillent ses sites emblématiques.

▶ vividsydney.com

Laura Quinkan Dance Festival

Plus de 25 formations aborigènes venues de la région de Cape York (Queensland) se retrouvent début juillet pour un concours de danses contemporaines et traditionnelles.

▶ lauraquinkanfestival.com.au

→ NAIDOC Week

La première semaine complète de juillet, tout le pays célèbre la culture des Aborigènes et des autochtones du détroit de Torrès.

▶ naidoc.org.au

JUIN

Température maximale moyenne en journée à Sydney : 17°C
Jours de pluie : 9

JUILLET

L'Australie en HIVER

↓ Splendour in the Grass

Fin juillet, à Byron Bay, ce rendez-vous fête la musique pendant trois jours. C'est l'un des plus grands festivals musicaux du pays.

▶ splendourinthegrass.com

Pop Up North Queensland

À compter de fin juillet, expériences immersives, performances et arts visuels contemporains s'inscrivent toutes les années impaires au programme du PUNQ.

▶ umbrella.org.au/punq

Quandamooka Festival

De juin à septembre, les Quandamooka de Minjerribah (North Stradbroke Island, dans le Queensland) partagent la richesse de leur culture.

▶ quandamookafestival.com.au

↑ Baleines à bosse à Monkey Mia

Les requins-baleines repartent au large, mais les baleines arrivent sur la côte centrale d'Australie-Occidentale.

AOÛT

Température maximale moyenne en journée à Sydney : 16°C
Jours de pluie : 7

Température maximale moyenne en journée à Sydney : 18°C
Jours de pluie : 7

Port Hedland Cup

Port Hedland, en Australie-Occidentale, se met sur son trente-et-un pour les courses de cette coupe organisée le premier lundi d'août.

Dans la valise

Les soirées pouvant être fraîches, une veste chaude est nécessaire dans le sud et l'outback.

Loin de la côte, le printemps peut être sec et tiède, mais des précipitations surviennent parfois jusque tard dans la saison.

Les journées sont tempérées, avec des températures de 25 à 30°C dans le pays, ainsi que quelques averses dans le sud-est.

→ Cairns Amateurs Racing Carnival

La saison hippique arrive dans l'extrême nord du Queensland début septembre, avec ces trois jours de carnaval autour des courses.

▶ cairnsamateurs.org.au

Moins de monde

Septembre et octobre sont les mois où les touristes se raréfient, mais il y a aussi des vacances scolaires fin septembre-début octobre.

↓ Floraisons printanières

Les fleurs sauvages éclosent partout sur l'île, notamment quantité de jacarandas sur la côte est.

SEPTEMBRE

Température maximale moyenne en journée à Sydney : 20°C
Jours de pluie : 11

OCTOBRE

L'Australie au PRINTEMPS

↘ Brisbane Festival

Septembre est, à Brisbane, le mois des arts : théâtre, danse, événements off… Le tout clôturé par un superbe spectacle pyrotechnique sur les rives de la Brisbane River.

▶ brisbanefestival.com.au

Astro Rocks Fest

Cette réunion se tient un week-end de la mi-septembre en Australie-Occidentale. Sous les étoiles, aux abords du Mt Magnet, on médite sur la nature environnante et son lien avec le peuple badimia.

▶ mtmagnet.wa.gov.au/astro-rocks

↓ Sunshine Festival

Octobre est un mois idéal pour visiter Geraldton, (Australie-Occidentale) et coïncide avec ce festival très divertissant sur la plage.

▶ sunshinefestival.com.au

Température maximale moyenne en journée à Sydney : 22°C
Jours de pluie : 14

NOVEMBRE

Température maximale moyenne en journée à Sydney : 24°C
Jours de pluie : 16

Gourmet Escape

Ce festival culinaire et vinicole de Margaret River (Australie-Occidentale) est l'un des plus réjouissants rendez-vous gastronomiques d'Australie.

▶ gourmetescape.com.au

Dans la valise

Prévoyez un chapeau à bords larges en journée et une veste légère en soirée.

SYDNEY ET LA NOUVELLE-GALLES DU SUD
à la carte

INCONTOURNABLES ET TRÉSORS CACHÉS

Sydney séduit par son architecture emblématique, son port aux eaux étincelantes et ses restaurants. Quant aux Blue Mountains, elles se prêtent à une randonnée inoubliable, à moins que vous ne préfériez louer une voiture pour un superbe road trip sur la côte.

Feuille de route

Villes principales Sydney, Byron Bay

Durée Environ 3 semaines

Se déplacer À Sydney et dans les environs, déplacez-vous en bus, train, métro, tramway (*light rail*) et ferry. Louez ensuite une voiture pour un road trip. Sydney est à 2 heures de train de Katoomba, au cœur des Blue Mountains.

À savoir Réservez vos hébergements et les restaurants prisés bien à l'avance, surtout pendant les vacances scolaires et les festivals.

À PARTIR DE LA GAUCHE : WALKERPOD IMAGES/GETTY IMAGES ©, AIYOSHI597/SHUTTERSTOCK ©, RUGLIG/SHUTTERSTOCK ©

Tweed Coast
Ses superbes plages et ses bonnes tables font de Kingscliff le centre touristique de la région. Passez aussi par Casuarina, Cabarita et Pottsville, au sud.
À 25 minutes de l'aéroport de la Gold Coast

Blue Mountains
Inscrite au Patrimoine mondial de l'Unesco, cette région montagneuse à l'ouest de Sydney invite à de magnifiques randonnées, entre des localités au glamour Art déco désuet et une foule d'antiquaires.
À 2 heures de Sydney

Arrière-pays de Byron Bay

Bien qu'à l'écart de la côte, les villages de Bangalow, Newrybar, Federal et Mullumbimby sont devenus des destinations à part entière, où cafés, restaurants et boutiques occupent souvent les vieux édifices du début du XXe siècle.

À 15 minutes de Byron Bay

Brunswick Heads

Ce village de pêcheurs autrefois endormi a su se faire une place sur la scène culinaire. Outre ses trois villages de vacances sur les rives de la Brunswick, la localité compte un pub historique où s'installer pour prendre un verre.

À 15 minutes de Byron Bay

Byron Bay

Située à la pointe extrême-orientale de l'Australie, cette station balnéaire prisée ajoute à ses célèbres plages et à ses tables renommées le privilège du premier lever de soleil sur le pays.

À 1 heure de Sydney

Sydney

Découvrez le passé de la ville, puis attablez-vous à l'un des nombreux restaurants invitant à un tour du monde gastronomique, avant de dénicher l'une des soirées underground de la capitale de la Nouvelle-Galles du Sud.

À 1 heure 30 de Melbourne

Royal National Park

Nombreux sont les attraits de ce parc national emblématique : gravures rupestres aborigènes près de Bundeena, marches dans la nature, étonnantes formations rocheuses et plages paradisiaques.

À 1 heure de Sydney

MELBOURNE ET LE VICTORIA
à la carte

INCONTOURNABLES ET TRÉSORS CACHÉS

À Melbourne, régalez-vous tant sur le plan artistique que gastronomique. Place ensuite au grand air dans cette région regorgeant d'options d'aventures et de cités balnéaires. Sans oublier sa délicieuse cuisine et ses boissons artisanales le long de la côte sud-est du Victoria.

Feuille de route

Ville principale Melbourne

Durée 10 jours

Se déplacer Melbourne possède un bon réseau de transports en commun, avec des liaisons vers la péninsule de Mornington, le Gippsland et la Great Ocean Road. Être motorisé facilite néanmoins l'exploration des alentours de la capitale du Victoria.

À savoir S'il fait généralement assez bon en hiver pour piquer une tête revigorante dans l'océan bordant la partie la plus méridionale de la Nouvelle-Galles du Sud, mieux vaut attendre l'été pour barboter dans les eaux des plages du Victoria.

Melbourne
Architecture et art urbain comblent le visiteur, tout comme quelques-uns des meilleurs restaurants d'Australie. Explorez les quartiers animés de la ville la plus branchée du pays.
À 1 heure 30 de Sydney

Great Ocean Road
Émerveillez-vous devant de sublimes panoramas côtiers et profitez des bonnes tables des cités balnéaires sur la route la plus célèbre du Victoria. Sauf si vous préférez vous aventurer dans les terres à la découverte des fougères et à la rencontre des ornithorynques.
À 1 heure 30 de Melbourne

Wilsons Promontory
Chaussures de randonnée aux pieds, filez sur les superbes sentiers du parc national, avant de lézarder sur le sable blanc ourlé d'eau turquoise, attentif à la faune indigène.
À 4 heures de Melbourne

Péninsule de Mornington
Entre dégustations dans les caves et excellents cafés et restaurants, cette région viticole a largement de quoi séduire. Pour conclure la journée en beauté, effectuez une sublime balade en bord de mer.
À 1 heure 30 de Melbourne

BRISBANE ET LE SUD-EST DU QUEENSLAND
à la carte

INCONTOURNABLES ET TRÉSORS CACHÉS

Surnommé "l'État du soleil" (surtout sa partie sud-est), le Queensland, arborant un littoral de sable doré, bénéficie d'une météo propice aux vacances à la plage. Les brasseries artisanales branchées de la côte ne doivent pas vous retenir de vous aventurer plus profondément dans les terres luxuriantes de l'intérieur.

Feuille de route

Repères principaux Brisbane, Gold Coast et Noosa

Durée Au moins 1 semaine

Se déplacer Le centre de Brisbane et la Gold Coast se visitent aisément par les transports en commun. Pour explorer l'intérieur de la Sunshine Coast et de la Gold Coast, une voiture facilite les déplacements.

À savoir Le coût du camping dans les parcs nationaux du Queensland est modeste : 7,25 $ par personne et par nuit (tarif réduit pour les étudiants et les familles). En revanche, il faut généralement prévoir d'emporter de l'eau potable.

Arrière-pays de la Sunshine Coast
Oubliez le sable l'espace d'un jour ou deux et partez camper dans l'un des parcs nationaux. Faites le plein pour pique-niquer sur un marché de producteurs d'une petite ville, avant de sillonner les sentiers. Qui sait, vous croiserez peut-être un timide ornithorynque.
À 1 heure 30 de Brisbane

Scenic Rim
Visitez une ferme d'élevage de chameaux et des vignobles, puis attablez-vous dans une brasserie originale. Cette destination touristique qui "monte" vous réserve entre autres de superbes panoramas montagnards.
À 1 heure de Brisbane

Noosa

Arpentez cette destination touristique de la Sunshine Coast, digne d'une carte postale, pour trouver la plage de vos rêves. Puis partez à la découverte des mousses artisanales brassées dans la région.

À 2 heures de Brisbane

Brisbane

Après avoir visité les très bons musées et galeries d'art de la capitale du Queensland, accordez-vous une pause sur les rives de la Brisbane River, le temps d'une boisson fraîche.

À 1 heure 30 de Sydney

North Stradbroke Island

Embarquez pour "Straddie", et passez-y au moins la journée (voire plus) pour observer les baleines, découvrir la culture aborigène et profiter des joies de la plage.

, À 1 heure 30 de Brisbane

Arrière-pays de la Gold Coast

Randonnez à la recherche de cascades et de vers luisants, au cœur de la forêt primaire tropicale, semblable à un océan de verdure.

À 45 minutes de Surfers Paradise

Gold Coast

Dans ce secteur balnéaire, les cantines d'autrefois ont été remplacées par des restaurants beaucoup plus raffinés et d'excellents bars à cocktails.

1 heure de Brisbane

CAIRNS ET L'EXTRÊME NORD DU QUEENSLAND
à la carte

INCONTOURNABLES
ET TRÉSORS CACHÉS

Cairns, porte d'accès à la Grande Barrière de corail et à la forêt humide de Daintree, est une escale incontournable sur la côte est. Toutefois, ce littoral verdoyant réserve bien plus de surprises.

Feuille de route

Villes principales Cairns, Port Douglas, Townsville

Durée Environ 2 semaines

Se déplacer Louez une voiture à l'aéroport de Cairns. Sinon, optez pour un voyage organisé avec transfert depuis l'aéroport.

À savoir À la saison sèche (juin-octobre), le taux d'humidité est plus bas et il n'est pas nécessaire de porter une combinaison antiméduses (*stinger suit*) en mer. Pour éviter la foule, préférez le début ou la fin de cette saison, période idéale pour la pratique des activités de plein air.

Cooktown
Première étape de votre road trip : la ville historique de Cooktown. Le temps de trajet est identique que l'on emprunte la piste pour 4X4, la Bloomfield Track, ou bien la plus longue route goudronnée qui passe par l'intérieur des terres.
À 4 heures 30 de Cairns

Port Douglas
Cette station balnéaire ne manque pas de resorts où lézarder au bord de la piscine. Après quelques brasses, il est délicieux d'arpenter Four Mile Beach. Dans la forêt humide ancienne de Daintree, on atteint sans difficulté Mossman Gorge.
À 1 heure de Cairns

Atherton Tablelands
Dans la fraîcheur des collines surplombant Cairns, cherchez les cascades et faites trempette dans les lacs de cratère en restant attentif à ce monde sauvage unique. Enfin, explorez un incroyable musée en plein air.
À 1 heure 30 de Cairns

0 100 km

Cape Tribulation
Consacrez au moins une journée à Cape Trib', là où la forêt humide rencontre la Grande Barrière de corail.
À 2 heures 30 de Cairns

Grande Barrière de corail
Embarquez pour une sortie sur le récif extérieur, où se trouvent les plus beaux sites de snorkeling et de plongée du parc maritime. Pour en profiter plus longtemps, passez même une nuit sur place.
À 1 heure 30 de Cairns ou de Port Douglas

Cairns
Une flopée de nouveaux hôtels et de bars branchés offre à Cairns une deuxième jeunesse. Multiculturelle, cette cité balnéaire est une très bonne base pour explorer la Grande Barrière et la forêt humide.
À 2 heures 15 de Brisbane

Cassowary Coast
Cherchez les plages oubliées, détendez-vous dans les pubs décontractés et partez à la rencontre du casoar, ce formidable volatile qui a donné son nom à cette région côtière située entre Cairns et Townsville.
À 1 heure 30 de Townsville

Townsville
Observez les koalas sur Magnetic Island, visitez un extraordinaire aquarium à Townsville et partez en excursion d'une journée pour faire du snorkeling ou de la plongée à la Coral Greenhouse, qui fait partie du superbe Museum of Underwater Art de la région.
À 4 heures 30 de Cairns

PERTH ET RÉGION DE MARGARET RIVER
à la carte

INCONTOURNABLES ET TRÉSORS CACHÉS

De Perth au sud sauvage, cette traversée du sud-ouest de l'Australie-Occidentale donne à découvrir un univers de diversité. La région revêt toute la magnificence de l'Ouest : des paysages spectaculaires, une passion pour la cuisine et le vin, et des routes tranquilles qui donnent le sens de la découverte.

Feuille de route

Villes principales Perth, Margaret River, Albany

Durée De 2 à 3 semaines

Se déplacer Perth se visite à pied, mais une voiture est indispensable pour profiter au mieux du sud de l'Australie-Occidentale. Prenez le bateau pour accéder à Rottnest Island.

À savoir Passez au moins deux nuits dans chaque destination. Autrement, vous aurez l'impression d'être toujours sur la route.

Rottnest Island
Une nuit sur place et vous aurez tout loisir de découvrir des plages vierges, l'histoire cachée de l'île et les quokkas, de charmants petits marsupiaux.
De 30 minutes à 2 heures de Perth

OCÉAN INDIEN

Cap Naturaliste
Façonné par un océan indomptable, le littoral impressionne par sa beauté théâtrale. Prenez le temps d'une balade au sommet de sa falaise.
À 3 heures de Perth

Hamelin Bay
C'est l'un des plus jolis secteurs d'Australie-Occidentale. Gagnez la jetée pour observer les raies pastenagues et les raies mantas nager dans les eaux translucides.
À 4 heures 30 de Perth

Perth
Dès la première minute, vous apprécierez le charme de cette ville ensoleillée et ses quartiers éclectiques. Ne manquez pas de découvrir son patrimoine architectural, puis savourez sa fabuleuse cuisine et ses vins.
À 5 heures de Sydney

Wave Rock
Roulez vers l'est pour découvrir l'une des formations rocheuses les plus grandioses et les plus surprenantes au monde.
À 4 heures de Perth

Fremantle
Cette ville portuaire détendue, mais néanmoins dynamique, invite à souffler, entre restaurants locaux et bars ensoleillés.
À 30 minutes de Perth

Margaret River
Éveillez vos sens sur ce site gastronomique s'il en est. S'y succèdent caves, brasseries artisanales et tout ce qui est bon (et comestible) dans la vie.
À 4 heures de Perth

LA TASMANIE
à la carte

INCONTOURNABLES ET TRÉSORS CACHÉS

Plus petit État d'Australie, la Tasmanie a beaucoup à offrir en dehors de ses paysages et de sa nature tout à fait uniques. Sa scène culinaire égale celles de Sydney et de Melbourne. Son industrie vinicole existe de longue date, tout comme son expertise en matière de whisky artisanal. Sans compter qu'une scène artistique dynamique s'y est développée récemment.

Feuille de route

Villes principales Hobart, Launceston

Durée De 10 à 14 jours

Se déplacer Un vaste réseau de bus couvre toute la Tasmanie, lequel permet de rejoindre la plupart des grandes villes régionales depuis Hobart et Launceston. Si vous privilégiez les découvertes à votre rythme le long de routes pittoresques, optez alors pour la location d'une voiture.

À savoir Il fait bien plus frais en Tasmanie, l'État le plus méridional d'Australie, que dans d'autres régions. En automne et en hiver, prévoyez des vêtements chauds.

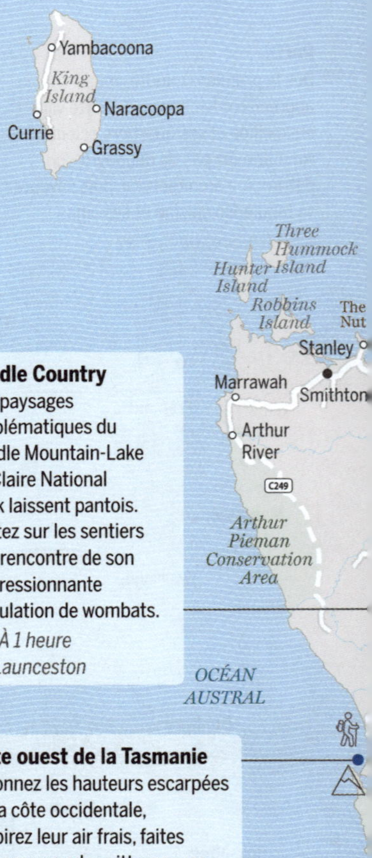

Cradle Country
Les paysages emblématiques du Cradle Mountain-Lake St Claire National Park laissent pantois. Partez sur les sentiers à la rencontre de son impressionnante population de wombats.
À 1 heure de Launceston

Côte ouest de la Tasmanie
Sillonnez les hauteurs escarpées de la côte occidentale, respirez leur air frais, faites des promenades pittoresques et découvrez l'histoire locale.
À 4 heures 30 d'Hobart

À PARTIR DE LA GAUCHE : A PERIAM PHOTOGRAPHY/SHUTTERSTOCK ©, DAVID STEELE/SHUTTERSTOCK ©, TRABANTOS/SHUTTERSTOCK ©

Tamar Valley

Cette superbe petite région offre le meilleur de la Tasmanie. Ses caves primées, sa beauté naturelle préservée et ses jolies plages expliquent sa solide réputation.

À 30 minutes de Launceston

Launceston

Laissez-vous séduire par la vivacité, la multiplicité et la bonne chère. Launceston a été désignée Ville de gastronomie par l'Unesco en 2021.

À 2 heures 30 d'Hobart

Côte est de la Tasmanie

Aux paysages époustouflants de cette région pittoresque s'ajoutent des produits locaux exceptionnels et des vins fabriqués avec le plus grand soin. Un road trip inoubliable.

À 2 heures de Launceston

Hobart

Attardez-vous dans d'incroyables restaurants ou visitez des galeries d'art de renommée mondiale dans la capitale de cet État insulaire, en bordure de fleuve.

À 2 heures de Sydney

7 Choses à savoir sur L'AUSTRALIE

CONSEILS D'INITIÉS POUR PARTIR DU BON PIED

1 Bien plus grande qu'on ne l'imagine

Non, encore plus ! Il faut environ 10 heures de route pour aller de Sydney à Melbourne, et il y a 3 heures d'avion entre Melbourne et Cairns. Vérifiez bien la durée de votre trajet avant de partir. Toutefois, n'ayez crainte… les Australiens eux-mêmes oublient parfois les distances, et arrivent bien plus tard que prévu.

2 Les animaux sont uniques

Et inoffensifs (pour la plupart). Les marsupiaux vivent majoritairement en Australie : les kangourous et les koalas, bien entendu, mais avec un peu de chance, vous verrez aussi des numbats, des quokkas, des chats marsupiaux et des diables de Tasmanie. Le pays regorge d'autres créatures que vous ne verrez nulle part ailleurs sur la planète, comme le dragon de mer, le requin-tapis et le *Vermicella annulata*, un serpent à anneaux.

3 Dress code : être à l'aise

L'Australie est un pays assez détendu en matière vestimentaire. Il n'est pas rare de voir des spectateurs en jean et t-shirt à l'opéra, ou quelqu'un osant l'association short-veston.

4 Le café, c'est sacré

Les Australiens, et plus précisément les habitants de Melbourne, capitale australienne en la matière, aiment le café. Quand un Australien vous en conseille un, il sait souvent de quoi il parle.

6 La météo et ses caprices

L'automne est synonyme de temps tiède et agréable sur la côte est, mais il y a parfois, à la même saison, des cyclones dans les régions au nord du tropique du Capricorne (nord du Queensland, nord de l'Australie-Occidentale et extrême nord du Territoire du Nord). Certaines villes, comme Melbourne, sont réputées pour connaître les quatre saisons en une journée.

5 Expressions familières et diminutifs sont l'usage

L'anglais parlé en Australie a ses particularités. Les Australiens aiment ajouter des voyelles, raccourcir des mots, voire en changer le sens. Voici un petit guide rapide de l'argot local en "O" :

Ambo Conducteur d'ambulance

Arvo Après-midi

Avo Avocat

Bottle-o Caviste. Ce terme est si courant que de nombreux pubs l'utilisent pour désigner leur boutique attenante.

Defo Définitivement

Garbo Non, pas Greta, loin de là ! Ce raccourci argotique désigne un éboueur (de *garbage*, poubelle en anglais).

Journo Journaliste

Muso Musicien

Relo Un membre de sa famille

Servo Une station-service ou, parfois, une épicerie

Smoko Une petite pause au travail. Il s'agissait à l'origine d'une pause cigarette (*smoke*), mais il n'est pas obligatoire de fumer !

7 On ne plaisante pas avec le soleil

Même par temps couvert, les Australiens prudents conseillent d'avoir les bras couverts (manches longues), d'appliquer de la crème solaire et de porter un chapeau. Le soleil est plus intense que dans la plupart des autres pays, et un coup de soleil risque parfois de gâcher les vacances.

Lire, écouter, voir et s'informer

LIRE

Pique-nique à Hanging Rock (Joan Lindsay, 1967). Classique obsédant portant sur la mystérieuse disparition de pensionnaires parties pique-niquer pour la Saint-Valentin.

Cloudstreet (Tim Winton, 1991). Deux familles démunies de Perth qui partagent une même maison mais ont deux conceptions de la vie fort différentes.

Le Chasseur (Julia Leigh, 2010). On y raconte la traque du dernier tigre deTasmanie. Adapté au cinéma en 2011 avec Willem Dafoe dans le rôle principal.

Piège nuptial (Douglas Kennedy, 1994). Nicholas, un Américain en quête de grands espaces australiens, voit sa vie basculer après sa rencontre avec Angie, une pure enfant du bush profond.

Le Chant des pistes (Bruce Chatwin, 1987). Un ouvrage du grand écrivain voyageur, Bruce Chatwin, parti à la découverte des *songlines*, ces lignes de chant aborigènes.

L'Amour et autres surprises matinales (Elliot Perlman, 2008). Au fil de neuf nouvelles est décrit le Melbourne des années 1980, la vie urbaine et lle déracinement des personnes issues de l'immigration.

Ma brillante carrière (Miles Franklin, 1901). Retrace la vie d'une jeune fille élevée dans le bush au début du XXe siècle. Considéré comme le premier vrai roman australien, l'ouvrage fit sensation quand il fut révélé que son auteur était une femme.

Respire (Tim Winton, 2009). Un conte sur le passage à l'âge adulte, dans une petite ville côtière.

ÉCOUTER

Paul Kelly Écoutez ses premières œuvres sur *Under the Sun* (1987), appréciez le côté expérimental de *Life Is Fine* (2017) et retrouvez ses plus grands hits sur *Songs from the South* (1997).

King Stingray (King Stingray, 2022). Premier album d'un groupe de surf-rock yolŋu de la terre d'Arnhem.

Skeleton Tree (Nick Cave and the Bad Seeds, 2016). Un des albums les plus émouvants de Nick Cave, sorti après la mort accidentelle de son fils en 2015.

DANIEL KNIGHTON/GETTY IMAGES ©

The Slow Rush (Tame Impala, 2020). Le 4e album, primé, d'un groupe de rock indé psychédélique (photo) de Perth.

VOIR

Bran Nue Dae (Rachel Perkins, 2009 : photo du haut). Une comédie musicale enjouée et sincère sur un adolescent aborigène.
Une maison de rêve (Rob Sitch, 1997). Une comédie classique, à l'humour typiquement australien.
Priscilla folle du désert (Stephan Elliott, 1994). Un road trip à travers l'Australie intérieure avec une drag-queen extravagante et ses amis.
Red Dog (Kriv Stenders, 2011). Une fable excentrique de l'outback sur un homme de la cité minière de Dampier et le chien qu'il recueille.
La Main (photo du bas, Dani et Michael Philippou, 2022). Filmé à Adélaïde, l'exorcisme d'un petit groupe d'ados excité par la communication avec les esprits.

CINEMATIC/ALAMY STOCK PHOTO ©, ©FREESTYLE RELEASING

BFA/A24/ALAMY STOCK PHOTO ©

S'INFORMER

@AdrianWidjy
Bonnes tables de Sydney.

www.australia.com
Site officiel de l'office du tourisme australien.

@AstroKirsten
L'astronome wiradjuri Kirsten Banks parle du ciel la nuit en Australie.

GlamAdelaide
(glamadelaide.com.au). Restauration et divertissement à Adélaïde.

Central Australian Aboriginal Media Association
(caama.com.au) Actualités des peuples aborigènes de la région d'Alice Springs.

SYDNEY

PLAGES | GASTRONOMIE | HISTOIRE

Circular Quay, Sydney Harbour (p. 50)

SYDNEY
à la carte

Écoutez les cancans locaux autour d'un brunch dans le jardin d'un café, puis randonnez, surfez ou lézardez sur l'une des plages de la ville – il en existe plus d'une centaine. Au dîner, enchantez vos papilles de cuisine fusion. Enfin, profitez pleinement de la vue sur ce fascinant port qui paraît sans fin, lors d'un dernier verre.

Sensibilisez-vous à l'art aborigène en grimpant à pied jusqu'à la **Red Hands Cave** (p. 72).

1 journée

Contemplez la vue sur la ville, perché au 83e étage, le temps d'un cocktail au très cosy **Bar 83** (p. 57).

½ journée

Développez votre sens artistique ou rejoignez la foule alternative au **Red Rattler** (p. 53).

½ journée

Admirez l'incroyable **Opera House** (p. 51) sous tous les angles.
½ journée

Comme les Sydneysiders, profitez de la mer et dorez-vous au soleil sur **Hermit Bay Beach** (p. 67) .
1 journée

Découvrez l'histoire des convicts et des Aborigènes aux **Hyde Park Barracks** (p. 59)
½ journée

Savourez la vue sur le port tout autant que les poissons et fruits de mer du **Catalina** (p. 71)
½ journée

Informations pratiques

EDINBURGHCITYMOM/SHUTTERSTOCK ©

À L'ARRIVÉE

Aéroport de Sydney Prévoyez autour de 55/25 $ pour rallier le centre-ville en taxi/navette depuis le Sydney Airport. Peu avantageux en comparaison, le court trajet en navette ferroviaire AirportLink (au départ de la gare située sous le terminal) est facturé 17/15 $ par adulte/enfant en sus du billet de train standard.

Central Station Les réseaux ferroviaires nationaux et interrégionaux partent et arrivent de/à la gare centrale, qui se situe à l'extrémité sud du centre-ville. Les trains locaux sont au niveau inférieur. La gare routière se trouve à Railway Sq. Les bus longue distance s'arrêtent devant la Central Station.

BUDGET

***Fish and chips* 17 $**

Cours particulier de surf 100 $

Verre de vin 13 $

COMMENT CIRCULER

Opal Achetez une Opal card ou utilisez l'Opal app pour tous vos déplacements en transports publics.

Train, bus et tramway Les lignes de train (y compris les nouvelles lignes de métro) rayonnent depuis Central Station. Les bus sont particulièrement utiles pour rejoindre les plages et certaines zones de l'Inner West. Le tramway est pratique pour de courts déplacements dans le Central Business District (CBD), et pour rejoindre Pyrmont, Glebe, Surry Hills, Moore Park et Randwick.

Bacs Des ferrys à câble desservent tout le port et les localités le long de la rivière jusqu'à Parramatta. La plupart des gens qui souhaitent aller à Manly, situé au nord de Sydney, prennent le ferry pour profiter de la vue splendide sur Sydney Harbour.

QUAND Y ALLER

DÉC-FÉV
La haute saison coïncide avec les vacances scolaires d'été et les températures élevées.

MARS-JUIN
Il fait chaud mais de fortes averses s'abattent de temps à autre sans prévenir.

JUIL-AOÛT
Les nuits sont froides mais on bénéficie, le jour, d'un ensoleillement régulier.

SEPT-NOV
Le printemps est habituellement sec et chaud.

SE RESTAURER ET PRENDRE UN VERRE

La ville participe de la réputation gastronomique *aussie* : produits locaux extrafrais et cuisine fusion mêlant saveurs asiatiques et méditerranéennes. Autre tradition qui s'est répandue dans le monde entier : la cuisine de bistrot partagée. On y retrouve à toute heure, y compris au petit déjeuner, l'incontournable *avocado toast* (photo du haut) popularisé à l'échelle mondiale par le regretté chef Bill Granger dans son café Bills (p. 71), premier du genre, installé à Darlinghurst. Les cafés sont proposent des plats consistants et souvent audacieux. Il en existe beaucoup dans l'Inner West.

Cocktails les plus magiques Eau-de-Vie (p. 73)

Produits de la mer incontournables Quay (photo du bas, p. 71)

SE CONNECTER ET S'ORIENTER

Wi-Fi On se connecte gratuitement dans la plupart des hébergements, cafés et centres commerciaux. Une carte SIM prépayée pour votre téléphone (déverrouillé) revient à 2 $ environ. Un forfait mensuel avec Internet mobile, appels et textos illimités en Australie coûte 15 à 40 $.

Orientation Certaines rues s'étirent sur des kilomètres, bifurquant et changeant de nom. Ainsi, par exemple, Oxford St s'appelle au début Liverpool St pour se prolonger en Bondi Rd.

ARGENT

Il existe de nombreux DAB. Les frais de transactions à l'étranger sont moins élevés si vous retirez de l'argent dans une banque partenaire de la vôtre.

OÙ LOGER

Pour les week-ends et les grands événements, réservez suffisamment tôt. Les tarifs, même dans la catégorie petit budget, sont élevés.

Quartier	Pour/contre
Centre-ville	Transports pratiques et nombreux restaurants asiatiques. Bruyant, sans charme et cher.
Circular Quay et The Rocks	Sites de premier ordre, scène nocturne dynamique, hôtels et restaurants haut de gamme. À destination des touristes, tarifs élevés.
Newtown et Inner West	Ambiance bohème avec d'excellents cafés, des restaurants moins chers et des boutiques intéressantes. Tarifs plus courants. Éloignement des plages.
Surry Hills et Darlinghurst	Le quartier le plus hip en terme de restaurants et bars. Cœur de la scène gay. Peu de sites d'intérêt et beaucoup de dénivelés.
Bondi, Coogee et plages de l'Est	Sable, surf et corps sculptés. Lents trajets de bus vers le centre.
Manly	Plages magnifiques et quartier privilégié. Sans grande activité possible par mauvais temps.

FERRYS MOINS CHERS

Le week-end, le tarif des ferrys est plafonné. Profitez-en pour faire des sauts de puce d'un bout à l'autre de Sydney Harbour ou au-delà. Seul bémol : ils sont pris d'assaut.

Les grands classiques

Pour les infos pratiques de chaque site, reportez-vous au Carnet d'adresses p. 70.

Opera House

L'Opéra de Sydney (1959-1973), conçu par l'architecte danois Jørn Utzon, est un emblème de l'Australie. Parmi ses diverses sources d'inspiration figureraient des voiles de bateau, des quartiers d'orange, des feuilles de palmier et des temples mayas. Lorsqu'on s'approche de ce qui semblait être un bloc tout blanc, on aperçoit les 1 056 000 carreaux couleur crème qui le composent, des surfaces autonettoyantes créées en Suède.

MICHAEL EVANS/STOCK.ADOBE.COM ©

RICHIE CHAN/STOCK.ADOBE.COM ©

Art Gallery of NSW

Le musée des Beaux-Arts de la Nouvelle-Galles du Sud abrite une remarquable collection permanente d'art australien comprenant plusieurs œuvres d'artistes aborigènes, ainsi que des collections d'art européen et asiatique. Le Sydney Modern, un nouvel édifice, est dédié à l'art aborigène et aux grandes expositions itinérantes.

GUIL/STOCK.ADOBE.COM ©

Centennial Park

Ce parc de style victorien créé en 1888, est le plus grand de Sydney (189 ha). Il abrite le Federation Pavilion, un bâtiment emblématique en forme de dôme qui marque le lieu où l'Australie a été proclamée nation le 1er janvier 1901.

Bondi Beach

Véritable incarnation de Sydney, Bondi est la plage océanique la plus proche du centre-ville (à 8 km) et l'une des plus belles étendues de sable du globe. Le Pacifique heurte le rivage en grosses vagues écumantes et le sable y appartient à tous. Malgré l'affluence, l'endroit se prête à la baignade, un peu sportive, d'autant que l'eau est à 21°C en moyenne. Si la mer est agitée, les bassins d'eau de mer situés aux extrémités de la plage offrent une alternative plus calme pour se rafraîchir.

DESIREE CAPLAS/STOCK.ADOBE.COM ©

ALIZADA STUDIOS/SHUTTERSTOCK.COM ©

Elizabeth Bay House

Cette superbe demeure néoclassique appartenait jadis au secrétaire colonial Alexander Macleay. Au moment de sa construction, en 1839, elle était l'une des plus belles de la colonie britannique. Avec son escalier en encorbellement, le salon ovale est un bijou. À l'étage, les chambres réservent une jolie vue sur le port.

RICHIE CHAN/STOCK.ADOBE.COM ©

Royal Botanic Garden

Situé au sud-est de l'Opéra, ce vaste jardin créé en 1816 est un havre de paix au cœur de l'agitation urbaine, prisé par les pique-niqueurs, les adeptes du jogging et autres promeneurs. La flore australienne y côtoie des espèces végétales du monde entier. Le parc comprend également le remarquable Calyx, une serre circulaire ayant aussi rang de galerie, avec un mur végétal et des expositions temporaires sur le thème des plantes. Il renferme en outre le site du premier potager de la colonie, mais son histoire est bien plus ancienne : longtemps avant l'arrivée des convicts en Australie, le lieu servait de terre initiatique aux Gadigal.

01 Sydney HARBOUR

EXPLORATION À PIED | POINTS DE VUE | EN FAMILLE

Telle une flotte de voiles immaculées gonflées par le vent, le majestueux Opéra de Sydney s'avance dans le port. Tout en galbes, pointes et transparences, l'icône architecturale de l'Australie impressionne sous tous les angles, d'où qu'on le regarde. Malgré l'affluence sur le site, vous trouverez toujours un point de vue pour le contempler en privé, à n'importe quelle heure du jour et de la nuit.

DAN LE/500PX ©

En pratique

Quand y aller Il y a moins de monde en semaine et après 19h le week-end. Le site est d'autant plus magique au coucher du soleil.

S'y rendre Arrêts de trains, bus, ferrys et tramways près de Circular Quay.

Coût Rien à débourser pour admirer l'architecture extérieure de l'Opéra et contempler la mise en lumière quotidienne de ses voiles ouest au coucher du soleil.

Tour extérieur On peut faire à pied une boucle complète autour de cet incroyable vaisseau architectural.

BENNY MARTY/SHUTTERSTOCK ©

Page de gauche, en haut : Opéra de Sydney
En bas : Sydney Harbour Bridge

Wendy Whiteley's Secret Garden (p. 75) En 1970, l'artiste australien Brett Whiteley et sa femme Wendy avaient fait construire une maison dans l'adorable Lavender Bay. Au décès de l'artiste, Wendy a fait créer, à flanc de colline, un jardin désormais public (et d'accès gratuit) où poussent une multitude de plantes australiennes et d'où l'on a vue sur le port.

Dose d'adrénaline Équipé d'un casque, d'une corde de sécurité et d'une combinaison, et accompagné d'un professionnel, vous pouvez tenter l'expérience **BridgeClimb** (p. 75) sur le Sydney Harbour Bridge. Cette grimpette de 3 heures 30 est récompensée à l'arrivée par un formidable point de vue sur l'Opéra de Sydney, parfois assorti de quelques sueurs froides en cas de vents forts. Différents tarifs selon les prestations : plus onéreux au lever et au coucher du soleil, des parcours moins chers existent : un de 1 heure 30, menant moins haut, et une ascension express (2 heures 30).

Moins exigeante et plus paisible, l'approche en **kayak** (à l'aube) apporte d'autres sensations. L'embarquement se fait souvent à la rampe de mise à l'eau de Lavender Bay. La plupart de ces sorties sont accompagnées par un guide, avec briefing préalable et fourniture de tout l'équipement *ad hoc*.

Pique-nique Profitez d'un repas au calme sous les larges figuiers de la baie de Moreton qui ombragent la Tarpeian Lawn du Royal Botanic Garden, en limite immédiate de l'Opéra de Sydney.

Illuminations Au crépuscule, *Badu Gili* éclaire les "voiles" du bâtiment Bennelong (le plus avancé sur la pointe) de motifs aborigènes symbolisant les liens de ces derniers avec la mer et le ciel. Lévénement est programmé quotidiennement.

Visite de l'Opera House (p. 70)

La visite guidée de l'édifice vous révélera, outre ses coulisses, les étonnants éléments de son architecture intérieure.

Jetez un coup d'œil aux six belles **salles de spectacles** où se donnent quelque 40 représentations hebdomadaires, pas forcément lyriques : concerts de musique moderne, théâtre, spectacles d'humour... pour lesquels il faut forcément réserver sa place. Rénovée en 2022, la salle cathédrale, **Concert Hall**, a été équipée d'écrans panoramiques. Les passionnés d'architecture apprécieront particulièrement sa forme de coquillage Art déco. Certaines visites guidées incluent la découverte des **coulisses**, où vous pouvez voir les acteurs répéter, et même le petit déjeuner dans la **Green Room**.

02 LE SYDNEY underground

ART | VIE NOCTURNE | LGBTQI+

La scène artistique, festive et culturelle underground a pris de l'ampleur à Sydney. On visite des galeries d'art avant-gardistes le jour, puis, le soleil couché, on assiste à des pièces de théâtre expérimental ou l'on danse jusqu'au bout de la nuit. Rockeurs, écrivains, idéalistes, artistes à l'esprit communautaire… ont tous ici leurs repères.

DPA PICTURE ALLIANCE/ALAMY STOCK PHOTO ©

En pratique

S'y rendre Les soirées se déroulent dans les quartiers de Redfern et de l'Inner West. Consultez les pages des réseaux sociaux pour plus d'informations. Parfois, le lieu est révélé le soir-même.

Quand y aller Scènes artistiques et lieux de spectacles tournent toute l'année. Au moment du Gay and Lesbian Mardi Gras, réservez tôt.

Tarifs Fêtes et spectacles sont généralement payants. Les consommations dans les bars et dans les pubs sont bon marché.

Tenue Soyez tendance pour coller à l'ambiance !

FIMINA ANNA/SHUTTERSTOCK ©

Page de gauche, en haut : l'Imperial Erskineville
En bas : célébrations de Mardi Gras à Sydney

Pour se mêler aux habitants et pouvoir engager la conversation en toute liberté, direction le **Bearded Tit** (p. 73), tenu par des propriétaires queers. Cette scène intimiste accueille des artistes, des événements (bingo organisé par des drag-queens) et des programmations DJ la plupart des soirs. Fréquenté par une population jeune, **Goros** (p. 73) est un bar-restaurant sur le thème des animés, avec soirées karaoké et jeux d'arcade. Petite scène artistique assez inattendue dans le quartier un peu guindé de Summer Hill, le **Temperance Society** (p. 74) réunit dans son décor victorien écrivains et artistes venus boire une bière ou du vin sourcés localement. Musique live et poésie, et parfois des présentations sur des sujets tels que "Les femmes dans l'histoire de la musique électronique". Devenu un haut lieu du rock alternatif (old-school punk et musique indé) dans l'Inner West, le **Duke of Enmore** (p. 73) regroupe musiciens et tatoués dans une ambiance feutrée.

Soirées festives Pour des soirées pop-up, avisez le **Honcho Disko**, (p. 74) où sont organisés de fantastiques specatcles transformistes. Malgré le nom du lieu, les soirées au **Heaps Gay** (p. 74) ne sont pas réservées à la population LGBTQI+. Elles attirent une clientèle mixte grâce à ses concerts, DJ et sa population branchée. Si ce genre de soirées vous semble trop commercial, allez plutôt au **Bad Dog** (p. 73). Dans ce bar, on trouve que le cuir est conformiste et qu'il est préférable de repousser les limites des concepts de soirée queer.

Burning Seed (p. 74) et **Dragon Dreaming** (p. 74), des festivals inspirés du Burning Man, sont à découvrir en Nouvelle-Galles du Sud rurale.

Mes sorties préférées

Vous n'aimez pas danser ? Rendez-vous à l'**Imperial Erskineville** (p. 74 ; connu grâce au film *Priscilla, folle du désert*), rénové, où vous pourrez assister à un dîner-spectacle de drag-queens.

Les voyageurs en solo souhaitant faire des rencontres peuvent essayer le vaste centre artistique **107 Projects** (p. 74), qui réunit des espaces consacrés à l'art expérimental et des ateliers. Il est facile d'engager la conversation dans son café à l'ambiance bohème. Des *speed datings* y sont parfois organisés.

Musiciens et théâtre alternatif sont mis à l'honneur au **Red Rattler** (p. 74). Renseignez-vous sur le **Queers of Joy**, le spectacle mensuel de variété assuré par des artistes trans.

■ **Venus Vamp** *Interprète, productrice, artiste et sorcière queer de Sydney* *@venusvamp*

03 DÉLICES d'ailleurs

GASTRONOMIE | MULTICULTUREL | BARS

Plus d'un tiers des Sydnéens sont nés à l'étranger, et cela se traduit par des propositions culinaires issues du monde entier : raviolis servis sur des chariots dans d'immenses établissements ou soupes phô proposées dans de petites gargotes, plats iraniens raffinés parsemés de graines de grenade... Une constante dans toute cette diversité : une cuisine authentique, ultrafraîche et sourcée localement.

GREG BALFOUR EVANS/ALAMY STOCK PHOTO ©

En pratique

À savoir Réservation impérative le week-end, et même en milieu de semaine, les mois de beau temps.

S'y rendre Le CBD est facilement accessible à pied depuis d'autres quartiers centraux, tels que Circular Quay.

Bouteille sous le bras
Les établissements estampillés BYO (*Bring your own*) sont légion en Australie. On peut apporter sa bouteille de boisson alcoolisée et régler un droit de bouchon (autour de 5 $ par bouteille). Au-delà de deux boissons consommées, il est plus rentable de procéder ainsi !

BERNADETTE TSAN/SHUTTERSTOCK ©

CHEDIMA/SHUTTERSTOCK ©

Page de gauche, en haut : Dixon Street
En bas : dessert à la noix de coco
Ci-contre : soupe phô

Les restaurants **coréens**, tel Basax (p. 70), comptent une clientèle venue en groupes déguster le fameux *korean sticky chicken*. Les restaurants **thaïlandais**, à l'ambiance décontractée, s'alignent le long de Campbell St, non loin de George St, à Haymarket. La communauté thaïlandaise de Sydney a l'habitude de faire ses pauses dans des bistrots thaïs, tel le Mango Coco (p. 71), pour bavarder tout en dégustant un bon dessert.

Les **stands de restauration** de Dixon St et Sussex St, dans le quartier chinois, sont à l'image des *hawkers* de nourriture à emporter typiques d'Indonésie, de Thaïlande, de Singapour et du Vietnam. Ne manquez pas de goûter au **yum cha**, le brunch traditionnel cantonais, servi le week-end. Dans les *banquet halls* rouges et dorés de Haymarket, vous pouvez commander des raviolis à la crevette en cas de petite faim.

À son arrivée, dans les années 1880, la communauté **libanaise** s'est installée à Surry Hills et à Redfern. Dans ces quartiers, l'héritage des cuisines moyen-orientales s'est par la suite étendu, entre autres, aux communautés **iraniennes** et **turques**. À Marrickville, faubourg de l'Inner West, les établissements **vietnamiens** situés entre la gare ferroviaire et Marrickville Rd servent une cuisine authentique. Seule la déco intérieure a été rafraîchie, pour séduire une clientèle branchée.

Newtown constitue une enclave **vegan**. Sur King St, des dizaines de restaurants asiatiques servent glaces, "viande", "fromage" et raviolis vegan. Gigi Pizzeria en est l'épicentre.

À 25 minutes en train express du CDB, les anciens cottages construits autour de Harris Park, dans le quartier de Parramatta, accueillent désormais restaurants et salons de thé. On y sert des plats de toutes les régions d'**Inde**.

Tables asiatiques secrètes

À Cabramatta, le **Battambang Restaurant** (p. 70) fait oublier, depuis plus de trois décennies, la nostalgie des saveurs de leur pays aux Khmers de Sydney. Goûtez la soupe Phnom Penh ou les intestins frits et croustillants.

Testez la langue de bœuf grillée et juteuse, ainsi que les saucisses de porc épicées, accompagnées de riz gluant et d'une salade de papaye au **Lao Village** (p. 70), à Fairfield.

À Mt Pritchard, installé entre une station-service et un lavage automatique de voiture, le **2 Foodies** (p. 71) sert une soupe phô exceptionnelle.

Kevin La
Bloggeur culinaire et créateur de contenu installé au sud-ouest de Sydney
@sydneyfoodboy

04 Tournée des bars AVEC VUE

BARS | POINTS DE VUE | PORT

Installez-vous, verre à la main, face à une magnifique baie naturelle : le Sydney Harbour, avec ses plages sublimes, ses lumières qui scintillent et ses icônes *aussies* que sont l'Opéra et le pont. Vous pouvez porter un toast perché à une hauteur vertigineuse ou simplement partager une bouteille à l'écart du monde, dans un parc arboré, le long de l'océan.

STEPHENBRIDGER/GETTY IMAGES ©

Meilleurs cocktails

Moya's Juniper Lounge (p. 73), Redfern Superbe sélection de gins et du jazz live le dimanche.

PS40 (p. 73), CBD Goûtez l'Africola, un mélange chaud-froid.

Jangling Jack's (p. 73), Potts Point Excellents classiques.

Double Deuce (p. 73), CBD Cocktails top et une déco rétro.

Cantina OK (p. 73), CBD Belle sélection d'alcools à base d'agave. Comme si l'on était au Mexique !

Chau Tran *Barmaid au Burrow Bar (p. 73) ; @burrow_bar @chaueth*

En pratique

S'y rendre Circular Quay est accessible en train, en bus et en tramway. De là, tous les bars sont proches. Pour aller à Bondi Beach, prenez le bus 333 à l'arrêt B ou un VTC (20 minutes).

Quand y aller L'été pour les longues journées chaudes. L'hiver pour la fraîcheur des journées ensoleillées, le moindre nombre de touristes et l'absence de pluie.

Alcool Les distilleries locales produisent les alcools classiques, tels le gin ou la bière, mais aussi ces mêmes boissons, sans alcool. De quoi pouvoir passer du bon temps sans avoir la gueule de bois le lendemain.

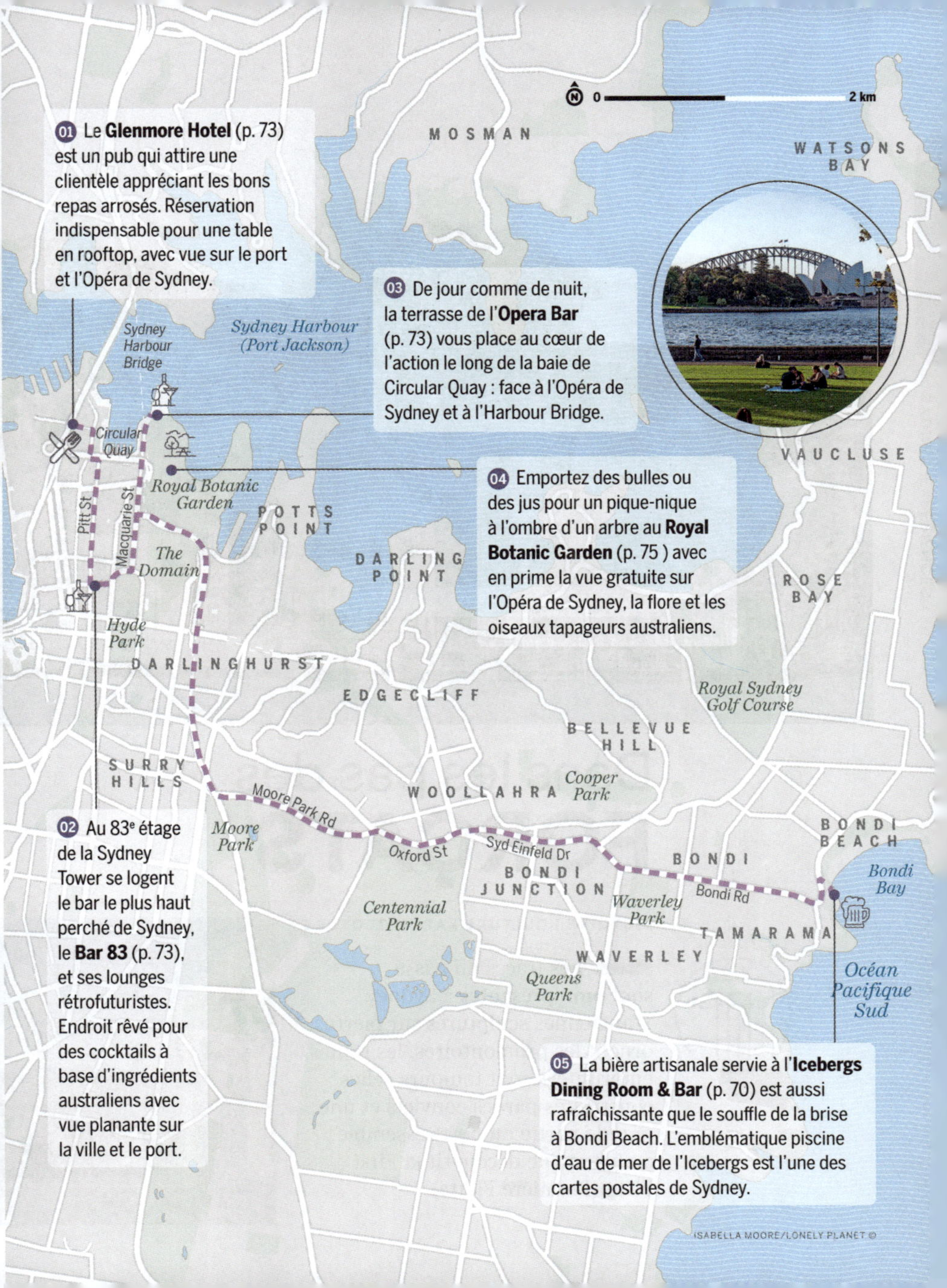

01 Le **Glenmore Hotel** (p. 73) est un pub qui attire une clientèle appréciant les bons repas arrosés. Réservation indispensable pour une table en rooftop, avec vue sur le port et l'Opéra de Sydney.

02 Au 83e étage de la Sydney Tower se logent le bar le plus haut perché de Sydney, le **Bar 83** (p. 73), et ses lounges rétrofuturistes. Endroit rêvé pour des cocktails à base d'ingrédients australiens avec vue planante sur la ville et le port.

03 De jour comme de nuit, la terrasse de l'**Opera Bar** (p. 73) vous place au cœur de l'action le long de la baie de Circular Quay : face à l'Opéra de Sydney et à l'Harbour Bridge.

04 Emportez des bulles ou des jus pour un pique-nique à l'ombre d'un arbre au **Royal Botanic Garden** (p. 75) avec en prime la vue gratuite sur l'Opéra de Sydney, la flore et les oiseaux tapageurs australiens.

05 La bière artisanale servie à l'**Icebergs Dining Room & Bar** (p. 70) est aussi rafraîchissante que le souffle de la brise à Bondi Beach. L'emblématique piscine d'eau de mer de l'Icebergs est l'une des cartes postales de Sydney.

05 Dans les pas des FORÇATS

HISTOIRE | CULTURE | ARCHITECTURE

Les traces du passé sont omniprésentes à Sydney. D'anciennes sculptures sur pierre ornent les promontoires, les routes empruntées sont toujours celles construites par les convicts et une grande partie du port ressemble au havre que découvrit la First Fleet (Première Flotte).

DIDIER MARTI/GETTY IMAGES ©

En pratique

S'y rendre Le train mène à St James Station, à deux pas des Hyde Park Barracks. Sinon, 15 minutes à pied sont nécessaires depuis Circular Quay, en passant par Macquarie St et ses édifices historiques.

Quand y aller Le week-end est plus tranquille. En semaine, il y a une certaine effervescence au moment de la pause déjeuner.

Tarifs réduits Le Sydney Museums Pass donne accès à 12 sites historiques dans la ville et autour.

CLAUDINE VAN MASSENHOVE/SHUTTERSTOCK ©

Commencez à la source du Sydney britannique construit par les convicts de la First Fleet. Tailleurs de pierre, maçons ou charpentiers de métier, ces condamnés déportés ont bâti de leurs mains l'austère bâtiment georgien où ils logeaient, les **Hyde Park Barracks** (p. 74). Remodelé en 2020, le musée qui occupe ce bel édifice a été repensé de sorte à laisser leur place aux "Premières Nations" australiennes grâce, entre autres, à des installations interactives et des activités théâtrales.

SOMCHAI PHIMONPORNPHOEMCH/SHUTTERSTOCK ©

Les conditions de détention du camp de travail de **Cockatoo Island** (p. 74) étaient particulièrement dures : utilisation de chats à neuf queues (fouet), de cellules d'isolement et d'un système de clochettes attachées aux pieds des bagnards, pour les contrôler. Possibilité de visite guidée ou, sinon, prenez un ferry depuis Circular Quay et explorez l'île en autonomie.

Plantes indigènes

Les premières années, les convicts eurent bien du mal à subsister, alors que les populations autochtones avaient une connaissance millénaire des plantes. Vous pouvez voir des exemples de plantes comestibles récoltées par les peuples gadigal, darug et dharawal dans les parterres Cadi Jam Ora (Premières Rencontres) du **Royal Botanic Garden**.

En haut : Cockatoo Island
À gauche : Cockatoo Island Barracks
Ci-dessus : Hyde Park Barracks

Le Sydney aborigène

Territoire des Gadigal, Sydney est un lieu important pour tous les peuples aborigènes, qui racontent aujourd'hui aux visiteurs leurs récits de survie. Prenez le bus 393 pour La Perouse afin de participer à l'une des nombreuses visites guidées à pied organisées par **First Contact walking tours** (p. 72).

Le *Tribal Warrior* invite à voguer dans le port de Sydney en compagnie de guides aborigènes. Les bénéfices issus de ces traversées servent à financer des programmes qui viennent en aide aux jeunes Aborigènes. Aussi, ne manquez pas la section sur la culture aborigène de l'**Australian Museum** (p. 74), placée sous l'autorité de conservateurs issus de cette communauté. Consultez les sites Internet de National Parks et de Wildlife pour plus de renseignements sur les sorties et les spectacles.

Sauvegardés par les rats !

Quand, en 1979, les ouvriers en charge de la rénovation des **Hyde Park Barracks** soulevèrent les lattes du plancher du pénitencier, ils découvrirent une capsule temporelle : les rats qui infestaient les lieux à l'époque des convicts avaient construit leurs nids dessous. Non contents de leur mordiller le visage la nuit, les furieux rongeurs leur subtilisaient une foule d'objets que l'environnement sec a préservés de l'usure du temps. On a ainsi inventorié 120 000 objets témoins de la vie des convicts. Sur le lot, 4 000 sont aujourd'hui exposés dans les *barracks* : pièces de monnaie, morceaux de cuir, perles de rosaire, corde de hamac, tabliers, bonnets, bobines de coton, robes et broches. On a même retrouvé quelques squelettes de rats !

Page de gauche : hamacs des convicts, Hyde Park Barracks **Ci-dessous** The Rocks Discovery Museum

The Rocks

Appelé Tallawoladah par les Gadigal, le plus vieux quartier de Sydney était, au début du XIXe siècle, une plaque tournante du commerce portuaire, dont celui, humain, des convicts. Ces terres rocheuses à l'ouest de Circular Quay furent celles allouées à ces derniers (tandis que le gouverneur et les officiels s'installaient côté est). Aujourd'hui, The Rocks affiche un tout autre visage avec ses boutiques et ses bars branchés, à l'ombre de l'Harbour Bridge. Une promenade guidée peut vous dévoiler les vestiges de l'époque coloniale, mais il n'est pas compliqué de les découvrir par soi-même, avant de faire un bond dans le temps en déjeunant dans un café moderne ou en faisant des emplettes sur le marché de plein air.

Au nombre des édifices coloniaux à découvrir, ne manquez pas la haute stature de grès, coiffée de cuivre, du **Sydney Observatory** (p. 75), les **Campbell's Stores** (entrepôts en brique ; p. 70) et les sages rangées de maisons mitoyennes, à l'image des Sergeant Majors Row Terraces de George St.

À la fin du siècle dernier, des archéologues ont mené ici de vastes opérations de fouilles urbaines (les "Big Dig") et mis au jour une grande partie du tissu urbain de la première colonie. Ainsi, parmi les nombreux musées du site, il en est un indispensable à visiter : le **Big Dig Archaeology Centre** (p. 70). Niché dans une ruelle, **The Rocks Discovery Museum** (p. 75) retrace l'histoire du quartier à travers des objets témoins et le portrait des différents acteurs de l'implantation initiale. Une attention toute particulière est accordée aux Gadigal, les premiers habitants de The Rocks.

Premier contact : James Cook et l'équipe de l'Endeavour

Dix-huit ans avant l'arrivée de la First Fleet, James Cook et toute l'équipe scientifique de l'*Endeavour* (véritable annexe flottante de la brillante Royal Society londonienne) avaient accosté à Kurnell, actuel faubourg au sud de Sydney. Le **Kurnell Visitor Centre** (p. 72) évoque l'impact de l'arrivée des Européens sur le peuple aborigène local. Il fournit également des informations sur les zones humides environnantes et sur la vie de James Cook.

Plus à l'ouest se trouvent des maisons historiques d'intérêt datant du tout début de l'installation des colons. Parramatta fut construite par les convicts de la Première Flotte après que la Sydney Cove se révéla impropre à la culture de légumes.

CRÉATURES
de Sydney

01

02

03

04

05

06

01 Ibis
Le "poulet des poubelles" fouille les boîtes à ordures des parcs, et tourne autour des snacks des touristes dans Circular Quay.

02 Mouette argentée
Reconnaissable à ses cris rauques, elle se bat avec ses congénères et les goélands pour des restes de nourriture.

03 Martin-chasseur géant
Le *kookaburra* est l'oiseau emblématique de la Nouvelle-Galles du Sud. À voir et entendre au Centennial Park et dans les autres parcs nationaux.

04 Cassican flûteur
Pour protéger son nid et ses petits installés dans les arbres, il attaque les joggeurs et les cyclistes (au mois de septembre).

05 Cacatoès à huppe jaune
Ce grand perroquet bruyant règne en maître de Mrs Macquarie's Chair aux banlieues de Sydney. C'est en bande que les cacatoès chapardent dans les poubelles et jonchent le sol de détritus.

06 Loriquet arc-en-ciel
Réunies en formations orchestrales au crépuscule, les volées de loriquets se perchent dans les arbustes.

7 Renard volant
Dans le Hyde Park et le Centennial Park, repérez la silhouette de cette chauve-souris dans le ciel nocturne. Le renard

08

09

07

10

11

12

13

volant se nourrit du pollen des eucalyptus.

08 Araignée chasseuse
Après les fortes averses estivales, cette araignée de la taille du poing se sèche sur les murs des chambres. Sa morsure est douloureuse mais non mortelle.

09 Araignée à toile-entonnoir de Sydney
Très venimeuse, elle adore les jardins. Aucune mort reportée depuis 1981 et la découverte d'un anti-venin.

10 Dragon d'eau australien
Même les lézards adorent Sydney, notamment le Lane Cove National Park et Parsley Bay.

11 Goanna
Repérez ce varan paisible lézardant le long du Manly Scenic Walkway.

12 Opossum d'Australie
La nuit, leurs yeux réfléchissent la lumière. On les trouve autour du Hyde Park, dans les figuiers de Moreton Bay et les eucalyptus.

13 Talégalle de Latham
Habitué des banlieues boisées de North Shore, cet oiseau bagarreur à l'allure de dinde gratte la terre des jardins.

■ **Paula Jane Byrne**
Historienne et auteure de Criminal Law and Colonial Subject
@Paula-Jane-Byrne

Quotidien des premiers convicts

LA LOI DU PLUS FORT À SYDNEY

Les premiers forçats déportés ont débarqué en janvier 1788 à Circular Quay avec outils, matériaux de construction et bétail, loin de se réjouir de leur arrivée à Sydney. Point de départ d'une nouvelle vie, mais une existence sous la contrainte du système pénitentiaire. La peur du lendemain, le fouet, le mitard ou le transfert dans un autre centre pénitentiaire sur le littoral de Nouvelle-Galles du Sud étaient leur quotidien.

En haut : Circular Quay
Page de droite, à gauche : Hyde Park Barracks
À droite : Parliament House

PHOTO ECCLES/SHUTTERSTOCK ©

Les premiers forçats

En 1788, les premiers colons européens s'installèrent de façon permanente sur la partie est de Sydney Cove, sur les terres des Gadigal, les premiers habitants. Ces derniers avaient baptisé cette zone "Warrane".

Des disques de bronze incrustés dans le trottoir matérialisent la ligne côtière d'origine. Sur la hauteur qui surplombe la ville, imaginez deux rangées régulières de barraques en brique affectées aux convicts en 1792.

Côté ouest de Circular Quay, The Rocks était réservé aux activités commerciales des convicts. Au début du XIXe siècle, les combles, jardins et abris des maisons taillées dans la roche étaient loués à ces derniers. Ils réglaient en nature, au moyen de leurs rations (450 g de bœuf séché, de maïs et de farine par personne et par jour), de rhum, voire d'objets volés, et du peu d'argent qu'ils se faisaient avec des petits boulots une fois leur travail forcé accompli.

Avec le rhum reçu en guise de loyer, certains propriétaires ouvrirent des *public houses* (débits de boissons) officieuses.

La Seconde Flotte, un destin tragique

C'est sur le premier débarcadère, au centre de Circular Quay, qu'arrivèrent les 486 convicts de la Seconde Flotte, en 1790, bien longtemps après la date prévue, fort moins nombreux qu'ils n'étaient partis et surtout dans un état pitoyable. Certains d'entre eux perdirent connaissance, d'autres se traînèrent à genoux ou furent portés sur le dos d'autres prisonniers : affamés et atteints du scorbut, beaucoup ne survécurent pas longtemps.

Une compagnie spécialisée dans le transport d'esclaves avait été chargée de les convoyer jusque-là. Contrairement à

ROSE MARINELLI/SHUTTERSTOCK ©

MASTAMAK/GETTY IMAGES ©

un convoi d'esclaves, cette traversée ne lui rapportait rien, d'où le peu d'intérêt qu'il y avait à les nourrir et à ce qu'ils arrivent vivants.

Convicts : hommes et femmes

Chaque navire avait sa propre petite culture qui dépendait de la personnalité du capitaine.

Pour les prisonnières, cela signifiait : viols répétés et cohabitation avec un marin ou un officier de marine ; effectuer des tâches telles que la lessive ou vendre des articles achetés dans les ports. Après 1813, les femmes qui arrivaient étaient tout de suite acheminées, *via* la Parramatta River, à la Parramatta Female Factory (parragirls.org.au). Il est possible de parcourir en bateau le même itinéraire jusqu'à Parramatta et de voir l'usine/établissement pénitentiaire réservé aux femmes.

Les prisonniers hommes avaient des horaires de travail fixes en dehors desquels se trouver dans la rue était considéré comme une infraction. Ils travaillaient dans le secteur du bâtiment et dans les magasins, où les rations étaient distribuées et les produits livrés. Une fois débarqués, ils devaient se débrouiller pour se loger dans le sordide quartier de The Rocks. C'était (et c'est toujours) un dédale de rues sans numéros. Une configuration qui ne facilitait pas le travail des agents de police lorsqu'ils étaient aux trousses d'un individu.

Placés au service du gouverneur de la colonie, les bagnards étaient condamnés à 7 ou 14 années de travaux forcés, si ce n'était à perpétuité. Le gouverneur avait néanmoins le pouvoir de les affranchir de leur peine et de leur rendre leur liberté.

Plus aucun navire de déportés ne fut envoyé en Nouvelle-Galles du Sud après 1850, suite à une forte opposition à l'égard des convicts. C'est d'ailleurs ce sentiment de rejet qui fut en partie à l'origine du mouvement pour la démocratie.

Travail forcé

En vous baladant dans Sydney, imaginez les convicts tailler la pierre, utiliser mortier et chaux ou couper du bois sous les coups de fouet. Nombre de bâtiments construits par les déportés sont encore visibles aujourd'hui :

St James' Church 179 King St

Supreme Court building Elizabeth St

Man O' War steps Près des Botanic Gardens

Parliament House Macquarie St

Mint Museum Macquarie St

Sydney Conservatorium of Music (une partie) Près des Botanic Gardens

National Trust Centre Observatory Hill

Cadmans Cottage The Rocks

Hyde Park Barracks Macquarie St

Argyle Cut The Rocks

06 Vite à la PLAGE !

PLAGES | NATURE | SURF

Quelle chance ont les Sydnéens de vivre si près de l'océan et de pouvoir se rendre à loisir à la plage ! Plus d'une centaine d'options s'offrent à eux, chacune différente : plages désertes où lire et bronzer en toute quiétude, spots aux déferlantes puissantes prisés des surfeurs...

FRANCESCA PIANZOLA/SHUTTERSTOCK ©

En pratique

S'y rendre Du centre de Sydney, on peut rejoindre les plages de l'est par le bus. Pour celles situées au nord, prenez le ferry qui relie Circular Quay à Manly.

Quand y aller Par beau temps, les matins en semaine sont plus tranquilles. Par temps nuageux, vous côtoierez plus d'habitants et de surfeurs que de touristes.

Sauveteurs en mer Les *life guards* surveillent certaines zones des principales plages, que signale un drapeau jaune et rouge.

MARK KRIEDEMANN/GETTY IMAGES ©

Mahon Pool, proche de Maroubra, est une plage tranquille et peu fréquentée où des vagues spectaculaires ne demandent qu'à être surfées. À **Little Bay Beach**, au sud de Maroubra, il n'y a aucun bâtiment visible, uniquement une magnifique mer lisse et des affleurements propices à la pratique du snorkeling. L'endroit, au calme, est fréquenté principalement par la population locale. La paisible **Hermit Bay Beach**, au bout des sentiers de randonnée du Nielsen Park, laisse apercevoir, au loin, l'Harbour Bridge. Le lieu est idéal pour lire sur le doux tapis d'herbe de blé, à l'ombre des arbres. Il n'est même pas nécessaire de rejoindre la plage de sable : on peut plonger directement dans l'eau depuis une paroi rocheuse peu élevée. **Shelly Beach**, à Manly, est protégée des forts vents du sud. Il est donc possible de se baigner en toute sérénité.

AL_YOSHI/GETTY IMAGES ©

Plage naturiste

Doyenne des plages naturistes d'Australie, **Lady Bay Beach** n'est pas réservée aux femmes en dépit de son nom. Depuis des décennies, gays et hétéros, locaux et visiteurs étrangers se baignent dans le plus simple appareil dans les eaux calmes et bleues de l'océan. À l'abri des regards, derrière deux jetées de pierre naturelles.

En haut : Little Bay Beach
À gauche : Mahon Pool
Ci-dessus : Lady Bay Beach

Plage conviviale

Clovelly Beach Les berges bétonnées de cette plage permettent de sauter dans l'eau directement après un verre en terrasse. On peut aussi s'offrir une partie de *lawn bowling* au **Clovelly Bowling & Recreation Club,** avec une superbe vue sur le littoral.

Bassins océaniques

Une quarantaine de bassins artificiels d'eau de mer, gratuits pour la plupart, jalonnent le littoral. Si l'idée de croiser un requin vous panique, si le surf ne vous attire pas ou si vous êtes accompagné de jeunes enfants, ils seront l'idéal pour vous. Ces *bogey holes* (bassins creusés dans la roche), comme **Mahon Pool** ou **Bronte Bogey Hole**, au sud de Bondi, permettent de se baigner et de faire du snorkeling en sécurité, même si la pratique du surf ici est en forte augmentation. Les **McIver's Ladies Baths** (p. 75 ; ou Coogee Women's Baths), à Coogee, sont réservés aux femmes et aux enfants. Le **Fairlight Rock Pool**

Surf pour débutants

Pour un début d'apprentissage efficace, il faut passer un maximum de temps dans l'eau pour optimiser sa façon de ramer, allongé sur sa planche. Les plages de Sydney peuvent être bondées, mais votre plus gros souci sera les vagues à affronter !

Évitez Bondi, trop fréquentée. La plage de Manly l'est moins. Surtout, elle est parfaite pour les débutants Le spot peut être assez protégé, à la différence de Bondi et de Maroubra, où les vagues puissantes peuvent être dangereuses. South Cronulla est une longue plage isolée offrant beaucoup d'espace.

■ **Lucy Small**
Surfeuse et activiste
@saltwaterpilgrim

est également tranquille et familial. Le **MacCallum Pool** et les célèbres **Bondi Icebergs** (p. 75), entre autres, semblables à des piscines, ferment un jour par semaine pour nettoyage.

Marche et snorkeling

Le spectaculaire sentier du littoral **Bondi-Coogee** est le plus célèbre de tous, mais il en existe bien d'autres à parcourir. Quelques-uns des itinéraires les plus surprenants longent le port. Les sentiers **Harbour Bridge/Spit Bridge** et **Spit Bridge/Manly** dévoilent un parcours admirable. Vous pouvez randonner de **Bondi à Manly** (80 km ; bonditomanly.com) en quelques jours. L'un des meilleurs spots de **snorkeling** se situe à **Gordons Bay**, où l'on bénéficie d'un sentier marin balisé et gratuit pour observer la vie sous-marine. Autre spot : **Shelly Beach**, à côté de Manly.

Observation des baleines

Entre mai et novembre, plus de 30 000 baleines à bosse et baleines australes longent le littoral de Sydney au cours de leur migration de l'Antarctique vers les eaux plus chaudes du Pacifique. Du haut des falaises, il est aisé de les repérer à leurs jets d'eau. Grimpez pour cela jusqu'au haut perché **Waverley Cemetery** (p. 70). Possibilités de sorties en mer à la rencontre des cétacés.

Page de gauche : Manly Beach
Ci-dessous : sentier du littoral Bondi-Coogee

Carnet d'adresses

Les grands classiques (p. 48)

Art Gallery of NSW
(1800 679 278 ; www.artgallery.nsw.gov.au ; Art Gallery Rd, The Domain ; entrée libre ; 10h-17h jeu-mar, 10h-22h mer ; 441, St James)

Bondi Beach
(Campbell Pde ; 333).

Centennial Park
(02-9339 6699 ; www.centennialparklands.com.au ; Oxford St ; aube-crépuscule ; Moore Park, Bondi Junction).

Elizabeth Bay House
(02-9356 3022 ; www.sydneylivingmuseums.com.au ; 7 Onslow A ave, Elizabeth Bay ; gratuit ; 10h-16h dim ; 311, Kings Cross).

Opera House
(Opéra ; 02-9250 7777 ; www.sydneyoperahouse.com ; Bennelong Point ; Circular Quay)

Royal Botanic Garden
(02-9231 8111 ; www.rbgsyd.nsw.gov.au ; Mrs Macquarie's Rd ; 7h-crépuscule ; Circular Quay).

À voir

Big Dig Archeology Centre
Voir p. 61 (02-8272 0915 ; thebigdig.com.au ; 110 Cumberland St ; Circular Quay)

Campbell's Stores
Voir p. 61 (www.campbellsstores.com.au ; 7–27 Circular Quay West, The Rocks ; Circular Quay)

Waverley Cemetery
Voir p. 69 (02-9083 8899 ; waverley.nsw.gov.au/cemeteries ; St Thomas St, Bronte ; 7h-17h mai-sept, 7h-19h oct-avr ; 360, 379)

Repas conviviaux

Basax
Voir p. 55 (04-7575 8282 ; www.basax.com.au ; 415 Pitt St, Haymarket ; 12h-15h et 17h-23h lun-jeu, 12h-0h ven-sam ; Chinatown, Museum Station)

Battambang Restaurant
Voir p. 55 (02-9754 2120 ; www.facebook.com/p/Battambang-Restaurant-II-100058599198171 ; 14-16/70 John St, Cabramatta ; 7h-17h30 tlj ; 807, 815, 816, Cabramatta)

Chat Thai $
Prix raisonnables, plats thaïs savoureux et ambiance animée. Idéal pour un repas entre amis ou en famille. Longue carte pour satisfaire tous les goûts. (02-9127 1808 ; www.chatthai.com.au ; 20 Campbell St ; 10h-22h30 lun-jeu, 10h-23h ven-dim ; Capitol Square, Central)

Farmhouse $$
Prenez place autour de la grande table rectangulaire et dégustez des plats de produits de la mer simples et succulents. Situé dans le désormais cosmopolite quartier de King's Cross. (0448 413 791 ; www.farmhousekingscross.com.au ; 4/40 Bayswater Rd, Kings Cross ; services 18h et 20h30 mer-sam, 14h et 18h30 dim ; Kings Cross)

Icebergs Dining Room
Voir p. 57 (02-9365 9000 ; idrb.com ; 1 Notts Ave, Bondi Beach ; 12h-0h mar-sam, 12h-22h dim ; 333)

Lao Village
Voir p. 55 (02-9728 7136 ; www.facebook.com/LaoVillage ; 29 Dale St, Fairfield ; 12h-21h lun-jeu et dim, 12h-21h30 ven-sam ; Fairfield)

Mango Coco

Voir p. 55 (02-8065 7034 ; www.mangococo.com.au ; 421 Pitt St, Haymarket ; 11h30-23h lun-jeu, 11h30-0h ven, 11h-0h sam, 11h-23h dim ; Capitol Square, Museum Station)

Ms G's $$

Une cuisine chinoise revisitée, délicieuse et audacieuse. Ce bar aux allures d'entrepôt et à l'ambiance communautaire vous donnera rapidement le sentiment d'être intégré. (02-9114 7342 ; www.facebook.com/Ms.GsRestaurant ; 155 Victoria St, Potts Point ; 17h-22h mar-jeu, 17h-23h ven-sam, 12h-21h dim, 12h-15h sam ; Kings Cross)

2 Foodies

Voir p. 55 (02-8786 0189 ; www.facebook.com/2greatfoods ; 2/348 Elizabeth Dr, Mount Pritchard ; 9h-20h tlj ; 816, 827)

Saveurs iodées avec vue

Catalina $$$

Les fruits de mer sont si frais qu'ils semblent avoir été pêchés par la fenêtre de ce restaurant traditionnel de Rose Bay. Menu inventif et varié. (02-9371 0555 ; catalinarosebay.com.au ; Lyne Park, Rose Bay ; 12h-22h tlj)

Pilu at Freshwater $$$

La cuisine sarde et les vins venus, eux, de toute l'Italie sont excellents. Situé près d'une plage du nord de Sydney. Venez dîner au coucher du soleil pour un moment mémorable. (02-9938 3331 ; pilu.com.au ; Moore Rd, Freshwater ; 12h-14h30 et 18h-22h mer-dim ; 139, E65)

Quay $$$

Savourez le menu dégustation concocté par le chef avant-gardiste tout en admirant la vue sur le port de Sydney (Sydney Harbour). Retenez votre table quelques semaines à l'avance et demandez-en une offrant une vue dégagée sur l'Opéra. (02-9251 5600 ;

CHAMELEONSEYE/SHUTTERSTOCK ©

Baleine à bosse, Sydney Harbour

www.quay.com.au ; Level 3, Overseas Passenger Terminal, Circular Quay West ; 18h-20h45 mer-ven, 12h-13h30 et 18h-20h45 sam-dim ; Circular Quay)

Ripples Chowder Bay $$$

Terrasse dominant le front de mer avec vue sur le port, servant de bons plats de saumon et de crevettes roses. (02-9960 3000 ; www.rippleschowderbay.com.au ; Bâtiment 7, Deck C Chowder Bay Rd, Mosman ; déj à partir de 12h lun-ven, de 11h30 sam-dim, dîner à partir de 18h tlj)

Cuisine fusion aussie

Bathers' Pavilion $$$

À Balmoral Beach, ce restaurant propose un menu de saison franco-australien privilégiant les produits de petits producteurs et pêcheurs locaux. (02-9969 5050 ; www.batherspavilion.com.au ; 4 The Esplanade, Balmoral ; 8h-22h tlj ; Martin Pl)

Café Bills

Voir p. 47 (02-9360 9631 ; www.bills.com.au/location/sydney ; 433 Liverpool St, Darlinghurst ; 7h30-15h ; Kings Cross)

Ester $$$

Cuisine contemporaine authentique et ambiance décontractée. Au menu : des produits de la mer australiens bien sourcés et des plats aux influences internationales. Ne manquez pas le sandwich au boudin noir les excellents plats vegan. (02-8068 8279 ; ester-restaurant.com.au ; 46/52 Meagher St, Chippendale ; 18h-23h lun-sam, 12h-16h sam-dim ; Central)

LuMi $$$

Délicieuse cuisine italo-japonaise. Les menus dégustation sont un tour de force. (02-9571 1999 ; www.lumidining.com ; 56 Pirrama Rd, Pyrmont ; 12h-13h30 et 17h30-20h30 sam-dim, ouvert au dîner uniquement jeu-ven ; Pyrmont Bay, The Star).

Rockpool Bar & Grill $$$

Restaurant élégant situé dans le fabuleux cadre Art déco du City Mutual Building. Célèbre pour ses burgers de bœuf Wagyu maturé à sec, accompagnés de grosses frites maison. (02-8099 7077 ; rockpoolbarandgrill.com.au ; 66 Hunter St ; 12h-14h lun-ven, 18h-21h lun-mer, 18h-22h jeu-ven, 17h30-22h sam ; Martin Pl)

Three Blue Ducks $$

Les chefs créatifs de ce restaurant prisé au déjeuner s'attachent à travailler des produits locaux, bio et de saison cuits dans leurs fours à charbon de bois. (02-6190 8966 ; www.threeblueducks.com/byron ; 11 Ewingsdale Rd, Ewingsdale ; 7h-11h et 11h30-15h tlj, 16h30-20h ven-dim ; 640, 641)

Nature et histoire aborigène

First Contact walking tours

Voir p. 60 (02-9083 8899 ; mhnsw.au/visit-us/hyde-park-barracks ; St Thomas St, Bronte ; 7h-17h mai-sept, 7h-19h oct-avr ; 360, 379)

Great North Walk

Depuis le Sydney Harbour, le parcours de cette randonnée traverse le Lane Cove National Park, le Berowra Valley Regional Park et le Ku-ring-gai Chase National Park, au nord de Sydney. (www.thegreatnorthwalk.com)

Guringai Aboriginal Tours

Situé dans le le Ku-ring-gai Chase National Park, ce prestataire géré par des citoyens aborigènes, propose des visites guidées donnant un excellent aperçu des nombreux sites illustrant le patrimoine culturel des lieux. (04-3887 7509 ; guringaitours.com.au ; Ku-ring-gai Chase National Park, Sydney ; circuit 3 heures à partir de 65 $)

Kurnell Visitor Centre

Voir p. 61 (02-9668 2010 ; www.nationalparks.nsw.gov.au/things-to-do/visitor-centres/kurnell-visitor-centre ; 21 Cape Solander Dr, Kurnell ; 8 $; 7h-19h30 août-mai, 7h-17h30 juin-juil)

Red Hands Cave

En s'enfonçant dans le Ku-ring-gai Chase National Park, à hauteur de la Resolute Picnic Area (aire de pique-nique), se trouve la Red Hands Cave, une grotte dans laquelle on peut voir des empreintes de mains ocre pâle réalisées par les Aborigènes. Le sentier Resolute Track longe un site de gravures aborigènes. (02-9995 6500, 13 00 072 757 ; www.nationalparks.nsw.gov.au/things-to-do/aboriginal-sites/red-hands-cave ; Ku-ring-gai Chase National Park, Sydney ; inclus dans le prix du parc ; 8h30-18h avr-sept, 8h30-19h oct-mars)

Tribal Warrior

Découvrez la culture et l'histoire des Aborigènes au cours de cette croisière de 2 heures comprenant un arrêt sur Clark Island pour assister à un spectacle culturel et faire une visite guidée à pied. Les bénéfices contribuent à un projet d'autosuffisance communautaire. (02-9699 3491 ; www.tribalwarrior.org ; tarif plein/réduit/enfant 77/53,90/49,50 $; Circular Quay).

Whale Watching Sydney

Les baleines à bosse et les baleines australes se déplacent au large de Sydney et parfois s'aventurent dans le port entre mi-mai et novembre. Whale Watching Sydney organise des sorties en mer de 2 ou 3 heures pour observer les cétacés. (WWS ; 01-800 326 822 ; www.whalewatchingsydney.com.au ; adulte/enfant/famille 2 heures 75/55/209 $, 3 heures 109/79/297 $; mi-mai à début déc)

Bars sympas

Bad Dog

Voir p. 53 (baddog.com.au)

Bar 83

Voir p. 57 (☎ 13000 391 808 ; bar83sydneytower.com.au ; Level 4 Westfield Sydney, 108 Market St ; ⊙ 12h-23h lun-jeu et dim, 12h-0h ven-sam ; St James)

Bearded Tit

Voir p. 53 (☎ 02-7209 4047 ; www.thebeardedtit.com ; 183 Regent St, Redfern ; ⊙ 16h-0h mar-ven, 14h-0h, 14h-22h dim ; 305, 306, 308, 309)

Burrow Bar

Voir p. 56 (☎ 04-5046 6674 ; www.burrowbar.com.au ; rdc 96 Clarence St, Sydney CBD ; ⊙ 17h-0h tlj sauf lun ; Wynyard)

Cantina OK

Voir p. 56 (☎ 02-9665 1507 ; www.clovellybowlingclub.com.au ; 1 Ocean St, Clovelly ; ⊙ 10h-19h30 lun et mer, 9h30-19h30 mar et jeu, 10h-20h30 ven, 9h-20h30 sam, 9h-19h30 dim ; 360)

Door Knock $$$

Cet établissement aux allures de bar clandestin propose un grand choix de cocktails et carte de vins à majorité biodynamiques et naturels. Pour entrer, frappez trois coups à la porte à l'aide du heurtoir en laiton, en forme d'ananas. (www.doorknock.com.au ; 70 Pitt Street ; ⊙ 16h-0h lun-jeu, 12h-1h ven, 16h-1h sam ; Bridge St, Wynyard)

Double Deuce

Voir p. 56 (www.doubledeucelounge.com ; 6 Bridge St ; ⊙ 17h-tard mar-sam ; Bridge Street)

Duke of Enmore

Voir p. 53 (☎ 02-8317 3057 ; oddculture.group/venue/the-duke-of-enmore ; 148 Enmore Road, Enmore ; ⊙ 16h-0h lun-mar, 16h-2h30 mer-jeu, 12h-2h30 ven-sam, 12h-22h30 dim ; 355, 423)

Eau-de-Vie $$$

Ce bar caché propose des cocktails magiques. (☎ 02-7225 5559 ; eaudevie.com.au/sydney ; 285 George St ; ⊙ 17h-1h mar-mer, 16h-1h jeu, 16h-2h ven-sam ; Bridge St, Wynyard)

Glenmore Hotel

Voir p. 57 (☎ 02-9247 4794 ; www.theglenmore.com.au ; 96 Cumberland St ; ⊙ 11h-0h dim-jeu, 11h-1h ven-sam ; Circular Quay)

Goros

Voir p. 53 (☎ 02-9212 0214 ; www.goros.com.au ; 84-86 Mary St, Surry Hills ; ⊙ 16h-1h mer-jeu, 16h-tard ven-sam ; 339, Central Chalmers)

Jangling Jack's

Voir p. 56 (☎ 04-1702 0071 ; www.facebook.com/janglingjacks ; 175 Victoria St, Potts Point ; ⊙ 16h-23h lun-mer et dim, 16h-1h jeu-sam ; Kings Cross)

Lazybones Lounge $$

Situé à Marrickville (hors du centre-ville), ce lounge-bar prisé, à l'atmosphère décontractée et à l'éclairage tamisé, propose de la musique live. (☎ 0450 008 563 ; lazyboneslounge.com.au ; 294 Marrickville Rd, Marrickville ; ⊙ 19h-0h lun-mer, 19h-3h jeu-sam, 17h-22h dim ; Marrickville)

Moya's Juniper Lounge

Voir p. 56 (www.moyasgin.com ; 101 Regent St, Redfern ; ⊙ 16h-0h lun-sam, 16h-22h dim ; Redfern)

Opera Bar

Voir p. 57 (☎ 02-8587 5900 ; www.operabar.com.au ; rez-de-chaussée, Opéra de Sydney ; ⊙ 11h-0h lun-jeu et dim, 11h-0h30 ven-sam ; Circular Quay)

PS40

Voir p. 56 (ps40bar.com ; Shop 2, 40 King St, entrée par Skittle Lane ; ⊙ 17h-0h mar-sam ; 607X, 610X, 613X, 614X)

Shady Pines Saloon $$

Dans le quartier bobo de Darlinghurst, cette porte d'entrée blanche ne laisse présager l'existence de ce *honky tonk* (bar country) en sous-sol. Dégustez un whisky entouré de têtes d'animaux empaillées et fixées au mur. (swillhouse.com/venues/shady-pines-saloon ; 4/256 Crown St, Darlinghurst ; 16h-0h lun-jeu et dim, 16h-1h30 ven-sam)

Temperance Society

Voir p. 53 (www.facebook.com/thetemperancesocietybar ; 122 Smith St, Summer Hill ; 16h-23h lun-jeu, 15h-0h ven, 12h-0h sam, 12h-22h dim ; Summer Hill)

Uncle Ming's $$

Ce petit bar niché au sous-sol d'une boutique de chemises est un lieu qui dégage une atmosphère singulière où l'on peut explorer à loisir la carte des cocktails et des raviolis. Posters de stars de cinéma chinoises accrochés au mur. (www.unclemings.com.au ; 49-51 York St ; 16h-0h lun, 12h-0h mar-jeu, 12h-1h ven, 16h-1h sam ; Wynyard)

Concerts, spectacles et clubbing

Burning Seed

Voir p. 53 (www.burningseed.com ; Red Earth City, Matong State Forest ; sept)

Dragon Dreaming

Voir p. 53 (www.dragondreaming.com.au ; Cooradigbee Homestead, 542 Caves Rd, Wee Jasper ; 369 $; 4-7 oct 2024 ; Kings Cross)

Heaps Gay

Voir p. 53 (heapsgay.com.au)

Honcho Disko

Voir p. 53 (www.honchodisko.com)

Imperial Erskineville

Voir p. 53 (02-8080 7060 ; imperialerskineville.com.au ; 35 Erskineville Rd, Erskineville ; 16h-0h mer-jeu, 16h-3h ven, 12h-4h sam, 12h-0h dim ; Erskineville)

Red Rattler

Voir p. 53 (02-9545 1044 ; www.redrattler.org ; 6 Faversham St, Marrickville ; Sydenham)

107 Projects

Voir p. 53 (02-9167 6999 ; 107.org.au ; 107 Redfern St, Redfern ; 11h-17h mer-sam ; Redfern)

Loisirs et plaisirs gratuits

Australian Museum

Voir p. 60 (02-9320 6000 ; australian.museum ; 6 College St, Darlinghurst ; 10h-17h tlj ; Museum)

Bâtiments historiques

Bon nombre des plus beaux bâtiments historiques de Sydney sont gratuits, notamment la Customs House (bureau des douanes), le Mint (hôtel de la Monnaie), le GPO (ancien siège de la Poste) et la Parliament House (le Parlement) lors des jours de séance.

Chau Chak Wing Museum

Ce musée récent situé dans l'université de Sydney présente des objets de la culture aborigène et des œuvres d'art australiennes, européennes et asiatiques. La Mummy Room (salle des momies) plaît beaucoup aux enfants. (02-9351 2812 ; www.sydney.edu.au/museums ; University Place, Camperdown ; entrée libre ; 10h-17h lun-ven, 12h-16h sam-dim, jusqu'à 21h jeu)

Cockatoo Island

Voir p. 59 (02-8969 2100 ; www.cockatooisland.gov.au ; entrée libre ; Cockatoo Island)

Espaces verts et plages

Parcs et jardins municipaux, parcs nationaux (stationnement payant) et plages sont gratuits.

Hyde Park Barracks

Voir p. 59 (02-8239 2311 ; mhnsw.au/visit-us/hyde-park-barracks ; Queens Square, Macquarie St ; entrée libre ; 10h-18h tlj ; 412, 431, St James)

Joyaux architecturaux

Admirez le magnifique Queen Victoria Building et la Strand Arcade lors d'une sortie shopping. Pour voir de beaux bâtiments plus modernes, direction le Central Park et le Dr Chau Chak Wing Building, non loin.

Royal Botanic Gardens

Voir p. 57 (☎02-9231 8111 ; www.botanicgardens.org.au ; Mrs Macquarie's Rd ; entrée libre ; 7h-coucher du soleil ; Circular Quay).

Sydney Harbour

Vous pouvez emprunter l'emblématique Sydney Harbour Bridge et traverser le parc d'attractions Luna Park.

Sydney Observatory

Voir p. 61 (☎02-9217 0222 ; powerhouse.com.au/visit/sydney-observatory ; 1003 Upper Fort St ; entrée libre, visite guidée tarif plein/réduit/enfant 36/32/24 $; 10h-17h ; Circular Quay)

The Rocks Discovery Museum

Voir p. 61 (☎02-9240 8680 ; rocksdiscovery-museum.com ; Kendall Lane ; entrée libre ; 10h-17h tlj ; Circular Quay)

Wendy Whiteley's Secret Garden

Voir p. 51 (☎02-9936 8100 ; www.wendyssecretgarden.org.au ; Lavender St, Lavender Bay ; entrée libre ; 24h/24 ; Milsons Point)

White Rabbit

Art chinois avant-gardiste et contemporain. Les œuvres, toutes du XXIe siècle, sont audacieuses et ludiques. C'est, à bien des égards, la meilleure galerie d'art contemporain de Sydney. (☎02-8399 2867 ; whiterabbitcollection.org ; 30 Balfour St, Chippendale ; entrée libre ; 10h-17h mer-dim, souvent fermé fév et août ; Central)

Activités payantes

Bondi Icebergs Pool

Voir p. 69 (☎02-9130 4804 ; www.icebergs.com.au ; 1 Notts Ave, Bondi Beach ; adulte/enfant 10/7 $; 6h-18h30 lun-mer et ven, 6h30-18h30 sam-dim ; 333)

BridgeClimb

Voir p. 51 (☎02-8274 7777 ; www.bridgeclimb.com ; adulte 298-434 $, enfant 149-265 $)

McIver's Ladies Baths

Voir p. 68 (www.mciversladiesbaths.com ; Beach St, Coogee ; 2,50 $; lever-coucher du soleil ; 352, 372-7)

Marchés locaux

Blak Markets

Moins régulier que les autres marchés et plutôt itinérant, le Blak Markets offre néanmoins une formidable occasion d'acheter de l'art et de l'artisanat aborigènes. Lieu de rencontre de la communauté aborigène. (☎04-9925 2599 ; www.blakmarkets.com.au ; Bare Island, La Perouse ; 10h-16h sam)

Bondi Markets

Venez farfouiller sur les étals de ce marché pour trouver des merveilles : vêtements de seconde main branchés, livres, bijoux hippies, huiles aromatiques, bougies et vieux disques de Cat Stevens. (☎04-0228 0633 ; bondimarkets.com.au ; Bondi Beach Public School, Campbell Parade ; 10h-16h dim ; 333, 362, 380)

Carriageworks Farmers Market

Goûtez à toute la richesse des produits de Nouvelle-Galles du Sud au Carriageworks. Vous trouverez sur ce marché tout ce dont vous avez besoin, que ce soit des fruits, des en-cas ou des ingrédients pour faire un pique-nique haut de gamme. (☎02-8571 9099 ; carriageworks.com.au ; Carriageworks, 245 Wilson St, Eveleigh ; 8h-13h sam ; Redfern).

Kirribilli Markets

Un merveilleux marché mensuel proposant vêtements de seconde main, antiquités plus ou moins authentiques, vêtements pour enfant et bijoux en tout genre. Stands de nourriture exotique et joyeux brouhaha le long du port. (☎02-9922 4428 ; www.kirribillimarkets.com ; 41 Alfred St. S, Kirribilli ;

Paddington Markets

⏲ 8h30-15h 1er et 2e dim, 4e sam du mois ; ⛴ Milson Point, 🚉 Milson Point)

Markets at Glebe

Scène alternative de Sydney depuis de longues années, le Saturday Markets de Glebe est devenu le Markets at Glebe. Parcourez les allées de ce marché aux puces à la recherche de trésors vintage, rapportez des bijoux et régalez-vous de quelques produits frais et bio. (www.glebevillagemarkets.com.au ; Glebe Public School, angle Glebe Point Rd et Derby Pl ; ⏲ 10h-16h sam ; 🚌 431, 433, 🚋 Glebe)

Paddington Markets

Faites-vous massez les pieds, faites-vous lire l'avenir par une cartomancienne, achetez une chemise tendance pour sortir le soir... Ce marché aux puces du week-end, le plus fréquenté de Sydney, regorge de stands de vêtements de seconde main branchés, de bijoux, de livres. Difficile de se garer, préférez les transports publics. (☎ 04-0228 0633 ; www.paddingtonmarkets.com.au ; 395 Oxford St, Paddington ; ⏲ 10h-16h sam ; 🚌 333, 352, 440, M40)

Rozelle Collectors Markets

L'un des meilleurs marchés de Sydney où faire de bonnes affaires. Peu de touristes. Bijoux, vêtements vintages, plantes et livres. Musique live, chiromanciennes et stands de nourriture. (☎ 04-7801 5203 ; rozellecollectorsmarket.com.au ; Rozelle Public School, 663 Darling St, Rozelle ; ⏲ 9h-15h sam ; 🚌 445, 504, 518)

Surry Hills Markets

Il règne sur ce marché mensuel une joyeuse ambiance communautaire. Les habitants louent des stands pour y vendrede vieilles affaires : vêtements, CD, livres etc. Marchandez ! (☎ 02-9356 4977 ; shnc.org/surry-hills-markets ; Shannon Reserve, Crown St, Surry Hills ; ⏲ 8h-16h 1er sam du mois ; 🚉 Central)

Une toile sous les étoiles

Bondi Openair Cinema

Avec l'écran dos à l'océan, on peut voir les surfeurs s'activer en arrière-plan. (www.openaircinemas.com.au/bondi ; Bondi Pavillion ; ⏲ fév-mars ; 🚌 333, 380)

Inner West Openair Cinema

Les étudiants célèbrent la fin des examens dans ce lieu situé sur le port. Écran géant, couchers de soleil, vue de la skyline de la ville, nourriture et vins raffinés. Animaux de compagnie acceptés. (www.openaircinemas.com.au/inner-west-sydney ; Cadigal Green, Sydney University ; ⏲ déc ; 🚌 352, 370)

Moonlight Cinema

Apportez votre pique-nique et rejoignez les chauves-souris sous les étoiles du Centennial Park. On entre par la Woollahra Gate, située dans Oxford St. Productions récentes, films pour les enfants, films d'art et d'essai et grands classiques sont projetés sur un écran géant. (moonlight.com.au ; Belvedere Amphitheatre, angle Carrington Dr et Broome Ave, Centennial Park ; tarif plein 26 $; ⏲ coucher du soleil déc-mars ; 🚌 333, 352, 440, M40, 🚉 Bondi Junction)

OpenAir Cinema

La vue sur la ville pourrait détourner votre attention du film projeté sur l'écran au-dessus de l'eau. Se tient à Mrs Macquarie's Point.(☎ 1300 366 649 ; westpacopenair.com.au ;

Mrs Macquaries Rd ; tickets 38 $; ⏲ début jan à mi-fév ; Ⓡ Circular Quay)

Sunset Cinema

Situé à North Sydney Oval, ce cinéma de plein air est l'un des plus prisés les soirées d'été. Il comprend un bar et il est possible de pique-niquer sur place. Il est en revanche interdit d'apporter ses propres boissons alcoolisées. (sunsetcinema.com.au/north-sydney ; North Sydney Oval, Miller St, North Sydney ; tarif plein/réduit 25/15 $; ⏲ déc-mars)

Cafés, gâteaux et glaces

Black Star Pastry $

Tartes raffinées et autres délicieux desserts, notamment le gâteau à la pastèque, la star des réseaux sociaux. Situé à Newtown, une localité pittoresque de la banlieue de Sydney. (☎ 02-9557 8656 ; www.blackstarpastry.com ; 325 King St, Newton ; ⏲ 8h-16h30 tlj ; Ⓡ Newtown)

Bourke Street Bakery $

Une institution à Surry Hills. D'autres boulangeries à Sydney, Marrickville et dans les environs. (☎ 02-9699 1011 ; bourkestreetbakery.com.au ; 633 Bourke St, Surry Hills ; ⏲ 7h-18h lun-ven, 7h-17h sam-dim, 7h-16h jours fériés ; Ⓑ 301, Ⓣ Surry Hills, Ⓡ Central)

Cow & the Moon $

Le célèbre glacier situé à Enmore a reçu le prix du meilleur glacier du monde en 2014 lors du Gelato World Tour à Rimini, en Italie. (☎ 423 660 198 ; www.cowandthemoon.com.au ; 181 Enmore Rd, Enmore ; ⏲ 8h30-22h dim-jeu, 8h30-23h ven-sam ; Ⓡ Newtown)

Grounds of the City $$

Vous ne remarquerez pas la foule du Queen Victoria Building à l'intérieur de ce café "parisien". Une oasis à la décoration vintage. Excellent café. (☎ 02-9699 2225 ; thegrounds.com.au ; 500 George St ; ⏲ 7h-21h30 lun-ven, 8h-21h30 sam, 8h-17h dim ; Ⓣ QVB, Ⓡ Town Hall)

Koi Dessert Bar $$$

Reynold Poernomo, qui a participé à l'émission *MasterChef Australia*, confectionne ses desserts à côté du Central Park. Au rez-de-chaussée se trouve le café proposant les succulents mets sucrés. Pour la dégustation du luxueux menu dégustation composé de 4 desserts, il faut réserver une table à l'étage. (☎ 02-9182 0976 ; www.koidessertbar.com.au ; 6 Central Park Ave, Chippendale ; ⏲ 11h-23h mar-dim ; Ⓡ Central)

Pablo & Rusty's Sydney CBD $

L'établissement sert le meilleur café du centre-ville de Sydney. (☎ 02-9283 9543 ; pabloandrustys.com.au ; 161 Castlereagh St ; ⏲ 7h30-14h30 lun-ven ; Ⓡ Town Hall)

Reuben Hills $$

La star est le café d'origine unique torréfié à Surry Hills, suivi de près par le rafraîchissant lait de riz fait maison (horchata), l'excellent poulet frit, les tacos et les tortillas du Honduras (baleadas). (☎ 02-9211 5556 ; www.reubenhills.com.au ; 61 Albion St, Surry Hills ; ⏲ 7h-16h lun-ven, 7h30-16h sam-dim ; Ⓡ Central)

Art aborigène et Australiana

Aboriginal & Pacific Islander Art

La galerie, installée à Waterloo, représente les communautés d'artistes aborigènes et les insulaires du Pacifique. (☎ 02-9699 2211 ; aboriginalpacificart.com.au ; 1/24 Wellington St, Waterloo ; ⏲ 11h-17h mar-sam ; Ⓑ 355)

Australian Wine Centre

Vend d'excellents vins australiens. (☎ 02-9247 2755 ; australianwinecentre.com ; 42 Pitt St ; ⏲ 9h-22h lun-sam, 11h-21h dim ; Ⓡ Circular Quay)

Gannon House Gallery

Inspirante sélection d'œuvres d'art achetées directement aux artistes aborigènes. (412 George St ; ⏲ 9h-17h30 lun-mer et ven, 9h-18h jeu, 9h-17h sam, 10h-16h dim ; Ⓡ Martin Place, St James)

07 Excursion dans les Blue MOUNTAINS

PATRIMOINE | CULTURE | VUE

Refuge de la haute société au XIXe siècle, la région des Blue Mountains conserve un patrimoine architectural et culturel qui reflète l'aisance et le mode de vie coloniaux. Aventurez-vous sur la canopée de ce joyau naturel australien, où flotte une légère brume bleutée produite par l'évaporation de l'huile des eucalyptus.

Ci-dessus : Three Sisters (p. 80)
À gauche : Salon du Thé, Hydro Majestic Hotel
À droite : Champagne Charlie's

INVISIBLESANE/SHUTTERSTOCK ©

En pratique

S'y rendre Des services réguliers partent de Central Station (www.sydneymetro.info/station/central-station), à Sydney. En voiture, empruntez la Great Western Hwy depuis Sydney jusqu'à la ville de Glenbrook, porte d'accès aux Blue Mountains (1 heure de trajet).

Quand y aller Mars-avril : il y a moins de monde et c'est la meilleure période pour randonner. Évitez la haute saison – de décembre à février – et ses températures élevées.

Téléphonez avant Certains magasins et restaurants sont fermés le lundi et les entreprises locales ferment tôt en semaine.

DAVID COLEMAN/HAVE CAMERA WILL TRAVEL/ALAMY STOCK PHOTO ©

Plaisirs du passé

Champagne Charlie's (☎ 61 2 4782 1111 ; thecarrington.com.au/dine-drink/champagne-charlies ; 15-47 Katoomba St, Katoomba). à Katoomba, le bar à cocktails de l'historique Carrington Hotel (1883), avec son dôme-verrière, vous transporte dans une époque, aujourd'hui révolue, faite de paillettes, de glamour et de champagne coulant à flots. Riche carte de cocktails, vins et bières. Ces dernières sont brassées par la Katoomba Brewing Company (brasserie du Carrington).

L'Hydro Majestic, sublime hôtel mêlant Art déco et style victorien, abrite le **Salon du Thé** (☎ 61 2 4782 6885 ; www.hydromajestic.com.au/dining ; 52/88 Great Western Hwy, Medlow Bath). Le lieu, tout décliné de rouge, est dans l'esprit des maisons de thé de Shanghai. Après une balade dans les jardins ouvrant sur

GEOFF DUDE/FLICKR/CC BY-NC-ND 2.0 DEED ©

Norman Lindsay, artiste controversé

La maison-musée (☎ 61 2 4751 1067 ; www.nationaltrust.org.au/places/norman-lindsay-gallery ; 14 Norman Lindsay Cres, Faulconbridge ; adulte/enfant 17/15 $; ⏲ mer-lun 10h-16h) du célèbre artiste australien abrite aujourd'hui ses nombreuses peintures, sculptures, eaux-fortes et illustrations, dont celles tirées des *Aventures de Magic Pudding*. Découvrez son art singulier et sa vie parfois scandaleuse, et baladez-vous dans le jardin luxuriant.

un panorama unique, commandez une théière ou un cocktail à base de thé avant de gagner le restaurant, le Wintergarden, pour le dîner.

Shopping vintage

Créé par Steven Archer, marchand d'art et antiquaire, le célèbre **Katoomba Antique Centre** (61 2 4782 6000 ; 116/118 Bathurst Rd, Katoomba ; mer-dim 10h-16h30, lun 11h-14h) attire les chineurs. Il abrite aussi un petit musée consacré aux appareils photo. Les fans de vinyles ne manqueront pas d'aller jeter un coup d'œil à la large sélection d'albums réunie au **Velvet Fog Record Bar** (www.thevelvetfog.com.au ; 1/76 Bathurst Rd, Katoomba ; mar-sam 10h-17h)**, situé non loin**. Dans la boutique **MacArthur's Arcade** (61 2 4782 5768 ; macarthursarcade.com ; 84 Katoomba St, Katoomba ; tlj 10h-17h)), on trouve de tout : porcelaine, mobilier, mode vintage… Au sous-sol, la librairie **Mr Pickwick's Books** possède un fonds de 60 000 ouvrages

Randonnée dans les Blue Mountains

Prince Henry Cliff Walk (www.nationalparks.nsw.gov.au ; 7h-19). Reliant Katoomba à Leura, ce sentier de niveau modéré longe les Three Sisters, trois célèbres rochers, et offre une vue sur Ruined Castle (une formation rocheuse) et sur trois cascades. Le sentier passe au pied des falaises, permettant de contempler le fond de la Jamison Valley.

Six Foot Track (www.nationalparks.nsw.gov.au). Cet itinéraire de plusieurs jours (46 km) suit le chemin qu'empruntaient les chevaux autrefois. Il relie Katoomba aux Jenolan Caves, et offre une vue dégagée sur la Megalong Valley.

Pour les randonnées longue distance, faites-vous connaître et louez une balise de détresse au centre d'information des visiteurs ou au commissariat.

LEAH ANNE THOMPSON/SHUTTERSTOCK ©

Page de gauche : Prince Henry Cliff Walk
Ci-contre : Grose Valley
Ci-dessous : Red Hands Cave

MARC ANDERSON/ALAMY STOCK PHOTO ©

CHAMELEONSEYE/SHUTTERSTOCK ©

d'occasion. Les fans de mode rétro adoreront la boutique **Leura Vintage** (☎ 61 2 4784 3333 ; boutique 9, Strand Arcade, 178 Leura Mall ; ⌚ tlj 10h-17h). Outre du mobilier rustique, le magasin d'antiquités **Hazelbrook Cottage Antique Centre** (☎ 61 415 257 289 ; 33 Railway Parade, Hazelbrook ; ⌚ jeu-dim 10h-17h) tente de réunir tous les objets de la culture "Australiana".

Loisirs de plein air

Sur le terrain accidenté de Blackheat, la vedette est incontestablement le Grand Canyon Walk, mais nombre de sentiers de randonnée plus faciles et moins fréquentés sillonnent aussi la région, offrant une vue magnifique sur la Grose Valley. Le **Fairfax Heritage Walk** (www.nationalparks.nsw.gov.au ; ⌚ 7h-19h) est un parcours de 1,8 km entièrement accessible aux personnes en fauteuil roulant. Venez au printemps pour voir les télopéas et les autres fleurs sauvages en pleine floraison.

Le **Jellybean Track** (www.nationalparks.nsw.gov.au ; ⌚8h30-18h), sentier au nom fantaisiste (le sentier des confiseries), est apprécié des familles durant les mois chauds : distance relativement courte et possibilité de se baigner dans un bassin naturel à l'arrivée (le Jellybean Pool). Non loin de celui-ci se trouve la **Red Hands Cave** (www.nationalparks.nsw.gov.au ; ⌚ 8h30-19h), une grotte dans laquelle on peut voir des entailles dans la roche faites à la hache, des empreintes de mains ocre et des empreintes négatives réalisées par le peuple darug, il y a 500 à 1 600 ans. C'est l'un des meilleurs sites de Sydney et des environs pour admirer cet art.

Tartes et confiseries

À Blackheath, la **Bakehouse on Wentworth** (☎ 61 2 4787 7255 ; 105 Wentworth St, Blackheath ; ⌚ tlj 10h-15h) est une *pie shop* (boutique de tartes) qui propose une variété de tartes salées et sucrées, prisées des habitants comme des touristes. Incontournable des Blue Mountains, le magasin de confiseries **Leura Lolly Shop** (☎ 61 2 4782 4090 ; boutique 6/178 Leura Mall, Leura ; ⌚ tlj 9h30-17h) expose des murs entiers approvisionnés en sucettes et chocolats.

08 Randonnée dans le Royal NATIONAL PARK

POINTS DE VUE | MARCHE | ACTIVITÉS DE PLEIN AIR

Le Coast Track (www.nationalparks.nsw.gov.au) épouse sur 26 km le littoral du Royal National Park, au sud-ouest de Sydney. Ce sentier remarquable mais exigeant part de Bundeena et arrive à Otford. Marchez au sommet des falaises, explorez la lande du littoral et baignez-vous dans l'océan. Comptez au moins deux jours pour parcourir la totalité de l'itinéraire. Sinon, optez pour de courtes randonnées à la journée jusqu'aux sites clés.

TRAVELLING.ABOUT/SHUTTERSTOCK ©

Flore et panoramas

Le sentier suit le haut de falaises à pic, traverse des plages et des landes côtières. Au printemps, l'air iodé souffle sur les fleurs endémiques gorgées de nectar. Même après la saison des feux, la partie inférieure du bush reverdit rapidement. Situé à plus de 1 300 m d'altitude, le sentier offre un panorama époustouflant sur l'océan.

En pratique

S'hydrater Emportez suffisamment d'eau et des pastilles de purification, car il n'y a pas de points d'eau potable sur le sentier.

Vérifier la météo Certaines zones étant pentues et exposées, il est déconseillé de randonner en cas de fortes pluies ou de vents violents.

S'équiper Des chaussures de randonnée imperméables vous seront utiles pour enjamber les ruisseaux et marcher sur les plages.

01 Gravures rupestres vieilles d'un millénaire, les **Jibbon Rock Carvings** (www.sydneycoastwalks.com.au/jibbon-aboriginal-carvings) illustrent la relation entre les Dharawal et les orques.

02 Les amas de coquillages de Jibbon Beach, les **Jibbon Shell Midden** (www.sydneycoastwalks.com.au/jibbon-aboriginal-midden), ont révélé le régime alimentaire des Dharawal avant la colonisation européenne : coquillages et animaux.

03 Posé sur un plateau rocheux, le **Wedding Cake Rock** (www.nationalparks.nsw.gov.au ; 7h-19h), dont la forme évoque une part de gâteau de mariage, est une formation de grès blanc qui semble prête à se détacher de la falaise.

04 Isolée, la **Wattamolla Beach** (www.nationalparks.nsw.gov.au ; 7h-20h30) est abritée de part et d'autre par les falaises. Idéale pour se baigner avant de poursuivre la randonnée.

05 Les **Figure Eight Rock Pools** dessinent un bassin en forme de huit, à marée basse. Attention le reste du temps aux risques de submersion.

DESTINATIONS JOURNEY/SHUTTERSTOCK ©, THE ESCAPE OF MALEE/SHUTTERSTOCK ©

BYRON BAY ET CÔTE NORD DE LA NOUVELLE-GALLES DU SUD

PLAGES | RANDONNÉE | GASTRONOMIE

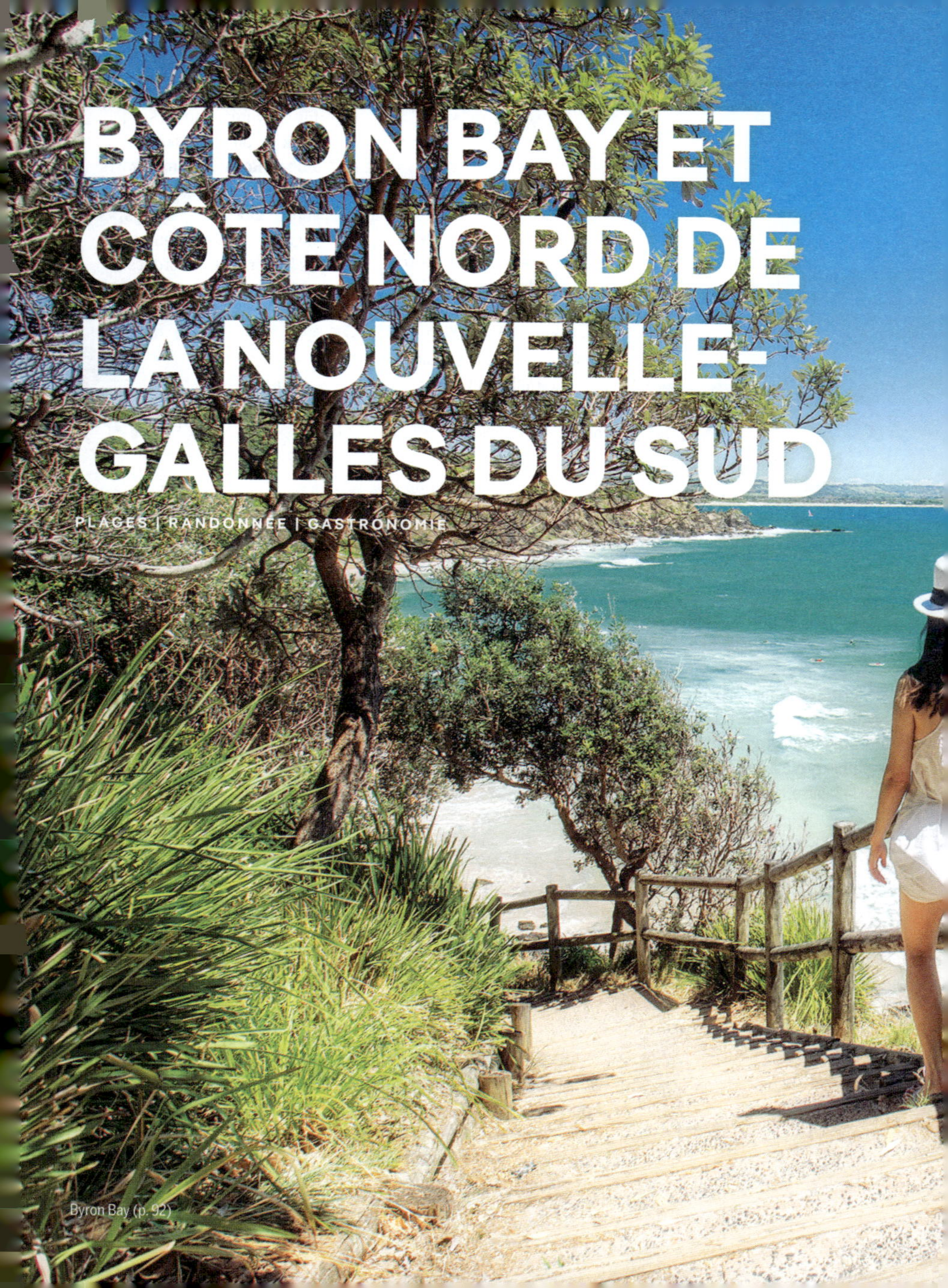

Byron Bay (p. 92)

BYRON BAY ET CÔTE NORD DE LA NOUVELLE-GALLES DU SUD

à la carte

Terres agricoles luxuriantes et îlots de forêt humide, classée au Patrimoine mondial de l'Unesco, bordent les cités balnéaires de la côte nord de la Nouvelle-Galles du Sud. Destinations courues pour leurs breaks de surf et leur ambiance décontractée, elles s'inscrivent désormais au carnet de voyage des gourmets.

Savourez mets et boissons sur les petites routes de la **Tweed** (p. 90).
À 30 minutes de Byron Bay

À l'instar des habitants de **Byron Bay** (p. 92), levez-vous de bon matin.
À 1 heure 30 de Sydney

Une excursion en paddle dans le sillage des premiers habitants de la **Coffs Coast** (p. 98), au plus près de la nature.
À 2 heures 30 de Byron Bay

Passez près d'une cascade féérique lors d'une randonnée dans le **Dorrigo National Park** (p. 102).
À 1 heure de Coffs Harbour

Plongez au milieu des requins-taureaux, espèce en voie de disparition, à **South West Rocks** (p. 105).
À 1 heure 15 de Coffs Harbour

Informations pratiques

À L'ARRIVÉE

Gold Coast Airport Aéroport international, pratique pour découvrir le comté de la Tweed.

Ballina Byron Gateway Airport Vols domestiques et navettes pour Byron Bay.

Coffs Harbour Airport Vols domestiques depuis/vers les grandes villes d'Australie.

SE CONNECTER

Wi-Fi gratuit dans la plupart des hôtels mais pas toujours disponible dans les cafés.

ARGENT

À Byron Bay, les prix pratiqués sont identiques à ceux de Sydney, mais sont parfois majorés le dimanche et les jours fériés.

OÙ LOGER

Localité	Pour/contre
Tweed Coast et Hinterland	Petits boutiques-hôtels et B&B.
Byron Bay	Boutiques-hôtels, auberges de jeunesse, appartements de vacances et campings. Réservation conseillée.
Mid-North Coast	Resorts et campings adaptés aux familles.
Barrington Coast	Destination familiale à petit prix.

COMMENT CIRCULER

Voiture ou camping-car Le plus pratique pour explorer la région.

Taxi et covoiturage Les deux se pratiquent largement. Réservation conseillée.

Transports publics Un train part de Sydney et dessert Casino. Les bus Greyhound effectuent le trajet Sydney-Byron Bay.

EN HAUT : SABINE BANNARD/PIPIT RESTAURANT © EN BAS : MAODOLTEE/SHUTTERSTOCK ©

SE RESTAURER ET PRENDRE UN VERRE

À l'extrême nord de cette côte nord, la scène culinaire est enthousiasmante. Cafés authentiques et tables raffinées mais sans prétention y font honneur aux produits de la mer locaux et de plus en plus aux ingrédients typiquement australiens. Une tendance locavore qui élargit aussi l'offre dans les villes du littoral.

Meilleur dîner gastronomique sur le littoral Pipit, à Pottsville (photo du haut, p. 91)

Goûter une bière artisanale Stone & Wood Pacific Ale (photo du bas, p. 109)

DÉC-FÉV
Temps idéal pour la plage. Réservez bien à l'avance.

MARS-MAI
Journées chaudes et moins de foule touristique, sauf à Pâques.

JUIN-AOÛT
Temps moins chaud, l'idéal pour randonner. Mer encore suffisamment chaude pour se baigner.

SEPT-NOV
Fleurs printanières, journées chaudes et peu de touristes.

Les grands classiques

Pour les infos pratiques de chaque site, reportez-vous au Carnet d'adresses p. 106.

Myall Lakes National Park

Ce vaste parc national forme un patchwork de lacs, d'îles, de forêts tropicales littorales et de plages. Celles de Seal Rocks, un hameau entouré de bush au bord de Sugarloaf Bay, sont arrosées de très belles vagues. Plus au sud, les lacs attirent quantité d'oiseaux, dont les oiseaux jardiniers, les pygargues et les podarges gris. Sur la côte, la forêt humide est sillonnée de sentiers menant aux dunes de Mungo Brush, où l'on peut admirer les fleurs sauvages et essayer d'apercevoir des dingos (chiens sauvages).

GUY SADLER PHOTOGRAPHY/SHUTTERSTOCK.COM ©

NEALE COUSLAND/SHUTTERSTOCK.COM ©

Hunter Valley

La Hunter Valley, où la production remonte aux années 1820, est la région viticole la plus ancienne d'Australie, réputée pour son excellent sémillon. Elle se trouve à 2 heures de route de Sydney, dans les terres. La plupart des domaines viticoles de cette vallée proposent des dégustations gratuites ou à petit prix dans leurs caves à vins.

CAMILA/STOCK.ADOBE.COM ©

Lennox Head

La réputation de Lennox Head en matière de surf n'est plus à faire : plus de 7 km classés Réserve nationale de surf, dont un point break de classe mondiale. Son atmosphère de village et ses habitants décontractés en font une alternative agréable à sa voisine turbulente et plus fréquentée, Byron Bay, 17 km plus au nord.

Brunswick Heads

Longtemps considérée comme la cadette plus tranquille de Byron, "Bruns" a fini par s'épanouir. Bien que l'afflux croissant des visiteurs ait changé le visage de ses rues très ordonnées, elle a gardé son âme hippie : nombre d'instituts y pratiquent le reiki, entre autres méthodes thérapeutiques, et les cristaux bruts abondent sur les étals de ses marchés. Brunswick Heads conjugue encore une ambiance balnéaire tout australienne avec des cafés, bars, restaurants et magasins qui rivalisent avec ceux d'une grande ville.

Waterfall Way

Pittoresque, la Waterfall Way relie sur 200 km plusieurs parcs nationaux entre Bellingen et Armidale, et passe par des forêts subtropicales humides préservées, des vallées idylliques et, bien sûr, des chutes d'eau spectaculaires. Là où elle débouche sur les plateaux, la campagne verdit et les plaines s'élargissent.

Ballina

À l'embouchure de la Richmond River, Ballina offre de nombreuses plages de sable blanc baignées d'eaux limpides. Le charme authentique d'une ville côtière lui fait pourtant défaut, peut-être à cause de son centre, très commerçant. Elle compte de bons restaurants, une galerie d'art régional modeste mais excellente,et quelques édifices historiques qui rappellent qu'elle était un prospère centre d'exploitation du bois au XIXe siècle. Ballina attire aujourd'hui familles en vacances et retraités.

09 LA TWEED, un terroir à croquer

PRODUITS GOURMANDS | BOISSONS ARTISANALES | CAMPAGNE

Bordant le littoral de l'extrême nord de la Nouvelle-Galles du Sud, la région de la Tweed repose sur un sol volcanique riche où poussent une multitude de produits que l'on retrouve, fraîchement récoltés, dans les assiettes des restaurants locaux. Installé dans la très chic Halcyon House, le Paper Daisy est l'une des meilleures tables de la région de la Tweed. Une étape pour gourmets entre deux baignades.

ARTUR BEGEL/SHUTTERSTOCK ©

En pratique

S'y rendre Parcourir les routes sinueuses de l'arrière-pays de la Tweed en voiture de location fait partie de l'expérience.

Quand y aller Toute l'année.

Burringbar Un petit village de l'arrière-pays qui réunit un fromager, un *take-away* proposant de la cuisine mexicaine et une salle de dégustation de boissons artisanales.

Foire gastronomique Rendez-vous culinaire de 10 jours, le Tweed Artisan Food Weekend a lieu fin octobre-début novembre.

EARTH BEER COMPANY ©

Page de gauche, en haut : huîtres
En bas : Earth Beer Company

Tables de chefs Le chef largement récompensé Steve Snow a plus que contribué à installer la Tweed sur la scène culinaire dès 2007, avec l'ouverture de **Fins** (p. 107), à Kingscliff. Néanmoins, la Tweed n'est devenue une véritable destination gastronomique qu'avec l'arrivée en 2015 du **Paper Daisy** (p. 107) et de ses plats Mod Oz (australien moderne). Puis, en 2019, Ben Devlin, l'ancien chef du Paper Daisy, a créé le **Pipit** (p. 107), à Pottsville, non loin. Deux ans plus tard, le **No. 35 Kitchen and Bar** (p. 107) ouvrait à Cabarita une table d'inspiration italienne, suivi de la **Tweed River House** (p. 107), à Murwillumbah, où le chef concocte des plats à base d'ingrédients de saison. Plus dans l'arrière-pays, **Potager** (p. 107) et **Mavis's Kitchen** (p. 107) servent au déjeuner de copieux plats concoctés avec les produits du potager.

Boissons Il n'existe pas de décor de café-brûlerie plus singulier que celui du **Bastion Lane Espresso** (p. 106), installé dans le bureau de poste de la petite ville d'Uki. À Tumbulgum, la distillerie **Husk Distillers** (p. 109) fait visiter ses installations avant de proposer une dégustation de ses célèbres Ink Gin et Agricole rhums, produits à partir de jus de cannes à sucre cultivées localement. Sur une exploitation d'avocats à Cudgen, **Earth Beer Company** (p. 109) sert des bières écoresponsables dans un hangar rénové.

Vente à la ferme La ferme bio **Farm & Co** (p. 111), située à Cudgen, vend ses produits en direct et sert des brunchs. À 5 minutes de là, le stand de **Tropical Fruit World** (p. 111) regorge de fruits tropicaux. Café sur place et tours en tracteur sur le domaine (parfait pour les enfants).

Des huîtres et plus encore

L'air marin n'est jamais loin dans la région de la Tweed, chargé de saveurs iodées largement présentes sur les menus. À Tweed Heads, **The Oyster Shed** (p. 107) ouvre sous vos yeux les huîtres élevées dans son parc. **Catch a Crab** (p. 110) propose en sus une sortie en bateau (2 heures 30) sur la Tweed River pour pêcher des crabes et des yabbies (écrevisses de Murray) ; et découvrir le travail des ostréiculteurs de la région. Selon la saison, il est possible de trouver des ranines dentées, des crabes de mangrove ou des crustacés décapodes.

10 Premières lueurs sur BYRON BAY

LEVER DU SOLEIL | PROMENADES À PIED | CAFÉS

Pointe la plus orientale du continent, Byron Bay est la première à voir l'aube poindre. Levez-vous à potron-minet pour assister à ce spectacle, encore plus saisissant depuis les falaises, desquelles le phare du cap Byron (1901) éloigne les bateaux. L'autre avantage de ces horaires matinaux, c'est que vous ne croiserez personne, sauf peut-être quelques habitants du coin…

NAOMI CREEK/SHUTTERSTOCK ©

En pratique

Quand y aller De fin mai à début novembre pour l'observation des baleines. Aux saisons intermédiaires (mars-mai et sept-nov) pour profiter du soleil et des plages moins fréquentées.

Yoga Des hôtels comme Elements of Byron (p. 110) ou Crystalbrook Byron (p. 110) proposent le matin des séances de yoga gratuites.

Surf Le célèbre surfeur Rusty Miller et sa fille Taylor assurent des cours à Byron Bay, *via* leur école Rusty Miller Surf (p. 111).

Faune sauvage À l'aube, les wallabies broutent les plantes du cap Byron.

PETE SEAWARD/LONELY PLANET ©

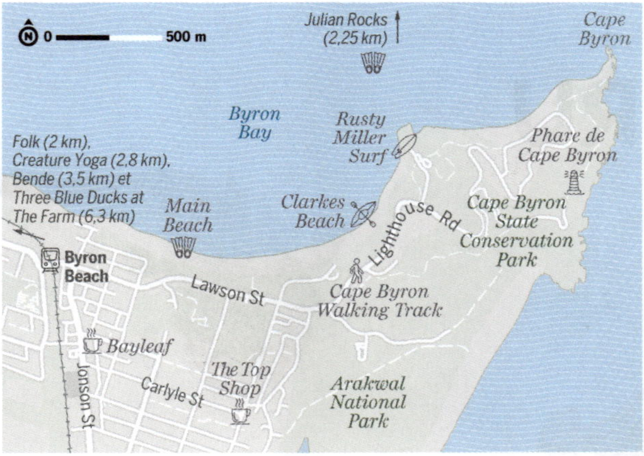

Un matin...

Sur terre Le must pour les habitants de Byron Beach est de faire une promenade vivifiante, dès l'aube, avec une préférence pour le **Cape Byron Walking Track** (3,7 km ; p. 109), qui serpente autour d'un promontoire couvert de forêt tropicale et permet d'observer baleines (juin-novembre) et dauphins. Tortues, requins et raies peuvent être aperçus lorsque l'eau est calme et limpide.

Ce sentier pédestre fait partie du **Byron Bay History Trail**, jalonné de QR codes pour vous éclairer sur le début de la colonisation britannique. Pour mieux comprendre la dimension culturelle de Byron pour le peuple bundjalung-arakwal, réservez une promenade à pied guidée auprès d'**Explore Byron Bay** (p. 110), menée par Delta Kay, une Bundjalung passionnée par l'histoire de son peuple et soucieuse de la transmettre.

Dans l'eau Lorsque tout le monde dort encore, il n'y a pas foule pour faire du **surf**. Le vent se levant plus tard dans la journée, mieux vaut partir **plonger** tôt le matin à Julian Rocks (Nguthungulli). Il est possible de faire du **snorkeling** en autonomie du côté de Main Beach, où sont échouées deux épaves. Quand l'océan est calme, les conditions sont idéales pour faire une **sortie en kayak de mer**, tôt le matin (deux prestataires sont installés à Clarkes Beach, voir p. 110).

En intérieur Que vous appréciiez le yoga, le Pilates ou les bains glacés, Byron satisfera votre routine bien-être. Les références locales sont **Creature Yoga** (p. 110) pour des cours holistiques et **Bende** (p. 110) pour des excercices cardios plus toniques.

Page de gauche en haut : Byron Bay
En bas : surfeur, Byron Bay

Bruncher

Bay Leaf Café (p. 106) Cette institution de Byron sert des cafés onctueux et des plats sains, comme le *scrambled special* : sur une tranche de pain au levain sont disposés œufs brouillés, aneth, piments, féta marinée, de jeunes pousses et de *salsa verde*.

Folk (p. 106) Proche de l'entrée nord de la ville, ce café agrémenté d'un jardin a l'art de présenter ses plats végétaliens.

The Top Shop (p. 106) L'ancien *milk bar* (magasin d'alimentation générale) des années 1950 donne sur un monticule herbeux, parfait pour se détendre en sirotant un *latte* et en se régalant d'un bol d'açaí ou de pâtes.

Three Blue Ducks at The Farm (p. 107) Le rêve en famille : les enfants partent à la rencontre des animaux de la ferme ou se dépensent sur l'aire de jeux pendant que vous brunchez tranquillement. Et surtout, il s'agit de produits de la ferme.

Produits
PUR CRU

01

02

03

04

01 Crabe, Tweed Heads
Trois espèces sont capturées dans la Tweed River. Participez à la levée des casiers de crabes avec Tweed Eco Cruises (p. 111).

02 Poissons et crustacés, Yamba
Connue pour ses crevettes roses, Yamba est une ville prisée pour la pêche, entre autres, aux vivaneaux et aux poissons à tête plate. Achetez des produits frais ou cuits chez Yamba's Fisho (p. 111).

03 Noix de macadamia, arrière-pays de Byron Bay
Berceau de la culture et de la production commerciale de cette noix australienne riche en lipides.

04 Bananes, Coffs Harbour
Ici, la banane a même son parc d'attractions ! (p. 109)

05 Fraises, Port Macquarie
Cueillez les fraises cultivées toute l'année en hydroponie par la ferme Ricardoes (p. 111), au nord de l'Hastings River.

06 Miel, Taree
Le bon miel est vendu le jeudi sur les étals du marché de producteurs de Taree (p. 111).

07 Huîtres, Côte centrale
Dégustez les huîtres

05

06

08

07

09

11

10

creuses du Pacifique dans le bar-restaurant Hawkesbury River Oyster Shed (p. 107), à la sortie de l'autoroute, direction Mooney Mooney.

08 Crevettes roses, Ballina

En plus de la Big Prawn (p. 109), Ballina est célèbre pour ses gros crustacés à la saveur plus sucrée.

09 Finger Limes, Côte nord

Les citrons caviars, aux perles acidulées, poussent dans la région humide de la côte nord. Utilisés par les chefs.

10 Fromage artisanal, Macleay Valley Coast

Des buffles paissent sur ces terres très fertiles où l'on produit un formidable fromage au lait de bufflonne. À goûter au café Eungai Creek Buffalo (p. 107), à Tamban.

11 Vin, Hunter Valley

Dans les terres, à moins d'une heure de Newcastle, la Hunter Valley est la plus ancienne région viticole d'Australie. On y compte plus de 150 caves.

RENATOK/SHUTTERSTOCK ©

Les facettes de Byron Bay

PARADIS RÉINVENTÉ

Entre la flambée des prix de l'immobilier et l'ouverture de restaurants branchés, la Byron Bay d'aujourd'hui diffère du coin de paradis assoupi "découvert" par les surfeurs des années 1950, puis investi par les hippies. Cherchez au-delà des clichés un peu superficiels des lieux et vous retrouverez l'authenticité d'autrefois.

En haut : surfeurs, Byron Bay
Page de droite, à gauche : phare de Cape Byron
À droite : touristes au café, Byron Bay

Pour apprécier la station balnéaire de Byron Bay (environ 9 200 habitants), dans la région des Northern Rivers, il faut parfois s'armer de patience. En effet, vous ne serez pas seuls au monde étant donné que le nombre de visiteurs ne cesse d'y croître, à raison de 240 touristes, ou presque, pour un habitant. Chaque année, plus de 2,2 millions de visiteurs rallient ce paradis dessiné par les promontoires spectaculaires de Byron.

Ce paradis, c'est avant tout le "Gabanbaa" des Arakwal (Aborigènes locaux), ce qui signifie "lieu de rencontre". Pendant plus de 22 000 ans, cette terre généreuse de la Nouvelle-Galles du Sud fut un important lieu de rassemblement pour les Bundjalung avant d'être transformée à jamais par l'arrivée de colons européens, à la fin du XIXe siècle. Les *cedar-getters* (bûcherons australiens) et les fermiers commencèrent par abattre les arbres de la partie basse de la forêt humide, soit une surface de 75 000 ha entre Lismore et Cavvanba (premier nom de Byron dans une version anglicisée du nom Arakwal). Un grand "nettoyage" connu sous le nom de Big Scrub qui ne laisse aujourd'hui que 1% de l'étendue boisée initiale. Ce fut ensuite au tour du littoral de Byron : l'extraction de sable le transforma en terre désolée, puis suivirent d'autres extractions industrielles. Et, si l'on se plonge dans les archives des années 1950 et 1960, on découvre que le district y est décrit comme un endroit "d'une puanteur insupportable" qui s'explique par la présence de porcheries, d'abattoirs et d'entreprises de l'industrie baleinière.

Seule le recul, voire l'arrêt, de ces activités au début des années 1980 a permis à Byron de retrouver un goût de

CONSTANTIN STANCIU/SHUTTERSTOCK ©

AMPUEROLEONARDO/GETTY IMAGES ©

paradis, celui qu'avaient préservé les Arakwal. Ces derniers firent voter, en 2001, le Land Use Agreement, un accord historique qui aboutit à la création de l'Arakwal National Park. Les anciens ouvriers du secteur industriel retrouvèrent un emploi dans le secteur tertiaire, notamment le tourisme. Parallèlement, les projets de développement potentiellement nocifs pour la régénération de l'écosystème de Byron – comme pour le mode de vie plus durable souhaité par sa nouvelle vague d'habitants – furent ardemment combattus.

Byron aujourd'hui

En dépit de l'envolée des prix de l'immobilier, du changement climatique et du développement urbain, Byron reste une cité balnéaire au cadre naturel unique et à l'esprit communautaire solide. Les habitants regrettent certes la fébrilité, la cherté et une certaine fatuité qui règnent à Byron, mais ils n'en reconnaissent pas moins les avantages de la célébrité : une scène culinaire régionale de haute volée, un calendrier culturel bien rempli toute l'année et une industrie de la mode durable en plein essor. Tout autour de la cité balnéaire, le tourisme atteint désormais des villages de l'arrière-pays tels que Bangalow et Federal – appréciés pour leurs bonnes tables et leurs jolies boutiques – ou encore les villes balnéaires voisines de Brunswick Heads et Lennox Head.

Il est vrai que les vedettes de téléréalité sont à présent plus nombreuses au Beach Hotel que les surfeurs pieds nus. Et l'époque où l'on pouvait surfer sur les célèbres vagues de Byron sans la foule est révolue. Mais une chose est sûre, Byron reste une ville unique en son genre.

Visite responsable

Éviter les destinations victimes du surtourisme est un choix responsable, mais on peut aussi organiser son voyage en respectant l'environnement et en apportant un soutien à la communauté locale – ce qui est souvent l'option la plus durable.

À Byron, cela signifie éviter les locations de vacances non professionnelles, souvent en dehors du centre-ville, qui contribuent largement à la crise du logement dont souffre la ville. Soutenez les entreprises locales engagées dans des actions durables. Le tourisme responsable implique aussi une attention soutenue à l'écosystème lors, par exemple, d'une randonnée, et un grand respect de la culture et des lois locales. Des petits gestes qui contribueront à protéger la beauté naturelle et l'identité singulière de Byron.

11 TEMPS DU RÊVE sur la Coffs Coast

SITES SACRÉS | AVENTURE | CUISINE DU BUSH

La Coffs Coast, c'est avant tout le territoire de l'une des plus grandes nations aborigènes du littoral de la Nouvelle-Galles du Sud, les Gumbaynggirr. Ceux-ci entretiennent avec leur environnement naturel un lien profond dont diverses expériences comme la danse ou une navigation en paddle vous aideront à saisir un peu la teneur.

WAJAANA YAAM ADVENTURE TOURS ©

En pratique

Circuit sur l'eau Naviguez 2 heures 30 en paddle avec Wajaana Yaam Adventure Tours. Gratuit pour les moins de 8 ans.

Pause caféinée Nyanggan Gapi Cafe possède un *coffee van* dans Bray St, à Coffs Harbour.

Solitary Islands Coastal Walk Le sentier de randonnée du littoral (60 km) traverse plusieurs sites sacrés, notamment sur Emerald Beach. Le sentier Look At Me Now Headland est aussi un site important pour les Gumbaynggirr.

LYNNEBECLU/GETTY IMAGES ©

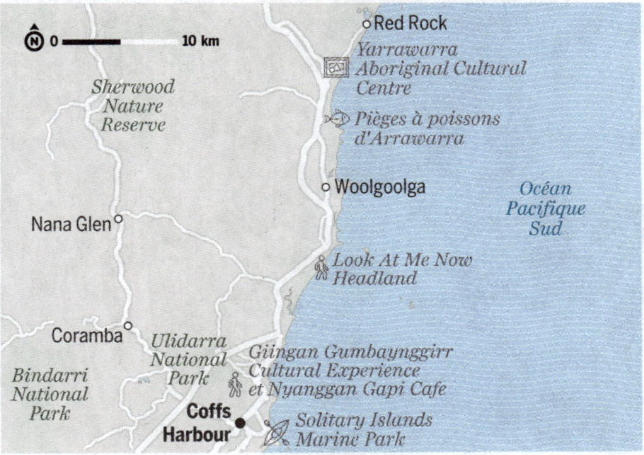

Page de gauche, en haut : stand-up paddle avec Wajaana Yaam Adventure Tours
En bas : tétragones cornues

Paddle, sites et récits Les excursions en stand-up paddle menées par les guides du **Wajaana Yaam Adventure Tours** (p. 111) se déroulent sur trois réseaux de cours du Solitary Islands Marine Park (p. 110). Au plaisir d'être sur l'eau s'ajoute la découverte culturelle des liens existant entre les Gumbaynggirr et l'écosystème que l'on observe. En chemin, votre guide vous contera des récits du Temps du rêve (p. 112), vous enseignera l'utilité des plantes locales et vous permettra de goûter à la cuisine du bush (*bush tucker*).

Art et danses aborigènes Sur Corindi Beach, le **Yarrawarra Aboriginal Cultural Centre** (p. 108) réunit la Wadjar Regional Indigenous Gallery et la Jalumbo Keeping Place, où sont présentées des peintures, des céramiques, des reproductions, des photos et des sculptures réalisées par des artistes aborigènes de la région, à côté d'objets illustrant le quotidien des Premières Nations vivant sur ces terres sur plus de quatre millénaires.

Organisée par la Muurlay Nyanggan Aboriginal Corporation, la **Giingan Gumbaynggirr Cultural Experience** (p. 111) invite à découvrir la culture des Gumbaynggirr à travers les arts : admirez les danseurs Wajaarr Ngaarlu, prenez part à une cérémonie de la fumée, avant de vous promener sur le Gumgali Track (un sentier de découverte) jusqu'à la plateforme d'observation Korora Lookout, située dans la proche Orara East State Forest (p. 110).

Cuisine aborigène Goûtez le burger au kangourou et aux tétragones cornues (épinards) au **Pipe Clay Cafe** (p. 107) du Yarrawarra Aboriginal Cultural Centre, ou laissez-vous tenter par un brownie aux graines d'acacia ou un muffin citron-myrte au **Nyanggan Gapi Cafe** (p. 106), à Niigi Niigi.

Pièges à poissons, à Arrawarra

Sur la côte nord du promontoire Arrawarra Headland, la marée descendante dégage une série de pièges à poissons, une technique de pêche qui semble remonter à 5 000 ans. Outre l'ingéniosité des Gumbaynggirr depuis des temps immémoriaux, ces nasses de pierre complexes illustrent par leur dessin et par leur mode d'utilisation la manière dont s'entrelacent les différentes composantes culturelles chez les Gumbaynggirr : la langue, les chants et une relation innée avec l'océan, les dauphins et le changement des saisons.

Clark Webb
Gumbaynggirr, président de la Bularri Muurlay Nyanggan Aboriginal Corporation et propriétaire-exploitant de Wajaana Yaam Adventure Tours
@wajaanayaam

12

Les forêts humides GONDWANA

FORÊT PRIMAIRE | CASCADES | RANDONNÉE SUR LE LITTORAL

Englobant plus de 30 réserves et parcs nationaux, les forêts humides Gondwana sont classées au Patrimoine mondial de l'Unesco. Couvrant à la fois le nord de la Nouvelle-Galles du Sud et le sud-est du Queensland, elles forment la plus grande zone de forêt humide subtropicale au monde.

ALEX CIMBAL/SHUTTERSTOCK ©

En pratique

Circuler Un véhicule est nécessaire pour accéder à la plupart des parcs.

Quand y aller La randonnée se pratique ici tout au long de l'année. Néanmoins, l'été, il faut prendre des précautions contre la déshydratation et les insolations.

Sécurité Toujours avertir quelqu'un de votre départ. Emportez assez d'eau et soyez bien équipé.

Pass pour les parcs Si l'on visite plusieurs parcs de la Nouvelle-Galles du Sud, mieux vaut acheter un pass annuel multiparcs (45 $, parking inclus ; nationalparks.nsw.gov.au).

MICHELLE HOLIHAN/SHUTTERSTOCK ©

Minyon Falls Loop, Nightcap National Park

Distance : 13 km

Durée : 3-4 heures

JACKSCOTT/SHUTTERSTOCK ©

À 45 minutes à l'ouest de Byron Bay, cette boucle part du sommet des Minyon Falls et se termine au pied de la magnifique cascade, 100 m plus bas. Longeant le Nightcap Escarpment, le sentier débute dans la forêt sclérophylle humide puis descend à travers un paradis subtropical à mesure que la canopée enveloppe de fraîcheur le fond de la vallée. Baignez-vous dans le bassin naturel au pied de cette cascade avant de poursuivre votre randonnée sur l'autre escarpement. Pour faire face à la cascade, rendez-vous d'abord à l'aire de pique-nique Minyon Grass, avant de rejoindre la route menant au départ du sentier (1 km).

Feux de brousse

Les forêts humides Gondwana ont été ravagées par le feu en 2019-2020, avec des conséquences catastrophiques pour la faune et la flore. Depuis, les infrastructures ont presque toutes réouvert, et la forêt repousse grâce aux aides gouvernementales, aux groupes aborigènes, aux scientifiques et aux communautés locales.

En haut : Minyon Falls
En bas : Nightcap National Park
Ci-dessus : kookaburra, Nightcap NP

Iluka Rainforest Walking Track, Iluka Nature Reserve

Distance : 5,2 km, aller-retour

Durée : 1-3 heures

Dans l'Iluka Nature Reserve, près de Yamba, cet itinéraire facile traverse la forêt luxuriante du littoral jusqu'à Iluka Bluff, dans le Bundjalung National Park avoisinant. Repérez les oiseaux, donc les brèves arc-en-ciel bruyantes et le flûtiste balancé, dont le cri ressemble à un coup de fouet. Le Bluff est parfait pour pique-niquer et se baigner (et faire du snorkeling) avant de rebrousser chemin. Entre fin mai et début novembre, soyez attentif aux baleines au large.

Crystal Showers Walk, Dorrigo National Park

Distance : 4,4 km, aller-retour

Durée : 1 heure 30

Enveloppée de brume, la forêt subtropicale vous surplombe tout au long de cette courte mais magnifique randonnée dans le Dorrigo

Faune singulière des forêts Gondwana

Ménure d'Albert En hiver et au début du printemps, il est possible d'entendre le cri particulier du mâle, qui imite les sons qu'il entend, et de le voir faire la roue.

Pademelon à pattes rouges Si vous restez immobile et silencieux, vous pouvez voir ce petit macropodidé se nourrir de fruits et de feuilles tôt le matin ou en fin d'après-midi.

Bellatorias major Le plus grand spécimen de scinques d'Australie (lézard) est souvent confondu avec un serpent.

Écrevisse de Lamington Habituellement turquoise, cette écrevisse vit généralement dans les ruisseaux situés à plus de 300 m d'altitude dans la forêt humide.

Wendy Bithell
Guide et fondatrice de Vision Walks Eco-Tours (p. 111), qui organise des sorties dans le pays Bundjalung, dans le nord de la Nouvelle-Galles du Sud ; @visionwalks

CHARLIE BLACKER/SHUTTERSTOCK ©

Page de gauche : pademelon à pattes rouges
Ci-contre : New England National Park
Ci-dessous : écrevisse de Lamington

DROITE: ANDYWAK/SHUTTERSTOCK ©. GAUCHE: HAL BERAL/GETTY IMAGES ©

National Park. La pittoresque route des Cascades, ou Waterfall Way, y mène en 1 heure de route, à l'ouest de Coffs Harbour. Le sentier passe derrière les féeriques Crystal Shower Falls, que vous pouvez admirer de face depuis le pont suspendu au-dessus de la vallée. Rebroussez chemin, à moins que vous n'optiez pour une boucle supplémentaire (2,2 km) permettant de voir les Tristania Falls en longeant le Wonga Walk. Avant de sortir du parc, ne manquez pas le panorama qu'offre le point de vue au bout de la Skywalk qui s'élance à côté du Rainforest Centre. Au retour, faites une halte dans la sympathique bourgade de Bellingen.

Eagles Nest Walking Track, New England National Park

Distance : 2,2 km (boucle)

Durée : 1 heure

À 1 heure au sud-ouest du Dorrigo National Park se dresse l'un des belvédères les plus prisés pour photographier le lever du soleil, au Point Lookout (1 500 m), situé à l'extrémité du Great Escarpment. Plusieurs sentiers partent de là, dont l'incontournable Eagles Nest Walking Track qui traverse une forêt de gigantesques hêtres australs, sur lesquels poussent des orchidées épiphytes. En hiver, le filet d'eau qui coule des rochers forme souvent des chandeliers de glace. Malgré quelques petites montées, le sentier reste d'un niveau facile.

13 PLONGÉE sur la côte nord

REQUINS | SNORKELING | FAUNE DES PROFONDEURS

À différentes périodes de l'année, le littoral septentrional de la Nouvelle-Galles du Sud attire en divers points des bancs de requins-taureaux. Généralement inoffensive pour l'homme, cette espèce de grands requins placides, en voie de disparition, croise en profondeur. Vous trouverez ici quelques spots où plonger et observer ces majestueuses créatures. La zone invite aussi au snorkeling.

ASHTONEA/SHUTTERSTOCK ©

En pratique

Quand y aller En hiver, la température de l'eau sur la côte nord peut descendre sous les 20°C, mais on peut plonger en toute saison. Location de combinaisons dans les centres de plongée.

Niveau Certains spots de plongée avec les requins sont réservés aux plongeurs certifiés, parfois un niveau avancé est même demandé. Renseignez-vous auprès du centre de plongée.

Snorkeling De nombreux sites de plongée sont propices au snorkeling. Certaines agences proposent des prestations de transport sur les lieux.

ORION MEDIA GROUP/SHUTTERSTOCK ©

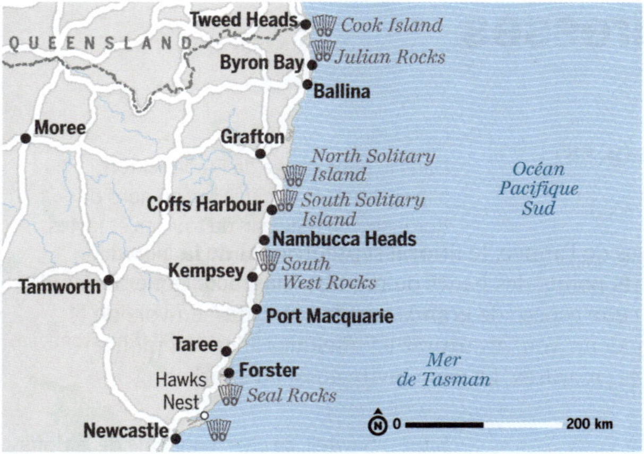

Plongée parmi les requins

Julian Rocks (Nguthungulli en Bundjalung) Cet affleurement rocheux qui émerge au large de Byron Bay se trouve à la rencontre des eaux tempérées et des eaux tropicales de l'océan. Cela explique l'abondance et la variété de la faune marine. De juin à novembre, les requins-taureaux (jusqu'à 3,6 m de long) se réunissent ici, avant de laisser la place, sitôt partis, aux requins-léopards, tout aussi inoffensifs. Ces créatures à la magnifique peau tachetée croisent dans ces eaux jusqu'en mai aux côtés des géantes raies mantas. Mais c'est toute l'année que les requins-tapis se camouflent aplatis sur les fonds.

South West Rocks À 2 km au large de South West Rocks, sur la Mid-North Coast, l'île de Fish Rock cache une grotte sous-marine de 125 m de long. Des murènes aux gentils achoerodus, on y croise pléthore d'espèces marines dont, toute l'année, des requins-taureaux qui adorent paresser l'été dans l'eau bleu azur de l'entrée, offrant l'occasion rêvée de les observer. Si la qualification de plongeur Nitrox n'est pas obligatoire pour cette plongée, elle est toutefois conseillée.

Forster et Seal Rocks Sur la Barrington Coast, les eaux de Forster et des îles toutes proches de Seal Rocks réunissent plus d'une douzaine de sites de plongée. Les requins-taureaux aimant s'y balader toute l'année, on peut conseiller particulièrement le site profond The Pinnacle, au large de Forster (où se tiennent tous les centres de plongée), et l'île Big Rock des Seal Rocks, où les gracieux requins-taureaux se concentrent souvent à l'entrée d'un goulet.

Page de gauche, en haut : requins-taureaux
En bas : tortues vertes, Julian Rocks

Autres sites de plongée de la côte nord

Cook Island Les tortues vertes sont la principale attraction de ce spot de plongée en eaux peu profondes, légèrement au large de Tweed Heads.

North Solitary Island La densité des anémones de mer dans cette zone du Solitary Islands Marine Park forme un épais tapis sur les fonds marins.

South Solitary Island Ce site de plongée en eaux peu profondes au large de Coffs Harbour est idéal pour apprendre les débutants. On peut y observer de nombreuses espèces marines vivant dans les eaux tempérées. Byron Bay abrite les même espèces.

Hawks Nest Peu connu et à seulement 1 km du Myall Lakes National Park, l'endroit est merveilleux pour explorer des grottes sous-marines, et croiser des anguilles et des requins-tapis.

Georgie Loo
Moniteur de plongée au Byron Bay Dive Centre
@byronbaydivecentre

Carnet d'adresses

Les grands classiques (p. 88)

Myall Lakes National Park

(☎ 02-6591 0300, 1300 072 757 ; www.nationalparks.nsw.gov.au/visit-a-park/parks/myall-lakes-national-park ; entrée libre, véhicule 8 $; 24h/24)

Waterfall Way

(centre d'information ; ☎ 02-6655 1522 ; 29-31 Hyde St ; 10h-16h).

Boulangeries-pâtisseries et cafés

Bastion Lane Espresso

Voir p. 91 (☎ 02-6679 5101 ; bastionlane.com ; 1464 Kyogle Rd, Uki ; 7h-17h lun-ven, 7h-12h30 sam, 8h-12h30 dim)

Bay Leaf Café

Voir p. 93 (www.bayleafbyronbay.com ; 2 Marvell St, Byron Bay ; 7h-14h30 tlj)

Bruns Bakery $

L'immense Bruns Bakery installée à Brunswick Heads ne désemplit pas, tant ses tourtes, pâtisseries, pains, gâteaux séduisent. À Byron Bay également, dans le Suffolk Park. (☎ 02-6685 1556 ; www.brunsbakery.com.au ; 15 Fingal St, Brunswick Heads ; 6h-15h30 lun-sam, 6h30-15h30 dim / ☎ 02-6685 3471 ; www.suffolkbakery.com ; 2 Clifford St, Suffolk Park ; 5h30-16h30 tlj)

Cubby Bakehouse $

Boulangerie-café à Chinderah, face à la Tweed. (☎ 04-5895 8852 ; www.cubbybakehouse.com ; 162 Chinderah Bay Dr, Chinderah ; 5h30-14h30 tlj)

Folk

Voir p. 93 (☎ 02-6685 5265 ; folkbyronbay.com ; 399 Ewingsdale Rd, Byron Bay ; 7h30-14h30 tlj)

Fredo Pies $

Dans le petit village de Frederickton, à la sortie de la Pacific Hwy au nord de Kempsey, ce magasin de tourtes et tartes est une institution. Parmi les plus de 25 propositions : la crocodile pie ! (☎ 02-6566 8567 ; www.fredopies.com.au ; 73 Macleay St, Frederickton ; 7h-16h lun-ven, 8h-15h30 sam-dim)

Hilltop Store $$

Situé à Sawtell, ce charmant café de la Coffs Coast est connu pour ses petits déjeuners et déjeuners simples et raffinés. On y sert le café Single O. (☎ 02-6658 5615 ; www.thehilltopstore.com.au ; 114 First Ave, Sawtell ; 6h-14h30 lun-ven, 7h-15h sam-dim)

Nyanggan Gapi Cafe

Voir p. 99 (☎ 04-0953 6670 ; nyanggangapi.com ; Sealy Lookout Dr, Coffs Harbour ; 10h-14h jeu-ven, 9h-15h sam-dim)

Supply Coffee $

Du côté de la jetée de Coffs Harbour, ce café-brûlerie est idéal pour prendre son petit déjeuner (à partir de 6h30),

Seven Mile Brewing Co

mais aussi pour déjeuner. Plats originaux, notamment l'omelette à l'étrille bleue (crabe). (02-6658 0165 ; www.supplycoffee.co ; 15 Orlando St, Coffs Harbour ; 6h-14h30 lun-ven, 7h-14h30 sam, 7h-14h dim, à emporter jusqu'à 23h)

Top Shop

Voir p. 93 (02-6685 6495 ; www.topshopbyronbay.com.au ; 65 Carlyle St, Byron Bay ; 6h30-15h tlj)

Tables incontournables

Eungai Creek Buffalo

Voir p. 95 (02-6569 9448 ; eungaicreekbuffalo.com.au ;50 Elliotts Rd, Tamban ; 10h-15h jeu-dim, 18h-20h30 ven-sam)

Fins

Voir p. 91 (02-6674 4633 ; www.fins.com.au ; 5/6 Bells Blvd, Salt Village, South Kingscliff ; 14h30-16h ven-sam, 17h-tard mar-sam)

Hawkesbury River Oyster Shed

Voir p. 95 (04-2328 5867 ; www.hawkesburyriveroystershed.com ; 6 Kowan St, Mooney Mooney ; 10h-16h jeu-dim)

Mavis's Kitchen

Voir p. 91 (02-6679 5664 ; maviseskitchen.com.au ; 64 Mount Warning Rd, Uki ; sur rdv déj ven-sam, diner sam)

No. 35 Kitchen and Bar

Voir p. 91 (www.number35.com.au ; 35 Tweed Coast Rd, Cabarita Beach ; 12h-22h sam, 17h-22h mer-sam)

Paper Daisy

Voir p. 91 (02-6676 1444 ; halcyonhouse.com.au/paper-daisy-restaurant ; 21 Cypress Crescent, Cabarita Beach ; sur rdv 12h-21h tlj)

Pipe Clay Cafe

Voir p. 99 (02-9188 4370 ; www.yarrawarra.com.au/bush-tucker-cafe ; 69 Red Rock Rd, Corindi Beach ; 7h-14h mer-sam)

KEVIN HELLON/STOCK.ADOBE.COM©

L'embarras du choix pour combler une petite faim

Pipit

Voir p. 91 (04-9038 0117 ; www.pipitrestaurant.com ; 8 Coronation Ave, Pottsville ; 12h-15h ven-dim, 18h-22h lun et jeu-sam)

Potager

Voir p. 91 (07-5590 7403 ; potager.com.au ; 502 Carool Rd, Carool ; 12h-16h30 et 17h30-22h30 ven-sam, 12h-18h dim)

The Oyster Shed

Voir p. 91 (04-8425 4711 ; www.theoystershed.com.au ; 11-17 Birds Bay Dr, Tweed Heads West ; 12h-16h mer-jeu, 12h-17h ven-dim)

Three Blue Ducks at the Farm

Voir p. 93 (02-6190 8966 ; thefarm.com.au ; 11 Ewingsdale Rd, Ewingsdale ; horaires variables)

Tweed River House

Voir p. 91 (02-6672 5669 ; www.tweedriverhouse.com.au ; 131 River St, Murwillumbah ; à partir de 12h jeu-dim et de 17h30 ven-sam)

Musées et galeries d'art régionaux

Glasshouse Regional Gallery

Quelque 25 expositions ont lieu ici : art contemporain, art aborigène, art traditionnel, œuvres historiques, design et sculptures. Sans compter les rencontres avec les artistes et les visites d'ateliers. (02-6581

8888 ; www.glasshouse.org.au ; 30-42 Clarence St, Port Macquarie ; entrée libre ; ⏲10h-16h mar-ven, 10h-14h sam-dim)

Lismore Regional Gallery

Dans l'arrière-pays de Byron Bay, Lismore affiche une scène artistique florissante. Après avoir visité le musée moderne qui abrite notamment une extraordinaire série de photographies du Nimbin Aquarius Festival (1973), faites un tour dans la dynamique galerie de street art qui se trouve à proximité. (☎02-6627 4600 ; lismoregallery.org ; 11 Rural St, Lismore ; entrée libre ; ⏲10h-16h mar-mer et ven-sam, 10h-18h jeu)

Tweed Regional Gallery & Margaret Olley Art Centre

L'attrait majeur de cette galerie encensée surplombant la Tweed : le studio recréé de Margaret Olley (1923-2011), la célèbre peintre australienne de natures mortes et d'intérieurs. (☎02-6670 2790 ; gallery.tweed.nsw.gov.au/Home ; 2 Mistral Rd, Murwillumbah South ; entrée libre ; ⏲10h-16h mer-dim)

Yarrawarra Aboriginal Cultural Centre

Voir p. 99 (☎02-6640 7104 ; www.yarrawarra.com.au ; 69 Red Rock Rd, Corindi Beach ; entrée libre ; ⏲9h-16h mar-ven, 9-14h sam-dim, café 10h-14h mar-ven)

Yarrila Arts & Museum

Cette collection réunit 33 œuvres d'artistes aborigènes originaires du centre de l'Australie, de Kimberley et de la terre d'Arnhem. (☎02-6648 4700 ; www.yarrilaartsandmuseum.com.au ; 27 Gordon St, Coffs Harbour ; entrée libre ; ⏲10h-16h mar-ven, 10h-14h sam-dim)

Surf autour de Byron

Angourie

La plage de la Clarence Valley a été, en 2007, la première plage de la Nouvelle-Galles du Sud à recevoir le label National Surfing Reserve (NS, Réserve nationale de surf). Une droite de renommée mondiale et des piscines naturelles d'eau de source sur le promontoire.

Arrawarra

À l'extrême nord de la Coffs Coast, Arrawarra et son break droit sont aussi appréciés que la régularité de ses vagues. Un spot idéal lorsque le vent du large souffle du sud-ouest.

Crescent Head

Sur la côte de la Macleay Valley, cette Réserve nationale de surf est légendaire pour ses breaks droits. Et son village-vacances fort apprécié.

Duranbah (D-bah)

Situé à Coolangatta et proche de Snapper Rocks, ce spot de surf est l'un des plus célèbres au monde. Autour du promontoire rocheux se forment des breaks réguliers en forme de A. Les débutants testeront les vagues de Cabarita, à 25 minutes au sud.

Brasseries artisanales

Bellingen Brewing Co.

Rien que cette brasserie artisanale constitue une excellente raison de faire un détour par le charmant village intérieur de Bellingen. Bonnes pizzas. (☎02-6600 8967 ; 3/5 Church St,

Surfeur, Duranbah

Bellingen ; visite1 heure 30 45 $; ⏲17h-23h mer-ven, 12h-23h sam, 12h-22h dim)

Bucket Brewery

Près des rives de la Macleay, cette brasserie familiale sans prétention possède un magnifique beer garden. Concerts au programme et food-truck. (☎04-5856 7214 ; www.bucketbrewery.com.au ; 2 Prince St, South Kempsey ; visite et dégustation 30 minutes 25 $; ⏲10h-17h lun, 12h-17h mar-mer et ven-dim)

Earth Beer Company

Voir p. 91 (☎04-9172 9326 ; www.earthbeercompany.com.au ; 592 Cudgen Rd, Cudgen ; visite 35 $; ⏲12h-20h ven, 11h-20h sam, 11h-18h30 dim)

Husk Distillers

Voir p. 91 (☎02-6675 9149 ; www.huskdistillers.com ; 1152 Dulguigan Rd, North Tumbulgum ; visite 45 min 52 $; ⏲à partir de 11h tlj, visites mer-dim)

King Tide Brewing

Une oasis de 250 places où l'on peut associer les plaisirs du houblon à des plats, dont certains d'origine polonaise, comme l'une des propriétaires. (☎02-5642 4242 ; www.kingtidebrewing.com.au ; 1 Studio Lane, Coffs Harbour ; ⏲16h-21h mar, 12h-21h mer-jeu, 12h-tard ven-sam, 12h-17h dim)

Sanctus Brewing Company

Près de Yamba, cette grande brasserie accueille les amateurs sur sa terrasse ou dans son vaste espace intérieur. Pizzas cuites au feu de bois. (☎1300 151 518 ; sanctusbrewingco.com.au ; 5 Re Rd, Townsend ; ⏲12h-20h30 jeu, 12h-21h ven-sam, 12h-16h dim, restaurant 12h-20h jeu-sam, 12h-15h dim)

Seven Mile Brewing Co

La brasserie familiale Seven Mile produit conjointement avec les agriculteurs locaux des bières artisanales, notamment la rafraîchissante Cali Cream Ale. Food-

NICK FOX/STOCK.ADOBE.COM ©

Dorrigo National Park

truck habituellement garé sur le parking du vendredi au dimanche. (☎0421 841 373, 1300 001 074 ; www.sevenmilebrewing.com.au ; 188-202 Southern Cross Dr, Ballina ; ⏲16h-21h jeu, 12h-18h ven-dim)

Stone & Wood

La célèbre marque de bière de Byron Bay sert ses bières multiprimées dans son immense nouveau bâtiment d'architecte. La visite guidée montre comment cette brasserie a été pionnière dans le domaine du développement durable. Le traiteur local 100 Mile Table gère la cantine sur le site. (☎02-6685 5173, 04-2906 0262 ; stoneandwood.com.au ; 100 Centennial Circuit, Byron Bay ; visite 1 heure 30 45 $; ⏲10h-18h lun-jeu, 10h-19h ven, 12h-19h sam, 12h-18h dim)

Woolgoolga Brewing Co

On passe ici un bon moment entre bières artisanales et pizzas. (☎02-6654 0929 ; woopibrewingco.com.au ; 7 Willis Rd, Woolgoolga ; ⏲12h-20h jeu, 12h-21h30 ven-sam, 12h-1h dim)

Sites et parcs nationaux

Big Banana

Voir p. 94 (☎02-6652 4355 ; bigbanana.com ; 351 Pacific Hwy, Coffs Harbour ; entrée libre ; ⏲9h-17h déc-jan, 9h-16h30 fév-nov)

Baleine, Byron Bay

Big Prawn

Voir p. 95 (02-6618 5600 ; www.discoverballina.com.au/visit/big-prawn ; Ballina Bunnings, 507 River St ; 24h/24)

Cape Byron Walking Track

Voir p. 93 (02-6639 8300, 1300 072 757 ; www.nationalparks.nsw.gov.au/things-to-do/walking-tracks/cape-byron-walking-track ; Byron Bay ; entrée libre ; 24h/24)

Dorrigo National Park

Voir p. 102 (02-6652 0900, 02-6657 5913, 1300 072 757 ; www.nationalparks.nsw.gov.au/visit-a-park/parks/dorrigo-national-park ; 142 Dome Rd, Dorrigo Mountain ; entrée libre, véhicule 10 $; 24h/24)

Iluka Nature Reserve

Voir p. 102 (02-6641 1500, 1300 072 757 ; www.nationalparks.nsw.gov.au/visit-a-park/parks/iluka-nature-reserve ; entrée libre ; 24h/24)

New England National Park

Voir p. 103 (02-6652 0900, 1300 072 757 ; www.nationalparks.nsw.gov.au/visit-a-park/parks/new-england-national-park ; entrée libre ; 24h/24)

Nightcap National Park

Voir p. 101 (02-6227 0200, 1300 072 757 ; www.nationalparks.nsw.gov.au/visit-a-park/parks/nightcap-national-park ; entrée libre ; 24h/24)

Orara East State Forest

Voir p. 99 (1300 655 687 ; www.forestrycorporation.com.au/visit/forests/orara-east ; Orara ; entrée libre ; 24h/24)

Solitary Islands Marine Park

Voir p. 99 (02-6691 0600 ; www.dpi.nsw.gov.au/fishing/marine-protected-areas/marine-parks/solitary-islands-marine-park ; bureau 32 Marina Dr, Coffs Harbour ; entrée libre ; bureau 8h30-16h lun-ven)

Prestataires d'activités

Bende

Voir p. 93 (04-8391 6600 ; bende.com.au ; Habitat, 1 Porter St, Byron Bay ; 3 cours 80 $; 6h30-19h30 lun-ven, 7h-11h30 sam-dim)

Byron Bay Dive Centre

Voir p. 93 (04-9409 4915 ; www.byronbaywhalewatching.com.au ; 9 Marvell St, Byron Bay ; sortie adulte/enfant 129/119 $, snorkeling adulte/enfant 129/119 $; 7h30-16h tlj sauf mar, baleines juin-oct / 02-6685 8333 ; www.divemasteracademy.com.au ; 9 Marvell St, Byron Bay plongée avec matériel à partir de 155 $, snorkeling 110 $; 9h-17h)

Catch a Crab

Voir p. 91 (07-5599 9972 ; www.catchacrab.com.au ; 11-17 Birds Bay Dr, Tweed Heads ; circuit adulte/3-12 ans 80/50 $; circuits mer-dim)

Creature Yoga

Voir p. 93 (www.creatureyoga.com.au ; 11 Banksia Dr, Byron Bay ; 2 cours 28 $; 6h-19h lun-ven, 8h30-18h30 sam-dim)

Crystalbrook Byron

Voir p. 92 (02-6639 2000, reservations 1300 002 050 ; www.crystalbrookcollection.com/byron ; 77-97 Broken Head Rd, Byron Bay)

Elements of Byron

Voir p. 92 (02-6639 1500 ; elementsofbyron.com.au ; 144 Bayshore Dr, Byron Bay)

Explore Byron Bay

Voir p. 93 (04-6727 7669 ; www.explorebyronbay.com ; Byron Bay ; circuit adulte/enfant 69/19 $, en mer 179/139 $; sur rdv)

Giingan Gumbaynggirr Cultural Experience

Voir p. 99 (02-6652 5080, ; bmnac.org.au/giingan-tourism-experience ; Coffs Harbour ; adulte/enfant/famille 66/33/170 $; 14h-16h 2e sam du mois)

Ricardoes

Voir p. 94 (04-6585 0663 ; www.ricardoes.com ; 221 Blackmans Point Rd, Port Macquarie ; fraises 20 $/kg, visite guidée gratuite ; 7h-17h lun-ven, 8h-17h sam-dim, visite 11h lun-ven)

Rusty Miller Surf

Voir p. 92 (04-2209 9684 ; rustymillersurf.com ; Watego's Beach, Byron Bay ; prix des cours sur demande ; sur rdv)

Tweed Eco Cruises

Voir p. 94 (07-5536 8800 ; tweedecocruises.com ; 2 River Tce, Tweed Heads ; circuit 2 heures adulte/enfant 75/48 $; sur rdv)

Vision Walks

Voir p. 102(0405 275 743 ; www.visionwalks.com.au ; 80 Jonson St, Byron Bay ; circuits 1 journée adulte/enfant/famille 179/140/590 $)

Wajaana Yaam Adventure Tours

Voir p. 99 (04-0953 6670 ; wajaanayaam.com.au ; circuit 2 heures 30 95 $; circuits 7h-16h30 tlj).

Le plein de bons produits

Farm & Co

Voir p. 91 (02-6608 0010 ; www.farmandco.com.au ; 529 Cudgen Rd, Cudgen ; 7h-14h mer-ven, 7h-15h sam-dim)

Marché de producteurs de Taree

Voir p. 94 (04-0063 7150 ; Taree Park, 27 Macquarie St, Taree ; 7h30-12h jeu)

Tropical Fruit World

Voir p. 91 (02-6677 7222 ; www.tropicalfruitworld.com.au ; 29 Duranbah Rd, Duranbah ; 9h-16h lun-ven et dim, 8h-16h sam)

Yamba's Fisho

Voir p. 94 (02-6646 2545 ; www.facebook.com/yambasfisho ; angle Yamba St et Coldstream St, Yamba ; 9h-18h30 lun-sam, 9h-14h)

Premières Nations d'Australie

LA PLUS ANCIENNE CULTURE VIVANTE SUR TERRE

Vieilles de plus de 50 000 ans, les cultures aborigènes ont été fondées sur des liens forts entre les sphères spirituelle, économique et sociale. Cet héritage perdure grâce à la transmission transgénérationnelle du savoir à travers les rituels, l'art et le langage. Avant l'arrivée d'Européens sur le continent australien (1788), il existait près de 300 groupes linguistiques différents et 500 dialectes. Aujourd'hui, seul 3% de la population australienne est aborigène.

HOLLI/SHUTTERSTOCK ©

En haut : manifestations contre la date de l'Australia Day
Page de droite, à gauche : *quandongs*
À droite : glace à la *Davidson plum*

Temps du rêve et chant des pistes

L'oralité étant prépondérante dans la culture des Aborigènes, le récit a tenu une place importante dans la transmission du savoir : les histoires donnaient du sens à la vie et servaient à délivrer les messages des esprits des ancêtres. Bien que les croyances et les pratiques varient selon les régions et les langues, il existe une vision commune du monde, selon laquelle ce sont les ancêtres qui ont créé la terre, la mer et toute forme de vie. Ce mythe de la Création est appelé Temps du rêve (Dreaming ou Tjukurrpa en langue anangu). C'est par ces récits que se transmettent le savoir et les croyances d'une génération à une autre et que se mettent en place les mœurs sociales. Ils permettent aussi de ne pas oublier certains événements passés.

Bon nombre de ces récits émanent de ce qu'on appelle le chant des pistes (*songlines* en anglais), des chants retraçant les sentiers et les sites importants de la culture aborigène. Ces *songlines* transmettent ainsi l'héritage historique, les pratiques agricoles et la représentation géographique de la terre. Aujourd'hui, cette transmission prend parfois d'autres formes comme l'écrit, voire le cinéma.

L'un des points importants de la conception du monde pour les Aborigènes est la relation réciproque entre la terre et les hommes : ils doivent veiller sur la terre car elle veille sur eux. Ils ne se considèrent pas propriétaires de la terre sur laquelle il vivent, mais seulement ses dépositaires, ses gardiens.

Vivre de la terre

Pendant de nombreuses années, on a supposé qu'avant l'arrivée d'Européens, les Premières Nations (les

DALLASETTA/SHUTTERSTOCK ©

RUJJIE/SHUTTERSTOCK ©

premiers habitants d'Australie) étaient des groupes de chasseurs-cueilleurs. Or, grâce aux témoignages aborigènes et aux récentes recherches historiques, la preuve du contraire a été apportée : c'étaient des agriculteurs experts, aux pratiques agricoles complexes qui se sont transmises de génération en génération. On trouve par exemple des techniques d'aquaculture au moyen d'écluses et de barrages, dont certains existent toujours aujourd'hui. Dans la culture aborigène, l'humain fait partie intégrante de son environnement, qui, lui, alimente la vie spirituelle, économique et culturelle du peuple. Tout est connecté. Notons, par exemple, que leur notion de saisons est différente de l'occidentale. Elle s'appuie sur la météorologie, la faune et la flore locales. Ainsi, les Wurundjeri du Victoria ont sept saisons : Biderap correspond à la saison sèche et ensoleillée ; Warin à celle où l'on trouve wombats et papillons de nuit près des rivières...

> Bien que les croyances et les pratiques varient selon les régions et les langues, il existe une vision commune du monde, selon laquelle ce sont les ancêtres qui ont créé la terre, la mer et toute forme de vie.

Les plantes et les aliments du bush (*bush tucker*) sont très utilisés, tant pour leurs vertus médicinales que pour la cuisine, traditionnelle ou fusion, qui figure au menu des restaurants locaux. On y trouve, entre autres, des *pepperberries* (fruits du laurier australien), des *quandongs* (pêches du désert) ou des *Davidson plums* (prunes).

Fête nationale controversée

Depuis 1948, la date officielle de la fête nationale australienne, Australia Day, est fixée au 26 janvier. C'est en effet le 26 janvier 1788 que la Première Flotte de colons a débarqué à Sydney Cove. Les peuples aborigènes ne peuvent décemment pas se réjouir de ce début d'invasion, synonyme de la saisie de leurs terres et, à long terme, de la lente disparition de leur culture. C'est pour eux un jour de deuil (Day of Mourning), aussi désigné sous les noms de Survival Day ou Invasion Day. Pour de nombreux Aborigènes et leurs soutiens, Invasion Day est une journée de commémoration et de résistance. Source de polémique en Australie, la date de la fête nationale est chaque année remise en cause, les partisans souhaitant la conserver, les opposants demandant à la déplacer.

Pays, clans et cousins

Au sein des nations (ou pays) aborigènes, il existe des clans (un ensemble de groupes familiaux) dotés chacun d'un dialecte différent mais qui peut être compris par ceux qui appartiennent au même groupe linguistique. Le concept de famille dans les cultures aborigènes a par ailleurs un sens un peu plus large que dans la culture occidentale. Dans certaines communautés, il est ainsi courant d'appeler la sœur de sa mère "maman" plutôt que "tante". Le cousin germain est le "cousin-frère" et la cousine germaine, la "cousine-sœur". Certains peuples utilisent le terme "cousin" pour parler de n'importe quelle personne de leur clan, d'un membre du *skin group* ("groupe de peau") ou d'une personne d'un même groupe linguistique.

Les liens familiaux et communautaires sont un socle de la culture aborigène. Dans de nombreuses nations, des totems animaux et des totems plantes identifient ces liens. Il est courant d'avoir un totem personnel, auquel s'ajoutent trois autres qui indiquent la nation, le clan et les liens familiaux. Malheureusement, la plupart de ces informations ont aujourd'hui disparu, si bien qu'il est difficile pour certains Aborigènes de retrouver leurs totems familiaux.

Dans de nombreuses nations, des totems animaux et des totems plantes identifient les liens familiaux.

Peuples aborigènes aujourd'hui

Seules 75 langues aborigènes sont encore parlées aujourd'hui. Toutefois, des efforts ont été déployés pour faire revivre ces différents idiomes communautaires. Il est donc possible à présent d'écouter de la musique, de regarder la télévision et de suivre des cours dans de nombreuses langues aborigènes. Aussi, des mots aborigènes font désormais partie de l'anglais australien (et des langues étrangères, parfois !), comme *Koala*, *dingo*, *barramundi* et *galah* (cacatoès) pour le champ lexical animalier, mais aussi *billabong* et *boogie board*, des termes familiers des surfeurs.

Près de 60% des Aborigènes vivent sur la côte est, dont une majorité en ville. C'est pourquoi seul un petit nombre d'entre eux perpétuent les modes de vie ancestraux dans des zones isolées. Aussi, beaucoup d'Aborigènes ne vivent plus sur leur territoire d'origine, mais sur celui d'une autre nation. Des visiteurs sont d'ailleurs surpris de ne pas croiser plus de personnes aborigènes dans certaines régions, tout comme

RICHARD T. NOWITZ/GETTY IMAGES ©

CHAMELEONSEYE/SHUTTERSTOCK ©

LISA MAREE WILLIAMS/GETTY IMAGES ©

JAMES D. MORGAN/GETTY IMAGES ©

ils sont étonnés d'entendre des personnes à la peau claire revendiquer leur identité aborigène. Pour les communautés aborigènes, le pourcentage d'"aboriginalité" d'un individu n'est pas révélateur de son identité et encore moins de son investissement dans la communauté. Des personnes à la peau claire et aux cheveux bonds sont fières de se déclarer *blak* ou *blackfella* (Australiens autochtones). Une métaphore, d'ailleurs, illustre bien ce phénomène identitaire, celle de la tasse de thé : peu importe la quantité de lait que vous versez dans la tasse, peu importe la blancheur du breuvage, vous buvez du thé.

Depuis 1975, le premier dimanche du mois de juillet marque le début de la semaine NAIDOC (National Aborigines and Islanders Day Observance Committee Week, ou Comité d'observation de la journée nationale des Aborigènes et indigènes du territoire de Torrès) qui célèbre la culture, l'histoire et la persévérance des Aborigènes. Communautés, villes, écoles et autres institutions organisent des événements pour sensibiliser les gens à la richesse et à la diversité des cultures aborigènes dans l'Australie actuelle.

Autre date importante, le 26 mai marque le National Sorry Day (jour du Pardon), c'est-à-dire la demande de pardon officielle de l'État australien pour avoir enlevé de force des enfants aborigènes à leurs parents entre 1910 et 1970. Ces enfants issus de ce qu'on a appelé par la suite les Stolen Generations (générations volées) étaient placés dans des orphelinats ou des familles d'accueil afin qu'ils soient assimilés à la société blanche chrétienne. Une politique qui a brisé les liens familiaux et culturels de beaucoup d'Aborigènes.

Signes de respect

Lorsqu'on arrive sur une terre aborigène, il est d'usage de "reconnaître" l'existence du "pays" (*country*). Et il faut y être accueilli. Ces deux gestes sont un signe de respect envers les gardiens de la terre.Quiconque, qu'il soit Aborigène ou non, peut faire acte de reconnaissance du pays, mais seuls les ancêtres de ce dernier (ou bien un membre de la communauté qui a reçu la permission d'un ancêtre) sont habilités à y accueillir un individu.

Lorsque l'on parle des ancêtres et des personnes qui enseignent la culture, il faut ajouter "Tata" ou "Tonton" avant leur prénom. C'est une marque de respect reconnaissant leur savoir et leur expérience.

Page de gauche : boomerang en cours de réalisation et outils aborigènes
En haut, à gauche : danseurs koomurri célébrant la NAIDOC Week
Droite : drapeau aborigène lors du Sorry Day

14 Escapade à Port STEPHENS

PLAGES | PROMENADES | FAUNE

À 170 km au nord de Sydney se dessine le merveilleux cadre naturel de Port Stephens. Plages, sentiers côtiers, dunes de sable, proximité immédiate de la vie sauvage et assiettes iodées servies dans les restaurants : cette immense baie abritée offre une cure de jouvence à ses visiteurs.

JUNHAOLU/GETTY IMAGES ©

Dauphins et baleines

Port Stephens, en particulier Nelson Bay, est la capitale australienne des dauphins. L'hiver, les baleines à bosse viennent rejoindre les grands dauphins. Programmez alors une excursion en mer avec **Dolphin Swim Australia** (dolphinswimaustralia.com.au ; sortie de 4 heure 30 349 $). Titulaire d'un permis délivré par le bureau gouvernemental des parcs de la Nouvelle-Galles du Sud, ce prestataire vous fait nager quasiment flanc à flanc avec les dauphins sauvages.

En pratique

Comment circuler Bonne desserte des bus locaux, y compris jusqu'à Newcastle.

Quand y aller D'octobre à avril pour nager avec les dauphins ; de mi-mai à début novembre pour observer les baleines.

Restaurants de la mer Little Nel, Little Beach Boathouse, Rick Stein at Bannisters et Sandpiper, et les huîtres à l'Holberts Oyster Farm.

Bières et vins La brasserie Murray's Craft Brewing Co et la Port Stephens Winery sont au même endroit. Dégustez leurs breuvages en surplombant le vignoble.

01 Mesurez l'immensité depuis le sommet du promontoire Tomaree Head (161 m), accessible par le tonifiant **Tomaree Head Summit Walk** (2,2 km aller-retour ; www.nationalparks.nsw.gov.au ; 🕒 7h-19h). Un second sentier mène à une ancienne batterie datant de la Seconde Guerre mondiale.

04 Célébrez le couchant à **Soldiers Point**, là où la péninsule avance dans l'estuaire de la Karwah. Installez-vous au restaurant The Deck (www.thedeck.net.au ; 🕒 tlj petit déj, déj et dîner) au bord de l'eau.

03 Participez à la sauvegarde de l'emblème faunique de l'Australie, le koala, dans sa toute récente réserve naturelle, le **Port Stephens Koala Sanctuary** (www.portstephenskoalasanctuary.com.au ; 🕒 9h-16h ; adulte/enfant 28/15 $), où l'on peut séjourner en glamping.

05 Sillonnez à quad les célèbres dunes mouvantes du **Worimi Conservation Park** avec le tour-opérateur aborigène Sand Dune Adventures (sandduneadventures.com.au ; 1 heure/1 heure 30 119/150 $).

02 Rafraîchissez-vous au pied du promontoire en faisant trempette sur la **Zenith Beach**, sans doute la plus spectaculaire des 26 magnifiques plages de Port Stephens.

IAN WOOLCOCK/SHUTTERSTOCK ©, 365 FOCUS PHOTOGRAPHY/SHUTTERSTOCK ©

MELBOURNE

CULTURE | HISTOIRE | GASTRONOMIE

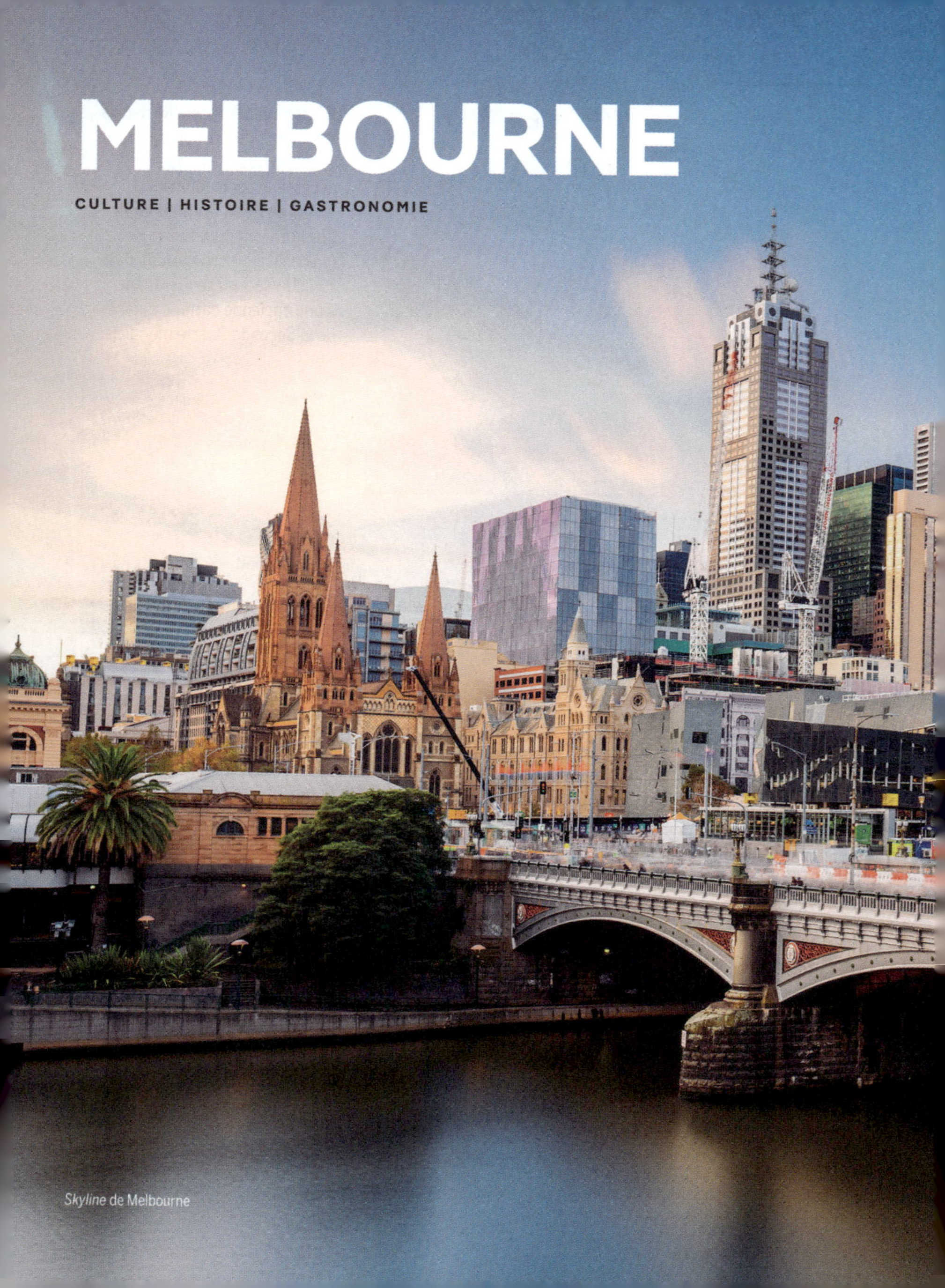

Skyline de Melbourne

MELBOURNE
à la carte

Dynamique, cosmopolite, artistique et passionnée de sport, la plus “européenne” des métropoles australiennes déploie toute son énergie dans la culture, l’art, le design, l’architecture et la gastronomie. Le tout dans un cadre magnifique, des paysages côtiers aux vignes parfaitement taillées.

Place à l’émotion au **Bunjilaka Aboriginal Cultural Centre** (p. 137).
À 15 minutes du CBD

Découvrez les ateliers et les boutiques branchées du **Nicholas Building** (p. 128).
À 10 minutes du CBD

Profitez des vagues et des vignobles de la **péninsule de Mornington** (p. 142).
À 1 heure de Melbourne

DE GAUCHE À DROITE : PETE SEAWARD/LONELY PLANET ©, KATE MORGAN/ LONELY PLANET ©, NEALE COUSLAND/ SHUTTERSTOCK © PAGE PRÉCÉDENTE : F11PHOTO/SHUTTERSTOCK ©

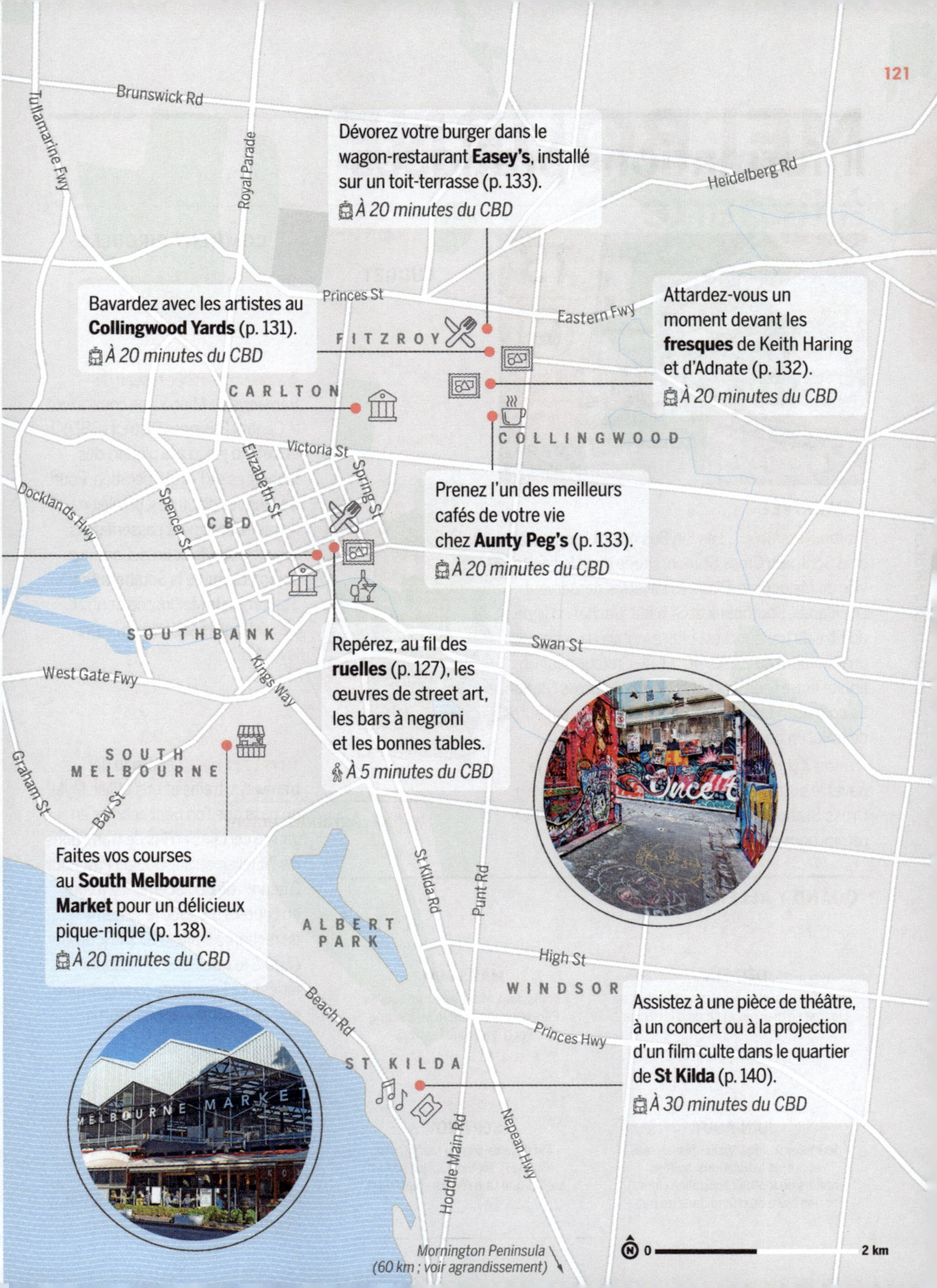

Dévorez votre burger dans le wagon-restaurant **Easey's**, installé sur un toit-terrasse (p. 133).
À 20 minutes du CBD

Bavardez avec les artistes au **Collingwood Yards** (p. 131).
À 20 minutes du CBD

Attardez-vous un moment devant les **fresques** de Keith Haring et d'Adnate (p. 132).
À 20 minutes du CBD

Prenez l'un des meilleurs cafés de votre vie chez **Aunty Peg's** (p. 133).
À 20 minutes du CBD

Repérez, au fil des **ruelles** (p. 127), les œuvres de street art, les bars à negroni et les bonnes tables.
À 5 minutes du CBD

Faites vos courses au **South Melbourne Market** pour un délicieux pique-nique (p. 138).
À 20 minutes du CBD

Assistez à une pièce de théâtre, à un concert ou à la projection d'un film culte dans le quartier de **St Kilda** (p. 140).
À 30 minutes du CBD

Informations pratiques

SHUANG LI/SHUTTERSTOCK ©

À L'ARRIVÉE

Melbourne Airport Les SkyBus relient l'aéroport et la Southern Cross Station, située dans le centre-ville de Melbourne. D'autres navettes desservent Docklands, Southbank et St Kilda. L'achat en ligne du titre de transport est plus avantageux : comptez un minimum de 23,90/40 $ l'aller-retour pour un adulte entre l'aéroport et la Southern Cross Station. La course en taxi revient à 70 $. Environ 25 minutes de trajet en bus ou en taxi.

Avalon Airport Les SkyBus font également la navette entre l'aéroport d'Avalon et la Southern Cross Station pour 26,50/50 $ minimum l'aller-retour pour un adulte.

BUDGET

Piccolo (café) 4,50 $

Pizza au feu de bois 20-30 $

Concert au Northcote Social Club 30 $

QUAND Y ALLER

DÉC-FÉV
Journées chaudes, festivals de musique, cinéma en plein air et Open d'Australie.

MARS-MAI
Temps doux et teintes automnales. Période où se tient le Melbourne Food and Wine Festival.

JUIN-AOÛT
Journées froides. Visite des musées et autres expositions, soirées matchs de football australien (*footy*) et une bière au chaud dans un pub.

SEPT-NOV
Fin de la saison du *footy* (avec la finale !). Méteo capricieuse et Melbourne Cup (course hippique).

COMMENT CIRCULER

Trams et trains Le réseau de tramways de Melbourne couvre tout le Central Business District (CBD) et s'étend jusqu'à la plupart des faubourgs de l'agglomération. Pour les longues distances, privilégiez le train. Des lignent passent dans le centre de Melbourne. Certaines stations comme la Southern Cross Station, ou la Melbourne Central, permettent ensuite de rejoindre le métro.

Tickets et pass Le réseau de tramways, trains et bus utilise Myki, un pass que l'on peut acheter en gare, à certains arrêts de tram, dans les 7-Eleven ou sur Google Pay. Pour 2 heures de déplacements, il vous en coûtera 5 $ avec le système de recharge limité à 10 $ la journée (7,20 $ le week-end et les jours fériés). La Free Tram Zone (gratuite) couvre le centre de Melbourne.

Voiture Pratique pour des excursions à la journée dans les environs de Melbourne, notamment dans la Mornington Peninsula.

SE RESTAURER ET PRENDRE UN VERRE

À côté des tables des grands chefs, il existe de nombreux restaurants servant une cuisine internationale authentique, plus abordable. Cuisine du Sud-Est asiatique à Chinatown et sur Swanston St (CBD), italienne à Carlton, moyen-orientale à Brunswick et Coburg, vietnamienne à North Richmond, vietnamienne et éthiopienne à Footscray (photo du haut), et grecque dans le quartier plus excentré d'Oakleigh. La région de Melbourne compte quelques excellentes distilleries de gin, notamment Four Pillars (p. 150 ; distinguée comme la "Meilleure Distillerie au monde"). Melbourne Gin Company (p. 150) et Brogan's Way (p. 149 ; photo du bas) ont aussi bonne réputation.

À goûter Le *roti* au babeurre avec curry au Vegemite du Sunda (p. 153)

Meilleur bar à vins Marion (p. 150)

SE CONNECTER ET S'ORIENTER

Wi-Fi Il existe plusieurs points de Wi-Fi gratuit dans le centre-ville : au Bourke Street Mall, au Queen Victoria Market et au Melbourne Museum (sélectionnez le réseau VicFreeWiFi). Le Wi-Fi est habituellement gratuit dans les bibliothèques, musées, cafés et appartements de location.

Se repérer Le plan en grande partie quadrillé de Melbourne facilite l'orientation dans les rues. Certaines rues plus étroites du centre-ville sont à sens unique.

OÙ LOGER

Au moment des grands événements de l'année que sont l'Open d'Australie (janvier), le Grand Prix de Formule 1 (mars) et la Melbourne Cup (novembre), il est indispensable de réserver.

Quartier	Pour/contre
Centre (CBD) et Southbank	Sites culturels de renommée internationale, shopping, restaurants et divertissements. Bruyant.
Carlton, Fitzroy et Collingwood	Architecture victorienne, scène culinaire dynamique, arts et vie nocturne, boutiques intéressantes.
Brunswick et Northcote	Enclaves branchées de Melbourne, éloignées, mais avec d'excellents bars et concerts.
South Yarra, Prahran et Windsor	Zone à la mode, Windsor étant le quartier le plus plaisant des trois. Restaurants animés, bars et discothèques.
St Kilda	Quartier cosmopolite et plage. Attention, certaines zones sont peu recommandables.

QUATRE SAISONS PAR JOUR

Les variations météorologiques sont imprévisibles. Prévoyez plusieurs couches de vêtements à mettre et à enlever au cours de la journée.

ARGENT

Pour bien manger à petits prix, pensez pique-nique grâce aux marchés, traiteurs et supermarchés mais aussi aux plats à emporter des restaurants vietnamiens.

Pour des places de spectacles à prix réduits, rendez-vous sur halftixmelbourne.com et todaytix.com.

Les grands classiques

Pour les infos pratiques de chaque site, reportez-vous au Carnet d'adresses p. 144.

Chinatown

Ce quartier central est le point de ralliement de la communauté chinoise depuis plus de 150 ans. Les mineurs venus d'Asie en quête de la "nouvelle montagne d'or" s'établirent ici à partir des années 1860. C'est un lieu animé, ponctué d'édifices historiques et de restaurants.

OPIS ZAGREB/SHUTTERSTOCK.COM ©

Melbourne Museum

Un magnifique aperçu de l'histoire naturelle et culturelle du Victoria à travers plusieurs collections : fossiles de dinosaures, salle de taxidermie comportant 600 espèces, volcan en 3D, atrium présentant la flore du Victoria, etc. Au rez-de-chaussée, le Bunjilaka Aboriginal Cultural Centre retrace l'histoire des Aborigènes. Le musée comprend une galerie des enfants et un cinéma IMAX.

BEN BRYANT/SHUTTERSTOCK.COM ©

OLGA K/STOCK.ADOBE.COM ©

Royal Botanic Gardens

Les jardins botaniques royaux sont une oasis de verdure de 38 ha en plein cœur de Melbourne qui déploie des plantes endémiques et d'ailleurs. Au milieu de vastes pelouses idéales pour le pique-nique et d'étangs semés de cygnes noirs, voisinent de petits écosystèmes, un jardin d'aromatiques et une forêt tropicale humide.

SHUTTERSTOCK/EQROY ©

Queen Victoria Market

Le"Vic Market" est le plus grand marché de l'hémisphère Sud. La superbe halle aux traiteurs (deli hall), ornée d'éléments Art déco, recèle toutes sortes de spécialités. Des visites à thème sont organisées au départ du marché.

JANE RIX.SHUTTERSTOCK.COM©

Federation Square

Aménagé en plein cœur de Melbourne, le parvis de "Fed Square" compte 460 000 pavés de grès de la région du Kimberley posés à la main et dessinant des motifs qui indiquent la direction des sites notables de la ville. Les bâtiments centraux sont enveloppés d'un manteau reptilien inspiré de la structure des fractales ! Ponctuée de restaurants et de bars, la place abrite l'Ian Potter Centre, l'Australian Centre for the Moving Image et le Koorie Heritage Trust.

SINA ETTMER PHOTOGRAPHY/SHUTTERSTOCK.COM ©

Phillip Island

À 140 km de Melbourne, Phillip Island est réputée pour son défilé de manchots (Penguin Parade) et son Grand Prix moto annuel. L'intérieur de l'île est essentiellement agricole, mais sa faune et sa flore en ont fait l'une des destinations les plus touristiques du Victoria. Ses superbes plages sont l'un des grands attraits de l'île en été. Phillip Island a aussi une riche histoire aborigène, les Boonwurrung étant les habitants originels des lieux.

FILEDIMAGE/SHUTTERSTOCK.COM ©

Williamstown

Petit bijou où se pressent les navires de plaisance au large de Westgate Bridge, le faubourg historique de Williamstown, accessible en ferry depuis Melbourne, distille une atmosphère portuaire surannée. Un parcours pédestre balisé mène à travers ses rues d'une autre époque. La vue sur Melbourne est splendide, et il existe au sud une petite plage pour pratiquer le stand-up paddle.

15

Coins secrets du CBD

CRÉATION | ARCHITECTURE | GASTRONOMIE

Le Central Business District de Melbourne (CBD) réserve quelques surprises au fil de ses ruelles : galeries d'art d'envergure, boutiques, bijoux d'architecture, bars en toit-terrasse... Chaussez-vous confortablement pour découvrir à pied ces trésors bien cachés.

JAKE RODEN ©

En pratique

S'y rendre Les tramways sont gratuits dans le centre-ville, mais le CBD étant relativement compact, il est préférable de l'explorer à pied.

Quand y aller Certains magasins n'ouvrent pas avant 11h. La plupart des immeubles de bureaux ferment le week-end ; le mieux est donc d'y aller un après-midi de semaine car certains méritent le coup d'œil. Certaines entreprises ferment plusieurs semaines en janvier.

Melbourne Street Tours Des circuits de 3 heures vous mènent à la découverte de la scène dynamique des ateliers et du street art melbourniens. Réservez en ligne.

TONKA ©

Au hasard des ruelles

Si Degraves St, Centre Pl, Hardware Lane et, la vedette du street art, Hosier Lane, sont les axes les plus pittoresques du CBD, d'autres rues du port cachent de petits bijoux insoupçonnés. Sur la modeste Watson Pl, **Craft Victoria** (p. 144), une galerie-boutique, met en avant les artistes et artisans locaux. Le quartier autrefois miteux autour de Casselden Pl disposait au XIXe siècle de sa maison close, aujourd'hui un bar à cocktails, le **Little Lon Distilling** (p.150), qui propose des ateliers autour du gin. D'excellents restaurants et bars jalonnent Crossley St et Liverpool St. Fière de son immense fresque, *Melbourne,* réalisée par Steen Jones, Duckboard Pl peut s'enorgueillir aussi d'un restaurant chinois tout à fait exceptionnel, **Lee Ho Fook** (p. 152), et d'une table indienne des plus innovantes, **Tonka** (p. 153) où il faut commander le *pani puri*.

PARKER BLAIN ©

Maisons-musées

Faites un saut dans les faubourgs pour une visite guidée des **Lyon Housemuseum** (p. 145) et **Justin Art House Museum (p. 145)**. Ces demeures appartiennent à des collectionneurs, toujours vivants, qui souhaitent partager leurs collections d'art contemporain à travers une fondation installée dans leur propre maison.

En haut : Little Lon Distilling
À gauche : Lee Ho Fook
Ci-dessus : Tonka

Villages verticaux

Abandonnez l'exploration pédestre horizontale pour partir à la découverte des "villages verticaux" de Melbourne. Les immeubles construits au début du XXe siècle réunissent désormais des galeries indépendantes, comme la **Flinders Lane Gallery** (p. 144), qui promeut le travail d'artistes australiens (1er étage), des restaurants ou des bars... L'exubérante artiste australienne Vali Myers y avait même installé son atelier dans Swanston St, dans le **Nicholas Building** (p. 149). Ce bâtiment aux couloirs de faïence blanche et aux boutiques variées, proposent tant du vintage que de l'artisanat. Le bâtiment en soi vaut le détour.

Vous pouvez aussi passer un après-midi entier, et même la soirée, dans **Curtin House**, un édifice Art nouveau. S'y cachent la boutique **PAM** (p. 149) et son streetwear pointu, la **Metropolis Bookshop** (p. 147) et sa collection d'ouvrages sur le design et **Cookie** (p. 149), où

Mes préférences

Dessiné par Marion Mahony Griffin et Walter Burley Griffin, le magnifique théâtre Art déco **The Capitol** (1929 ; p. 147) possède un flamboyant plafond géométrique. Dans **Guildford Lane**, habitants et commerçants décorent leurs pas de porte et leurs balcons de pots de fleurs, donnant à la ruelle un air de petite oasis. La NGV International (ngv.vic.gov.au) s'étend à l'arrière sur un jardin, le **Grollo Equiset Garden** (p. 148), qui sert chaque été d'écrin à l'Architecture Commission. Enfin, regardez les bateaux passer depuis le bar flottant **Ponyfish Island** (p. 150).

Simone LeAmon
Designer et conservatrice Design et architecture contemporaine de la Hugh DT Williamson à la National Gallery of Victoria
@simoneleamon

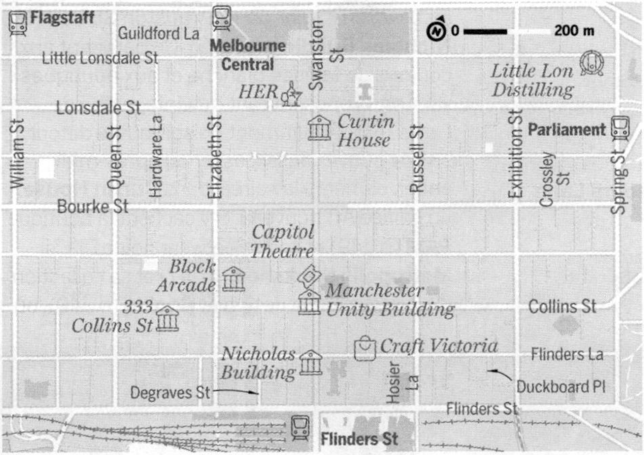

Page de gauche : The Capitol

vous pourrez siroter un cocktail et déguster un curry thaï. Et, tout en haut, le toit-terrasse et son bar dévoilent une vue enthousiasmante sur les gratte-ciel de Melbourne, sans compter l'occasion, en saison, d'assister à une projection ciné. N'oubliez pas non plus de consulter la programmation musicale éclectique de la discothèque **The Toff** (p. 146). Vous pourrez vous y installer dans des compartiments de train à l'esprit *Orient Express* pour dîner (à réserver absolument !). Sur Lonsdale St, l'ancienne fabrique de cigarettes de Pacific House a laissé place au **HER** (p. 150), un espace sur quatre niveaux qui englobe un restaurant thaï et un listening bar (bar pour audiophiles où la musique est reine) de style japonais.

Collins Street

Surnommée *Paris End* dans sa partie est pour ses rues, ses cafés et ses boutiques rappelant la capitale française, Collins St cache quelques joyaux d'architecture notoires. Au **n°333**, la rigoureuse façade de marbre laisse à peine entrevoir l'ampleur du hall couronné d'un fastueux dôme. Cette spectaculaire banque des années 1890 est aujourd'hui un immeuble de bureaux. De l'autre côté de la rue, la façade néogothique à fenêtres géminées de l'ancien siège de l'**ANZ Bank** (1883-1887) suggère l'influence vénitienne que l'on retrouve à l'intérieur. Passé l'éblouissement du hall aux ornementations réalisées à la feuille d'or, dirigez-vous vers les portes du fond de façon à découvrir les vitraux de la Cathedral Room. Pavée de mosaïque, à l'image des galeries marchandes de son époque, **Block Arcade** (1893) abrite un beau plafond orné d'allégories (1907) signées Phillip Goatcher, dans le magasin L'Occitane. Occupant l'angle nord-ouest de Collins St et de Swanston St, le **Manchester Unity Building** a dévoilé, à son ouverture en 1932, le premier escalator du Victoria, et des ascenseurs aux somptueuses portes palières en bois d'érable du Queensland (aujourd'hui restaurées). Prenez l'escalator pour avoir une vue plongeante sur cette belle galerie marchande Art déco, puis longez la galerie avant de redescendre par l'un de ces ascenseurs. Une fois par mois, des visites guidées (manchesterunitybuilding.com.au) donnent accès au toit-terrasse et à son étonnante tour, tout comme à la sublime salle du conseil (*boardroom*). Préférez la visite de l'après-midi, la "Wine and Cheese Tour", accompagnée de vin et de fromages.

16 COLLINGWOOD, quartier tendance

CRÉATIVITÉ | CAFÉ | BIÈRE

Autrefois quartier d'usines, Collingwood s'est depuis gentrifié et déborde de créativité. Partez à l'est de Smith St, rue prisée pour ses restos et petites boutiques, et vous découvrirez du street art format XXL, des édifices excentriques classés et des lieux sympas où boire une bonne bière ou un café plein d'arômes.

En pratique

S'y rendre Comptez 15 à 20 minutes de tramway 86 depuis le CBD.

Quand y aller En fin de semaine, si possible, quand l'animation bat son plein, notamment le samedi après-midi.

Á écouter Musique indépendante proposée au pub The Tote (p. 146). Pop, tubes et classiques de club rythment les soirées de la discothèque gay The Peel (p. 146).

Cuisine japonaise Dégustez un *tamagoyaki* (omelette japonaise) chez Cibi (p. 151), un café installé dans une ancienne usine.

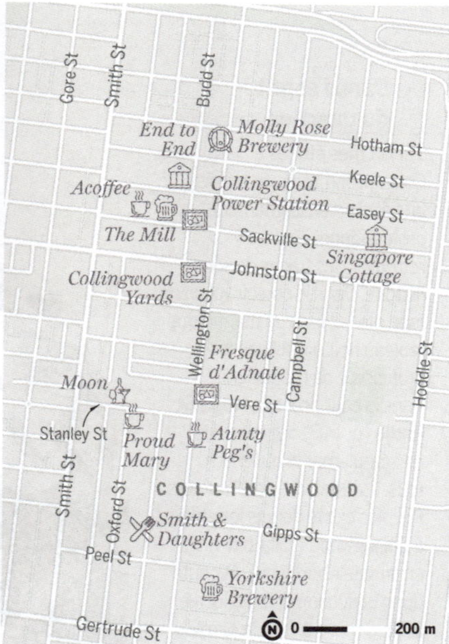

Espace Collingwood Yards

Haut lieu de la collaboration artistique, **Collingwood Yards** (p. 146), un espace de 6 500 m², regroupe des galeries d'art, des ateliers d'artistes, des stations de radio communautaires, des magasins éphémères et des bars. Il s'y tient quelques-unes des initiatives artistiques majeures d'Australie. L'artiste en résidence, Emily Floyd, conseille, avant de se lancer dans la visite (un jeudi, un vendredi ou un samedi de préférence), de consulter l'agenda culturel en ligne des différentes associations – Westspace (p. 148), Liquid Architecture (p. 148) et Agency Projects (p. 147) – pour savoir à quelles dates ont lieu expositions, débats et spectacles. La cour accueille parfois des marchés d'art, et le Social Studio (p. 149) voisin vend, à l'étage, des articles de mode, objets et accessoires d'artistes locaux.

En haut : entrée de Collingwood Yards
En bas : fléchage de Collingwood Yards
Double page suivante :
À gauche : immeuble End to End
Tout en haut : Victoria Park
À droite : Acoffee

Street art

Les rues désolées de Collingwood sont un véritable terrain de jeux pour les street artistes. Ne manquez pas d'observer les regards des quatre locataires qui illuminent la façade d'une HLM des années 1960 à l'angle de Wellington St et de Vere St. Cette **fresque de 20-étages** (environ 50 m) du fameux artiste muraliste australien Matt Adnate est la plus haute de l'hémisphère Sud (à apprécier avec du recul depuis Wellington St). Vous pouvez également admirer le travail d'Adnate sur la **Collingwood Power Substation** (à l'angle de Budd St et de Sackville St), à côté d'une œuvre de l'artiste melbournien, Rone. Budd St et les ruelles alentour affichent des fresques émouvantes, telle celle représentant les artistes Keith Haring et Jean-Michel Basquiat sur la façade du **46 Easey St**. Collingwood est d'ailleurs fier d'avoir conservé une œuvre de Keith Haring sur la façade du **Collingwood Yards**, dans Johnston St.

Dans l'esprit du quartier

J'ai fait mes études à Collingwood Yards, autrefois une école d'enseignement professionnel. J'adore y retrouver des traces de son histoire. Dans le couloir voisin de mon atelier, il y a un magnifique tableau noir qu'utilisait le professeur de menuiserie. Dans la cour arborée, **Hope St Radio** (p. 148) organise des rassemblements ouverts à tous. La créativité des Premiers Peuples existe depuis longtemps à Collingwood (Yálla-birr-ang, en langue Aborigène). J'écoute donc beaucoup la radio locale **3CR** (3cr.org.au) où la parole est donnée aux peuples des Premières Nations et où l'on parle de la lutte menée par la communauté aborigène.

Emily Floyd
Artiste spécialisée en sculpture et installations publiques
@emilyfloyd0

Allez les Pies !

Le football australien (Aussie Rules Football ou *footy*) est la religion non officielle de Melbourne. L'équipe professionnelle des Magpies (The Pies) de Collingwood, haute en couleur, joue au stade du MCG (mcg.org.au), tandis que l'équipe de footballeuses de Collingwood sont installées au stade de **Victoria Park** (collingwoodfc.com.au/teams/aflw).

NILS VERSEMANN/SHUTTERSTOCK ©

Curiosités architecturales

L'étroite Waterloo Rd conserve les vestiges aujourd'hui classés de ce qui fut l'ancienne brasserie **Yorkshire Brewery**. Les six étages de sa tour victorienne de briques polychromes, coiffée d'un toit mansardé ont longtemps marqué la *skyline* du quartier.

Au 136 Sackville St, le **Singapore Cottage**, une petite maison en bois, est l'un des rares exemples de bâtiment préfabriqué en Asie et acheminé à Melbourne dans les années 1850, période de la ruée vers l'or. Tout proche, l'immeuble en béton **End to End** (48 Easey St) représente l'audacieuse architecture moderne du cabinet ITN Architects, basé à Collingwood : trois vieux wagons de train couronnent le toit. L'un d'eux accueille même un excellent bar à burgers, **Easey's** (p. 152).

À boire et à manger !

Pour le petit déjeuner, rendez-vous au sud de Johnston St, au **Proud Mary Coffee** (p. 151), qui sert de bons brunchs. Quant à **Aunty Peg's** (p. 150), il propose des cafés de spécialité, toujours servis noirs. Au nord de Johnston St, **Acoffee** (p. 150) confectionne d'excellents *lattes*. Pour le déjeuner, goûtez les plats de la cheffe Shannon Martinez dans son restaurant végétarien **Smith & Daughters** (p. 153) ou au plus informel **Smith & Deli** (p. 153). Place maintenant aux plaisirs liquides. Le bar à vins **The Moon** (p. 150) affiche une belle carte de crus, servis au verre. Un peu plus loin, les habitants du quartier commandent des IPAs et des *ales* dans la brasserie artisanale **The Mill** (p. 150) ou des bières signées Nic Sandry à la **Molly Rose Brewery** (p. 150).

DROITE: KATRINA ALANA/FLICKR/WIKICOMMONS/CC BY-ND 2.0 DEED ©,
GAUCHE: AMANDA K GRACE/FLICKR/WIKICOMMONS/CC BY-NC-ND 2.0 DEED ©

EMBLÈMES
de Melbourne

01

02

03

04

05

06

07

01 Horloges, Flinders Street Station
"Meet me under the clocks", signifie en melbournien : "rendez-vous sous les horloges de la gare de Melbourne".

02 Les wagons-W
Ces wagons de tramway, classés, sont emblématiques de la ville. À emprunter sur la ligne City Circle.

03 Aqua profonda
La signalisation de la piscine de Fitzroy – adorablement mal orthographiée ! – est un héritage de l'immigration d'après-guerre.

04 La Femme qui pleure
Acquise en 1985 par la National Gallery of Victoria, l'une des quatre versions de ce tableau de Picasso fut subtilisée puis retrouvée intacte deux semaines plus tard dans une consigne de gare.

05 Melbourne Cricket Ground
Immortalisé par Paul Kelly dans sa chanson *Leaps and Bounds*, le MCG est *le* stade (p. 148) dans lequel les fans de *footy* vénèrent les dieux du ballon ovale.

06 Skipping Girl
L'une des premières enseignes au néon animées (1936), Little Audrey, l'enfant chérie des Melbourniens, vante une marque de vinaigre.

07 Pellegrini's
Le temps s'est arrêté dans ce café (p. 151) des annnées 1950, bastion de la communauté italo-descendante.

08

09

10

11

12

13

08 Cabines de plage de Brighton
Ces cabines privées de l'époque victorienne ont un prix, et pas des moindres. En 2019, la n°15 a été vendue 340 000 $.

09 Kiosque du St Kilda Pier
Au bout de la jetée de St Kilda, ce pavillon édouardien (1904) a pu renaître de ses cendres après un incendie survenu en 2003.

10 American Doughnut Kitchen
Goûtez un beignet dans ce food truck (p. 151) du Queen Victoria Market, qui existe depuis 1950.

11 Mur d'eau de la National Gallery
Au *water wall* de la NGV, laissez l'eau couler entre vos doigts sur la baie vitrée.

12 Royal Exhibition Building
Témoin important des expositions internationales du XIXe siècle, le palais royal est classé au Patrimoine mondial de l'Unesco.

13 Vault
Aujourd'hui à Southbank, cette sculpture (de 1980) de l'artiste Ron Robertson-Swann a divisé l'opinion et été déplacée deux fois.

17 NAARM, la Melbourne aborigène

HISTOIRE | CULTURE | NATURE

La ville de Melbourne n'a pas deux siècles, mais la terre sur laquelle elle s'est développée est habitée depuis plus de 40 000 ans par les Wurundjeri et les Boon Wurrung de la nation Kulin. Ils avaient donné le nom de Naarm (ou Narrm) à cette terre. Leurs créations artistiques et leur culture étant très présentes à Melbourne, c'est l'occasion d'approcher un monde riche et émouvant.

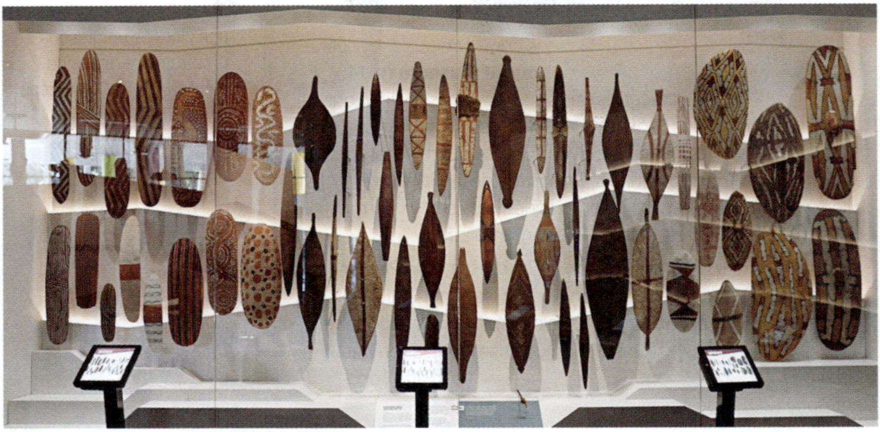

JON AUGIER/MUSEUMS VICTORIA ©

En pratique

S'y rendre Federation Sq fait face à la Flinders Street Station. On peut aller à pied du CBD au Melbourne Museum et aux Royal Botanic Gardens, aussi desservis par le tramway.

Quand y aller La culture aborigène est représentée toute l'année.

Barak Building
En regardant au nord de Swanston St depuis le Shrine of Remembrance, on aperçoit un édifice de 31 étages où se dessine, en noir et blanc et sur toute sa hauteur, le visage du chef de clan et artiste William Barak (1824-1903), qui œuvra pour la justice sociale indigène.

KIRAKIRAANG/SHUTTERSTOCK ©

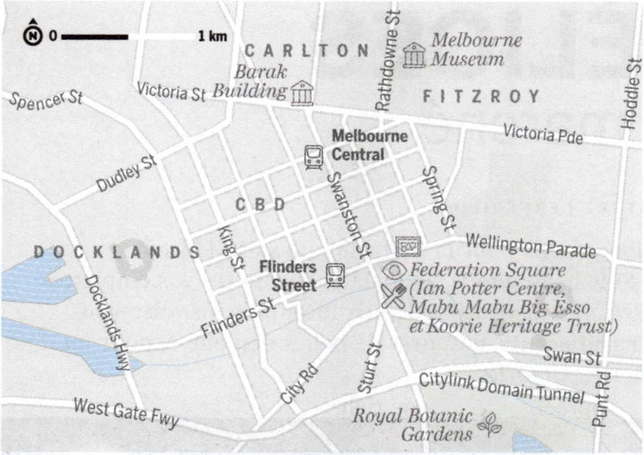

Voyage à travers le temps Le moderne centre culturel aborigène Bunjilaka, au rez-de-chaussée du **Melbourne Museum** (p. 145), explore de nombreuses facettes des plus anciennes civilisations du Victoria. Admirez les capes en peau de possum et l'ingénieux système d'aquaculture du paysage culturel Budj Bim ou écoutez des chants de deuil traditionnels. En sortant de la Birrarung Gallery (consacrée à la Yarra River), gagnez le paisible Milarri Garden et sa promenade invitant à la contemplation.

Art et bonne chère Sur Federation Sq se dresse l'**Ian Potter Centre** (p. 145), l'annexe australienne de la National Gallery of Victoria (NGV), qui accorde une place de choix à l'art aborigène. Son conservateur, Myles Russell-Cook, pense que les œuvres majeures sont *Ceremony* (1898) de William Barak, *Ritual and Ceremony* (2012) de Maree Clark, *Blak* (2020) de Destiny Deacon et *Sexy and Dangerous* (1996, tirage de 2005) de Brook Andrew. Une petite faim ? Proche, le **Mabu Mabu Big Esso** (p. 152), de la cheffe aborigène Nornie Bero, sert d'excellentes assiettes à partager.

Promenade au parc La fumée aux senteurs d'eucalyptus s'élève au-dessus du *tarnuk* (contenant en bois), les ancêtres du peuple kulin sont honorés et les visiteurs sont accueillis dans la nation Kulin. La cérémonie de la fumée (*tanderrum*) fait partie de l'**Aboriginal Heritage Walk** (p. 147), une promenade (1 heure 30) accompagnée d'un guide aborigène qui permet de découvrir la culture des premiers habitants de Naarm. Celle-ci a lieu dans les Royal Botanic Gardens, qui furent un site culturel important pour le peuple kulin. Réservation en ligne.

Page de gauche, en haut : Melbourne Museum
En bas : Ian Potter Centre

Pôle culturel

Une visite au **Koorie Heritage Trust** (p. 145), sur Federation Sq, offre une plongée unique dans la culture aborigène du Victoria, où l'art aborigène fait partie intégrante du dynamisme culturel. Outre les expositions temporaires, on peut y voir l'une des plus grandes collections d'art et d'objets Koorie. Les Aboriginal Walking Tours, conduits par des guides aborigènes, éclairent sur les changements qu'a connus le centre-ville de Melbourne et sur le rôle significatif que joue la Birrarung (Yarra River) pour les peuples de la nation Kulin. La boutique aide à soutenir les artistes et artisans locaux. Tous les produits vendus sont authentiques et uniques.

Tom Mosby
PDG du Koorie Heritage Trust
@koorie_heritage_trust_inc

18 DÉLICES du marché

GASTRONOMIE | ARCHITECTURE | EXTÉRIEUR

La passion des Melbourniens pour la gastronomie se révèle sur les marchés alimentaires. Si le beau temps est de la partie, faites vos emplettes au South Melbourne Market, une institution depuis 1867, puis installez-vous dans les St Vincent Gardens adjacents, entourés de belles demeures, pour un pique-nique dans un cadre très victorien.

MUHAMMED YASIN IRIK/SHUTTERSTOCK ©

En pratique

S'y rendre Tramway 12 ou 96 jusqu'au marché (15-20 minutes) depuis le CBD.

Quand y aller Mercredi, vendredi, samedi et dimanche (jours d'ouverture du marché). La période octobre-avril offre la meilleure météo pour un pique-nique.

Et après ? Baladez-vous dans la bourgade d'Albert Park, flânez dans les boutiques et dans la librairie Avenue Bookstore. Sinon, prenez le tramway 96 pour St Kilda et buvez un verre à The Esplanade ou au Pontoon (p. 150), le long de la plage.

ADAM CALAITZIS/SHUTTERSTOCK ©

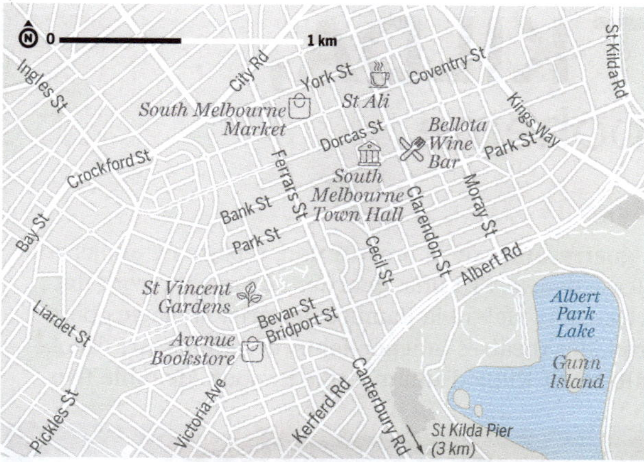

Dans le panier Préférez venir au marché le mercredi : il y a moins de monde, les vendeurs auront plus de temps à vous consacrer. N'hésitez pas à demander de goûter ! Rayon de fromages du monde entier à l'**Emerald Deli** (p. 152), quiches et jambon fumé Peter Bouchier chez **Pickadeli** (p. 153)... Le traiteur **La Central** (p. 152) prépare à la demande des assiettes gourmandes. Du vendredi au dimanche, on y vend également un cheesecake basque dont les parts s'envolent avant l'heure du déjeuner. Les canelés et le *lemon tea cake* (gâteau au citron) de l'**Agathé Pâtisserie** (p. 151) sont divins, tout comme les noix de macadamia grillées maison de **Nutshoppe** (p. 153). Faites halte chez **Cobb Lane** (p. 152) pour ses *milk rolls* (pains au lait), chez **Swords** (p. 153) pour sa bière artisanale Sailors Grave ou chez le vigneron du Gippsland **Neil Prentice** (p. 153 ; goûtez le Holly's Garden Überbrut ou le Studebaker pinot).

Bombance aux jardins victoriens Vos emplettes pliées, direction le délicieux parc municipal **St Vincent Gardens** (p. 148), situé à 1 km. Dressez votre repas sur la pelouse entre magnolias, figuiers de Moreton Bay et pins de Norfolk, et admirez les grandes demeures victoriennes alentour... On se croirait à Londres ! Le site est d'ailleurs classé. La Montague Rd divise le parc en deux : la partie ouest (qui inclut une aire de jeux) se trouve à bonne distance de la très passante Ferrars St. Sur le chemin entre le marché et les jardins, on peut faire un crochet par Marshall St pour admirer le magnifique South Melbourne Town Hall (XIXe siècle).

Page de gauche, en haut : *gözleme*
En bas : South Melbourne Market

Mes bonnes adresses du marché

Pour un pique-nique, j'achète du *jamón* au **La Central**, des canelés à l'**Agathé Pâtisserie** et des fruits de mer préparés à l'**Oyster Bar by Aptus** (p. 153). J'adore aussi la diversité d'en-cas que l'on trouve sur place, à manger sur le pouce tout en faisant ses emplettes, comme les raviolis de chez **Bambu** (p. 151) et le *gözleme* (pain turc plat) du **Köy Restaurant** (p. 152). Non loin du marché, je prends un café au **St Ali** (p. 151) pour m'immerger dans l'esprit de South Melbourne. J'aime déjeuner ou dîner au calme, entre amis, au **Bellota Wine Bar** (p. 149).

Alejandro Saravia
Chef exécutif et fondateur de Farmer's Daughters et Victoria by Farmer's Daughters
@chefalejandrosaravia

19 ST KILDA, la bohème

CULTURE | PATRIMOINE | COCKTAILS

Enclave juive après-guerre, antre de la prostitution, repaire de punks et source d'inspiration pour les artistes… St Kilda, quartier bohème du front de mer, a toujours respiré l'éclectisme. Malgré la flambée des prix, la magie opère toujours : des bars rock'n'roll, des théâtres indépendants, des scènes Art déco… Concert, théâtre ou film culte, le St Kilda d'antan pétille toujours de mille feux.

GREG BALFOUR EVANS/ALAMY STOCK PHOTO ©

En pratique

S'y rendre Les tramways 16 et 96 relient en 30 minutes le CBD à St Kilda. Pour Red Stitch et l'Astor, prenez la ligne ferroviaire Sandringham, direction Windsor.

Quand y aller Toute l'année, mais la saison estivale est plus festive.

Bonnes adresses Des générations d'artistes ont brunché, avalé des cafés et griffonné leurs idées au Galleon Cafe (p. 150), mangé une part de cheese-cake polonais (*sernik*) chez Monarch (p. 152) Cakes et dîné au Leo's Spaghetti Bar (p. 152), un italien à l'impressionnante carte iodée.

PAULHARDINGOO/SHUTTERSTOCK ©

Films cultes pour scène Art déco Pénétrer dans l'**Astor** (p. 146) un jour de pluie a quelque chose de cinématographique : l'éclairage tamisé du hall évoque l'ambiance d'un film noir, surtout lorsque l'on aperçoit la lumière des phares se refléter sur l'asphalte mouillé de Chapel St. À moins que ce ne soient les courbes ovoïdes de son architecture ou encore son bar, l'Overlook, qui doit son nom au film *Shining*, de Kubrick. Ouverte en 1936, cette sublime salle de cinéma Art déco projette surtout des grands classiques. Savourez l'une des délicieuses glaces servies au bar.

Pièces australiennes La troupe **Red Stitch** (p. 147) se produit dans une petite église (81 places) reconvertie en scène, ce qui permet d'être au plus près des comédiens. Les pièces contemporaines de qualité qui sont créées et jouées ici sont souvent exportées à l'international par la suite. Quant au **Theatre Works** (p. 147), il accueille différents spectacles d'artistes locaux, par exemple une représentation de cirque explorant le paysage socio-politique australien.

Musique au Memo Des salles de concerts, aujourd'hui mythiques, de St Kilda ont vu passer des légendes internationales du rock, du jazz, du blues et de la musique électronique. Citons le **Palais Theatre** (Rolling Stones et Beach Boys ; p. 146) ou l'Hotel Esplanade. L'été, le St Kilda Festival, qui permet aux talents locaux de se faire connaître, attire la foule. Pour une expérience typiquement australienne, rendez-vous au **Memo Music Hall** (p. 146). Ce dancing des années 1920 accueille à présent des légendes *aussies* du rock et du jazz, des auteurs-compositeurs et des artistes de cabaret.

Page de gauche, en haut : Esplanade Hotel
En bas : Palais Theatre

Un cocktail nommé "Fantôme"

Tous les musiciens australiens ont joué à l'**Hotel Esplanade** ("The Espy" pour les intimes ; p. 146). L'auteur-compositeur Paul Kelly a enregistré ses titres dans la célèbre Gershwin Room, et le guitariste du groupe Daddy Cool, Ross Hannaford, avait ses habitudes au bar de l'entrée. Construit en 1878, cet hôtel de bord de mer a accueilli des hôtes de marque comme Mark Twain et Sarah Bernhardt. La légende veut que la comédienne y ait séjourné avec ses 12 animaux de compagnie. Aujourd'hui, le secret le mieux gardé de l'Espy est "The Ghost of Alfred Felton", un lounge servant des cocktails, situé au dernier étage de l'hôtel. Ce bar porte le nom d'un collectionneur d'art philanthrope qui habita une suite de l'hôtel, jusqu'à sa mort, en 1904.

20 DÉTENTE dans la péninsule de Mornington

PLAGES | SPAS | VIN

Le temps d'une belle escapade ou juste d'une journée au vert, la péninsule de Mornington comble en tout le visiteur : un littoral sauvage mais doux, des randonnées dépaysantes, des spas ultradélassants, d'excellents restaurants, des domaines viticoles où s'adonner à la dégustation de vins du cru et des jardins de sculptures.

NATALIA VOSTRIKOVA/SHUTTERSTOCK ©

En pratique

S'y rendre La péninsule au sud du centre-ville de Melbourne nécessite de louer une voiture si l'on veut l'explorer en profondeur. Comptez 1 heure 10 à 1 heure 30 de trajet.

Quand y aller De mi-décembre à fin janvier, la haute saison est synonyme de tarifs élevés. Les touristes sont moins nombreux de février à mi-mars, période où la météo est bonne.

Bons repas Les restaurants réputés font vite salle comble, surtout l'été et le week-end : prévoyez de réserver un mois à l'avance. Certains ouvrent uniquement le week-end.

Les meilleures adresses

Torello Farm (p. 153) vend une huile d'olive locale, Cape Schanck, des olives Main Ridge et du pain au levain Mary Mother Bakes. L'excellente petite exploitation viticole **Avani** (p. 151) produit un vin syrah biodynamique et ouvre son restaurant à la saison estivale. Pour une belle promenade, direction le **Flinders Pier**, passez le yacht club et contournez la falaise.

Brigitte Hafner
Cheffe et propriétaire de Tedesca Osteria
@tedesca72

05 Profitez des vertus bienfaitrices des eaux chaudes et riches en minéraux des sources du spa **Peninsula Hot Springs** (photo de gauche ; p. 148) installé dans un écrin d'arbres à thé. Si vous recherchez une ambiance plus luxueuse, choisissez l'**Alba Thermal Springs & Spa** p. 147) voisin. Réservations obligatoires.

04 Locavore, cuite au feu de bois et de saison, la cuisine que sert la **Tedesca Osteria** (p. 153), dans une ferme restaurée, a le goût des *agroturismi* d'Italie. Réservation indispensable (30 couverts) et carte des vins évolutive.

03 Goûtez le pinot noir et le chardonnay produits par le **Point Leo Estate** (p. 148), et baladez-vous face à la baie dans le jardin de sculptures de ce domaine viticole. Y sont réunies des œuvres d'artistes de renom comme l'Espagnol Jaume Plensa ou l'Américain Kaws, au style pop art.

01 Randonnez sur le littoral sauvage de Cape Schanck jusqu'à **Bushrangers Bay** (5,2 km aller-retour). À marée basse et par beau temps, baignez-vous dans les bassins naturels entre les rochers à la pointe est de la baie.

02 Faites une halte dans la petite localité endormie de **Flinders**, le temps d'un café et d'un petit tour des galeries : peintures et sculptures australiennes à la Manyung Gallery (p. 145) ; œuvres d'art et artisanat locaux chez Cook Street Collective (p. 144).

FILEDIMAGE/SHUTTERSTOCK ©

Carnet d'adresses

Les grands classiques (p. 124)

Chinatown

(www.chinatownmelbourne.com.au ; Little Bourke St, entre Swanston St et Exhibition St ; Melbourne Central, Parliament).

Federation Square

(03-9655 1900 ; www.fedsquare.com ; angle Flinders St et Swanston St ; Flinders St).

Queen Victoria Market

(9320 5822 ; www.qvm.com.au ; angle Elizabeth St et Victoria St ; 6h-15h mar et jeu-ven, 17h-22h mer, 6h-16h sam, 9h-16h dim ; 58, Flagstaff).

Melbourne Museum

(61 131102 ; museumsvictoria.com.au ; melbournemuseum/ 11 Nicholson St, dans les jardins Carlton ; tarif plein/réduit/enfants 15/10 $/gratuit ; 9h-17h tlj ; 86, 96 ; Rathdowne Street)

Maîtres anciens et art contemporain

ACMI

Musée high-tech installé sur Federation Sq, l'Australian Center for the Moving Image aborde le foisonnement visuel sous toutes ses formes : cinéma, TV, art vidéo et même jeux vidéo. Expositions, projections, conférences et festivals thématiques. (03-8663 2200 ; www.acmi.net.au ; Federation Sq ; entrée libre ; 12h-17h tlj, cinéma 11h-tard ; 1, 3, 5, 6, 16, 64, 67, 70, 72, 75, City Circle, Flinders St)

Buxton Contemporary

C'est à Southbank qu'est exposée la collection privée du grand collectionneur Michael Buxton : des œuvres d'art moderne australien étranges, magnifiques et qui incitent à la réflexion. (03-9035 9339 ; buxtoncontemporary.com ; angle Southbank Blvd et Dodds St, Southbank ; entrée libre ; 11h-17h mer-dim ; Flinders St)

Cook Street Collective

Voir p. 143 (03-5989 1022, 04-1458 4511 ; cookstreetcollective.com.au ; 41 Cook St, Flinders ; 10h-16h lun, ven-dim et sur rdv ; 782)

Craft Victoria

Voir p. 127 (03-9650 7775 ; craft.org.au ; Watson Pl, en retrait de Flinders Lane ; entrée libre ; 11h-17h mar-ven, 11h-16h sam ; Parliament)

Flinders Lane Gallery

Voir p. 128 (03-9654 3332 ; www.flg.com.au ; 1er ét, 37 Swanston St, Melbourne ; entrée libre ; 11h-17h mar-sam, jusqu'à 15h dernier sam du mois ; Flinders St)

Heide Museum of Modern Art

Au cœur d'un merveilleux jardin de Bulleen (banlieue de Melbourne), ce musée d'art australien est aussi célèbre pour sa galerie proprement dite que pour la demeure moderniste (1964), construite par le couple de collectionneurs John et Sunday Reed. Outre la collection réunie par ces deux

Armure de Ned Kelly, State Library of Victoria

mécènes, des expositions mettent en valeur le travail d'artistes qui ont travaillé dans la région. (☎03-9850 1500 ; www.heide.com.au ; 7 Templestowe Rd ; tarif plein/enfant 25 $/gratuit ; ⏲10h-16h mar-ven, 10h-17h sam-dim ; 903, Heidelberg)

Ian Potter Centre : NGV Australia

Voir p. 137 (☎03-8620 2222 ; www.ngv.vic.gov.au ; Federation Sq ; entrée libre ; ⏲10h-17h tlj ; Flinders St)

Justin Art House Museum

Voir p. 127 (☎04-0305 2641 ; www.jahm.com.au ; 3 Lumley Court, Prahran ; 30 $; ⏲sur rdv ; Windsor, 5, 6, 64)

Koorie Heritage Trust

Voir p. 137 (☎03-8662 6300 ; kht.org.au ; 1er et 3e ét., Birrarung Building, Federation Sq, angle Swanston St et Flinders St ; entrée libre, visite guidée adulte/enfant 40/20 $; ⏲10h-17h tlj ; Flinders St)

Lyon Housemuseum

Voir p. 127 (☎03-9817 2300 ; lyonhousemuseum.com.au ; 217-219 Cotham Rd, Kew ; entrée 12 $, visite guidée 40 $; ⏲12h-16h mer-dim ; 109)

Manyung Gallery

Voir p. 142 (☎03-9787 2953 ; manyunggallery.com.au ; 37 Cook St, Flinders ; entrée libre ; ⏲11h-17h mar, 10h-17h jeu-dim ; 782)

National Gallery of Victoria (NGV) International

La collection d'art australien du NGV est exposée à l'Ian Potter Centre, sur Federation Sq, tandis que la collection d'art international se trouve dans l'impressionnant édifice construit sur St Kilda Rd et connu pour son mur d'eau à l'entrée et son immense plafond en vitrail. Œuvre célèbre : *Le Banquet de Cléopâtre* de Giambattista Tiepolo, une version plus lumineuse que la première, exposée au musée Cognacq-Jay, à Paris. (☎03-8620 2222 ; www.ngv.vic.gov.au ; 180 St Kilda Rd, Southbank ; entrée libre ; ⏲10h-17h ; Flinders St)

Passé de Melbourne

Bunjilaka Aboriginal Cultural Centre

Voir p. 137 (☎13 11 02 ; www.museumsvictoria.com.au ; 11 Nicholson St, Carlton ; tarif plein/enfant ou étudiant 15 $/gratuit, suppl pour les expositions ; ⏲9h-17h tlj ; City Circle, 86, 96, Parliament)

Immigration Museum

Logé dans l'ancien bureau des douanes (Old Customs House, 1876) magnifiquement rénové, ce musée dynamique explore l'identité et la diversité en offrant des récits de l'une des sociétés les plus multiculturelles du monde. (☎13 11 02 ; museumsvictoria.com.au/immigrationmuseum ; 400 Flinders St ; adulte/enfant 15 $/gratuit ; ⏲10h-17h ; 48, 55, 70, 75, City Circle, Flinders St)

Melbourne Museum

Dans les Carlton Gardens, classés au Patrimoine mondial de l'Unesco, le vaste musée d'histoire naturelle et culturelle de Melbourne fait découvrir aux visiteurs l'extraordinaire passé de la ville sous un nouvel angle. (☎13 11 02 ; www.museumsvictoria.com.au ; 11 Nicholson St, Carlton ; tarif plein/enfant ou étudiant 15 $/gratuit, suppl pour les expositions ; ⏲9h-17h tlj ; City Circle, 86, 96, Parliament)

State Library of Victoria

Majestueux édifice néoclassique auquel ont été adjoints de nouvelles ailes et surtout l'étonnante Trobe Reading Room coiffée d'un révolutionnaire dôme en béton armé (1913), la bibliothèque du Victoria réunit d'incroyables espaces de lecture et de travail, plus des salles d'exposition (gratuites) où sont présentés les débuts de la peinture locale ainsi que l'armure du ranger du bush, Ned Kelly. (☎03-8664 7000 ; www.slv.vic.gov.au ; 328 Swanston St ; entrée libre ; ⏲10h-18h tlj ; 1, 3, 5, 6, 16, 30, 35, 64, 67, 72, Melbourne Central)

Soirées en musique

Bar Open

Ce pilier du quartier de Fitzroy organise des concerts allant du jazz au groove en passant par le punk et le grindcore. Charmant bar. (03-9415 9601 ; baropen.com.au ; 317 Brunswick St, Fitzroy ; 17h-3h mar-jeu, 16h-3h ven-sam, 16h-0h dim ; 11)

Cherry Bar

Noel Gallagher a déclaré un jour vouloir acheter ce bar de quartier situé dans le CBD. Ouvert à tous, l'établissement programme de la musique éclectique allant du blues au punk. (03-9071 2434 ; www.cherrybar.com.au ; 68 Little Collins St, CBD ; 19h-3h lun-jeu et dim, 18h-5h ven-sam ; Parliament)

Collingwood Yards

Voir p. 131 (collingwoodyards.org ; 35 Johnston St, Collingwood ; 7h30-18h lun-mar, 7h30-23h mer-dim ; Victoria Park)

Corner Hotel

Des artistes tels que Ben Harper ou les Dandy Warhols ont joué dans ce pub très animé de Richmond. S'y produisent autant les artistes émergents que les légendes. (03-9427 7300 ; www.cornerhotel.com ; 57 Swan St, Richmond ; 12h-tard mar-dim ; Richmond)

Hotel Esplanade

Voir p. 141 (03-9534 0211 ; hotelesplanade.com.au ; 11 The Esplanade, St Kilda ; 12h-23h lun-jeu et dim, 12h-tard ven-sam)

JazzLab

Situé à Brunswick, ce club est le digne héritier de l'excellent Bennetts Lane Jazz Club de Melbourne, aujourd'hui fermé. Artistes locaux et internationaux de premier plan viennent s'y produire. Programmation musicale tous les soirs. (03-9080 4398 ; thejazzlab.com.au ; 27 Leslie St, Brunswick ; 19h-tard lun-jeu, 19h30-tard ven-dim ; Brunswick)

Memo Music Hall

Voir p. 141 (03-9534 3556 ; www.memomusichall.com.au ; 88 Acland St, St Kilda, entrée par Albert St ; 96)

Northcote Social Club

Situé dans le cœur branché de Northcote, le NSC est un pub idéal pour écouter de jeunes auteurs-compositeurs et des groupes locaux ou d'ailleurs. 03-9427 1158 ; northcotesocialclub.com ; 301 High St, Northcote ; 16h-tard lun, 12h-tard mar-dim ; Northcote Town Hall, Northcote)

Northcote Theatre

Scène largement au goût du jour après restauration, la salle de cinéma historique (1912) de Northcote héberge aussi une *trattoria*, un bar à vins et un lounge sur le toit-terrasse.(03-9267 9099 ; northcotetheatre.com ; 216 High St, Northcote ; Merri)

Palais Theatre

Voir p. 141 (03-8537 7677 ; www.palaistheatre.com.au ; angle Lower Esplanade et Cavell St, St Kilda ; 3, 16, 96)

The Peel

Voir p. 131 (03-9419 4762 ; www.thepeel.com.au ; 46 Peel St, angle Wellington St, Collingwood ; 22h-7h ven-sam ; 86)

The Toff

Voir p. 129 (03-9639 8770 ; thetoff.com.au ; 2e ét, Curtin House, 252 Swanston St, Melbourne ; entrée libre ; 17h-tard mar-sam ; 1, 3, 5)

The Tote

Voir p. 131 (03-9419 5320 ; thetotehotel.com ; angle Johnston St et Wellington St, Collingwood ; 16h-tard mar-jeu, 12h-3h ven-sam, 12h-tard dim ; 86)

Des livres, des idées et du ciné

Astor

Voir p. 141 (03-9510 1414 ; www.astortheatre.net.au ; angle Chapel St et Dandenong Rd, Windsor ; 17-21,50 $, 18 $ lun et jeu ; 5, 64, 78, Windsor)

La Mama

De grands dramaturges comme David Williamson ont fait leurs armes dans ce théâtre au cadre intimiste situé à Carlton. C'est un endroit idéal où découvrir les nouveaux talents locaux. (☎ 03-9347 6948 ; lamama.com.au ; 349 Drummond St et 205 Faraday St, Carlton ; billets 20-35 $; 🕑 guichet à partir de 16h lun-ven, de 14h dim ; 🚊 1, 6)

Metropolis Bookshop

Voir p. 128 (☎ 03-9663 2015 ; metropolisbookshop.com.au ; 3e ét, Curtin House, 252 Swanston St, Melbourne ; 🕑 11h-18h tlj sauf dim ; 🚊 1, 3, 5)

Readings

La chaîne de librairies indépendantes prisées des Melbourniens organise régulièrement le lancement de nouveaux livres et des débats avec des écrivains récompensés. Cette adresse est située à Carlton. Elle a reçu le titre de meilleure librairie du monde en 2016. (☎ 03-9347 6633 ; www.readings.com.au ; 309 Lygon St, Carlton ; 🕑 9h-21h lun-jeu, 9h-22h ven-sam, 10h-21h dim ; 🚊 1, 6)

Red Stitch Actors Theatre

Voir p. 141 (☎ 03-9533 8082, billets 03-9533 8083 ; www.redstitch.net ; à l'arrière du 2 Chapel St, Windsor ; 🕑 guichet 10h-16h lun-ven ; 🚊 5, 64, 78, 🚆 Windsor)

Theatre Works

Voir p. 141 (☎ 03-9534 4879, reservations 03-9534 3388 ; www.theatreworks.org.au ; 14 Acland St, St Kilda ; 🚊 12, 16)

The Capitol

Voir p. 128 (☎ 03-9925 2000 ; www.rmit.edu.au/thecapitol ; 113 Swanston St, Melbourne ; 🚆 Flinders St)

Wheeler Centre

Situé dans la State Library of Victoria, le Wheeler Centre organise des conférences publiques sur l'art, la littérature et des thèmes d'actualité. (☎ 03-9094 7809 ; www.wheelercentre.com ; 176 Little Lonsdale St ; 🚆 Central)

I. NOYAN YILMAZ/SHUTTERSTOCK ©

Dandenong Ranges

Activités et grand air

Aboriginal Heritage Walks

Voir p. 137 (☎ 03-9252 2300 ; www.rbg.vic.gov.au ; Royal Botanic Gardens, Birdwood Ave, South Yarra ; adulte/enfant/-12 ans 40/20 $/gratuit ; 🕑 circuits 1 heure 30 à partir de 11h mar-jeu et sam-dim ; 🚊 3, 5, 6, 8, 16, 64, 67, 72).

Aboriginal Walking Tours

Voir p. 137 (kht.org.au/visit-us/education/guided-walking-tours)

Agency Projects

Voir p. 131 (☎ 04-8708 5846 ; agencyprojects.org ; Unit 4, rdc, 47 Easey St, Collingwood ; 🕑 11h-15h mer-ven et sur rdv ; 🚆 Victoria Park)

Alba Thermal Springs & Spa

Voir p. 143 (☎ 03-5985 0900 ; albathermalsprings.com.au ; 282 Browns Rd, Fingal ; soins à partir de 150 $; 🕑 8h-21h tlj)

Dandenong Ranges

Situés à 35 km à l'est de Melbourne, les monts Dandenong abritent un sous-bois luxuriant et frais. Sentiers pédestres dans la forêt humide, élégants jardins et le très ardu 1 000 Steps (Kokoda Track Memorial Walk).

Fitzroy Pool

Cette piscine extérieure historique, de 50 m de longueur, occupe une place particulière dans l'imaginaire collectif des Melbourniens. (03-9205 5522 ; leisure.yarracity.vic.gov.au/locations/fitzroy-swimming-pool ; 160 Alexandra Parade, Fitzroy ; tarif plein/5-15 ans 8,40/5,10 $; 6h-20h45 lun-ven, 7h-20h45 sam-dim ; Hurstbridge, Mernda)

Grollo Equiset Garden

Voir p. 128 (03-8620 2222 ; 180 St Kilda Rd, Southbank ; entrée libre ; 10h-17h ; Flinders St)

Hope St Radio

Voir p. 132 (www.hopestradio.community ; 35 Johnston St, Collingwood ; Johnston St/Smith St, 86)

Kayak Melbourne

Découvrez la skyline de Melbourne au cours d'une sortie en kayak sur la Yarra River, accompagné d'un guide. Option coucher de soleil et dîner possibles. Débutants acceptés. (0459 750 065 ; www.kayakmelbourne.com.au ; Community Hub at The Dock, 912 Collins St, Docklands ; circuit 75-120 $; 11, 48).

Main Yarra Trail

Sillonnant le bush odorant et contournant la Collingwood Children's Farm et le Heide Museum of Modern Art, ce sentier pittoresque de 35 km fait pour les cyclistes et les piétons relie Southbank au Westerfolds Park, où l'on trouve de nombreux kangourous.

Liquid Architecture

Voir p. 131 (liquidarchitecture.org.au ; Collingwood Yards, 104/35 Johnston St, Collingwood ; Johnston St/Smith St, 86)

Melbourne Cricket Ground

Voir p. 134 (MCG ; 03-9657 8888 ; www.mcg.org.au ; Brunton Ave, East Melbourne ; visite guidée adulte/enfant/famille 35/16/85 $, avec musée 45/21/106 $; visites guidées 10h-15h ; Jolimont)

Peninsula Hot Springs

Voir p. 143 (03-5950 8777 ; www.peninsulahotsprings.com ; Springs Lane, Fingal ; bains adulte/enfant à partir de 55/40 $; 5h-23h)

Point Leo Estate

Voir p. 143 (03-5989 9011 ; www.ptleoestate.com.au ; 3649 Frankston-Flinders Rd, Merricks ; dégustations 15-25 $, jardin de sculptures tarif plein/réduit/-12 ans 15/8 $/gratuit ; 11h-17h tlj)

St Vincent Gardens

Voir p. 139 (03-9209 6777 ; www.portphillip.vic.gov.au/explore-the-city/beaches-parks-and-playgrounds/find-parks-and-playgrounds/st-vincent-gardens ; Ferrars St, Albert Park ; entrée libre ; 8h-17h30 lun-ven ; 1, 96, 606)

URBNSURF

À quelques minutes de l'aéroport de Melbourne, le premier surf park d'Australie offre des vagues parfaites et régulières : douces pour les néophytes et des rouleaux de 2 m pour les (futurs) champions de surf. (03-9344 1548 ; urbnsurf.com ; 309 Melrose Dr, Tullamarine ; 1 heure de surf adulte/enfant à partir de 30/20 $; 6h-22h tlj été, 7h-18h hiver ; 478, 479)

Westspace

Voir p. 131 (03-9662 3297 ; westspace.org.au ; 102/30 Perry St, Collingwood ; entrée libre ; 11h-18h mer-ven, 12h-16h sam ; Victoria Park, 86)

Produits de créateurs et autres emplettes

Alpha60

Vêtements dessinés par un frère et une sœur originaires de Melbourne. Leur boutique, Alpha60 Chapter House, occupe une magnifique salle voûtée tout à côté de la St Paul's Cathedral. (03-9042 7187 ; www.alpha60.com.au ; 2e ét., 195 Flinders Lane, Melbourne ; 10h-18h lun-sam, 11h-17h dim ; Flinders St)

Clementine's

Boutique de souvenirs abordables, conçus et fabriqués localement : tote bags sur le thème de Melbourne, céramiques, bijoux contemporains et soins aborigènes pour la peau. Situé dans le CBD (☎03-9639 2681 ; www.clementines.com.au ; 7 Degraves St, Melbourne ; 11h-16h lun-jeu, 11h-17h mer-sam, 11h-15h dim ; Flinders St)

Gertrude Street

La zone la plus branchée de Fitzroy compte quelques-unes des boutiques de mode les plus pointues de Melbourne, notamment Edgeley et Handsom, dans Leonard St,

Ma House Supply Store

Ben Mooney, le propriétaire, vend de jolis objets éclectiques, neufs et d'occasion, dans ce magasin situé dans le quartier de Collingwood. Chaque visite est une aventure unique. (mahousesupplystore.com.au ; 54 Johnston St, Collingwood ; 12h-17h mer-ven, 11h-17h sam-dim ; Johnston St/Smith St)

Nicholas Building

Voir p. 128 (www.nicholasbuilding.org.au ; 37 Swanston St, Melbourne ; 9h-18h lun-ven ; Flinders St)

PAM

Voir p. 128 (☎03-9654 6458 ; perksandmini.com/pages/pam-store-melbourne ; 3ᵉ ét, Curtin House, 252 Swanston St, Melbourne ; 11h-18h lun-sam, 12h-17h dim ; 1, 3, 5)

Social Studio

Voir p. 131 (☎03-9417 2143 ; thesocialstudio.org ; 6/30 Perry St, Collingwood ; 12h-17h mer, 12h-18h jeu-sam ; Victoria Park)

Third Drawer Down

Non loin de Gertrude St, Third Drawer Down collabore avec des artistes prolifiques, locaux et internationaux, pour créer des articles pour la maison et des accessoires originaux. Idées cadeaux. (☎03-9534 4088 ; www.thirddrawerdown.com ; 93 George St, Fitzroy ; 11h-17h tlj ; 86)

Discussions autour d'un verre

Beermash $$

Ambiance décontractée et serveurs aimables dans ce bar qui propose un impressionnant choix de bières artisanales, servies à la pression ou en bouteille. Sert également des cidres et des vins originaux. Situé dans le quartier de Collingwood. (☎03-9969 2666 ; www.beermash.com.au ; 306 Smith St, Collingwood ; 12h-23h lun-mer et dim, 12h-1h jeu-sam ; 86)

Bellota Wine Bar

Voir p. 139 (☎03-9878 8381 ; bellota.com.au ; 181 Bank St, South Melbourne Market ; 11h-23h mar-sam ; 1, 12, 96)

Brogan's Way

Voir p. 123 (☎03-9428 8173 ; brogansway.com.au ; 61 North St, Richmond ; 17h-23h jeu-ven, 13h-23h sam, 13h-18h dim ; 12, 48, 75, 109)

Carlton Wine Room $$

Lieu prisé raffiné au charme discret dans Carlton. La carte des vins change selon les saisons. Entrées et plats contemporains. (☎03-9347 2626 ; www.thecarltonwineroom.com.au ; angle Drummond St et Faraday St, Carlton ; 12h-23h lun et ven-dim, 15h-23h mar-jeu ; 200, 207, 955, 966, 1, 6)

Cookie

Voir p. 128 (☎03-9663 7660 ; www.cookiemelbourne.com.au ; 1ᵉʳ ét., Curtin House, 252 Swanston St ; 12h-tard tlj ; Melbourne Central)

Embla $$

Situé dans le CBD, Embla est un lieu intimiste et agréable à l'ambiance new-yorkaise. Propose des vins primés accompagnés de plats divins cuits au feu de bois ou au gril.

(☎03-5512 2121 ; embla.com.au ; 122 Russell St, Melbourne ; ⌚15h-tard lun-mar, 12h-tard mer-sam, 12h-17h dim ; Ⓡ Parliament)

Everleigh $$$

Poids lourd dans la catégorie des bars à cocktails. Difficile à trouver mais célèbre dans le monde entier. Décoration vintage et cocktails traditionnels parfaits. Situé dans le quartier de Fitzroy. (☎03-9416 2229 ; www.theeverleigh.com ; 150-156 Gertrude St, 1er ét., Fitzroy ; ⌚17h-1h tlj ; Ⓣ86)

Four Pillars

Voir p. 123 (☎03-5962 2791 ; www.fourpillarsgin.com/distillery/events ; 2a Lilydale Rd ; ⌚10h30-17h30 dim-jeu, 10h30-21h ven-sam ; Ⓑ685 depuis Lilydale)

HER

Voir p. 129 (☎03-9997 0437 ; her.melbourne ; 270 Lonsdale St, Melbourne ; ⌚11h30-tard tlj ; Ⓣ1, 3, 5)

Little Lon Distilling

Voir p. 127 (littlelondistillingco.com ; 17 Casselden Pl, Melbourne ; atelier 85-95 $/pers ; ⌚16h-20h mer, 16h-21h30 jeu-ven, 14h-22h ; Ⓡ Parliament)

Marion $$

Serveurs vifs et sympathiques, petites assiettes travaillées et vins originaux servis au verre. (☎03-9419 6262 ; www.marionwine.com.au ; 53 Gertrude St, Fitzroy ; ⌚12h-tard tlj ; Ⓣ11, 86)

Melbourne Gin Company

Voir p. 123 (melbournegincompany.com ; 2850 Launching Place Rd, Gembrook)

Molly Rose Brewery

Voir p. 133 (☎03-9113 6046 ; mollyrosebrewing.com ; 279-285 Wellington St, Collingwood ; ⌚16h-23h mer-jeu, 12h-0h ven-sam, 12h-22h dim ; Ⓡ Victoria Park)

Pontoon

Voir p. 138 (☎03-9525 5555 ; stokehouse.com.au/melbourne ; 30 Jacka Blvd, St Kilda ; ⌚12h-tard tlj ; Ⓣ3, 16, 96)

Ponyfish Island

Voir p. 128 (www.ponyfishisland.com.au ; Evan Walker Bridge, Southbank ; ⌚11h-1h tlj ; Ⓡ Flinders St)

The Mill

Voir p. 133 (☎03-0171 7614 ; themillbrewery.com.au ; 40 Sackville St, Collingwood ; ⌚16h-22h mer-jeu, 12h-23h ven-sam, 12h-20h dim ; Ⓣ Johnston St/Smith St, 86)

The Moon

Voir p. 133 (☎03-9089 0239 ; www.themooninmelbourne.com ; 28A Stanley St, Collingwood ; ⌚15h-22h mar-jeu, 13h-23h ven-sam, 13h-22h dim ; Ⓣ86, Ⓡ Collingwood)

Cafémania

Acoffee $$

Voir p. 133 (☎03-9042 8746 ; acoffee.com.au ; 30 Sackville St , Collingwood ; ⌚7h-15h lun-ven, 8h-16h sam-dim ; Ⓣ86)

Aunty Peg's

Voir p. 133 (☎03-9417 1333 ; www.proudmarycoffee.com.au/pages/aunty-pegs-1 ; 200 Wellington St, Collingwood ; ⌚9h-17h tlj ; Ⓣ86)

Hardware Société $$

Excellents plats d'inspiration française et cocktails pour accompagner le brunch. Au mur sont accrochées des illustrations réalisées par l'artiste melbournien Mads Francis. Niché dans une allée calme du CBD. (☎03-9621 2100 ; www.hardwaresociete.com/melbourne ; 123 Hardware St ; ⌚8h-14h30 lun-ven, 8h-15h sam-dim ; Ⓡ Melbourne Central)

Galleon Cafe

Voir p. 140 (☎03-9534 8934 ; @galleoncafestkilda ; 9 Carlisle St, St Kilda ; ⌚7h-15h30 tlj ; Ⓣ16)

Industry Beans $$

Ce café-brûlerie du quartier de Fitzroy est apprécié tant pour ses plats gourmands que pour ses mélanges de cafés signatures. Cafés d'origine unique proposés en alternance et coffee bubble cups (café de spécialité glacé aux perles de tapioca). (☎ 03-9417 1034 ; industrybeans.com ; 70/76 Westgarth St, Fitzroy ; ⏲ 7h-15h30 lun-ven, 8h-15h30 sam-dim ; 🚋 96, 11)

Pellegrini's Espresso Bar

Voir p. 134 (☎ 03-9662 1885 ; @pellegrinisespressobar ; 66 Bourke St ; ⏲ 8h-21h lun-jeu, 8h-22h ven-sam ; 🚆 Parliament)

Proud Mary

Voir p. 133 (☎ 03-9417 5930 ; www.proudmary-coffee.com.au ; 172 Oxford St, Collingwood ; ⏲ 7h-15h lun-ven, 8h-15h sam-dim ; 🚋 86)

Seven Seeds $

Les cafés de spécialité torréfiés sur place et les quelques bons petits plats servis en continu font la réputation de ce café de Carlton. (☎ 03-9347 8664 ; sevenseeds.com.au ; 114 Berkeley St, Carlton ; ⏲ 7h-17h lun-ven, 8h-17h sam-dim ; 🚋 19, 58, 59)

St Ali

Voir p. 139 (☎ 03-9132 8960 ; stali.com.au ; 12-18 Yarra Pl ; ⏲ 7h-17h tlj ; 🚋 12)

Wide Open Road $

Ambiance indé, bons sandwichs toastés et cafés torréfiés sur place. Apprécié des hipsters du coin. C'est une valeur sûre du quartier de Brunswick. (☎ 04-2298 6591 ; wideopenroad.com.au ; 274 Barkly St, Brunswick ; ⏲ 7h30-15h lun-ven, 8h-15h sam-dim, cuisine jusqu'à 14h30 ; 🚋 19, 🚆 Jewell)

Aux plaisirs des papilles

Agathé Pâtisserie

Voir p. 139 (shop.agathe.com.au ; 322 Coventry St, South Melbourne Market ; ⏲ 8h-16h mer et ven-dim ; 🚋 12, 96)

American Doughnut Kitchen

Voir p. 135 (☎ 03-2052 1507 ; adk1950.com.au ; 470 Queen St, Melbourne ; ⏲ 7h-15h mar et jeu-ven, 6h-16h sam, 7h-16h dim ; 🚋 19, 57, 58, 59, 🚆 Flagstaff)

Anchovy $$

Situé dans le quartier de Richmond, ce restaurant, encensé par la critique, revisite la cuisine vietnamienne. Pour une expérience plus abordable, commandez un bánh mi (sandwich baguette vietnamien) dans la sandwicherie des propriétaires, voisine, Ca Com. (www.cacom.net.au ; 336 Bridge Rd, Richmond ; ⏲ 11h-15h mar-ven, 10h-15h sam-dim ; 🚋 48, 75)

Attica $$$

Réservez des mois à l'avance votre table dans ce restaurant gastronomique. Le chef, Ben Shewry, concocte une cuisine australienne contemporaine des plus authentiques. Situé dans le quartier de Ripponlea. (☎ 03-9530 0111 ; www.attica.com.au ; 74 Glen Eira Rd, Ripponlea ; ⏲ 18h-20h mar-sam ; 🚋 67, 🚆 Ripponlea)

Avani

Voir p. 142 (☎ 04-3500 9381, 03-5989 2646 ; www.avanisyrah.com.au ; 98 Stanleys Rd, Red Hill South ; degustation 10 $/pers ; ⏲ 11h-16h sam-dim)

Bambu

Voir p. 139 (☎ 03-9686 1608 ; eatbambu.com.au ; 92/116 Cecil St, South Melbourne Market ; ⏲ 17h-22h lun-mar, 11h-22h mer-dim ; 🚋 12, 96)

CIBI

Voir p. 131 (☎ 0481 398 686 ; cibi.com.au ; 33-39 Keele St, Collingwood ; ⏲ 8h-16h, fermeture de la cuisine à 15h ; 🚋 89)

Cobb Lane

Voir p. 139 (☎ 03-9939 5579 ; www.cobblane.com.au ; stand n° 42, 322-326 Coventry St, South Melbourne Market ; ⏲ 8h-16h mer et ven-dim ; 🚋 12, 96)

Easey's

Voir p. 133 (☎ 03-9417 2250 ; www.easeys.com.au ; 3/48 Easey St, Collingwood ; ⏲ 11h-22h dim-jeu, 11h-23h ven-sam ; 🚋 86)

Emerald Deli

Voir p. 139 (☎ 03-9690 5783, 04-0320 1505 ; emeraldhillprovedore.com.au ; stand n°23, 322 Coventry St, South Melbourne Market ; ⏲ 8h-16h mer et ven-dim ; 🚋 12, 96)

Farmer's Daughters $$$

Cet établissement situé dans le CBD est une ode aux produits du Gippsland (région rurale du Victoria). Il comprend un restaurant gastronomique, un traiteur et un bar sur le toit-terrasse. Le Victoria by Farmer's Daughters, également situé à Melbourne et du même propriétaire, est un restaurant gastronomique qui quant à lui met à l'honneur les produits de tout l'État du Victoria. (☎ 03-9116 8682 ; www.farmersdaughters.com.au ; 95 Exhibition St, Melbourne ; ⏲ 12h-14h mar-ven, 17h30-tard tlj, bar 16h-tard tlj ; 🚆 Parliament)

HuTong Dumpling Bar $$

Dans une ruelle du CBD, les chefs confectionnent de leurs doigts agiles les meilleurs xiao long bao (raviolis garnis de bouillon et de viande de porc, cuits à la vapeur) de Melbourne. Il existe un second restaurant dans le quartier de Prahran. (☎ 04-2180 8335 ; hutong.com.au ; 14-16 Market Lane ; ⏲ 11h30-15h et 17h30-22h30 lun-jeu et dim, jusqu'à 23h ven-sam ; 🚆 Parliament)

Köy Restaurant

Voir p. 139 (koyrestaurant.com.au ; 116-136 Cecil St ; ⏲ 8h30-15h mer et ven, 8h30-14h jeu, 8h30-15h30 sam-dim ; 🚋 12, 96)

La Central

Voir p. 139 (☎ 03-5088 9704 ; www.lacentral.com.au ; angle Coventry St et Cecil St, stand n° 45, South Melbourne Market ; ⏲ 8h-16h mer et sam-dim, 8h-17h ven ; 🚋 12, 96)

Laksa King $

Un restaurant malaisien, toujours animé, dans le quartier de Flemington. Réputé pour ses grands bols de succulentes laksa (soupes de nouilles épicée). (☎ 03-9372 6383 ; www.laksaking.com.au/flemington ; 6-12 Pin Oak Crescent, Flemington ; ⏲ 11h30-14h45 mar-dim, 17h-21h30 mar-jeu, 17h-22h ven-sam, 17h-21h dim ; 🚆 Newmarket)

Lee Ho Fook

Voir p. 127 (☎ 03-9654 8239 ; www.leehofook.com.au ; 11-15 Duckboard Pl, Melbourne ; ⏲ 17h-tard tlj sauf dim ; 🚆 Flinders St, Parliament)

Leo's Spaghetti Bar

Voir p. 140 (☎ 03-9525 4454 ; leosspaghettibar.com.au ; 55 Fitzroy St, St Kilda ; ⏲ 11h-23h lun-jeu, 11h-0h ven, 10h-0h sam, 10h-23h dim ; 🚋 Park St/Fitzroy St, 12, 16, 96)

Mabu Mabu Big Esso

Voir p. 137 (☎ 03-9121 0510 ; mabumabu.com.au/pages/dining ; Federation Square, Tenancy 25 2 Swanston St, Melbourne ; ⏲ 11h-16h lun-ven, 18h-tard lun-jeu et dim ; 🚆 Flinders St)

Maha $$$

Le chef Shane Delia revisite la cuisine du Moyen-Orient dans son agréable restaurant du CBD. Pour une expérience plus simple, direction le Maha East, le restaurant-bar à vins situé dans le quartier de Windsor. (1re adresse : ☎ 03-9629 5900 ; www.maharestaurant.com.au ; 21 Bond St ; ⏲ 12h-14h45 et 18h-20h45 tlj, sur rdv ; 🚆 Flinders St ; 2e adresse : ☎ 03-8419 8924 ; www.mahaeast.com.au ; 36 Chapel St, Windsor ; ⏲ 17h-20h45 tlj, 12h-20h45 sam, sur rdv ; 🚆 Windsor, 🚋 78)

Monarch Cake Shop

Voir p. 140 (☎ 03-9534 2972 ; www.monarchcakes.com.au ; 103 Acland St, St Kilda ; ⏲ 9h-18h30 ; 🚋 96)

Neil Prentice

Voir p. 139 (☎ 04-0866 6348 ; www.facebook.com/MoondarraWine ; Browns Rd, Moondarra)

Nutshoppe

Voir p. 139 (☎ 03-1255 5000 ; www.nutshoppe.online ; stand n°1, South Melbourne Market,

322 Coventry St, South Melbourne ; ⏲7h-16h mer et sam-dim, 7h-17h ven ; 🚊12, 96)

Osteria Ilaria $$$

Cuisine italo-australienne moderne et recherchée. Viandes séchées sur place et vins surprenants. (☎03-9642 2287 ; www.osteriailaria.com ; 367 Little Bourke St ; ⏲12h-tard tlj sauf dim ; 🚊19, 57, 59)

Oyster Bar by Aptus

Voir p. 139 (☎03-9699 7189 ; www.aptusseafoods.com.au/oyster-bar ; 322-326 Coventry St South Melbourne Market ; ⏲8h-16h mer et sam-dim, 8h-17h ven ; 🚊12, 96)

Pickadeli

Voir p. 139 (☎03-9696 3160 ; www.pickadeli.com.au ; stand n°4, 322 Coventry St, South Melbourne Market ; ⏲7h30-16h mer et sam-dim, 7h30-17h ven ; 🚊12, 96)

Savanna African Restaurant $$

Ce restaurant propose d'authentiques plats éthiopiens et érythréens cuisinés et servis par les accueillants propriétaires. Situé dans le quartier de Collingwood. (☎03-9416 1462 ; melbourne123.wixsite.com/savannaafrican ; 7 Johnston St, Collingwood ; ⏲17h-23h tlj ; 🚊86)

Smith & Daughters

Voir p. 133 (☎03-9123 1712 ; www.smithanddaughters.com ; 107 Cambridge St, Collingwood ; ⏲17h30-22h mar-mer, 17h30-23h jeu-sam ; 🚊11)

Smith & Deli

Voir p. 133 (☎03-9123 1711 ; www.smithanddeli.com ; 107 Cambridge St, Collingwood ; ⏲8h-15h tlj sauf lun ; 🚊86, 🚆Collingwood)

South Melbourne Market

Voir p. 138 (☎03-9209 6295 ; www.southmelbournemarket.com.au ; angle Coventry St et Cecil St, South Melbourne ; ⏲8h-16h mer, sam et dim, 8h-17h ven ; 🚊1, 12, 96, 109)

Sunda $$

Le jeune chef star Khanh Nguyen mêle saveurs du Sud-Est asiatique et ingrédients australiens pour créer des plats originaux et exquis. Cet établissement branché se trouve dans le CBD. (☎03-9654 8190 ; sunda.com.au ; 18 Punch Lane ; ⏲17h30-22h mar-sam ; 🚆Parliament)

Swords

Voir p. 139 (☎04-1348 9596 ; www.southmelbournemarket.com.au/traders/swords-select-wine-and-beer ; stand n°73, 322-326 Coventry St, South Melbourne Market ; ⏲8h-16h mer et sam-dim, 8h-17h ven ; 🚊12, 96)

Tedesca Osteria

Voir p. 142 (www.tedesca.com.au ; 1175 Mornington Flinders Road, Red Hill ; ⏲12h30-17h lun et ven-dim, jusqu'à 23h sam, sur rdv)

Tonka

Voir p. 127 (☎03-9650 3155 ; www.tonkarestaurant.com.au ; 20 Duckboard Pl ; ⏲12h-15h et 17h30-22h lun-jeu et sam-dim, 17h30-22h ven ; 🚆Parliament)

Torello Farm

Voir p. 142 (☎03-5981 0335 ; www.torellofarm.com.au ; 410 White Hill Rd, Dromana ; ⏲8h-18h tlj)

21 La Great OCEAN ROAD

PLAGES | FAUNE SAUVAGE | GASTRONOMIE

S'étirant de Torquay à Allansford, la Great Ocean Road est la route côtière la plus mythique d'Australie. Sur 240 km, vous découvrirez des breaks de surf réputés et traverserez des poches de forêt humide et de paisibles cités côtières. Prenez votre temps et laissez-vous ensorceler par ses secrets, ses légendes et ses saveurs.

HON CHUNG HAM/ALAMY STOCK PHOTO ©

En pratique

S'y rendre On rejoint Torquay, au sud-ouest de Melbourne, par l'autoroute M1 (103 km). Louez une voiture pour un maximum de liberté.

Quand y aller Il fait très chaud en février et mars, mais il y a moins de monde qu'en décembre et janvier. Venez en hiver pour observer les baleines.

Direction l'ouest Le trajet d'est en ouest offre de meilleurs points de vue.

Hébergement Réservation précoce conseillée en été, à Pâques et lors des vacances scolaires, surtout à Lorne, Anglesea et Apollo Bay.

MICHAEL XIAOS/SHUTTERSTOCK ©

Secrets de la forêt

La majeure partie de la Great Ocean Road sillonne le **Great Otway National Park**, s'enfonçant ainsi, au nord, dans les forêts d'eucalyptus des Otway Ranges avant de longer une ribambelle de plages sauvages, de ravines couvertes de fougères luxuriantes et de poches de forêt humide. Vous pourrez observer les koalas à Kennett River, grimper jusqu'aux **Hopetoun Falls** (ces cascades sont particulièrement belles à la fin de l'hiver et au printemps) ou déambuler sur la canopée de la forêt tropicale avec **Otway Fly Treetop Adventures** (www.otwayfly.com.au ; adulte/enfant 27,50/21,50 $). Des sites moins connus, près de Forrest, à l'intérieur des terres, permettent de vivre des expériences uniques. Très peu savent, par exemple, que le **Lake Elizabeth** est l'un des meilleurs endroits du pays où observer des ornithorynques. Pour

YMGERMAN/SHUTTERSTOCK ©

Prendre la vague

À la pointe est de la Great Ocean Road se trouve **Bells Beach**, prisée des surfeurs. Venez tôt le matin pour observer les pros surfer ses célèbres droites, plus puissantes encore en automne-hiver. **Go Ride a Wave** (gorideawave.com.au) dispense des cours de surf tout au long de la Great Ocean Road.

En haut : canopée, Otway Fly Treetop Adv.
En bas : Great Ocean Road
Ci-dessus : koala, Great Otway National Park

cela, le mieux est de réserver une sortie kayak accompagnée d'un guide (platypustours.net.au ; adulte/enfant 95/60 $). Autres créatures locales mystérieuses, les larves du moucheron fongique (ver luisant endémique), vivent dans des zones particulièrement fraîches et humides de la forêt tropicale. Pour admirer les chapelets luminescents qu'elles forment, grimpez au crépuscule du côté du cap Otway, le long du **Maits Rest Trail** (800 m), près de Cape Otway, ou bien parcourez le **Madsens Track Nature Walk** (1,5 km) à Melba Gully (à l'ouest de Lavers Hill).

Apôtres, épaves et trésor

Telles des vigies dressées au-dessus des flots, les **Twelve Apostles** (Douze Apôtres) concluent magistralement l'itinéraire à l'extrémité ouest de la Great Ocean Road. Ces monumentales formations de calcaire sont particulièrement spectaculaires au crépuscule, lorsque le soleil les drape de sa lumière rougeoyante. Une fois l'astre couché, les manchots pygmées (la plus petite espèce du genre) émergent de l'océan, s'ébrouent et se dandinent jusqu'à leurs nids. Pensez à prendre des jumelles ! Plus à l'ouest se trouve la **Loch**

Un ancien port baleinier

Pour beaucoup, les Douze Apôtres marquent la fin de l'aventure. Néanmoins, le reste de la route, en direction de l'ouest, réserve de belles découvertes. Passez une ou deux nuits à **Port Fairy**, un ancien centre de pêche à la baleine. Il y a ici quelque chose d'envoûtant : les rues bordées de pins abritent des petites maisons à l'air douillet et des auberges en grès et basalte du XIXe siècle. On peut séjourner dans l'impeccable **Drift House** (drifthouse.com.au) et réserver une table dans la plus vieille auberge du Victoria, **Merrijig Kitchen**, (www.merrijiginn.com ; dîner ven-lun) cosy à souhait. En mars, le Port Fairy Folk Festival attire foule, d'où la nécessité de réserver son hébergement un an à l'avance.

Page de gauche : Port Fairy
Ci-dessous : Childers Cove

LKONYA/SHUTTERSTOCK ©

Ard Gorge, une grotte qu'atteignirent à la nage les deux seuls survivants du naufrage du *Loch Ard*, un clipper britannique à la charpente en fer qui s'échoua non loin, en 1878. Dans l'épave de ce bateau, le plus célèbre échoué sur cette "côte aux naufrages", on récupéra une précieuse céramique acheminée de Grande-Bretagne pour l'exposition universelle de Melbourne de 1880. Le navire trône désormais, à l'abri d'une vitrine, au musée des épaves, le **Flagstaff Hill Maritime Museum** (www.flagstaffhill.com ; 89 Merri St, Warrnambool ; adulte/enfant 20/9,80 $; ⌚10h-17h tlj). Plus à l'ouest encore se niche la **Childers Cove**, une très belle plage isolée.

Saveurs régionales

Sur la route, prenez le temps de savourer les délices de la région. Régalez-vous de l'excellent *fish and chips* de Matt Germanchis au **Fish by Moonlite** (www.fishbymoonlite.com.au ; boutique n°4/Anglesea Shopping Village ; 87-89 Great Ocean Rd ; ⌚12h-19h jeu-dim), à Anglesea, et sirotez le gin d'Ann Houlihan à base de plantes endémiques au **Great Ocean Road Gin** (greatoceanroadgin.com.au ; 1/8 Sawmills Way, Torquay ; ⌚15h-17h mar et jeu). La coopérative de pêcheurs **Apollo Bay**

GREG BRAVE/SHUTTERSTOCK ©

Fishermen's Co-op (www.apollobayfishcoop.com.au ; 2 Breakwater Rd, Apollo Bay ; ⌚12h-17h mar-sam) vend et cuisine la pêche du jour (raisonnée), qui inclu toutes sortes de poissons et des langoustes du Sud. À la hauteur des Douze Apôtres, dans les terres, la **Timboon Railway Shed Distillery** (www.timboondistillery.com.au ; 1 Bailey St, Timboon ; ⌚10h-16h30 tlj) de Josh Walker distille un élégant single malt et vend des produits comestibles locaux. Au nord des Otway Ranges, Dan Hunter, pape de la cuisine locavore, concocte d'incroyables menus-dégustation dans son restaurant fermier, le **Brae** (braerestaurant.com ; 4285 Cape Otway Rd ; Birregurra). Les réservations se programment des mois à l'avance et le potager se visite.

22 LE "PROM", une nature intacte

RANDONNÉE | FAUNE | PLAGE

Situé à l'extrême pointe méridionale de l'Australie, le Wilsons Promontory National Park est l'un des espaces sauvages côtiers les plus spectaculaires du pays. Il est prisé des randonneurs et des campeurs pour ses immenses rubans de sable blanc, ses eaux turquoise et son bush.

WILSONS PROMONTORY CRUISES ©

JORDISTOCK/SHUTTERSTOCK ©

Skull Rock

Intrigante formation rocheuse sise dans le détroit de Bass, Cleft Island, **tient son petit nom de sa ressemblance à un crâne (skull)**. Cette île isolée est longtemps restée d'autant plus mystérieuse qu'elle était, jusqu'à il y a peu, inaccessible aux touristes. On peut désormais l'approcher et admirer sa large grotte (130 m) à l'occasion d'une sortie en mer avec **Wilsons Promontory Cruises** (www.wandereradventures.com.au/Wilsons-Promontory-Cruises ; à partir de 155 $). Embarquement à Norman Beach dans un bateau amphibie, et c'est parti pour 2 heures 30 d'excursion à la découverte de la faune littorale dans la plus grande réserve marine du Victoria. Les îles abritent phoques, manchots et puffins à bec grêle. Tentez

En pratique

S'y rendre À 224 km au sud-est de Melbourne, le camp de base de Tidal River n'est pas desservi par les transports publics. Mieux vaut avoir un véhicule personnel. Hike & Seek (hikeandseek.com.au ; 219 $) y organise des excursions à la journée.

Quand y aller D'août à novembre, c'est l'idéal : éclosion des fleurs sauvages et présence des baleines. Il y a moins de touristes et une météo agréable.

Faune Une foule d'espèces endémiques à observer dont des wombats (incorrigibles curieux lorsqu'ils voient des campeurs), des kangourous et des émeus le long du **Prom Wildlife Walk** (2,3 km aller-retour).

En haut : Skull Rock
Page de gauche : grands dauphins

d'apercevoir les grands dauphins, et, de mai à octobre, les baleines franches australes.

Southern Prom Circuit

Randonnées et treks sont les meilleures façons de découvrir le Prom et ses vastes espaces sauvages. Le plus petit itinéraire se parcourt en 30 minutes, le plus long en 1 semaine. Le **Southern Prom Circuit** est le trek le plus prisé du parc : 36 km, 3 jours, 2 nuits de camping pour découvrir l'incroyable biodiversité du Prom. L'itinéraire chemine entre forêts d'eucalyptus, ravines tapissées de fougères et belvédères perchés pour s'achever sur le sable blanc où l'on peut camper face aux eaux céruléennes du détroit.

Big Drift

Les plages de sable blond ont beau abonder sur les rivages du parc, aucune n'égale **Big Drift**. Aussi inattendues que spectaculaires, ces dunes, en retrait dans les terres, se

Meilleures randonnées

Sealers Cove L'itinéraire de 19 km (environ 5 heures aller-retour) traverse diverses forêts et de nombreux écosystèmes avant de rejoindre Sealers Cove, l'une des plus belles plages d'Australie.

Mt Oberon Lookout La plateforme d'observation au sommet (environ 2 heures 30 aller-retour) dévoile un incroyable panorama sur le parc national. Encore plus beau au crépuscule.

Beach trifecta Partant du camping de Tidal River, vous pouvez rejoindre Squeaky Beach, Picnic Bay et Whisky Bay par les sentiers du littoral et les plages. Comptez 3 heures aller-retour, sans compter le temps pris à lézarder sur le sable et à se baigner !

Bill Gurnett
Ancien garde forestier du Parks Victoria et actuel copropriétaire de Gurneys Cider @gurneyscidery

Wilsons Prom Lightstation

Pourquoi ne pas aller passer la nuit dans un cottage du XIXe siècle attenant au phare le plus méridional d'Australie continentale ? L'expérience se mérite : on y accède par une randonnée de 20 km à pied (aller), à travers les terres intérieures du Prom. À l'arrivée, ne manquez pas la vue sur le détroit de Bass depuis le haut du phare.

dressent en pleine forêt. En évoluant à travers ce magnifique paysage quasi irréel, on s'ôctroie de superbes vues sur le Mt Vereker et le bush qui le recouvre, puis, au loin sur l'océan. L'aube et le crépuscule sont à coup sûr les meilleurs moments pour immortaliser cette authentique aventure, le sable prenant alors des tons or rose. Mais le spectacle de nuit, sous les étoiles, donne aussi un goût de paradis. Il est possible de pratiquer le sandboard sur les dunes.

Randonnées au départ de Tidal River

Si vous n'êtes pas tenté par une aventure pédestre de plusieurs jours dans le Prom, vous pouvez envisager quelques courtes échappées vers des lieux magiques en partant de l'entrée principale du parc, située à Tidal River. S'il n'est qu'une seule balade à faire, c'est celle qui mène au sommet du **Mt Oberon**, d'où l'on bénéficie d'un panorama sur tout le parc. Otpion pour gens pressés : rallier **Squeaky Beach**, plage où le sable, de quartz blanc, crisse sous le pied. Tout aussi spectaculaire : **Whisky Bay**, non loin, avec son sable blanc crayeux, ses eaux aigue-marine étincelantes et ses gros rochers semés de lichen ici et là.

Page de gauche : randonneurs, Mt Oberon
En haut : Wilsons Prom Lightstation
En bas : Squeaky Beach

BRISBANE ET LE SUD-EST DU QUEENSLAND

FAUNE | BIÈRE | PLAGES

North Stradbroke Island (p. 178)

BRISBANE ET LE SUD-EST DU QUEENSLAND

à la carte

Dans le sud-est du Queensland (SEQ), le beau temps est au rendez-vous quelque 300 jours par an ! La région s'étend de la frontière nord de la Nouvelle-Galles du Sud à la Sunshine Coast des surfeurs, en passant par la fameuse Gold Coast des parcs d'attractions. Le soleil brille autant sur le littoral que sur les terres et la forêt humide intérieures.

Levez-vous tôt pour repérer les ornithorynques d'**Obi Obi Creek**, à Maleny (p. 188).
À 45 minutes de la Sunshine Coast

Goûtez du lait de dromadaire frais dans la **Scenic Rim Region** (p. 172).
À 1 heure 30 de Brisbane

Débusquez les rares larves bioluminescentes, qui illuminent la nuit dans le **Springbrook National Park** (p. 175).
À 45 minutes de la Gold Coast

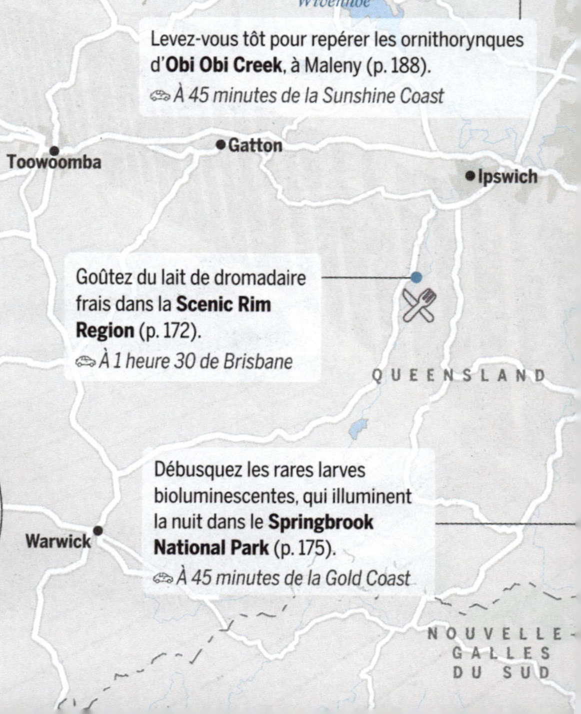

Campez au bord des bassins naturels céruléens du **Conondale National Park** (p. 184).

À 2 heures de la Sunshine Coast

Testez (avec modération) les bières artisanales de la **Sunshine Coast** (p. 176).

À 1 heure 30 de Brisbane

Apprenez à reconnaître les aliments du bush avec un guide Quandamooka, sur **Stradbroke Island** (p. 178).

À 30 minutes de Brisbane

Enchantez vos papilles aux tables étoilées de la **Gold Coast** (p. 170).

À 1 heure de Brisbane

Informations pratiques

CHAMELEONSEYE/SHUTTERSTOCK ©

À L'ARRIVÉE

Gold Coast Airport Vols domestiques directs au départ des principales villes australiennes vers cet aéroport régional, à Bilinga.

Brisbane International Airport À mi-chemin entre la Gold Coast et la Sunshine Coast, cet aéroport international est le plus grand, le plus fréquenté et le plus central de la région. À environ 20 minutes de voiture du centre-ville de Brisbane.

Sunshine Coast Airport Situé à Marcoola, ce petit aéroport assure des vols quotidiens pour Adélaïde, Melbourne, Sydney, Cairns et Canberra.

BUDGET

Dégustation de bières 15 $

Location de planche de paddle 25 $/h

Une nuit dans un cottage de l'arrière-pays 175 $

QUAND Y ALLER

JAN-MARS
Chaud, humide et pluvieux ; températures au-dessus de 25°C.

AVR-JUIN
Ciel dégagé et températures douces.

JUIL-SEPT
Doux près de la côte ; matinées et nuits fraîches dans l'arrière-pays.

OCT-DÉC
Chaud et ensoleillé ; les jacarandas en fleurs annoncent le printemps.

COMMENT CIRCULER

Bus, ferry et train Translink dessert toute la région du sud-est du Queensland, jusqu'à Coolangatta, au sud, et Noosa Heads, au nord. Un train de banlieue assure la liaison entre Varsity Lakes et Cooroy. Vendue dans les gares ou les magasins, la Go Card ouvre droit à des réductions.

Voiture La majeure partie de la Gold Coast, Brisbane et les villes le long de la Bruce Hwy sont bien desservies par les transports en commun. En revanche, l'accès par train ou bus au littoral de la Sunshine Coast et à l'arrière-pays est moins pratique et plus chronophage. Pour plus de flexibilité, louez une voiture.

Ferry vers les îles Les compagnies SeaLink et Stradbroke Flyer transportent voitures et passagers vers Stradbroke Island. La compagnie Micat assure la desserte de Moreton Island en fonction de la demande (sur la base des réservations).

SE RESTAURER ET PRENDRE UN VERRE

À l'instar du reste de la côte orientale, le sud-est du Queensland est célèbre pour son poisson et ses fruits de mer, notamment les langoustes de Moreton Bay (photo du haut), baie proche de Brisbane.

Nombre de restaurants de haut rang inscrivent à leur menu des mets propres à la cuisine aborigène (*bush tucker*, photo du bas).

Une petite soif ? Vous trouverez des dizaines de brasseries et de distilleries artisanales.

Meilleure bière artisanale Brouhaha Brewery (p. 177)

À goûter : le miel du bush Yura Tours sur Stradbroke Island (p. 180)

SE CONNECTER ET S'ORIENTER

Wi-Fi Le Wi-Fi gratuit n'est pas fréquent dans les cafés. Tentez les bibliothèques ou l'un des réseaux publics de la Gold Coast, de la Sunshine Coast ou de Brisbane.

Se repérer L'autoroute M1 longe toute la côte. Aux heures de pointe, le trafic peut y être lent. Dans l'arrière-pays, les itinéraires sont moins directs mais aussi moins chargés et bien plus pittoresques.

ARGENT

En bord de route, à l'entrée des fermes, on peut acheter en libre-service et en espèces (le plus souvent) des fruits de la passion, des ananas et des avocats. Cela nécessite d'avoir des pièces de 1 et de 2 $.

OÙ SE LOGER

Brisbane compte des hébergements pour tous les budgets et pour tous les goûts. Plus vous vous éloignez du littoral, plus le choix est limité.

Localité	Pour/contre
Surfers Paradise, Broadbeach, Miami et Main Beach	Motels, appartements, hôtels de moyenne catégorie et de luxe, à distance pédestre raisonnable des plages.
Arrière-pays de la Gold Coast	Campings, glampings et spas de luxe dans le bush.
CBD de Brisbane, South Bank, West End et Fortitude Valley	Hôtels 4-5 étoiles au cœur de l'action.
Sunshine Coast	En majorité des appartements touristiques et de particuliers, avec vue sur le littoral.
Montville et Maleny	B&B, cottages et auberges familiales en altitude dans l'arrière-pays.

RÉDUCTIONS

Les offices de tourisme officiels de la région – visitbrisbane.com.au, visitsunshinecoast.com et destinationgoldcoast.com – proposent des réductions et des forfaits sur les hébergements et les activités.

Les grands classiques

Pour les infos pratiques de chaque site, reportez-vous au Carnet d'adresses p. 192.

City Hall and Museum of Brisbane

Érigé entre 1920 et 1930, l'hôtel de ville est un mastodonte en grès présentant en façade d'imposantes colonnes. En 1965, les Rolling Stones ont donné leur tout premier concert australien dans son magnifique auditorium, agrémenté d'un orgue à 4 300 tuyaux, et d'un sol en acajou et en eucalyptus. L'édifice abrite aussi le musée de Brisbane, qui retrace l'histoire de la ville à travers diverses expositions.

MICHA R/ STOCK.ADOBE.COM©

GARY YIM/SHUTTERSTOCK ©

Queensland Cultural Centre

Entouré de jardins subtropicaux, le centre culturel du Queensland, cœur de la vie culturelle de Brisbane, regroupe le Performing Arts Centre, le Museum & Sciencentre, l'Art Gallery, la State Library et l'impressionnante Gallery of Modern Art (GOMA), qui présente des expositions majeures.

TAYLOR WILSON SMITH/SHUTTERSTOCK.COM ©

Noosa

Le centre verdoyant de cette station balnéaire tendance est adossé à une forêt humide subtropicale préservée et fait face à une eau limpide et peu agitée. La ville fait partie de la Noosa Biosphere Reserve, reconnue par l'Unesco pour sa grande biodiversité.

RAFAEL BEN-ARI/STOCKADOBE.COM ©

Gold Coast

L'emblématique Gold Coast offre 52 km de plages dorées, des vagues de légende, d'époustouflants couchers de soleil et une eau délicieuse. Surfers Paradise attire les jeunes fêtards avec ses clubs, tandis que d'autres quartiers proposent une scène culinaire dynamique, un esprit balnéaire chic, des stations de vacances rétro ou une atmosphère locale détendue.

ALEXANDER/STOCK.ADOBE.COM ©

Old Government House

Situé à Gardens Point, le principal bâtiment historique du Queensland est un bijou conçu par l'architecte Charles Tiffin, en 1862, pour servir de résidence au premier gouverneur de la région. L'intérieur, somptueux, a été restauré en 2009. Au premier niveau, la William Robinson Gallery présente une belle collection de peintures, gravures, dessins, sculptures et céramiques de l'artiste australien auquel elle doit son nom.

MARLON/STOCK.ADOBE.COM ©

South Bank Parklands

Ce parc de 17,5 ha surplombant le centre-ville de Brisbane comprend des passages couverts qui débouchent sur des espaces de performances artistiques, des pelouses luxuriantes, des restaurants et des bars. Il abrite aussi la Streets Beach, une plage artificielle aux airs de lagon, et la Wheel of Brisbane, une grande roue de près de 60 m offrant une vue à 360°.

23 Becs fins À LA FÊTE

CAFÉS | COCKTAILS | BONS REPAS

De Broadbeach à Burleigh Heads, l'arrivée de toques réputées de Sydney et de Melbourne a métamorphosé en destination gourmande cinq étoiles la Gold Coast, jadis cantonnée à la restauration rapide chargée en lipides. Cafés primés, bars à cocktails rutilants et tables familiales de bord de mer réjouissent les papilles.

THE MILKMAN'S DAUGHTER @THEMILKMANSDAUGHTER_GC ©

En pratique

Quand y aller Les cafés ne servent plus de plats après 14h, mais en revanche des snacks et des cocktails à toute heure. Pour le dîner, le service débute vers 18 h.

Cuisine primée Décernées chaque année par l'*Australian Good Food Guide*, les *hats* (toques) constituent la récompense suprême pour un chef en Australie.

Brunchs avec modération Les brunchs avec bar à volonté sont monnaie courante tous les jours de l'année sur la côte. Veillez à ne pas en abuser, surtout si vous prenez la route ensuite !

MAYA SCHOLZ/PADDOCK BAKERY ©

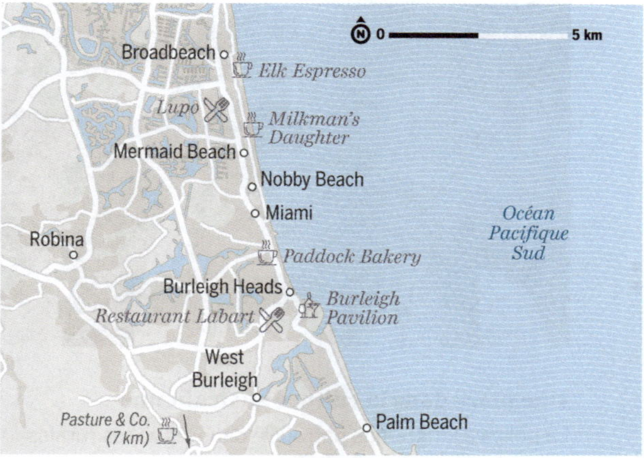

Page de gauche en haut : Milkman's Daughter
En bas : Paddock Bakery

Douceurs du matin Venez tôt le matin pour avoir une place dans le jardin du **Paddock Bakery** (p. 197), un café largement récompensé. À l'interieur, on peut observer les boulangers-pâtissiers concocter des cruffins au Nutella ou des beignets à la crème brûlée (leur viennoiserie signature). Pour un brunch plus arrosé, avisez l'**Elk Espresso** (p. 197), du côté de Broadbeach, où les mimosas (champagne-jus d'orange) sont servis à volonté durant une heure après la commande.

Cocktail ensoleillé l'après-midi Pichets de cocktail à base de Pimm's, plateaux de fruits de mer bien frais et DJ en résidence : le **Burleigh Pavilion** (p. 194) mise tout sur une ambiance estivale décontractée. Pour tutoyer un peu plus les flots (à vos pieds !), optez pour le service à table du **Tropic** (p. 197), sur la terrasse en front de mer du même Burleigh Pavilion.

Repas étoilé Les toques australiennes ont récompensé plus d'une dizaine de tables sur la Gold Coast, dont le **Restaurant Labart** (p. 197) de Burleigh Heads. Sa carte se renouvelle régulièrement, mais on a pu y voir : nage de langoustes de Moreton Bay, melon confit et Saint-Jacques du Queensland aux kumquats, ainsi que des plats végétariens. Une condition pour épater votre palais : réserver.

S'il vous reste de la place En plus des belles saveurs iodées de la Gold Coast, n'oubliez pas de tester d'autres cuisines locavores. Goûtez donc les doux tacos à la mangue de **Milkman's Daughter** (p. 197), à Mermaid Beach. Vous pouvez aussi gagner légèrement l'intérieur des terres et le domaine aux figuiers centenaires de **Pasture & Co** (p. 197), de façon à goûter ses plats paléo, vegan, sans noix et sans gluten.

Gourmet à toute heure

Brunch : Milkman's Daughter (Mermaid Beach ; p. 197). Cette adresse végétarienne sert un café éthique que vous pouvez déguster au milieu d'une oasis de verdure en pleine ville.

Prendre un verre : Rosella's Bar (Burleigh Heads ; p. 194). Des cocktails originaux et une ambiance fun.

Dîner : The Collective (Palm Beach ; p. 197). Lieu idéal pour dîner entre amis et bar sur le toit-terrasse parfait pour admirer le coucher du soleil.

Douceurs : Scoop Gelati (Burleigh Heads ; p. 197) Ce glacier propose des combinaisons de saveurs originales, comme mangue-noix de macadamia.

■ **Alex Munoz Labart** *Chef et propriétaire du Restaurant Labart et du Paloma Wine Bar (p. 194) ; @restaurantlabart*

Camélidés : adoptés !

HISTOIRE MÉCONNUE DU LAIT DE CHAMELLE DANS LE SUD-EST DU QUEENSLAND

Moins connu que le kangourou, plus adorable que le koala et moins craint que le crocodile, partez à la rencontre d'un animal tout aussi emblématique de l'Australie. Cette espèce importée est entrée au bestiaire australien : le dromadaire.

En haut : dromelon
Page de droite, à gauche : panneaux signalant la présence de dromadaires, de wombats et de kangourous
À droite : balade à dos de dromadaire

CHERYL BRONSON/GETTY IMAGES ©

Une place dans la culture australienne

La police a longtemps patrouillé dans les zones rurales à dos de dromadaire – une version australienne de la police montée. En 1977, les dromadaires furent les compagnons de voyage de l'aventurière Robyn Davidson, partie neuf mois *Seule dans les déserts d'Australie* (le titre de son roman paru en 1980 et adapté au cinéma en 2013), et ralliant la Western Australian Coast depuis Alice Springs (quelque 2 000 km). Tous les ans, de nombreuses personnes viennent assister aux courses de dromadaires et de chameaux, à Yulara, dans les Territoires du Nord. Et pour une balade à dos de dromadaire, rendez-vous à Uluru, dans l'outback.

Lait de chamelle

Dans le sud-est du Queensland, des fermiers se sont lancés dans la production de lait de chamelle. Pauvre en lactose, celui-ci constitue un superaliment grâce à ses vertus anti-inflammatoires, et aide notamment à traiter le diabète et l'eczéma. C'est aussi un lait considéré comme "plus éthique" car les chamelles, à la différence des vaches, ne doivent pas être séparées de leurs petits pour être traitées et peuvent continuer à les allaiter. Avec près de deux millions d'individus vivant en liberté dans l'outback, l'Australie posséderait la plus grande population de camélidés au monde. Considérés comme étant en surpopulation, les dromadaires sauvages sont souvent envoyés à l'abattage. La domestication et la traite sauveraient plusieurs individus d'une mort certaine.

Quelques-unes des plus grandes laiteries au monde spécialisées dans le lait de chamelle se trouvent à la sortie

JOHN WHITE PHOTOS/SHUTTERSTOCK ©

POMINOZ/SHUTTERSTOCK ©

de Brisbane. La visite d'une laiterie du sud-est du Queensland est l'occasion de découvrir cette activité récente, ainsi qu'un pan de l'histoire australienne.

Chameliers

Connus pour leur capacité d'adaptation dans les terres arides, les dromadaires, accompagnés de chameliers, ont été massivement introduits en Australie dans les années 1840. Venus d'Afghanistan, du Pakistan et d'Inde, ils devinrent le principal moyen d'acheminement des marchandises à travers l'outback. le centre du pays, au climat extrême.

Ces chameliers et leurs bêtes ont joué un rôle de premier plan dans l'ouverture intérieure du pays, car ils ont aussi participer à la construction des lignes de chemin de fer, comme celle de l'Australian Overland Telegraph, entre Adélaïde et Darwin. Le train touristique qui suit cet itinéraire s'appelle The Ghan en hommage aux chameliers afghans.

L'essor de l'automobile dans les années 1930 a, petit à petit, réduit à néant l'utilité des chameliers. C'est ainsi que, face à l'hostilité et aux lois discriminatoires qui leur interdisaient d'obtenir la nationalité australienne, nombre d'entre eux se trouvèrent dans la nécessité de quitter le pays.

La présence en Australie de ces travailleurs étrangers reste néanmoins tangible, comme à Holland Park, en banlieue de Brisbane, qui a vu pousser la première mosquée officielle du Queensland. Mais le plus grand héritage que ces hommes ont laissé dans le paysage australien après leur départ, ce sont les dromadaires, des animaux intelligents et résilients.

Câlins de camélidés

Dans la Scenic Rim Region, à 65 km au sud-ouest de Brisbane, se trouve la **Summer Land Camels** (p. 194), la plus grande laiterie hors du Moyen-Orient et la troisième plus grande du genre au monde. Depuis son café, vous pouvez observer les dromadaires dans leur enclos tout en dégustant un morceau de fromage, une glace ou un *latte*, avant d'acheter une crème pour les mains à base de lait de dromadaire. Les visites guidées proposées, tout comme les balades à dos de dromadaire, conviennent parfaitement aux familles.

Laiterie primée des Glass House Mountains, **QCamel Milk Dairy** (p. 194) propose, sur réservation, des séances câlins avec les bêtes (*camel cuddles*) les 1er et 3e samedis du mois.

24 Dans la forêt HUMIDE...

RANDONNÉE DANS LE BUSH | VERS LUISANTS | SPAS

Si la Gold Coast est surtout connue pour ses casinos, discothèques et parcs à thèmes, l'arrière-pays (*hinterland*) déploie un univers à mille lieues – et surtout à des millions d'années (plus de 225 !) – de ces activités. Au fil de centaines de kilomètres de sentiers à travers le bush, la région héberge une multitude d'espèces animales et quelque 500 cascades.

JESSICA WYNNE LOCKHART ©

En pratique

S'y rendre Prévoyez suffisamment de temps. La route jusqu'au Lamington National Park se réduit parfois à une seule voie en sens unique, assortie de virages en épingle à cheveux et semée de nids-de-poule. Southern Cross Tours (southerncrosstours.com.au) organise des excursions quotidiennes.

Quand y aller
Les quelque 1 000 m d'altitude impliquent une température inférieure à celle du littoral, soit 5 à 8°C de moins. Les cascades sont encore plus belles entre novembre et mars.

À emporter Prévoyez un pantalon long pour vous protéger des sangsues et une lampe-torche pour repérer la faune nocturne.

JESSICA WYNNE LOCKHART ©

Page de gauche en haut : O'Reilly's Rainforest Retreat
En bas : Gwinganna Lifestyle Retreat

Randonnée dans le bush Le site de **Tamborine Mountain** (p. 196) a beau attirer depuis des années les amateurs de *bushwalking*, la tranquillité du **Springbrook National Park** (p. 196) et de celui de **Lamington** (p. 196) en séduit beaucoup plus. Le parc national de Lamington n'offre que deux possibilités d'hébergement : le **Binna Burra Lodge** (p. 197), à l'est, et l'**O'Reilly's Rainforest Retreat** (p. 197), dans la zone ouest des Green Mountains. Outre les sorties organisées, tous deux présentent l'avantage d'un accès immédiat aux sentiers. Les deux parcs nationaux sont reliés l'un à l'autre par le **Border Track** (21,4 km de long), un tronçon de le **Gold Coast Hinterland Great Walk** (54 km ; p. 196). La présence de navettes permet de n'envisager que l'aller ou le retour à pied. Plusieurs itinéraires de difficulté plus ou moins importante répondent à toutes les attentes. Pour une randonnée facile, pour n'en citer qu'une, on vous conseillera celle de 1 heure 30 jusqu'aux Morans Falls, dont les trombes d'eau atterissent 80 m plus bas. Prêtez attention au chant des oiseaux jardiniers verts, semblables à des miaulements. Passereaux endémiques, les jardiniers prince-régent sont beaucoup plus discrets. L'offre limitée d'hébergements invite à venir au Springbrook pour la journée, mais y passer la nuit permet de croiser des pademelons (ou thylogales), dits "petits kangourous de la forêt", lesquels sortent à la tombée de la nuit, et à coup sûr des vers luisants. Les deux parcs proposant peu de services, emportez tout ce dont vous avez besoin.

Spas Dans la Tallebudgera Valley, les haut de gamme **Gwinganna Lifestyle Retreat** (p. 196) et **Eden Health Retreat** (p.196) ne prodiguent des soins qu'à leurs hôtes. Pour des prestations à la journée, essayez le **Bathhouse at Ground Currumbin** (p. 196).

Vers luisants

Les larves de l'insecte *Arachnocampa*, que l'on trouve généralement dans des grottes humides, sont connues pour leur bioluminescence bleu-vert. L'Australie et la Nouvelle-Zélande sont les seuls endroits sur Terre où l'on peut les voir.

La plus grande colonie d'Australie se situe sous le **Springbrook National Park's Natural Bridge**. Au Lamington National Park, l'O'Reilly's Rainforest Retreat organise des circuits d'observation (*glowworm tours)* sous la conduite d'un guide. À défaut d'être un oiseau de nuit, allez visiter le jour les grottes artificielles de Tamborine Mountain.

L'expérience est magique, même si l'origine de cette magie n'est que peu poétique : les vers luisants doivent leur luminescence à leurs excréments ! Le meilleur moyen d'en voir est de faire le moins de bruit possible et d'éviter les lampes-torches.

25 Des bières bien FRAÎCHES

BIÈRE | NOURRITURE | MUSIQUE

Capitale autoproclamée de la bière artisanale, la Sunshine Coast détient le record australien du nombre de brasseries indépendantes par habitant. En augmentation constante, ces établissements indépendants sont autant appréciés pour leurs bières primées que pour leurs gastropubs et leurs événements musicaux. Voici cinq *taprooms* à tester.

RILEY JUDD ©

Bières originales

La Summer Dusk Lager d'Heads of Noosa Le malt grillé ajoute de la complexité à la bière sans altérer son goût.

La Trilogy Best Coast IPA de Moffat Beach Audacieuse, amère et délicieuse, cette IPA possède des notes de pin et d'agrumes.

La Vanilla Porter de 10 Toes Veloutée et douce sans être trop sucrée.

Matt Jancauskas *PDG de Brouhaha Brewery* @mattbrouhaha

En pratique

Comment circuler Si vous envisagez une tournée, plus ou moins longue, des brasseries – du moins pour goûter plus d'une bière –, réservez la visite que propose Sunshine Coast Craft Beer Tours (p. 195).

Événements Il y a deux fêtes annuelles consacrées au houblon (et au cidre) : le Sunshine Coast Craft Beer & Cider Festival et le Hinterland Craft Beer Festival (p. 194).

Équipement Pour transporter quelques bières pression uniques dans des growlers, prévoyez la glacière, que les Australiens appellent *esky*.

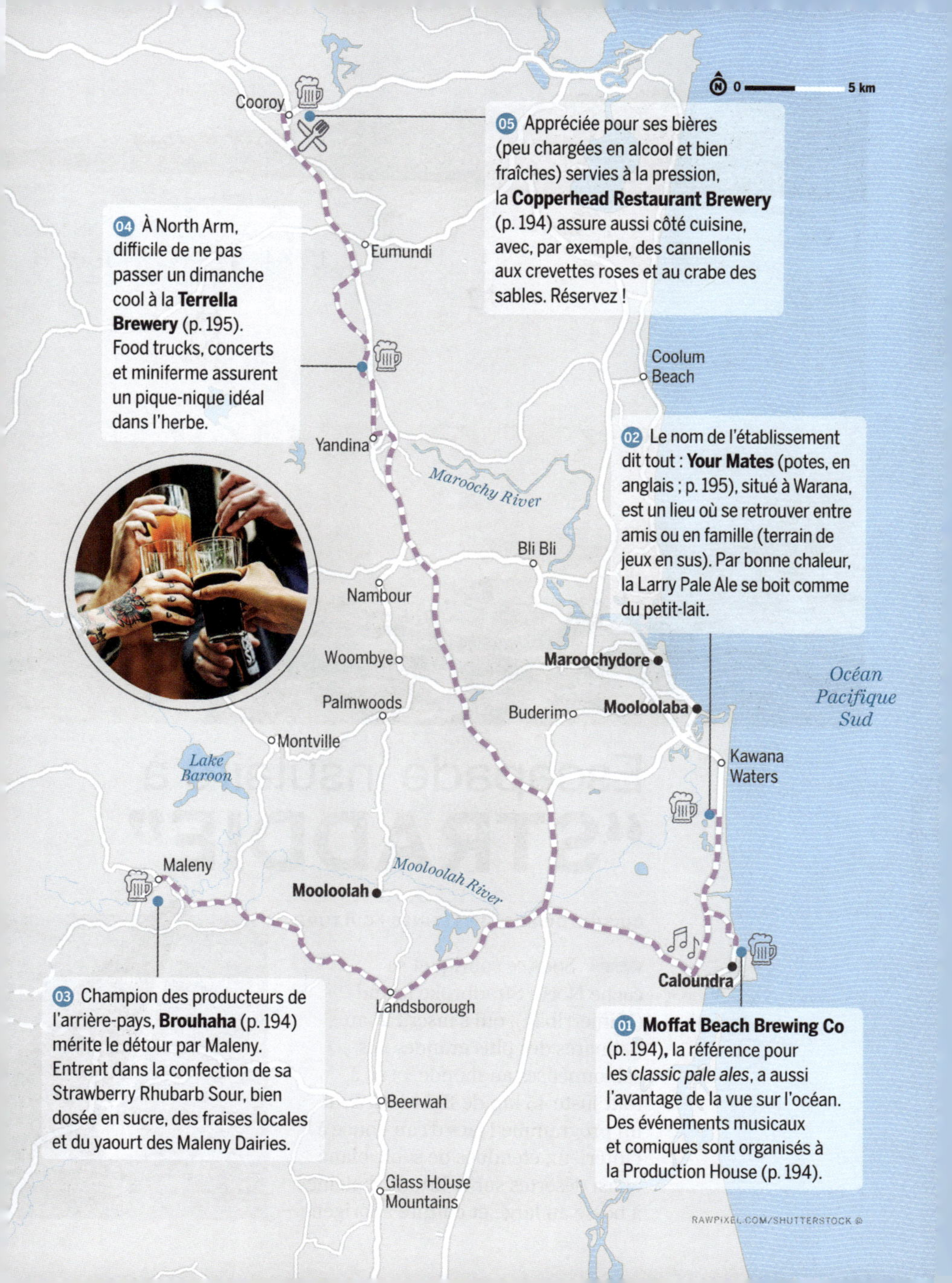

01 **Moffat Beach Brewing Co** (p. 194), la référence pour les *classic pale ales*, a aussi l'avantage de la vue sur l'océan. Des événements musicaux et comiques sont organisés à la Production House (p. 194).

02 Le nom de l'établissement dit tout : **Your Mates** (potes, en anglais ; p. 195), situé à Warana, est un lieu où se retrouver entre amis ou en famille (terrain de jeux en sus). Par bonne chaleur, la Larry Pale Ale se boit comme du petit-lait.

03 Champion des producteurs de l'arrière-pays, **Brouhaha** (p. 194) mérite le détour par Maleny. Entrent dans la confection de sa Strawberry Rhubarb Sour, bien dosée en sucre, des fraises locales et du yaourt des Maleny Dairies.

04 À North Arm, difficile de ne pas passer un dimanche cool à la **Terrella Brewery** (p. 195). Food trucks, concerts et miniferme assurent un pique-nique idéal dans l'herbe.

05 Appréciée pour ses bières (peu chargées en alcool et bien fraîches) servies à la pression, la **Copperhead Restaurant Brewery** (p. 194) assure aussi côté cuisine, avec, par exemple, des cannellonis aux crevettes roses et au crabe des sables. Réservez !

RAWPIXEL.COM/SHUTTERSTOCK ©

26 Escapade insulaire à "STRADDIE"

CUISINE DU BUSH | BALEINES | CULTURE

Sous ce sobriquet se cache North Stradbroke Island (Minjerribah), qui s'inscrit 2e au palmarès des plus grandes îles sablonneuses au monde, et ce à tout juste 45 km de Brisbane. Tout un programme : lacs d'eau douce à l'intérieur, étendues de sable blanc quasi désertes sur le littoral, baleines à bosse au large et culture aborigène.

DARKBLUESHUTTER/SHUTTERSTOCK ©

En pratique

S'y rendre Les ferrys partent de Cleveland et arrivent à Dunwich. Un projet de ferry direct d'Howard Smith Wharves à Brisbane est en cours d'étude.

Quand y aller Les baleines croisent au large de mai à novembre.

Circuler Il n'est pas nécessaire d'être motorisé (même si cela peut être pratique), car des bus circulent entre Dunwich et Myora, Amity Point et Point Lookout (paiement en espèces). On peut aussi louer un scooter ou un vélo. Les tour-opérateurs prennent en charge leurs clients au terminal des ferrys.

En haut, à gauche : plage de North Stradbroke Island
En bas : baleine à bosse, Point Lookout (p. 181)
Ci-dessous : Yura Tours (p. 196)

YURA TOURS ©

Donner du temps au temps

Plus facile d'accès que la plus vaste et plus septentrionale K'gari (ex-Fraser Island), Straddie est le paradis de sable blanc du sud-est du Queensland. Une visite à la journée est possible, mais, si vous le pouvez, prenez votre temps pour la découvrir en profondeur. Ici, tout s'écoule à un rythme paisible.

TOBY ROBINSON/SHUTTERSTOCK ©

Terre (et mer) des Quandamooka

Depuis au moins 25 000 ans, l'espace maritime et insulaire des deux îles de Minjerribah et Moorgumpin (Moreton Island, un peu plus au nord) appartient aux Quandamooka, peuple de la baie que composent les Nughi de Moorgumpin, les Nunukul et les Gorenpul de Minjerribah. La visite de Straddie, notamment du **Myora Mission Site** (p. 196), dévoile certains pans de leur histoire. Les lieux,

Éclairage des anciens

À 10 minutes à pied du débarcadère, Dunwich est le site de la **North Stradbroke Island Aboriginal and Islander Housing Co-Operative** (p. 196), où les anciens de la communauté aborigène vous accueillent pour voir les photos du passé, les coupures de journaux et autres objets. Vous pouvez faire un don pour le catalogage en cours.

■ **Elisha Kissick**
Propriétaire de Yura Tours ; @yura_tours

propices à la contemplation, abritent un sentier qui serpente dans le *bush-tucker garden* (potager du bush).

Yura Tours (p. 196) propose d'explorer les sites culturels et historiques importants de l'île. Entre autres options, la visite de 3 heures menée par Elisha Kissick, du clan des Nunukul, qui vous invite à partager l'histoire de sa famille, et à découvrir et à goûter les plantes nourricières du bush, ainsi que le miel fabriqué par les abeilles endémiques (*jalaman*) sans dard.

L'**atelier de Delvene Cockatoo-Collins** (p. 196) à Dunwich propose une approche contemporaine de la culture aborigène tout en perpétuant les techniques apprises auprès des anciens. Ainsi, en s'appuyant sur les enseignements de sa grand-mère, cette artiste aborigène du clan des Quandamooka fabrique des céramiques, des vêtements et des articles pour la maison, décorés de tortues (*bunbiya*), d'abeilles endémiques et de baleines à bosse (*yalingbilla*).

Respect !

Si vous voyez apparaître de légères ondulations ou des vagues à la surface du **Brown Lake (lac Bummiera ; p. 195)**, gardez à l'esprit que la nature est plus que la nature dans le monde aborigène. Les récits des Quandamooka soulignent que ce frémissement indique que le serpent arc-en-ciel a quitté les eaux calmes et silencieuses du **Blue Lake (Karboora ; p. 195)**, où il vit, pour venir jouer au lac Bummiera. Le visiteur est donc prié d'en tenir compte.

Comme Bummiera, Karboora compte beaucoup dans la mythologie aborigène. Pour respecter ces croyances, il est donc demandé aux visiteurs de ne pas s'y baigner. Restez sur le sentier pédestre (5,2 km de long) qui en fait le tour, et tentez d'apercevoir les rares wallabies bicolores, espèce endémique de l'île.

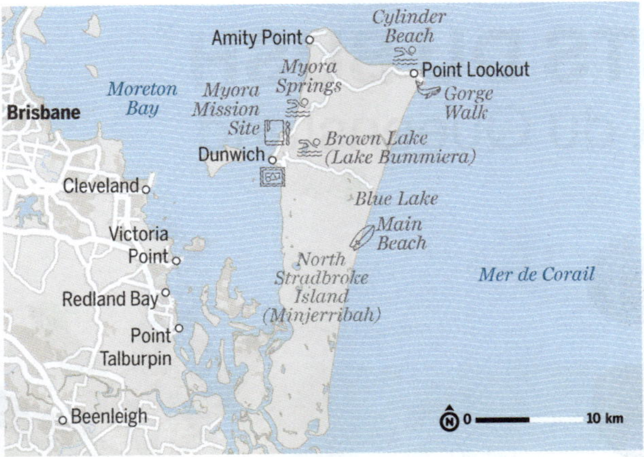

Page de gauche :
Blue Lake (Karboora)

Baleines en vue !

Lors de leur migration hivernale vers les eaux fort riches en krill de l'Antarctique, des milliers de baleines à bosse longent Straddie, qui est le point le plus oriental du Queensland. C'est à 30 m au-dessus du niveau de la mer, sur la **Gorge Walk**, la promenade en planches à Point Lookout, que vous aurez les meilleures chances d'en repérer, tout comme des dauphins, des tortues de mer et des raies mantas. Le long des buissons avoisinants, ouvrez l'œil : vous y repérerez sûrement des koalas, des kangourous géants et des wallabies bicolores.

Rivages immaculés

Pour beaucoup, North Stradbroke Island tire tout son charme de ses longs et larges rubans de sable ourlés d'une mer à l'horizon infini. **Main Beach** est le spot des surfeurs, **Cylinder Beach** bénéficie d'une surveillance et **Frenchman's Beach**, à Point Lookout, invite, comme nulle autre, à pique-niquer face aux flots.

La présence de lacs d'eau douce propices à la baignade font de Minjerribah un lieu unique. En dépit de son apparence peu attrayante, **Brown Lake** (Lake Bummiera ; p. 195) offre une baignade bien chaude. La couleur ambre de ses eaux est due au tanin présent dans l'écorce des eucalyptus alentour. Il n'est d'ailleurs pas rare de croiser des koalas sur le rivage. Rendez-vous à **Myora Springs** (p. 193) lorsque l'eau de mer remonte dans la mangrove pour profiter de bassins bien remplis. Lieu de campement traditionnel du peuple quandamooka, les berges abritent de grands amas de coquillages. Quant à **The Keyholes** (p. 193), un site apprécié pour le stand-up paddle et le kayak, il est situé non loin du côté nord de Main Beach. Il faut un 4x4 pour le rejoindre (ou alors, une heure de marche le long de la plage et par-delà les dunes). Vous pouvez sinon réserver auprès des **Straddie Kingfisher Tours** (p. 181) une sortie accompagnée par son fondateur, le renommé Dave *barefoot* (aux pieds nus), qui imprime ses pas sur cette terre sans la moindre semelle. Pour rouler en 4x4 de location sur le sable, vous devez acheter un permis en ligne auprès du Minjerribah Camping.

ALIMENTS DU BUSH
du sud-est du Queensland

01

02

03

04

05

01 Prune de Davidson
La *Davidsonia johnsonii* ne se consomme guère crue, du fait de son acidité. Elle sert en confiture, vin ou glace.

02 Gingembre indigène
Rhizomes, jeunes pouces et baies bleues de cette plante ont tous la saveur à la fois fraîche et épicée du gingembre.

03 Framboise indigène
Ses douces baies rouges poussent en buissons épineux dans les zones ensoleillées de la forêt humide. À savourer crues ou bien en confiture, sinon à boire en infusion.

04 Myrte citronné
Les feuilles de cette plante aromatique sont réputées éloigner les moustiques.

05 Griffe de sorcière
Cette succulente, dont les feuilles, fruits et fleurs ont un goût salé, tapisse les dunes de sable. On la consomme crue ou bouillie.

06 Citron caviar
Les petites vésicules, ou perles, présentes à l'intérieur ressemblent à des grains de caviar.

07 Noix de macadamia
Le macadamier est un noyer originaire du Queensland. Les scientifiques pensent même que

06

07

08

09

11

10

12

la noix de macadamia provient d'une essence unique du Queensland.

08 Bunya-bunya
Pouvant atteindre 50 m de hauteur, ce conifère produit une graine que l'on peut manger crue, grillée ou moulue (en farine pour gâteaux).

09 Arroche nummulaire
La *saltbush* est une plante appréciée des grands chefs australiens pour ses feuilles au goût salé, particulièrement savoureuses lorsqu'elles sont frites.

10 Hibiscus d'Australie
Les fruits bleus sucrés de cette persistante imprègnent leur couleur sur la langue, d'où leur nom vernaculaire en anglais, *blue tongue*.

11 Miel australien
Les *sugarbags* (abeilles sans dard endémiques) produisent ce miel rare au goût intense.

12 Pomme noire
Ce fruit qui pousse sur un arbre de la forêt humide ressemble à une pomme. Une fois tombé au sol, il peut être mangé cru.

27 CAMPER dans l'outback

CAMPING | BAIGNADE | BEIGNETS

Destination week-end peu connue, Kenilworth (558 habitants) vit essentiellement de la production laitière. Cette modeste bourgade réunit nombre d'atouts : les fromages primés de sa laiterie à déguster dans la grand-rue des années 1930, de délicieux beignets renommés, mais surtout une forêt humide toute proche, riche en figuiers anciens et en délicieux bassins naturels où l'on se régale à faire trempette.

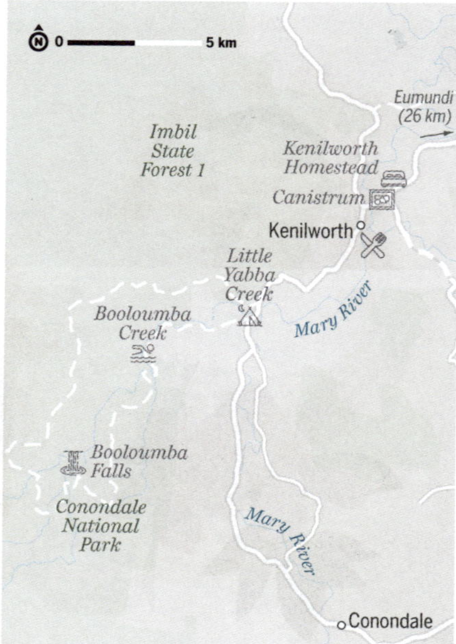

En pratique

S'y rendre et circuler Kenilworth se situe dans les terres à 25 minutes en voiture d'Eumundi. Pour explorer le Conondale National Park, un véhicule de style 4x4 est nécessaire.

Quand y aller Pour éviter la foule, venez en semaine et, pour vous baigner dans des bassins naturels bien remplis, préférez venir après la pluie.

Ça pique ! Urticants à souhait, les poils de la gympie gympie (*Dendrochnide moroides*) laissent leur trace sur la peau plusieurs heures à plusieurs jours. Ces grands arbustes tapissent par endroits le sol de la forêt humide.

Pique-niquer Reine des doughnuts, la **Kenilworth Country Bakery** (p. 197) en produit certains de taille impressionnante. Pour 20 $, on vous en sert un aussi gros que la tête. Si vous réussissez à avaler ce morceau de 1 kg en une fois, vous serez remboursé. Pour en acheter de taille normale, venez avant 13h ! Bien moins chargé en lipides, le pain au levain est idéal pour préparer un pique-nique. Face à la boulangerie, la fromagerie **Kenilworth Dairies** (p. 197) affine une belle gamme de fromages. Le plateau dégustation à 10 $ vous fera découvrir ceux parfumés au myrte citronné et à la noix de macadamia.

Pour savourer tout cela, bien installé, parcourez 13 km en voiture au sud-ouest de Kenilworth jusqu'à l'aire publique de camping pour vans de **Booloumba Creek** (p. 197),

WIRESTOCK/GETTY IMAGES ©

STEPHANIE JACKSON - AUSTRALIAN LANDSCAPES/ALAMY STOCK PHOTO ©

Des toilettes artistiques

À deux pas des rives de la Mary River, Kenilworth peut s'enorgueillir de toilettes hors normes façon panier en osier. Ce *canistrum* jaune et bleu imaginé par l'architecte-illustrateur Michael Lennie, lauréat du Kenilworth Design Dunny, ébauche le fond d'un panier de pêcheur aborigène dont les joncs n'ont pas fini d'être tressés. Le symbole d'une histoire inachevée, celle des Aborigènes.

En haut : Booloumba Creek
En bas : Conondale National Park

dans le **Conondale National Park** (p. 196). L'eau cristalline de la rivière Booloumba permet de se rafraîchir. Vous pouvez vous élancer depuis la corde accrochée à un arbre. Il vous faudra un véhicule à garde au sol élevée pour parvenir jusque-là. Vous verrez un peu plus loin sur la piste 4X4 le départ de la *bushwalk* menant, 3 km plus loin, au beau spectacle des **Booloumba Falls** qui se déversent dans un large bassin.

Camper Même sans 4x4, vous trouverez nombre d'endroits où planter votre tente. À 5 km au sud de Kenilworth, le camping sauvage est autorisé à **Little Yabba Creek** (p. 197), point de départ de l'itinéraire du **Giant Fig Tree** (p. 196). Vous pouvez, sinon, dormir au **Kenilworth Homestead** (p. 197) pour vivre l'expérience de la **Terra Firma** (p. 197), un événement d'une journée inspiré des *asados*, les barbecues traditionnels argentins. La nourriture y est cuite lentement au-dessus du feu avant d'être servie en mode pique-nique. Pensez à réserver suffisamment tôt.

28 Villages montagnards et VIE SAUVAGE

ROAD TRIP | ORNITHORYNQUES | SHOPPING

Une trentaine de kilomètres suffisent à faire oublier l'activité bourdonnante de la Sunshine Coast. Son arrière-pays dévoile un monde très différent : une végétation luxuriante dans les forêts humides des Blackall Ranges, des prairies verdoyantes, divers bourgs d'altitude et des panoramas de carte postale.

FILEDIMAGE/SHUTTERSTOCK ©

En pratique

Comment circuler
Il n'y a guère que 23 km de Mapleton à Maleny, mais prévoyez nombre de haltes. Pour découvrir plus en profondeur l'arrière-pays, faites un circuit. Prenez la Hwy 22 depuis Maleny jusqu'à Kenilworth, puis l'Obi Obi Rd vers Mapleton, et revenez à Maleny *via* la Hwy 23.

Quand y aller Durant l'été, les températures dans l'arrière-pays sont plus fraîches que celles sur la côte. Et les cascades sont censées rafraîchir l'atmosphère.

En haut à gauche : Montville
En bas : Kondalilla Falls (p. 189)
Ci-dessous : Vue sur les Glasshouse Mountains

VISUAL COLLECTIVE/SHUTTERSTOCK ©

Recharger les batteries

Au cœur de l'arrière-pays de la Sunshine Coast se trouvent les bourgs de Maleny et de Montville.

La charmante bourgade de **Montville** s'enorgueillit de maisons et édifices publics au style très proche de celui de l'architecture des villages alpins. Une majorité de magasins vendent de l'alimentation, l'idéal pour qui veut goûter les produits du pays et faire ses emplettes pour pique-niquer. Sans compter de nombreux cafés, un chocolatier, un horloger, une boutique de thé et quelques galeries d'art.

C'est à **Maleny** que les habitants des alentours font leurs courses, d'où la difficulté d'y stationner (tentez votre chance derrière l'IGA). Achetez un café à Shotgun Espresso (p. 197) ou une glace à la Maleny Food & Co. (p. 197), que vous apprécierez tout en vous baladant dans la

FILEDIMAGE/SHUTTERSTOCK ©

Vue au sommet

Les pitons volcaniques érodés des **Glass House Mountains** du Queensland sont tout à fait pittoresques. Il existe des dizaines de belvédères et points de vue d'où prendre de magnifiques photos. L'ascension du Mt Ngungun est relativement facile : on atteint le sommet au bout de 2,8 km, et l'on a vue sur le Mt Coonowrin et le Mt Beerwah. Au crépuscule, c'est encore plus époustouflant.

grand-rue. Gardez-vous un peu de temps pour rejoindre, 900 m plus loin, la Playtpus Viewing Area par la promenade en planches de bois qui part derrière le Riverside Shopping Centre.

Plus au nord sur cette route se trouve le village de **Mapleton**. Son pub construit en 1910, à près de 400 m d'altitude, est aussi apprécié pour sa situation perchée que pour ses plats élaborés avec des produits du champ à l'assiette. La véranda tout autour offre une vue dégagée sur la côte et au-delà.

S'immerger

Même si l'océan se situe à 30 minutes en voiture, les habitants de l'arrière-pays ont l'embarras du choix pour se baigner dans des lieux sauvages. **Gardners Falls** (p. 196), à environ 5 km à l'est de Maleny, est l'un des endroits les plus accessibles. Depuis le parking, suivez le sens du courant pour trouver un lieu ombragé et les cordes permettant se se jeter dans l'eau. Autre possibilité : les **Kondalilla Falls** (p. 196),

Ornithorynques

On peut voir des ornithorynques dans la Mary River, dans Peachester's Creek et à Nambour, derrière la gare ferroviaire. Si, en moyenne, la population d'ornithorynques reste limitée à deux individus par kilomètre de rivière, le chiffre peut grimper jusqu'à 10 dans **Maleny's Obi Obi Creek**. Contrairement à l'idée reçue, les ornithorynques ne sont pas actifs uniquement à l'aube et au crépuscule, car ils fourragent jusqu'à 16 heures par jour pour se maintenir. On les repère aux cercles d'ondulations qu'ils produisent dans l'eau en se déplaçant : ils sont longs à disparaître, à la différence de ceux des dragons d'eau australiens, qui s'estompent rapidement.

Neil Andison
Photographe, guide et "chuchoteur" d'ornithorynques (p. 196) ; facebook.com/platypuswhisperer1

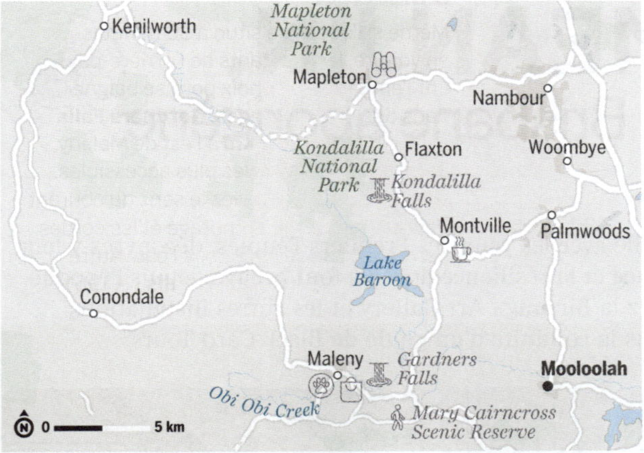

Page de gauche : ornithorynque
Ci-dessous : Mary Cairncross Scenic Reserve

au sud-ouest de Flaxton. Pour profiter de la plus belle vue de cette cascade de 90 m de hauteur, suivez le *bushwalk* – circuit de 4,7 km – menant au pied de la chute. Notez que la baignade est plus agréable dans les bassins naturels, au sommet de la cascade.

Si vous avez le temps, vous pouvez parcourir la totalité du **Sunshine Coast Hinterland Great Walk** (58,8 km ; p. 196), en quatre jours. Débutant au barrage du Lake Baroon, il passe plusieurs cascades : les Kondalilla Falls, Baxter Falls, Mapleton Falls et Gheerulla Falls. En chemin, repérez les cacatoès funèbres, les serpents, les goannas (lézards) et, si vous avez de la chance, les koalas.

Retrouver la forêt du passé

Quand les colons arrivèrent sur la Sunshine Coast, dans les années 1870, ils se mirent rapidement à déboiser la région, abattant les cèdres rouges et les hêtres. Le bush actuel est le fruit de la repousse de la végétation. Seule exception notable : la **Mary Cairncross Scenic Reserve** (55 ha ; p. 196), à la sortie de Maleny. Vestiges de la forêt subtropicale en plaine, les arbres s'y dressent depuis des siècles. Ils comptent parmi eux des espèces endémiques que vous ne verrez sans doute nulle part

ailleurs. Les sentiers, totalement accessibles, donnent l'occasion de repérer des pademelons à pattes rouges, des opossums volants, des paradisiers festonnés et des plantes rares. La visite n'est pas payante, mais les dons sont appréciés. Les guides sur le site vous aideront à identifier les oiseaux dans la canopée.

29 MEANJIN, la Brisbane aborigène

ART | CULTURE | HISTOIRE

Pour regarder la ville avec les yeux des Premiers Peuples, découvrez-y leur art et, avec lui, la souffrance et la résilience dont ils font preuve depuis l'époque coloniale. Pour cela, visitez la Birrunga Art Gallery et les autres installations artistiques aborigènes sous la conduite d'un guide de Black Card Tours.

HAIREENA/SHUTTERSTOCK ©

En pratique

Quand y aller La douceur du climat permet de venir en toute saison. Black Card Tours organise des visites guidées toute l'année.

Comment circuler Bus Translink, trains et ferrys en ville.

Équipement Chaussez-vous confortablement et emportez une gourde d'eau.

Nom originel Les populations aborigènes installées initialement sur le site de Brisbane l'appelait Meanjin (ou Meeanjin), ce qui signifie "endroit en forme de pointe", en référence à la rivière.

GARY YIM/SHUTTERSTOCK ©

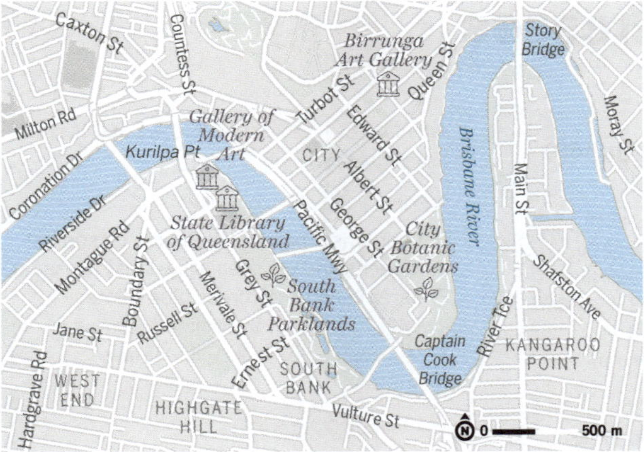

Page de gauche en haut : Gallery of Modern Art
En bas : State Library

Voyage à travers le temps Commencez votre voyage artistique rive sud par le **Kurilpa Point** et le **Cultural Precinct** lors d'une visite guidée à pied de 1 heure 30, organisée par BlackCard (p. 195). Elle débute à l'extérieur de la **Gallery of Modern Art** (p. 194), devant la sculpture de bronze réalisée par l'artiste aborigène Judy Watson. Cette œuvre est la seule installation artistique aborigène sur cette bande de South Bank. Intitulée *tow row*, elle représente un filet de pêche traditionnel utilisé par les peuples aborigènes. Vous verrez également les œuvres remarquables du ProppaNOW Collective, de Fiona Foley et de Lilla Watson. Cette dernière a réalisé, pour la **State Library of Queensland** (p. 196), une immense fresque lumineuse (*Kurilpa Country*) qui raconte l'histoire de l'habitat des campagnols endémiques. D'autres arrêts sont prévus à l'Art Library et au Brisbane Convention Centre.

Galerie d'art aborigène Galerie en accès libre, la **Birrunga Art Gallery** (p. 195) expose des œuvres d'art contemporain réalisées par des artistes aborigènes. Ne manquez pas le *Rainbow Serpent* (Serpent arc-en-ciel), dont les 32 m de longueur s'étendent sur plusieurs pièces. Il incarne le dieu créateur de vie dans le mythe du Temps du rêve (p. 112). Certaines œuvres sont réalisées par des étudiants du Cultural Creative Development Program, mis en place pour encourager les artistes aborigènes. *True*, peinture de Tiesha Martin, représente le Kookaburra, le totem de l'artiste, symbole de la joie et de la fécondité. Cette œuvre illustre de manière plus générale le lien entre les Premiers Peuples et leurs totems.

L'envers du décor

L'histoire des Aborigènes dans la Brisbane d'aujourd'hui n'est pas des plus visibles pour le visiteur. Aussi, les visites culturelles axées sur l'art encouragent-elles à analyser et à réfléchir sur le sens des expériences vécues par les Premières Nations. L'histoire, la politique et la culture sont liées dans le récit, de chacune des installations que vous verrez, telle *Black Opium*, à la State Library of Queensland. Cette œuvre de l'artiste aborigène Fiona Foley, fait référence à l'*Aboriginals Protection Act* de 1897. Cette loi stipulait que les Aborigènes devaient recevoir de l'opium en guise de salaire. Ce genre d'œuvres d'art permet de porter un autre regard sur Brisbane en général.

Mundanara Bayles
Directrice générale et cofondatrice de BlackCard, basée sur la Sunshine Coast
@blackmagicwomanpodcast

Carnet d'adresses

Les grands classiques (p. 168)

City Hall and Museum of Brisbane

(City Hall [hôtel de ville] 07-3403-8888 ; www.brisbane.qld.gov.au ; King George Sq ; 8h-17h, 9h-17h sam-dim, visites à partir de 10h15 ; Central / Museum 07-3339 0800 ; www.museumofbrisbane.com.au ; 3e ét., dans le City Hall ; 10h-17h ; Central)

Queensland Cultural Centre

(www.qpac.com.au ; angle Grey St et Melbourne St ; billetterie 9h-20h30 lun-sam ; South Bank 1 et 2, South Brisbane)

Old Government House

(02-9635 8149 ; www.nationaltrust.org.au ; Parramatta Park, Parramatta ; adulte/enfant 15/12 $; 10h-16h mar-dim ; Parramatta)

South Bank Parklands

(www.visitbrisbane.com.au ; Grey St ; lever-coucher du soleil ; South Bank 1, 2 et 3, South Brisbane, South Bank)

Marchés

Collective Markets South Bank

Du vendredi au dimanche, Little Stanley St accueille ce marché où se mêlent stands de nourriture, concerts et artisanat. (collectivemarkets.com.au ; Stanley St Plaza, South Bank ; 17h-21h ven, 10h-21h sam, 9h-16h dim ; South Bank 3, South Bank)

Festive Fresh Market

Dans l'un des plus anciens marchés de produits alimentaires frais de Brisbane, plus de 200 étals prennent place le samedi matin, proposant majoritairement produits fermiers, de boulangerie, viande et fleurs. (07-3915 4277 ; brisbanemarkets.com.au/saturday-fresh-market ; 385 Sherwood Rd, Rocklea ; 6h-12h sam ; 598, 599)

Eumundi Market

Cet immense marché légendaire du sud-est du Queensland est spécialisé dans l'artisanat. Préférez venir le mercredi, plus calme. (0427-993-703 ; eumundimarkets.com.au ; 80 Memorial Dr, Eumundi ; 8h-14h mer, 7h-14h sam)

The Village Markets

Ouvert de longue date, ce marché de créateurs et d'artisans se tient à la Burleigh Heads State School les 1er et 3e dimanches du mois. Plantes, vêtements neufs et de seconde main, articles pour la maison et bijoux de création locale. (0487 711 850 ; www.thevillagemarkets.co ; Burleigh Heads State School, 1750 Gold Coast Hwy ; 8h30-13h)

Yandina Country Market

Célèbre pour sa grande variété de plantes, ce marché fermier, qui se tient à Yandina, vous fera découvrir la nourriture du bush (*bush tucker*) et savourer les mets préparés par les gens du coin. (04-4899 0061 ; www.facebook.com/YandinaMarkets ; North St, Yandina ; 6h-12h sam ; Yandina)

Baignade et activités nautiques

Mudjimba Beach

Espace d'apparence illimitée, cette plage non surveillée a la faveur des promeneurs de chiens. Baladez-vous dans la Foreshore Conservation Reserve, qui relie l'océan à l'embouchure de la Maroochy River. (07-5458 8800 ; www.visitsunshinecoast.com/attraction/58084090d4ad38722cd1e7c6/mudjimba-beach ; Mudjimba Esplanade, Mudjimba)

Myora Springs

(☎1300 667 386 ; stradbrokeisland.com/myora-springs ; East Coast Rd, North Stradbroke Island)

Streets Beach

Brisbane possède la seule plage artificielle urbaine d'Australie, agrémentée de sable blanc et de plantes subtropicales. (☎07-3156 6366 ; Stanley St Plaza, South Bank ; entrée libre ; 🕒6h-0h)

Tallebudgera Creek

Cette plage familiale de la Gold Coast est située dans un estuaire qui permet de profiter d'eaux calmes et chaudes. Baignade, stand-up paddle et kayak. (☎07-5581 6984 ; www.goldcoast.qld.gov.au/Things-to-do/Gold-Coast-beaches/Beach-locations/Tallebudgera-Creek ; Palm Beach ; 🚌700, 764, 765)

Tea Tree Bay

Située dans le Noosa National Park (à seulement 15 minutes de marche du parking), cette petite baie ourlée de hauts arbres abrite des bassins naturels dans les rochers, ainsi qu'un spot de surf. Elle est moins fréquentée que la grande plage de Noosa, mais n'est pas surveillée.

The Keyholes

Voir p. 181 (☎1300 667 386 ; stradbrokeisland.com/keyholes ; Fishermans Rd, North Stradbroke Island)

Woorim Beach

Située sur Bribie Island, celle est la plage surveillée la plus proche de Brisbane, idéale pour se baigner comme pour surfer. Barbecues, aires de pique-nique, terrains de jeux et un skate park, tout proche, en font le meilleur lieu de loisirs en famille. (North St, Woorim)

En famille

Bim'bimba Park

Situé à Pimpama, dans la banlieue de Brisbane, ce parc naturel est le terrain de jeux

DARREN TIERNEY/SHUTTERSTOCK ©

Tallebudgera Creek

par excellence. Toboggans, tables de ping-pong et 3 km de sentiers pour promeneurs et cyclistes. (www.goldcoast.qld.gov.au/Things-to-do/Parks-gardens-reserves/Park-Finder/Bimbimba-Park ; 188 Gainsborough Dr, Pimpama ; entrée libre ; 🕒24h/24 ; 🚌722)

Buderim Ginger Factory

Installée dans un jardin subtropical de 9 ha, cette plantation/usine de gingembre propose dégustations et visite des lieux. Les enfants ne manqueront pas de s'y amuser dans le parc d'attractions qu'elle renferme, surtout en faisant un tour sur le train, centenaire, qui servait à transporter la canne à sucre. (☎1800 067 686 ; www.gingerfactory.com.au ; 50 Pioneer Rd Yandina ; entrée libre, visite et dégustation adulte/enfant/famille 16,50-17,50/13,50-14,50/58-68 $; 🕒9h-17h tlj)

Glasshouse Plantation

Dans cette ferme, on peut goûter les fruits tropicaux et les noix de macadamia à même les arbres. Ouverture uniquement le week-end. Entrée gratuite à condition de faire des achats dans la boutique. (☎04-1966 3404 ; www.glasshouseplantation.com.au ; 122 Glasshouse-Woodford Rd, Glass House Mountains ; 🕒8h-16h ven-dim)

Mary Valley Rattler

Ce train à vapeur rénové part de Gympie Station et traverse la Mary Valley. Terminus à Dagun ou à Amamoor, deux belles petites localités rurales. (07-5482 2750 ; www.maryvalleyrattler.com.au ; Historic Gympie Station, Tozer St, Gympie ; adulte/enfant/famille 69/37/180 $, ven 119 $; train 10h mer-jeu et sam-dim)

QAGOMA

Sous ce sigle sont regroupés les Queensland Art Gallery et Gallery of Modern Art, deux musées situés dans deux bâtiments proches l'un de l'autre. Sur place, un Kids' Art Centre permet aux artistes en herbe de s'essayer à des activités manuelles. (07-3840 7303 ; www.qagoma.qld.gov.au ; Melbourne St et Stanley Pl, South Brisbane ; entrée libre ; 10h-17h tlj)

QCamel Milk Dairy

Voir p. 173 (07-5438 7890 ; qcamel.com.au ; Bells Creek Rd, Bells Creek ; circuit 2 heures adulte/enfant/famille 37/21,50/116 $; sur rdv)

Summer Land Camels

Voir p. 173 (07-5467 1707 ; summerlandcamels.com.au ; 8 Charles Chauvel Dr, Harrisville ; entrée libre, promenade à dos de chameau 30-175 $; 9h-15h tlj, sur rdv)

Bières, vins et autres boissons

Beachtree Distilling Co.

La distillerie de Caloundra produit des spiritueux à base de plantes endémiques mélangées à des ingrédients bio et traditionnels. Visites guidées sur réservation. (07-5435 2018 ; beachtree.com.au ; 14 Industrial Ave, Caloundra ; 11h-16h mer-sam)

Brouhaha

Voir p. 177 (07-5435 2018 ; brouhahabrewery.com.au ; 6/39 Coral St, Maleny ; 11h-16h mer et dim, 11h-21h jeu-sam)

Burleigh Pavilion

Voir p. 171 (07-5661 9050 ; burleighpavilion.com ; 43 Goodwin Terrace, Burleigh Head ; 11h-0h tlj ; 700, 753, 754, 757, 765)

Copperhead Restaurant Brewery

Voir p. 177 (07-5442 6975 ; www.copperheadbrewery.com.au ; 52 Kauri St, Cooroy ; 11h30-tard mer-dim ; Cooroy)

Howard Smith Wharves

Le long des quais historiques bordant la Brisbane River se nichent, sous le Story Bridge, des bars à cocktails, des restaurants et une brasserie, qui propose des pizzas cuites au feu de bois. (07-3188 9090 ; howardsmithwharves.com ; 5 Boundary St, Brisbane ; Fortitude Valley, Anna St Stop 216 et 218, Adelaide St Stop 30)

Hinterland Craft Beer Festival

Voir p. 176 (07-5442 8811 ; www.imperialhoteleumundi.com.au ; 1 Etheridge St, Eumundi ; juin)

Moffat Beach Brewing Company

Voir p. 177 (07-5491 4023 ; www.moffatbeachbrewingco.beer ; 12 Seaview Tce, Moffat Beach ; 6h30-tard tlj, concerts ven-dim)

Paloma Wine Bar

Voir p. 171 (www.palomawinebar.com ; 1/12 James St, Burleigh Heads ; 16h-tard mer-dim ; 700, 753, 754, 756, 757, 765)

Piggyback

Le chef Tony Kelly propose ici, dans l'arrière-pays, de la cuisine de rue asiatique et des cocktails créatifs fort appréciés. (07-5412 1453 ; piggyb.com.au ; 1 Koorawatha Lane, Palmwoods ; 11h30-21h tlj)

Production House

Voir p. 177 (07-5491 4023 ; www.moffatbeachbrewingco.beer/production ; 51 Caloundra Rd, Caloundra West ; 12h-tard mer-dim)

Rosella's Bar

Voir p. 171 (07-5633 5905 ; www.rosellasbar.com.au ; 1734 Gold Coast Hwy, Burleigh Heads ; 16h-tard lun-ven, 14h-tard sam-dim ; 700, 753, 754, 756, 757, 765)

Scenic Rim Brewery & Café

Cette pittoresque brasserie familiale produit des bières qui se marient parfaitement avec les plats d'inspiration néerlandaise inscrits au menu. (☎07-5463 0412 ; www.scenicrimbrewery.com.au ; 898 Reckumpilla St, Mount Alford ; ⏲10h-17h jeu-dim)

Sunshine Coast Craft Beer Tours

Voir p. 176 (☎04-3882 3377 ; sunshinecoastcraftbeertours.com.au ; circuits dégustation 195-245 $; ⏲mer-dim)

Terrella Brewery

Voir p. 177 (☎04-9292 9357 ; terellabrewing.com.au ; 196 Bunya Rd, North Arm ; ⏲12h-20h jeu-ven, 10h-18h sam-dim)

Tropic

Voir p. 171 (☎07-5661 9050 ; thetropic.com.au ; 43 Goodwin Terrace, Burleigh Head ; ⏲12h-22h lun-jeu, 11h-23h ven-dim ; 🚌700, 753, 754, 757, 765)

Wild Flower

Installée sur la Gold Coast, la distillerie Wild Flower produit des gins et des spiritueux. L'une de ses spécialités est la vodka au goût de lamington (*le* gâteau australien). Pas de restauration, mais vous pouvez apporter votre propre nourriture. (☎1300 683 471 ; wildflowergin.com ; 2/486 Scottsdale Dr, Varsity Lakes ; ⏲cave 14h30-17h mer-ven, bar 15h30-21h ven, 14h-21h sam, 14h-18h dim)

Your Mates

Voir p. 177 (☎07-5329 4733 ; yourmatesbrewing.com ; 41 Technology Dr, Warana ; ⏲11h-21h lun-jeu, 11h-23h ven-sam, 11h-20h dim ; 🚌600, 602, 611)

Souvenirs artisanaux

Artisan

Depuis 1970, Artisan est le centre de l'art et du design dans le Queensland. Ce magasin vend des vêtements et des tissus aborigènes, des bijoux en opale et des céramiques peintes de fleurs sauvages endémiques. (☎07-3215 0800 ; artisan.org.au ; 45 King St, Bowen Hills ; ⏲10h-17h mer-ven, 10h-16h sam, sur rdv lun-mar ; 🚆Exhibition Station, 🚌301, 320)

David Linton Furniture & Timber Works

Présentant le travail d'artistes locaux, ce magasin vend de magnifiques créations sculptées dans du bois australien nottament le pin Huon, le bunya-bunya et les fruits du banksia, une fois les graines libérées. (☎07-5429 6831 ; davidlinton.com.au ; 14 Maple St, Maleny ; ⏲10h-15h tlj ; 🚌890, 891)

Pottery Studio

Pottery Studio offre l'opportunité d'apprendre les gestes du potier. Mettez-vous au tour ou façonnez la terre à la main, posez la glaçure et faites cuire au four. Entre autres ateliers, ne manquez pas le Clay & Wine (pendant 2 heures, on façonne l'argile et on boit du vin). (☎04-5990 0990 ; thepotterystudio.com.au ; 4/20 Brookes St, Nambour ; 35-85 $; ⏲sam-dim ; 🚌612, 630, 631)

Sites naturels et culture aborigène

Blue Lake (Karboora)

Voir p. 180 (☎1300 667 386 ; stradbrokeisland.com/blue-lake ; North Stradbroke Island)

Birrunga Art Gallery

Voir p. 191 (☎07-3705 5742, 04-2641 1790 ; birrunga.com.au ; Suite 326 L1, 241 Adelaide St, Brisbane)

Black Card Tours

Voir p. 190 (☎04-3706 6028 ; www.theblackcard.com.au/cultural-tours ; circuit 121 $/pers, groupe 2 200 $; ⏲9h tlj sur rdv)

Brown Lake (Lake Bummiera)

Voir p. 180 (☎1300 667 386 ; stradbrokeisland.com/brown-lake-bummiera ; Brown Lake Dr, North Stradbroke Island)

Conondale National Park
Voir p. 185 (☎13 74 68, 07-5456 0122 ; parks.desi.qld.gov.au/parks/conondale ; Conondale ; entrée libre, camping 7,25 $/pers/nuit ; ⏰24h/24)

Delvene Cockatoo-Collins
Voir p. 180 (☎04-7679 1692 ; cockatoocollins.com ; 7 Stradbroke Pl, Dunwich ; circuit 3 heures 150 $; ⏰départ 8h55)

Fig Tree
Voir p. 185 (Imbil State Forest ; ☎07-5456 0122 ; parks.desi.qld.gov.au/parks/imbil/journeys/fig-tree-circuit ; Little Yabba Park ; entrée libre ; ⏰24h/24)

Gardners Falls
Voir p. 188 (☎1300 847 481 ; Obi Lane South, Maleny ; accès libre ; ⏰24h/24)

Gold Coast Hinterland Great Walk
Voir p. 175 (☎07-5592 2699 ; parks.desi.qld.gov.au/parks/great-walks-gold-coast-hinterland ; accès libre, camping 7,25 $/pers/nuit ; ⏰24h/24)

Kondalilla Falls
Voir p. 188 (☎13 74 68 ; www.parks.des.qld.gov.au/parks/kondalila ; Kondalilla Falls Rd, Flaxton ; accès libre ; ⏰aube-crépuscule)

Lamington National Park
Voir p. 175 (☎13 74 68 ; parks.desi.qld.gov.au/parks/lamington ; entrée libre, camping 7,25 $/pers/nuit ; ⏰24h/24)

Mary Cairncross Scenic Reserve
Voir p. 189 (☎07-5494-2826 ; mary-cairncross.sunshinecoast.qld.gov.au ; 148 Mountain View Rd, Maleny ; don apprécié ; ⏰randonnée dans la forêt 7h-18h tlj, Discovery Centre 9h30-15h30)

Myora Mission Site
Voir p. 179 (Terra Bulla Leumeah ; ☎07-3409 9723 ; 2 Mitchell Crescent, Dunwich ; ⏰ sur rdv)

Neil Andison
Voir p. 188 (☎04-1251 8952 ; www.platypuswhispers.com.au ; Maleny ; circuit 3 heures adulte/-12 ans 75 $/gratuit ; ⏰horaires variables lun, ven-dim et sur rdv)

North Stradbroke Island Aboriginal and Islander Housing Co-Operative
Voir p. 179 (☎07-3409 9340 ; nsihousing.org ; 18 Welsby St, Dunwich ; ⏰8h30-15h30 lun-ven)

Springbrook National Park
Voir p. 175 (☎13 74 68, 1300 309 440 ; parks.desi.qld.gov.au/parks/springbrook ; Old School Rd, Springbrook ; entrée libre, camping 7,25 $/pers/nuit ; ⏰24h/24)

State Library of Queensland
Voir p. 191 (☎07-3840 7666 ; www.slq.qld.gov.au ; Cultural Precinct, Stanley Pl, South Brisbane ; entrée libre ; ⏰10h-20h lun-jeu, 10h-17h ven-dim et horaires variables ; South Brisbane, Cultural Centre)

Sunshine Coast Hinterland Great Walk
Voir p. 189 (☎13 74 68, 07-5499 9033 ; parks.desi.qld.gov.au/parks/great-walks-sunshine-coast ; départ Baroon Pocket Rd, North Maleny ; entrée libre, camping 7,25 $/pers/nuit ; ⏰24h/24)

Tamborine Mountain
Voir p. 175 (☎07-5545 3200 ; visittamborinemountain.com.au ; Tamborine Mountain ; ⏰office de tourisme 9h30-15h30 lun-ven, 9h30-16h sam-dim)

Yura Tours
Voir p. 180 (☎04-3888 2033 ; yuratours.com.au ; East Coast Rd, Point Lookout ; circuit 79-300 $/pers ; ⏰sur rdv 9h30 tlj)

Spas et circuits

Bathhouse at Ground Currumbin
Voir p. 175 (☎04-6833 3293 ; www.groundcurrumbin.com.au/ground/bathhouse ; 2 Village Way, Currumbin Valley ; session 30-250 $; ⏰10h-17h lun, 11h-19h mar-dim)

Eden Health Retreat
Voir p. 175 (☎07-5533 0333 ; edenhealthretreat.com.au ; 1815 Currumbin Creek Rd, Currumbin Valley ; 3 nuits s 2 950 $, d 3 950 $)

Gwinganna Lifestyle Retreat

Voir p. 175 (☎07-5589 5000, 1800 219 272 ; www.gwinganna.com ; 192 Syndicate Rd, Tallebudgera Valley ; retraite à partir de 1 370 $; ⏲sur rdv)

Straddie Kingfisher Tours

Voir p. 181 (☎04-0912 3586 ; www.straddiekingfishertours.com.au ; 5 Guy Crescent, Dunwich ; 4x4 demi-journée adulte/enfant 75/40 $, autre sortie 40-160/35-110 $; ⏲sur rdv)

En-cas, cafés et petits plats

Elk Espresso

Voir p. 171 (elkespresso.net ; Oasis Shopping Centre, 12 Victoria Ave, Broadbeach ; ⏲5h45-15h tlj ; Broadbeach North)

Kenilworth Country Bakery

Voir p. 184 (☎04-6758 1031 ; kenilworthbakery.com ; 8 Elizabeth St, Kenilworth ; ⏲8h-14h tlj)

Kenilworth Dairies

Voir p. 184 (☎07-5446 0144 ; kenilworthdairies.com.au ; 45 Charles St, Kenilworth ; ⏲9h-15h lun-ven, 8h-15h sam-dim)

Maleny Food & Co.

Voir p. 187 (☎07-5494 2860 www.malenyfoodco.com ; 29 Maple St, Maleny ; ⏲8h-15h30 tlj)

Milkman's Daughter

Voir p. 171 (www.themilkmansdaughter.coffee ; 2/43 Alfred St, Mermaid Beach ; ⏲7h-13h30 tlj ; 700, 777)

Paddock Bakery

Voir p. 171 (www.paddockbakery.com ; 20 Hibiscus Haven, Burleigh Heads ; ⏲6h-15h tlj)

Pasture & Co

Voir p. 171 (☎07-2140 4717 ; pastureandco.com.au ; 639 Currumbin Creek Rd, Currumbin Valley ; ⏲7h-15h lun-jeu et dim, 7h-19h ven, 7h-16h sam)

Restaurant Labart

Voir p. 171 (☎07-5576 3498 ; www.restaurantlabart.com ; 8 West St, Burleigh Heads ; ⏲16h30-23h mer-sam, 12h-16h dim ; 753, 754, 756, 757)

Scoop Gelati

Voir p. 171 (☎07-5518 3701 ; scoopgelati.com.au ; 23 James St, Burleigh Heads ; ⏲11h-21h30 lun-jeu, 11h-22h ven-sam, 10h-21h30 dim ; 700, 753, 754, 756, 757, 765)

Shotgun Espresso

Voir p. 187 (☎61 455 747 996 ; 48 Maple St, Maleny ; ⏲mar-dim 7h-14h30)

Terra Firma

Voir p. 185 (☎04-6648 0020 ; www.terrafirmadining.com ; ⏲sur rdv)

The Collective

Voir p. 171 (☎07-5618 8229 ; thecollectivepalmbeach.com.au ; 1128 Gold Coast Hwy, Palm Beach ; ⏲12h-tard)

Hébergement

Binna Burra Lodge

Voir p. 175 (☎07-5533 3622 ; www.binnaburralodge.com.au ; 1069 Binna Burra Rd, Beechmont)

Booloumba Creek

Voir p. 184 (☎13 74 68, 07-5456 0122 ; parks.desi.qld.gov.au/parks/conondale/camping ; Booloumba Creek Rd, Kenilworth ; camping 7,25 $/pers/nuit)

Kenilworth Homestead

Voir p. 185 (☎07-5446 0555 ; www.kenilworthhomestead.com.au ; 2760 Eumundi-Kenilworth Rd, Kenilworth)

Little Yabba Park

Voir p. 185 (☎07-5475 7272 ; www.facebook.com/LittleYabbaPark ; 3145 Maleny-Kenilworth Rd, Cambroon)

O'Reilly's Rainforest Retreat

Voir p. 175 (☎07-5502-4911 ; oreillys.com.au ; Lamington National Park Rd, Green Mountains ; observation des vers luisants adulte/enfant 32/17 $)

CAIRNS ET LA CÔTE DU QUEENSLAND

RÉCIF | FORÊT HUMIDE | AMBIANCE TROPICALE

Cape Tribulation (p. 206)

à **Cairns** (p. 210), difficile de choisir parmi la quantité d'endroits où prendre un verre en regardant le soleil se coucher.
À 2 heures 15 de Brisbane

CAIRNS ET LA CÔTE DU QUEENSLAND
à la carte

Point d'accès à la Grande Barrière de corail et à la forêt humide de Daintree, la ville tropicale de Cairns est une escale incontournable sur la côte est. Tout le long du littoral, les expériences sont au rendez-vous : cascades, récifs, rencontres avec les Aborigènes... et plus encore !

Immergez-vous au cœur de la forêt humide de Daintree à **Cape Tribulation** (p. 206).
À 1 heure 30 de Cairns

Embarquez à **Townsville** (p. 214) et sautez d'île en île dans le Great Barrier Reef Marine Park.
À 4 heures 15 de Cairns

Marchez dans les pas des Butchulla sur la **Fraser Coast** (p. 219).
À 3 heures 30 de Brisbane

Cédez à la gourmandise à **Bundaberg** (p. 220).
À 4 heures 30 de Brisbane

Informations pratiques

CHAMELEONSEYE/SHUTTERSTOCK ©

Ci-dessus Bus dans le Daintree National Park (p. 208)

À L'ARRIVÉE

Cairns Airport À 5 km au nord du centre-ville, il accueille vols internationaux et domestiques. La compagnie de bus Excellence Coaches (guichet dans le hall des arrivées) assure les liaisons avec Cairns et Port Douglas – mieux vaut réserver.

Townsville Airport Il est relié aux grandes villes d'Australie et dessert les destinations régionales du Queensland.

Bundaberg Regional Airport QantasLink assure les vols intérieurs. Sur place, louez une voiture ou prenez une navette (sur réservation).

BUDGET

Nuit en camping en parc national 7,25 $/personne

Repas dans un pub 25-30 $

Journée d'excursion sur la Grande Barrière 230-300 $

COMMENT CIRCULER

Voiture de location C'est l'idéal pour explorer cette région où de nombreux sites ne sont pas desservis par les transports en commun. Vérifiez votre police d'assurance avant d'emprunter des routes non goudronnées.

Bus Toutes les grandes villes ont ce qui s'apparente à un réseau propre. Greyhound Australia propose des billets à montée et descente libres sur les itinéraires entre Cairns et Melbourne (à partir de 289 $/semaine).

À pied Les sites touristiques du nord, comme Cooktown, Port Douglas, Cairns et Townsville, se visitent assez facilement à pied. Protégez-vous du soleil et hydratez-vous.

QUAND Y ALLER

JUIN-OCT
La saison sèche et fraîche est idéale pour les activités de plein air.

OCT-DÉC
Avec un peu de chance, vous verrez la reproduction annuelle des coraux.

NOV-MARS
Les tortues marines viennent pondre sur les plages de la Grande Barrière de corail.

NOV-MAI
La saison humide a l'avantage de faire faire certaines économies.

SE RESTAURER ET PRENDRE UN VERRE

Plus on va vers le nord, plus on a de chances de trouver du barramundi (un poisson à chair blanche tendre ; photo du haut) au menu. Beaucoup de pubs de la côte proposent, chaque soir, un plat du jour à 15 $. Et même si ce n'est pas de la grande cuisine, certaines adresses méritent d'être connues. Bières et spiritueux artisanaux ne manquent guère dans le nord du Queensland. Le café n'est pas en reste, surtout à Cairns.

Meilleur marché alimentaire
Rusty's Markets (photo du bas, p 228)

Meilleurs cocktails Three Wolves (p. 211)

SE CONNECTER ET S'ORIENTER

Wi-Fi Gratuit dans la plupart des hébergements et rare dans les cafés. Pour rester connecté, il est conseillé d'acheter une carte SIM locale ; la réception est parfois inégale, voire inexistante, en dehors des villes.

Orientation Utilisez des cartes hors ligne pour économiser vos données, notamment celles des sentiers de randonnée à télécharger en PDF sur le site du Queensland National Parks & Wildlife Service.

OÙ LOGER

Clubs de vacances au bord de l'eau et campings en pleine nature dans les parcs nationaux ne manquent guère le long de la côte. Les tarifs des resorts de Cairns et Port Douglas sont avantageux en saison humide.

Localité	Pour/contre
Cairns et Port Douglas	Nombreux complexes hôteliers. Davantage d'hôtels et d'auberges de jeunesse à Cairns.
Cassowary Coast	Camping, motels et chambres d'hôtes.
Townsville	Hôtels, appartements de vacances et quelques auberges de jeunesse.
Whitsundays	Resorts sur Flash Island. Sur le continent : resorts abordables, hôtels et auberges de jeunesse.
Capricorn Coast, Bundaberg et Fraser Coast	Resorts et centres de vacances adaptés aux familles, chambres d'hôtes et petits hôtels.

ARGENT

Le paiement en espèces est plus accepté que dans le sud du Queensland, chose pratique quand les terminaux de paiement se déconnectent. Les petites villes n'ont pas forcément de DAB.

ATTENTION AUX MÉDUSES

De novembre à mai, les méduses pullulent sur toute la côte nord du Queensland, jusqu'aux environs de K'gari (Fraser Island). Pour les activités nautiques, une *stinger suit* (combinaison antiméduses) vous sera proposée.

Les grands classiques

Pour les infos pratiques de chaque site, reportez-vous au Carnet d'adresses p. 224.

Esplanade, promenade et lagon de Cairns

Les amateurs de soleil se rassemblent autour du lagon, aménagé sur un estran artificiel recouvert de sable. La piscine d'eau salée (chlorée) de 4 800 m², bordée de sable, avec ses sculptures *Woven Fish*, est surveillée par des sauveteurs et éclairée le soir. Adjacente, la promenade en planches, longue de 3 km, dispose d'aires de pique-nique, de barbecues gratuits, d'une plateforme d'observation des oiseaux et de matériel de fitness. L'aire de jeux Muddy's, avec jeux aquatiques pour les petits, rampes de skate, beach-volley et site d'escalade, est idéale pour les familles.

LUX BLUE/STOCK.ADOBE.COM ©

JAKUB/STOCK.ADOBE.COM ©

Daintree Rainforest

La forêt humide de Daintree est l'une des plus anciennes forêts tropicales du monde. Inscrit au patrimoine mondial de l'Unesco, ce joyaux de l'Australie abrite une faune variée, notamment le long de la Daintree River, où l'on peut observer des casoars et des kangourous arboricoles.

MATHIAS/STOCK.ADOBE.COM ©

Mission Beach

Mission est une enclave tranquille faite de criques isolées. Ce petit refuge maintient un bel équilibre entre yogis, routards et écotouristes. On y trouve la plus forte densité de casoars du pays.

NATURETHINGS/STOCK.ADOBE.COM ©

Port Douglas

À 1 heure de route au nord de Cairns, Port Douglas attire des visiteurs aisés. Ancien territoire du peuple yirrganydji, la péninsule a été transformée par les colons européens en un village portuaire de pêcheurs isolé. Dans les années 1980, PD s'est rapidement changé en une destination haut de gamme contrastant avec la frénésie de Cairns. Les récifs extérieurs de la Grande Barrière sont à moins de 1 heure en bateau.

PAUL HARDING 00/SHUTTERSTOCK.COM ©

St Monica's Cathedral

La principale église catholique de Cairns est réputée pour ses superbes vitraux thématiques, les plus grands au monde de ce type, présentant des motifs inspirés de la culture locale. Une vingtaine de fenêtres décrivent la Genèse. Une autre série de vitraux, les *Peace Windows*, commémore la fin de la Seconde Guerre mondiale.

CHAMELEONSEYE/SHUTTERSTOCK.COM ©

Agnes Water et Town of 1770

Bordée par les parcs nationaux d'Eurimbula et de Deepwater, Agnes Water dispose d'une plage propice au surf, d'un petit centre commerçant et d'excellentes auberges de jeunesse. À 8 km, le site où James Cook a débarqué au Queensland en 1770 offre de belles balades le long des falaises et un excellent terrain de camping. C'est le point de départ d'excursions en kayak ou en paddle et de sorties de pêche autour des îlots de la "Discovery Coast".

30 ESCAPADE à Cape Tribulation

DAINTREE | ROAD TRIP | BAIGNADE

La traversée en ferry de la Daintree River vous transporte dans un autre monde. La forêt humide de Daintree et la Grande Barrière de corail se frôlent à "Cape Trib", un endroit magique entre sentiers forestiers et bassins naturels remplis d'eau douce. La plupart des visiteurs viennent à la journée, mais ce paradis sur terre mérite qu'on lui dédie au moins trois jours.

AUSTRALIANCAMERA/SHUTTERSTOCK ©

En pratique

S'y rendre et circuler Le Daintree Ferry est à 1 heure 30 de route au nord de Cairns. Après la traversée, comptez 1 heure de route jusqu'au point de vue de Kulki, à l'extrémité nord de Cape Tribulation. Lors de nos recherches, les routes étaient encore fermées à cause du passage d'un cyclone début 2024.

Quand Préférez la saison sèche, de mai à novembre.

Où loger Il y a plus d'une dizaine de maisons d'hôtes à Cape Tribulation. Plusieurs campings, dont celui, basique, de Noah Beach, concession du parc national.

MICHAEL SMITH ITWP/SHUTTERSTOCK ©

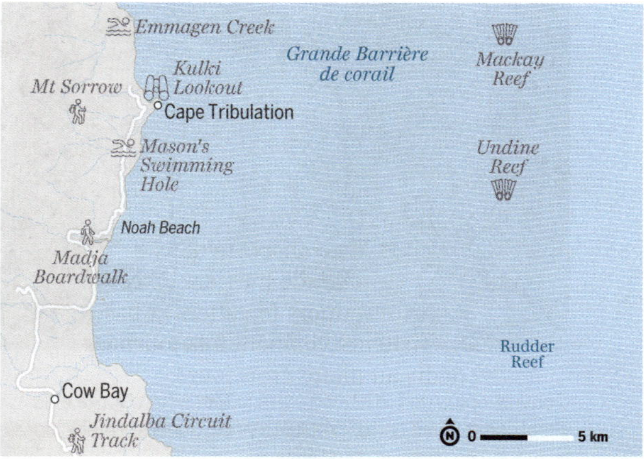

Page de gauche, en haut : Daintree National Park
En bas : tortue, Grande Barrière de Corail

La nature pour terrain de jeu

Sentiers dans la forêt humide Passez une nuit ici pour avoir tout loisir de parcourir les plus longs itinéraires de Cape Trib', tels que le verdoyant **Jindalba Circuit Track** (3 km), ou de faire l'ascension du **Mt Sorrow** pour admirer la vue (7 km aller-retour, 6 heures). Promenade surélevée qui serpente dans des mangroves côtières, la **Madja Boardwalk** (1,2 km) offre aux voyageurs en fauteuil roulant l'un des itinéraires adaptés les plus beaux qui soient. Neil Hewett (p. 229) explique cet écosystème au fil de ses balades, propices à l'observation des casoars.

Snorkeling de toute beauté Si vous ne devez faire qu'une sortie sur la Grande Barrière de corail, préférez celle d'Ocean Safari (oceansafari.com.au), une traversée (25 minutes) en semi-rigide jusqu'aux récifs voisins de **Mackay Reef** et **Undine Reef**, suivie d'une petite randonnée subaquatique entre tortues marines, poissons tropicaux et certains des plus beaux coraux préservés sur ce site inscrit au Patrimoine mondial et laissés accessibles aux plongeurs. L'eau claire et les récifs peu profonds constituent des conditions idéales pour la photographie sous-marine.

Superbes bassins Les belles plages de Cape Trib' sont interdites à la baignade en raison de la présence de crocodiles, mais les beaux bassins d'eau douce alentour sont, eux, sans risques. Ne manquez pas **Emmagen Creek** (à 3,5 km sur la Bloomfield Track) et le **Mason's Swimming Hole** (derrière le Mason's Cafe et accessible moyennant un don de 1 ou 2 $). Il existe un autre sublime trou d'eau : il n'est indiqué sur aucune carte car c'est un site sacré pour les Kuku Yalanji, qui en sont les gardiens.

Aventure en 4x4

La Bloomfield Track (4x4 uniquement) est l'une des pistes les plus légendaires d'Australie. Elle relie l'extrémité nord de Cape Trib' à la communauté aborigène de Wujal Wujal, d'où une route goudronnée rejoint Cooktown, au nord. La Bloomfield ne fait que 30 km, mais la conduite y est ardue, avec des traversées de ruisseaux, des collines très raides et d'énormes nids-de-poule. Après avoir visité le Bana Yirriji Art Centre (p. 224), une escale à l'historique Lion's Den Hotel (p. 229), 40 km plus loin, s'impose. Vous pouvez y camper, y boire un verre et déguster l'une des excellentes pizzas qui y sont servies.

Magique Daintree

DEPUIS LA NUIT DES TEMPS

La forêt humide de Daintree, dans le Queensland, héberge les descendants de plantes et d'animaux qui vivaient à l'ère des dinosaures. Pour le naturaliste britannique David Attenborough, cet écosystème spectaculaire est une merveille de biodiversité, d'une importance capitale sur le plan écologique. Et pour les Kuku Yalanji de l'Est, ses gardiens traditionnels, elle est partie intégrante de leur culture.

AUSTRALIANCAMERA/SHUTTERSTOCK ©

Couvrant plus de 1 200 km^2 entre la Mossman Gorge et la Bloomfield River, cette forêt luxuriante, quasi surréelle, aurait quelque 180 millions d'années.

La forêt humide ancienne de Daintree fait partie intégrante de la zone des "Tropiques humides du Queensland" (Wet Tropics of Queensland World Heritage Area) classée au Patrimoine mondial. Le Daintree National Park protège ce fragile écosystème ancien, à l'instar de la gorge de Mossman (au sud-est) et de Cape Tribulation. À 20 minutes de Port Douglas, tout au sud du parc, se trouve le Mossman Gorge Centre (p. 218). C'est la partie la plus accessible de la forêt, où l'on peut se promener seul, mais toutefois à l'aide d'un audioguide, d'un livret et en suivant les panneaux. On peut aussi participer à l'une des intéressantes balades organisées par les Aborigènes, ou encore se baigner dans les trous d'eau laissés par la Mossman River, qui bondit de son lit pour taquiner les imposants rochers de granit. Sur la rive nord de la Daintree River, la partie de Cape Tribulation (accessible par car-ferry, à 110 km au nord de Cairns) semble encore plus sauvage, mais on peut y randonner sans difficulté, y loger et y participer à des écotours.

Une restitution historique

En 2021, plus de 160 000 ha de terres de l'extrême nord du Queensland, dont la forêt humide de Daintree, ont été officiellement restitués aux Kuku Yalanji de l'Est.

Ces terres sont au cœur de la culture et de la spiritualité de cette communauté, au sein de laquelle on se transmet, de génération en génération, une connaissance intime de la forêt humide. La restitution était en cours de finalisation lors de la rédaction de ce guide, mais il est certain que le

En haut : Daintree National Park
Page de droite, à gauche : grenouille arboricole, Daintree National Park
À droite : casoar à casque, Daintree National Park

ANDREJ BLAGOJEVIC/SHUTTERSTOCK ©

TORSTEN PURSCHE/SHUTTERSTOCK ©

Daintree National Park sera désormais géré conjointement par les gardiens traditionnels et le gouvernement du Queensland. L'ouverture d'un centre culturel est déjà planifiée.

Un patrimoine menacé

La forêt très ancienne de Daintree peut sembler résiliente, mais des recherches ont montré que la zone des "Tropiques humides du Queensland", qui abrite à elle seule 36% des espèces de mammifères d'Australie, est très vulnérable au changement climatique. La modélisation actuelle prédit qu'un réchauffement planétaire de seulement 1°C, qui devrait se produire au cours de la prochaine décennie, réduirait de 60% l'aire de répartition des espèces vertébrées endémiques de la région. Avec un réchauffement de 3,5°C, environ 65% des vertébrés endémiques disparaîtraient de la région, ce qui entraînerait une forte probabilité d'extinctions massives, à commencer par celles des grenouilles et opossums.

> En 2021, plus de 160 000 ha de terres de l'extrême nord du Queensland, dont la forêt humide de Daintree, ont été officiellement restitués aux Kuku Yalanji de l'Est.

L'autorité de gestion des Tropiques humides a identifié d'autres menaces : la présence d'espèces envahissantes (cochons sauvages, fourmis jaunes...) ; une demande croissante d'infrastructures ; la diminution importante du nombre de recherches ; la baisse des investissements faute de financement gouvernemental ; enfin, évidemment, le tourisme, s'il n'est pas bien encadré.

Expériences à Daintree

Croisière d'observation des crocodiles Très silencieux, les bateaux à énergie solaire de Solar Whisper (p. 229) permettent d'approcher les crocodiles et autres animaux sans les effrayer.

Daintree Discovery Centre Dans la partie nord du parc, celle de Cape Trib', vous trouverez sur ce site une passerelle dans la canopée d'où observer les casoars en contrebas.

Lodges dans la forêt humide Pour s'immerger pleinement dans ce monde incroyable, rien ne vaut une nuit dans l'un des lodges de Cape Tribulation ou de la Mossman Gorge, comme le Silky Oaks Lodge (p. 229), rouvert récemment.

31 Apéro au coucher du soleil À CAIRNS

COCKTAILS | VUE SUR LA MER | BON TEMPS

La douceur du climat de Cairns, le centre touristique de l'extrême nord du Queensland, invite à profiter toute l'année des magnifiques couchers de soleil sur la mer. De préférence en sirotant un bon verre ! Et vous aurez l'embarras du choix : les brasseries artisanales, les bars chics en toit-terrasse comme les petits cafés cachés dans les ruelles ne cessent de fleurir.

OCHRE RESTAURANT AND CATERING ©

En pratique

Comment circuler La tournée des bars du centre de Cairns s'effectue aisément à pied.

À ne pas manquer Proche de l'aéroport de Cairns, le quartier de Stratford est une destination de plus en plus prisée pour prendre un verre. Barrier Reef Brewing Co. (p. 226) a été rejoint par The Fox Small Bar (p. 227) et Narrow Tracks Distilling (p. 226), dont la salle de dégustation est ouverte les vendredis et samedis.

Happy hour Les prix sont vraiment avantageux lors de l'happy hour, mais on ne vous en fera pas la publicité, la loi du Queensland l'interdisant. Renseignez-vous sur place.

Se restaurer à Cairns

Ochre (p. 226) La meilleure table gastronomique au bord de l'eau (photo) ; les produits locaux y sont préparés avec créativité.

Tokyo Dumpling (p. 227) Le meilleur curry japonais du pays !

CC's Bar & Grill (p. 227) Idéal pour un rendez-vous amoureux, ce restaurant chic sert d'excellents steaks

NuNu (p. 226) Table raffinée de Palm Cove, Nunu propose aussi le meilleur petit déjeuner en bord de plage des environs.

Darren Barber *Copropriétaire du Hospo Group (Three Wolves, Wolf Lane Distillery, The Fox Small Bar, Flamingos Tiki Bar et Cabana Bar)* @darrenjbarber

01 Commencez en hauteur la tournée des bars : perché au 12e étage, sur le toit-terrasse de l'hôtel Crystalbrook Riley, le **Rocco** (p. 226) offre un cadre méditerranéen idéal pour un Spritz.

03 Idéalement situé sur la marina de Cairns, l'élégant **Salt House** (p. 226) est parfait pour profiter des dernières heures du jour, un cocktail à la main.

02 Le coucher de soleil sur la mer de Corail est particulièrement éblouissant vu depuis l'étage de l'hôtel Flynn (frère du Riley), d'autant que le **Whiskey & Wine** (p. 226) affiche plus de 80 whiskys australiens et importés.

05 Pas de coucher de soleil au **Three Wolves** (p. 226), mais des cocktails intenses et un esprit Prohibition accentué par sa localisation, au fond d'une ruelle.

04 En dégustant une bière artisanale à la **Hemingway's Brewery** (p. 226), vous contemplerez Chinaman Creek et les sommets arborés de la Great Dividing Range.

À PARTIR DE LA GAUCHE : CLAUDINE VAN MASSENHOVE/SHUTTERSTOCK ©, PAUL KINGSLEY/ALAMY STOCK PHOTO ©

FAUNE
des Tropiques humides du Queensland

01

02

03

05

06

04

01 Papilio ulysses
Visible dans toute la région mais surtout à Cape Tribulation, la star des insectes des Tropiques humides possède de grandes ailes d'un bleu électrique.

02 Python améthystine
Le plus grand serpent d'Australie, qui doit son nom aux reflets de ses écailles, est aussi beau que docile.

03 Chat marsupial à queue tachetée
Très discret, ce prédateur qui vit au sol est le deuxième plus grand carnivore indigène de l'Australie continentale après le dingo.

04 Varan bigarré
Ces sauriens tachetés ou rayés rôdent près des campings, en quête de nourriture, et peuvent atteindre 1,5 m de long.

05 Lophosaurus boydii
Ces "dragons" colorés s'accrochent aux troncs d'arbres sur les sentiers de la Mossman Gorge.

06 Phalanger du fleuve Herbert
Surnommé "Herbie", l'emblème nocturne du Queensland Parks & Wildlife Service vit en altitude.

07 Petaurus gracilis
Menacé de disparition par le défrichement, cet amateur d'aliments

07

08

09

10

12

11

sucrés est l'une des six espèces d'opossums qui vivent dans les Tropiques humides.

08 Kangourou arboricole
Aussi appelé dendrolague, on peut apercevoir cet animal dans les Atherton Tablelands.

09 Casoar à casque
Le futur de cette bête à l'allure préhistorique est incertain. Il y aurait moins de 1 000 spécimens sauvages.

10 Kangourou-rat musqué
Ce petit marsupial est une espèce diurne que l'on voit s'activer sur le sol des forêts, en quête de nourriture.

11 Ornithorynque
Dans les Atherton Tablelands, patientez sur les rives du Peterson Creek, à Yungaburra, et vous verrez sans doute ces étranges monotrèmes.

12 Crocodile marin
Le plus grand crocodile du monde fréquente les fleuves et les plages des Tropiques humides, et au-delà.

32 D'île en île au large de TOWNSVILLE

RANDONNÉE | PLAGES | CULTURE ABORIGÈNE

Créé par le célèbre sculpteur sous-marin britannique Jason deCaires Taylor sur le John Brewer Reef, le Museum of Underwater Art (MOUA), un musée subaquatique ouvert en 2020, a définitivement inscrit Townsville au tableau des destinations de plongée. Moins connues, les îles au large ouvrent une porte discrète (et parfois luxueuse) sur l'une des plus grandes merveilles naturelles du monde : la Grande Barrière de corail.

JOSIE ELIAS/SHUTTERSTOCK ©

En pratique

S'y rendre et circuler Les compagnies Magnetic Island Ferries (car-ferry) et SeaLink assurent des traversées quotidiennes entre Townsville et Magnetic Island. SeaLink opère aussi une liaison pour Palm Island du mercredi au lundi. On peut louer sur Magnetic Island des voitures très semblables à celle de Barbie.

Quand Mai-sept : le taux d'humidité est plus bas, et on peut se passer d'une combinaison antiméduses.

Snorkeling Outre les installations artistiques du MOUA, il y a sur Magnetic Island de beaux itinéraires sous l'eau à suivre à Nelly Bay et Geoffrey Bay.

LISA HOLMEN PHOTOGRAPHY/SHUTTERSTOCK ©

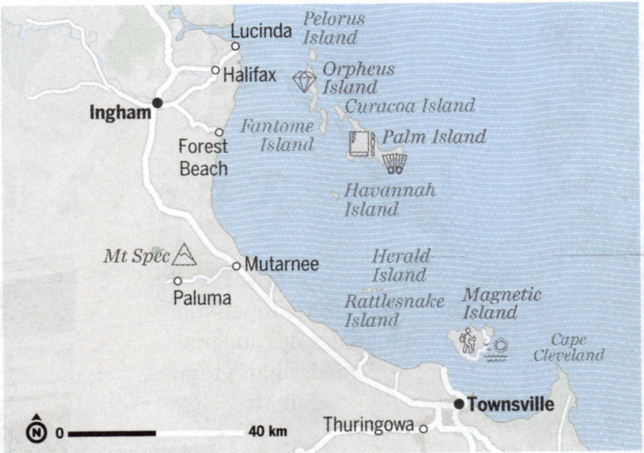

Page de gauche, en haut : Horseshoe Bay
En bas : Orpheus Island

Magnetic Island "Maggie", la décontractée, charme avec ses plages bordées de palmiers, ses beaux sites de snorkeling, ses magnifiques sentiers et ses nombreux koalas. L'incontournable Forts Walk (4 km aller-retour) mène à des fortifications de la Seconde Guerre mondiale par un chemin jalonné de belles échappées sur la mer turquoise et d'eucalyptus peuplés de koalas. Prévoyez un pique-nique pour aller de Forts Junction à Horseshoe Bay, en passant par Radical Bay : ce sentier de 7,5 km relie les plus belles plages de l'île. Si vous êtes tombé sous le charme des lieux, prolongez votre séjour, les hébergements ne manquent pas.

Palm Island Connue pour son histoire mouvementée, l'ancienne mission aborigène de Palm Island (Bwgcolman) s'est tournée vers le tourisme pour assurer son avenir, son plus grand accomplissement étant le site local du MOUA (p. 227). Des excursions quotidiennes depuis Townsville sont prévues avec les ferrys SeaLink, et un centre de plongée pourrait ouvrir sur cette île rustique couverte de forêt humide. Sur place, les guides aborigènes vous mèneront aux sites culturels et aux spots de snorkeling isolés.

Orpheus Island Cette île privée de l'archipel de Palm Island est accessible uniquement en hélicoptère, quand on séjourne au luxueux Orpheus Island Lodge (28 clients maximum à la fois ; p. 229). On y pratique le snorkeling (le plus grand spécimen de Colpophyllia de la Grande Barrière de corail a été découvert ici en 2021), le kayak ou la voile, à moins de partir en bateau vers le récif extérieur.

Visite respectueuse de Palm Island

Savoir-vivre En indépendant, il est conseillé d'informer le conseil local de votre venue. Ses membres pourront vous mettre en contact avec des guides et vous indiquer des règles de visite à respecter.

Observation des baleines En juillet et en août, on observe souvent la migration des baleines à bosse lors du trajet depuis Townsville. Si ces cétacés sont proches, le bateau s'arrête pour qu'on puisse les admirer.

Culture Commencez par le Bwgcolman Indigenous Knowledge Centre (p. 224), près de la jetée, pour découvrir la culture locale. En juillet, de nombreuses célébrations ont lieu pendant la semaine du NAIDOC (p. 115).

Vicki Saylor
Gardienne traditionnelle manbarra et conseillère culturelle
@vickeranne

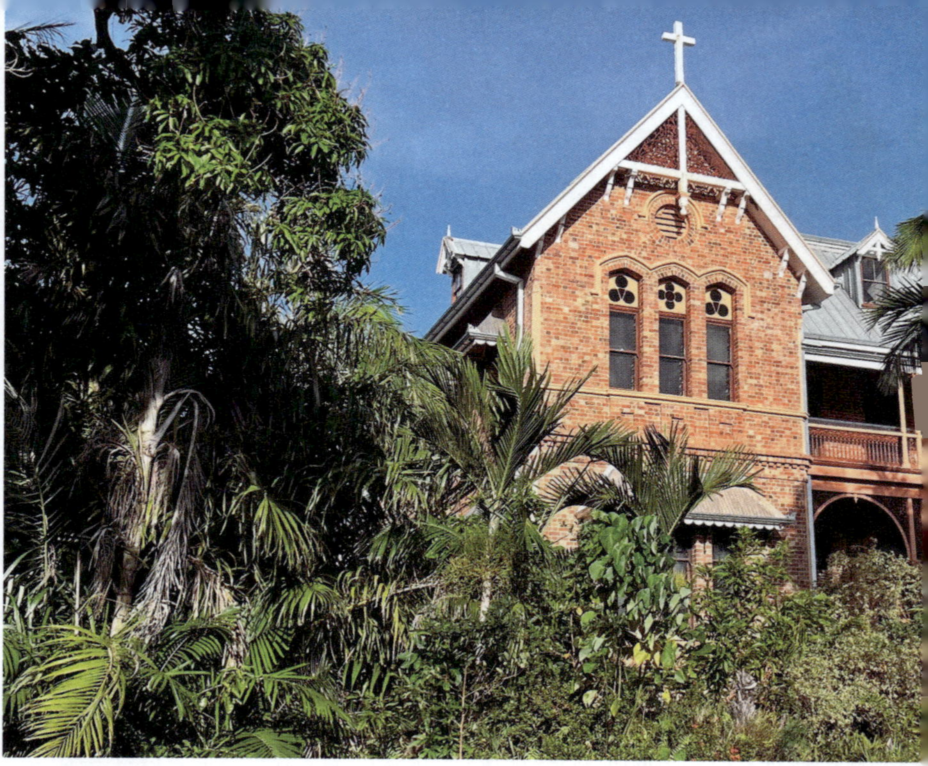

33 Sous l'angle ABORIGÈNE

VISITES GUIDÉES | CUISINE DU BUSH | CULTURE

Plus de 70 groupes aborigènes du détroit de Torrès vivent le long de la Grande Barrière de corail, et ce, depuis des millénaires. Les opportunités d'explorer la région avec des guides locaux n'ont jamais été aussi nombreuses, surtout dans les localités citées ci-après.

CHAMELEONSEYE/SHUTTERSTOCK ©

En pratique

Savoir-vivre Lors d'une visite guidée par un Aborigène (et aussi de manière générale), ne prenez jamais de photo sans en demander l'autorisation car cette pratique peut être interdite pour des raisons culturelles. Toutes les questions sont les bienvenues, tant qu'elles sont posées avec respect.

Pour en savoir plus Welcome to Country (welcometocountry.com) permet de s'informer et de réserver des activités en terre aborigène.

Déguster L'organisation aborigène Flames of the Forest (p. 228), près de Port Douglas, propose, à travers l'Aboriginal Cultural Experience, un succulent dîner de 7 plats à base d'ingrédients typiquement indigènes.

Cooktown

C'est ici que s'est déroulé le premier acte de réconciliation enregistré entre des Aborigènes et des Européens en Australie. Le Cooktown Museum (p. 224) retrace cet événement, ainsi que l'escale faite par l'*Endeavour* et James Cook, en juin 1770, mais d'un point de vue aborigène. Ensuite, partez à la rencontre de Willie Gordon, un guide du clan Nugal-warra, qui conduit des visites pour **Guurrbi Tours** (p. 228) : il vous fera découvrir, entre autres, l'art rupestre et vous expliquera certaines notions de la spiritualité aborigène. Avec **Culture Connect** (p. 228), vous vous enfoncerez dans dans le pays Balnggarrawarra, à l'ouest de la ville, à la découverte d'art rupestre ancien et de projets de réhabilitation de la Grande Barrière de corail.

A SBMPHOTOGRAPHER/SHUTTERSTOCK ©

En haut : Cooktown Museum
Page de gauche, en bas : sortie en bateau, Grande Barrière de corail

Cairns et Daintree

Première visite de la Grande Barrière de corail proposée par des Aborigènes, **Dreamtime Dive & Snorkel** (p. 228) mêle récits, musique et danses traditionnelles au fil d'une sortie d'une journée. Un nouveau ponton au Moore Reef permet d'interagir avec des "guides marins" indigènes, et d'en apprendre plus sur la façon dont leurs connaissances et leur science ancestrales aident à protéger le plus grand écosystème vivant du monde.

Non loin, dans la région de Daintree, plusieurs circuits culturels sont possibles sur les terres traditionnelles des Kuku Yalanji de l'Est. Organisée par le **Mossman Gorge Centre** (p. 227), la Ngadiku Dreamtime Walk dévoile en partie la relation particulière qui existe entre ce groupe indigène et son environnement tropical unique. On peut aussi explorer la région de Daintree avec des guides kuku yalanji grâce à **Walkabout Cultural Adventures** (p. 229). Les frères Linc et Brandon Walker, de **Kuku Yalanji Cultural Habitat Tours** (p. 228), proposent des balades culturelles le long de Cooya Beach, près de Mossman. Enfin, il est possible de suivre un cours d'art avec le célèbre artiste aborigène Brian "Binna" Swindley, à la **Janbal Gallery** (p. 228), de Mossman.

Décryptages aborigènes

L'Émeu dans la nuit, de Bruce Pascoe (2014). Partant de la relecture des plus anciens récits de colons et d'explorateurs au tout début de la colonisation, ce travail étonnant replace les premiers peuples australiens dans leur réel contexte culturel, apportant la preuve de l'existence d'une société bien plus développée que ne le prétendirent les nouveaux arrivants.

La Récolte, de Tara June Winch (2020). Roman évocateur sur un homme déterminé à préserver la langue et la culture de son peuple. Il a reçu le Miles Franklin Literary Award en 2020.

Australia Day, de Stan Grant (2019). Excellent document informatif sur l'Australie aborigène, avec des vérités gênantes sur l'histoire coloniale.

Art aborigène

La Cairns Indigenous Art Fair offre l'occasion unique d'acheter de l'art et de l'artisanat directement auprès des artistes. Sinon, les centres d'art aborigène du nord du Queensland, tels le Yarrabah Art Centre (p. 224), près de Cairns, et la Cairns Art Gallery (p. 224), programment diverses expositions au fil de l'année.

Townsville

La protection des terres traditionnelles est un thème central de la culture aborigène, comme on peut le voir dans les œuvres du **Museum of Underwater Art** (MOUA). Dans les terres, on peut s'initier à la cuisine du bush avec les guides de **Gudjuda Tours** (p. 228). La Gudjuda Reference Group Aboriginal Corporation, qui régit les visites, procède par ailleurs au marquage et à la surveillance des tortues marines depuis plus de 20 ans. En 2022, elle a lancé une visite "rodéo des tortues", qui invite les visiteurs à participer à la collecte de données précieuses pour la conservation des tortues.

Fraser Coast

Suivez les pas d'un Butchulla lors du **Djinang Cultural Walking Tour** (p. 228).Apprenez-en plus sur les sites importants pour son peuple à Harvey Bay et à K'gari (Fraser Island), goûtez la cuisine du bush locale et faites preuve de créativité avec des matériaux naturels. Cette visite se déroule en partenariat avec Hervey Bay Eco Marine Tours (p. 229), qui organise aussi une croisière culturelle au coucher du soleil, sous la conduite d'un guide butchulla.

À gauche : Mossman Gorge Centre
En haut à droite : Cairns Indigenous Art Fair
En bas à droite : danseur du détroit de Torrès, Cairns Festival

34 Les délices de BUNDABERG

GASTRONOMIE | BOISSONS | PRODUITS DE LA FERME

Un quart des produits frais de l'Australie proviennent de la région de Bundaberg. De quoi saliver d'avance, surtout qu'ici on les achète directement chez les producteurs. Cette région accueillante compte son lot de vergers, mais aussi de distilleries : la culture de la canne à sucre et les herbes locales produisent rhum et spiritueux délicieux.

ALEX CIMBAL/SHUTTERSTOCK ©

En pratique

S'y rendre et circuler Depuis Brisbane, comptez 4 heures 30 de voiture (plus en bus). Même temps par le rail avec le Queensland Rail Tilt Train, qui a l'avantage d'offrir un trajet plus pittoresque. Si l'on veut visiter les fermes, il faut louer un véhicule (il existe plusieurs agences de location).

Quand Toute l'année. Le calendrier de la région de Bundaberg (bundabergregion.org) mentionne les produits de saison.

Se loger La Splitters Farm (p. 229), qui recueille des animaux de ferme, propose camping et glamping.

THE POCKET STOREHOUSE ©

Distilleries et boissons

La notoriété de la ville vient de **Bundaberg Rum** (p. 224), une distillerie emblématique, dont le symbole, un ours polaire, est omniprésent en ville. On peut suivre une visite guidée de cette distillerie (2 heures, avec dégustation offerte aux plus de 18 ans), dont la production de rhum a commencé en 1889.

D'autres distilleries ont ouvert dans la localité. La visite de la cave du distillateur artisanal **Kalki Moon** (p. 224) comprend deux dégustations. Le gin est la boisson phare du lieu, mais il y a aussi de la vodka, des liqueurs et du rhum. Approfondissez vos connaissances auprès du distillateur en chef, Rick Prosser, ou relaxez-vous avec un cocktail dans le grand bar ou le jardin.

Goûtez aussi les bières artisanales locales de la Bargara Brewing Company à la brasserie du centre-ville qu'on appelle localement **Ballistic**

ALIZADA STUDIOS/SHUTTERSTOCK ©

Pain au levain

Ouverte seulement de 7h à 12h le samedi et de 9h à 14h le jeudi, la petite boulangerie Pocket Storehouse (p. 227) confectionne un des meilleurs pains au levain qui soient. Le processus de fermentation de cet authentique levain bio élimine généralement toute allergie au gluten.

Page gauche, en haut : distillerie Bundaberg Rum
En bas : Bundaberg Brewed Drinks (le "tonneau de Bundaberg", p. 222)
Ci-dessus : tourtes de la Pocket Storehouse

Bargara (p. 226), et découvrez les saveurs de Bundaberg dans la boutique de la marque de boissons haut de gamme **Ohana Winery and Cheeky Tiki Cider** (p. 227). Gérée par un couple de locaux, cette cave spécialisée dans les vins et les cidres tropicaux crée aussi des liqueurs à base de produits régionaux, comme du vin de fraise Moscato et du cidre d'ananas.

Installé dans un immense tonneau, **Bundaberg Barrel** (p. 224), de Bundaberg Brewed Drinks, confectionne des boissons sans alcool de grande qualité à base d'ingrédients du Queensland, comme le gingembre et la mangue. Visite libre et dégustation avant d'élaborer ses six bouteilles à emporter.

Expériences à la ferme

Entreprise familiale aux pratiques agricoles durables, **Macadamias Australia** (p. 224) invite les visiteurs à goûter ses noix de qualité supérieure. Sa boutique-café donne sur un verger de noyers du Queensland.

D'août à début octobre, **Tinaberries** (p. 229) ouvre sa cueillette de fraises à tout

Cuisine aborigène

Avant l'arrivée de fermiers modernes à Bundaberg, les Taribelang pêchaient, chassaient et cultivaient les délices naturels de la région. Apprenez-en plus lors d'une visite de 2 heures 30 des terres de ce peuple avec Taribelang Bunda Cultural Tours (p. 229).

Nous avons toujours consommé beaucoup de produits de la mer, comme du poisson et des palourdes. Nous mangeons aussi du kangourou, souvent cuit sur des charbons ardents, et du goanna, parfois cuit à la vapeur dans de l'écorce de niaouli."

Cette visite culturelle s'accompagne d'une dégustation de cuisine du bush : *damper* frais (du pain traditionnel), garni de sauce aux tomates du bush ou de confiture de milly-pilly et de myrte citronné. Un projet à la croisée du culturel et du gastronomique est aussi en cours de création.

Rebecca Domaille
Guide taribelang

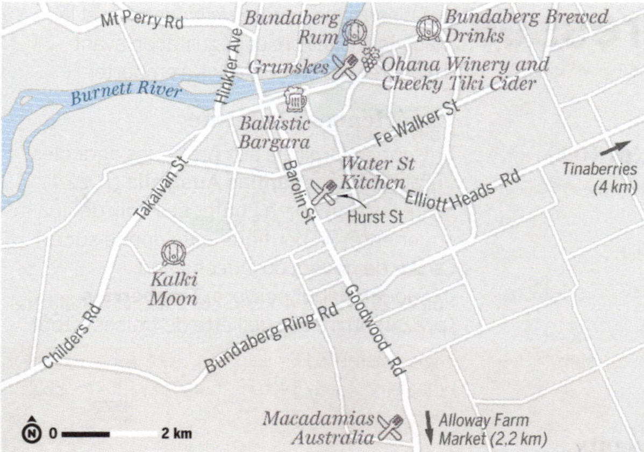

Page de gauche : boissons élaborées par Bundaberg Brewed Drinks
Ci-dessous : noix de macadamia

un chacun. Le reste de l'année, on peut savourer ses délicieuses glaces à la fraise et aux fruits de la passion. On peut acheter une grande variété de produits frais directement auprès de fermes telles que l'**Alloway Farm Market** (p. 228), **The Lettuce Patch** (p. 228) ou **One Little Farm** (p. 228), dont les délicieuses salades et frittatas composent un bon déjeuner léger.

De la ferme à l'assiette

Les produits frais de Bundaberg sont à l'honneur dans les restaurants et cafés locaux. C'est notamment le cas dans la banlieue de Bargara, au **Windmill Cafe** (p. 227), qui concocte l'un des plus succulents brunchs du Queensland (notez que le bol d'açaï au fruit du dragon est assez copieux pour deux). Le soir venu, rejoignez **Water Street Kitchen** (p. 227), situé dans un quartier résidentiel, où le chef, Alex Cameron, mitonne des plats australiens modernes aussi beaux que bons avec les produits de Bundaberg.

Tout juste débarqués des chalutiers, les produits de la mer de **Grunskes by the River** (p. 226) tiennent aussi le haut du pavé. Authentique institution de la ville, ce restaurant sur la Burnett River se double d'une halle aux poissons. Produits de la mer du récif et d'autres saveurs, iodées ou non… on s'y régale.

Carnet d'adresses

Les grands classiques (p. 204)

Esplanade, promenade et lagon

(www.cairnsattractions.com.au ; lagon 6h-21h jeu-mar, 12h-21h mer).

St Monica's Cathedral

(07-4046 5620 ; www.cairns.catholic.org.au ; 183 Abbott St ; 7h-17h lun-ven, 7h-20h sam, 6h-18h dim).

Sites, visites et événements

Bana Yirriji Art Centre

Voir p. 207 (07-4060 8333 ; banayirrijiart.com.au ; 736 Douglas St, Wujal Wujal ; entrée libre ; 8h30-15h30 lun-jeu, 8h30-11h30 ven, sur rdv sam-dim)

Bundaberg Barrel

Voir p. 222 (07-4154 5400 ; www.bundaberg.com ; 147 Bargara Rd, Bundaberg ; adulte/enfant 20/7 $/gratuit ; 9h-16h30 lun-sam, 10h-15h dim)

Bundaberg Rum Distillery

Voir p. 221 (617-4348-3443 ; www.bundabergrum.com.au ; Hill St, Bundaberg ; visite avec audioguide adulte/enfant 30/15 $; 10h-17h lun-ven, 10h-16h sam-dim)

Bwgcolman Indigenous Knowledge Centre

Voir p. 215 (07-4770 0260 ; www.palmcouncil.qld.gov.au/library ; 1 Main St, Palm Island ; entrée libre ; 9h-17h lun-ven)

Cairns Art Gallery

Voir p. 219 (07-4046 4800 ; www.cairnsartgallery.com.au ; angle Abbott St et Shields St, Cairns ; entrée libre ; 9h-17h lun-ven, 10h-17h sam, 10h-12h dim)

Cairns Indigenous Art Fair

Voir p. 219 (07-4252 6312 ; ciaf.com.au/cairns-indigenous-art-fair-ciaf ; Shop 1, Lot 22, 93–105 Lake St, Cairns ; juil)

Cooktown Museum

Voir p. 217 (07-4069 5386 ; nationaltrustqld.org.au/visitor-sites/Cooktown-Museum ; Angle Helen St & Furneaux St, Cooktown ; tarif plein/réduit/3-13 ans/famille 25/20/15/65 $; 9h-16h tlj)

Kalki Moon

Voir p. 221 (07-4151 0396 ; kalkimoon.com ; 22 Commercial St, Svensson Heights ; visite et degustation 1 heure ; 10h-17h lun-ven, 10h-16h sam, 10h-15h dim)

Macadamias Australia

Voir p. 222 (07-4159 7265 ; macadamiasaustralia.com ; 4625 Goodwood Rd, Bundaberg ; visite tarif plein/4-12 ans 44,30/22,50 $; 8h30-17h lun-mer et ven, 10h-15h jeu, 8h-15h sam, 9h-16h dim)

Yarrabah Art Centre

Voir p. 219 (07-4056 0780 ; www.yarrabah-arts-centre.com.au ; Museum Rd, Yarrabah ; entrée libre ; 9h-16h lun-jeu, sur rdv ven)

Jolies cascades

Barron Falls

Suivez le Barron Falls Lookout Track, un sentier surélevé adapté aux fauteuils roulants (1,2 km aller-retour) pour rejoindre cette superbe cascade proche de Kuranda. On peut aussi l'admirer depuis le Skyrail Rainforest Cableway (téléphérique) et le Kuranda Scenic Railway (train panoramique). (61-7-4231-9045 ; www.ksr.com.au ; adulte/enfant à partir de 55/27 $ aller, à partir de 84/42 $ aller-retour)

Finch Hatton Gorge

Longez la cascade turquoise qui dégringole à travers la Finch Hatton Gorge, dans l'Eungella National Park, à 1 heure de route à l'ouest de Mackay. Vous pouvez nager dans deux bassins naturels en suivant à pied le Wheel of Fire Track (4,2 km aller-retour) ou encore l'Araluen Cascades Track (2,8 km aller-retour).

Josephine Falls

À 1 heure de route au sud de Cairns, le bassin translucide d'eau douce dans lequel se déverse cette cascade du Wooroonooran National Park est un des plus beaux sites de baignade du Queensland. Il faut marcher en tout 1,2 km (aller-retour) depuis le parking.

Little Crystal Creek

Sous un pittoresque pont de pierre, ces petites cascades offrent un joli cadre où se rafraîchir dans le Paluma Range National Park, près de Townsville.

Millaa Millaa Waterfall

La cascade la plus photogénique des Atherton Tablelands, près de Cairns, au cœur d'une luxuriante forêt humide.

Wallaman Falls

Au sud-ouest d'Ingham, dans le Girringun National Park, la plus haute chute d'eau permanente d'Australie plonge de 268 m dans la gorge en contrebas. On peut randonner jusqu'au pied de la cascade depuis la plateforme d'observation. (☎13-74-68 ; www.parks.des.qld.gov.au/parks/girringun-wallaman ; inclus dans le prix du parc tarif plein/famille 7,25/29 $).

Pubs en bord de mer

Bargara Beach Hotel $$

En retrait de l'esplanade du front de mer de Bundaberg, cet hôtel toiletté récemment dispose d'une grande terrasse pour siroter des bières artisanales et se sustenter

DARKORIVER84/SHUTTERSTOCK ©

Train panoramique de Kuranda

de classiques plats de pub. (☎07-4159 2232 ; www.bargarahotel.com.au ; 2 Bauer St, Bargara ; ⏲bar 10h-22h30 lun-jeu et dim, 10h-tard ven-sam, restaurant 12h-14h et 17h30-20h tlj)

Court House Hotel $$

Dans une superbe demeure ancienne de style Queenslander située le long de Wharf St, le "Courty" de Port Douglas respire tout le charme des pubs aussie d'antan. Situation et table première classe, et tarifs à l'unisson. (☎07-4099 5181 ; www.courthousehotelportdouglas.com.au ; angle Wharf St et Macrossan St, Port Douglas ; ⏲bar 10h-0h tlj, restaurant 11h30-15h et 17h-21h tlj)

Dingo Beach Hotel $$

À 40 minutes de route au nord d'Airlie Beach, ce pub sans chichis donnant sur Dingo Beach est idéal pour siroter une bière bien fraîche par un bel après-midi. (☎07-4595 7153 ; dingobeachhotel.com.au ; 1 Diecke Crescent, Dingo Beach ; ⏲11h30-14h lun-ven, 11h30-14h30 sam-dim, 17h30-19h30 lun-jeu, 17h30-20h ven-sam)

Eimeo Pacific Hotel $$

Perché sur la falaise dans la banlieue nord de Mackay, ce pub historique jouit d'une vue superbe sur les Cumberland Islands. (☎07-4954 6106 ; eimeohotel.com.au ; 1 Mango Ave, Eimeo ; ⏲11h-14h et 17h-20h tlj, 8h-11h sam-dim)

Grunskes by the river

Voir p. 223 (07-4152 2722 ; www.grunskesbytheriver.com.au ; 11E Petersen St, Bundaberg East ; marché 7h-17h30 lun-ven, 7h-17h sam, 8h-16h dim, restaurant 10h-15h mer-jeu et dim, 10h-20h ven-sam)

Hemingway's Brewery

Voir p. 211 (07-8217 3756 ; www.hemingwaysbrewery.com ; 4 Wharf St, Cairns ; 12h-22h tlj)

Mission Beach Tavern $$

À un pâté de maisons de Mission Beach, ce pub de quartier, à l'ambiance décontractée, sert des classiques d'un bon rapport qualité/prix : maquereau-frites, poulet à la parmesane... À 200 m seulement du Mission Beach Camping & Caravan Park. (07-4088 6688 ; missionbeachtavern.com.au ; 52 Porter Promenade, Mission Beach ; 10h-0h tlj)

NuNu

Voir p. 210 (07-4059 1880 ; www.nunu.com.au ; 1 Veivers Rd, Palm Cove ; 7h-11h, 12h-15h et 17h-tard tlj)

Ochre Bar & Grill

Voir p. 210 (07-4051 0100 ; ochrerestaurant.com.au ; Marlin Pde ; 11h30-15h et 17h30-21h30)

Rocco

Voir p. 211 (07-4252 7777 ; www.crystalbrookcollection.com/riley/rocco ; 12e étage, 131-141 Esplanade, Cairns ; 16h-22h30 lun-mar et dim, 16h-23h30 ven-sam)

Salt House

Voir p. 211 (07-4041 7733 ; salthouse.com.au ; 6/2 Pierpoint Rd ; 11h30-tard, restaurant 12h-15h tlj, 17h30-21h lun-jeu et dim, 17h30-21h30 ven-sam)

Three Wolves

Voir p. 211 (07-4031 8040 ; www.threewolves.com.au ; Red Brick Laneway, 32 Abbott St, Cairns ; bar 16h-0h tlj, cuisine 17h-23h mer-dim)

Whiskey & Wine

Voir p. 211 (07-4253 5000 ; www.crystalbrookcollection.com/flynn/whiskey-and-wine ; 2e étage, 85 Esplanade, Cairns ; 15h-22h30 lun et jeu-dim)

1770 Beach Hotel $$

Tout près de la paisible 1770 Inlet Beach, on lâche complètement prise dans ce pub rustique de Seventeen Seventy. (07-4974 7446 ; www.1770beachhotel.com.au ; 1770 Beach Hotel, 576 Captain Cook Dr, Town of 1770 ; 11h15-14h et 17h30-tard tlj)

Brasseries, distilleries et bars

Ballistic Bargara

Voir p. 221 (07-4152 1675 ; ballisticbeer.com/pages/venue-bargara ; 10 Tantitha St, Bundaberg ; 11h30-21h mer-jeu, 11h30-22h ven-sam)

Barrier Reef Brewing Co

Voir p. 210 (barrierreefbrewing.com.au ; 2/17 Johnston St, Cairns ; 16h-18h jeu, 15h30-20h ven, 14h-18h sam)

Narrow Tracks Distilling

Voir p. 210 (07-7800 4033 ; www.narrowtracks.com.au ; 60-70 Magazine St, Stratford ; 12h-20h mer-sam, 12h-18h dim)

MARTIN VALIGURSKY/SHUTTERSTOCK ©

Big Mango, Bowen

Ohana Winery and Cheeky Tiki Cider

Voir p. 222 (☎ 04-0433 1280 ; www.ohanawinery.com.au ; 5 Alexandra St, Bundaberg East ; ⏲ 12h-16h mar-ven, 10h30-16h sam, 10h30-14h30 dim)

The Fox Small Bar

Voir p. 210 (☎ 07-4000 6814 ; www.thefoxsmallbar.com.au ; 4/9 Kamerunga Rd, Stratford ; ⏲ 15h-22h mar-jeu, 15h-0h ven-sam, 15h-21h dim)

Combler petites et grandes faims

CC's Bar & Grill

Voir p. 210 (☎ 07-4253 4000 ; www.crystalbrookcollection.com/bailey/ccs-bar-and-grill ; rdc, 163 Abbott St, Cairns ; ⏲ 16h-22h mar-sam)

Pocket Storehouse

Voir p. 221 (www.thepocket.com.au ; 27 Elliott Heads Rd , Kepnock ; ⏲ 9h-14h jeu-ven, 7h-12h sam)

Tokyo Dumpling

Voir p. 210 (☎ 07-4041 2848 ; www.facebook.com/tokyodumplingcairns ; 46 Lake St, The Boland Centre, Cairns ; ⏲ 11h-14h30 et 17h-21h lun-ven, 11h30-15h et 17h-21h sam)

Water Street Kitchen

Voir p. 223 (☎ 07-4196 0689 ; www.waterstkitchen.com.au ; 85 Water St, Bundaberg ; ⏲ 11h30-15h et 17h30-21h mer-jeu, 9h-15h et 17h30-22h ven-sam)

Windmill Cafe

Voir p. 223 (☎ 07-4130 5906 ; www.windmillbargara.com ; 12 See St, Bargara ; ⏲ 7h-14h tlj)

Sites pittoresques

Big Mango

Le long de Bruce Hwy, impossible de manquer cette mangue géante, à deux pas du centre d'information des visiteurs de Bowen. On y vend des glaces… à la mangue.

Capricorn Caves

À une demi-heure au nord de Gladstone, ces jolies grottes calcaires sont accessibles en visite guidée. Vous aurez le choix entre trois modules différents. (☎ 07-4934 2883 ; capricorncaves.com.au ; 30 Olsens Caves Rd ; adulte/4-15 ans/famille à partir de 37,50/18,50/96,50 $; ⏲ visites 9h-16h)

Daintree National Park

Voir p. 208 (Daintree National Park ; ☎ 07-4099 7000 ; parks.desi.qld.gov.au/parks/daintree ; entrée libre ; ⏲ 24h/24)

Historic Village Herberton

Site incontournable des Atherton Tablelands, ce musée en plein air regroupe plus d'une cinquantaine de bâtiments anciens restaurés. (☎ 07-4096 2002 ; www.historicvillageherberton.com.au ; 6 Broadway, Herberton ; tarif plein/4-14 ans/famille 42/20/106 $; ⏲ 9h-17h tlj avr à mi-oct et fin-déc à fin-jan, dernière entrée 15h30, 10h-16h tlj fin-jan à mars et mi-oct à fin-déc)

Mossman Gorges Centre

Voir p. 218 (☎ 07-4099 7000 ; www.mossmangorge.com.au ; 212r Mossman Gorge Rd, Mossman ; ⏲ 8h-18h)

Museum of Underwater Art

Voir p. 215 (www.moua.com.au ; Townsville)

Paronella Park

Au cœur de ce fabuleux jardin tropical au sud de Cairns se dresse un palais tout droit sorti d'un film espagnol. Tout cela construit à la demande d'un immigrant du nom de José Paronella. (☎ 07-4065 0000 ; www.paronellapark.com.au ; 1671 Japoonvale Rd, Mena Creek ; adulte/5-12 ans/famille 57/32/168-178 $; ⏲ 9h-19h30 tlj)

Plages cachées

Cape Hillsborough Beach

Cette plage isolée est connue pour les kangourous qui s'y rassemblent à l'aube, afin de manger les algues et les graines de palétuviers apportées par la marée durant la nuit. Quelle que soit l'heure, on y fait de très jolies balades. À son extrémité sud, grimpez le long de l'Andrews Point Track (5,2 km aller-retour) pour admirer la vue.

Coral Beach

Sur le promontoire à l'est d'Airlie Beach, marchez sur 1,1 km dans la forêt humide du Conway National Park jusqu'à cette plage isolée couverte de petits galets de corail.

Etty Bay Beach

On aperçoit souvent des casoars venus chercher de la nourriture sur cette petite plage, près d'Innisfail, entourée par une forêt humide Le terrain de camping est très apprécié.

Horseshoe Bay Beach

Relié aux jolies plages de Rose Bay et Murray Bay par le Cape Edgecumbe Walking Trail, un superbe sentier de 2,5 km, ce petit croissant de sable doré est un magnifique endroit de Bowen où se baigner dans une eau turquoise.

Springs Beach

Juste au sud d'Agnes Water, allez faire trempette sur la pittoresque Springs Beach, ou suivez le sentier vers le sud jusqu'à Red Rock Beach, pleine de petites criques et de bassins rocheux.

Marchés alimentaires

Alloway Farm Market

Voir p. 223 (☎ 07-4159 7270 ; www.facebook.com/allowayfarm ; 1 Alloway Siding Rd , Bundaberg ; ⏲ 8h-17h lun-sam, 10h-14h dim)

One Little Farm

Voir p. 223 (☎ 07-4152 3322 ; onelittlefarm.com.au ; 3/133 Bargara Rd, Bundaberg ; ⏲ 7h-16h lun-ven, 7h-13h sam)

Rusty's Markets $

Du vendredi au dimanche, le marché de produits frais tropicaux de Cairns est un bonheur, avec sa foule d'étals de cuisine de rue. (☎ 07-4040 2705 ; rustysmarkets.com.au ; 57-89 Grafton St ; ⏲ 5h-18h ven-sam, 5h-15h dim)

The Lettuce Patch

Voir p. 223 (☎ 04-6884 1876 ; www.facebook.com/thelettucepatchdrivethrough ; 482 Bargara Rd, Qunaba ; ⏲ 8h-17h30 lun-ven, 9h-15h sam-dim)

Circuits et activités

Culture Connect

Voir p. 217 (☎ 1300 794 175 ; cultureconnect.com.au/destinations/cooktown-aboriginal-tours ; Cairns et Cooktown ; circuit demi-journée tarif plein/4-14 ans/famile 169/99/482 $, journée 279/159/788 $; ⏲ 7h30 lun-ven)

Djinang Cultural Walking Tour

Voir p. 219 (☎ 07-4125 6888, 04-0871 2435 ; www.herveybayecomarinetours.com.au/cultural-walking-tour ; 6/17 Buccaneer Dr, Urangan, Hervey Bay ; tarif plein/enfant/famille 59/39/190 $/pers ; ⏲ 8h30-10h)

Dreamtime Dive & Snorkel

Voir p. 218 (☎ 07-4030 7920 ; dreamtimedive.com ; 1 Spence St, Cairns ; circuit journée tarif plein/4-14 ans/famile 219/139/577 $; ⏲ circuit journée 8h15-17h)

Flames of the Forest

Voir p. 217 (☎ 07-8850 0550 ; www.flamesoftheforest.com.au ; Port Douglas ; Aboriginal Cultural Experience 240 $; ⏲ 9h-17h lun-ven, Aboriginal Cultural Experience jeu soir mai-nov)

Gudjuda Tours

Voir p. 219 (☎ 07-4782 8451 ; gudjudatours.com ; Townsville ; circuit 3 heures 150 $/pers ; ⏲ 9h)

Guurrbi Tours

Voir p. 217 (☎ 07-5978 1100, 04-8458 4163 ; www.facebook.com/guurrbi ; Cooktown ; circuit 3h30-5h30 65-120 $; ⏲ tlj sauf dim)

Hervey Bay Eco Marine Tours

Voir p. 219 (07-4125 6888, 04-0871 2435 ; www.herveybayecomarinetours.com.au ; 6/17 Buccaneer Dr, Urangan, Hervey Bay ; circuit tarif plein 59-205 $; sur rdv)

Janbal Gallery

Voir p. 218 (04-5661 9220 ; janbalgallery.com.au ; 5 Johnston Rd, Mossman ; atelier 2 heures tarif plein/4-13 ans 90/55 $/pers ; 9h-17h lun-ven, atelier 10h ou 14h)

Kuku Yalanji Cultural Habitat Tours

Voir p. 218 (07-4098 3437, 04-0340 3528 ; www.kycht.com.au ; angle Palm St et Bougainvillea St, Cooya Beach ; circuit 1-2 heures tarif plein 100-200 $/pers, 4 pers min ; sur rdv tlj)

Neil Hewett

Voir p. 207 (07-4098 9126 ; coopercreek.com.au ; 2333 Cape Tribulation Rd, Diwan ; circuit 2-4 heures tarif plein/enfant 85-130/75-120 $, 2 pers min ; 8h30, 10h, 13h, 14h)

Solar Whisper

Voir p. 209 (07-4098 7131 ; solarwhisper.com ; 736 Douglas St, Wujal ; circuit 1 heure tarif plein/réduit/5-15 ans/famile 35/31/19,50/85,50 $, circuit 2 heures tarif plein/réduit/5-15 ans 71/66/45 $)

Taribelang Buda Cultural Tours

Voir p. 222 (04-0790 7137 ; www.bundaculturaltours.com.au ; 67 Perry St, Bundaberg ; circuit 1 heure 30/3 heures à partir de 69/99 $/pers ; mar, sam et sur rdv)

Tinaberries

Voir p. 222 (04-2841 5930 ; tinaberries.com.au ; 15 Zinks Rd, Woongarra ; 10h-17h tlj, cueillette août-oct)

PETE NIESEN PHOTO/STOCK.ADOBE.COM ©

Corail sur la Grande Barrière

Walkabout Cultural Adventures

Voir p. 218 (04-2947 8206 ; walkaboutadventures.com.au ; Mossman ; circuit demi-journée/journée 190/245 $/pers ; sur rdv)

Hébergements

Lion's Den Hotel

Voir p. 207 (61 7 4060 3911 ; lionsdenhotel.net.au ; 398 Shiptons Flat Rd, Helenvale ; restaurant 9h-tard tlj, cuisine 12h-14h et 18h-20h tlj, pizza 10h-tard tlj)

Orpheus Island Lodge

Voir p. 215 (07-4777 7377 ; www.orpheus.com.au ; Orpheus Island)

Silky Oaks Lodge

Voir p. 209 (61-2-9918-4355 ; silkyoakslodge.com.au ; Finlayvale Rd, Mossman)

Splitters Farm

Voir p. 221 (07-4159 9348 ; www.splittersfarm.com.au ; 205 Blairs Rd, Sharon)

35 La Grande Barrière DE CORAIL

PLONGÉE | ÎLES | CONSERVATION

S'étirant sur plus de 2 000 km, le "Reef" est le plus vaste récif de la planète. Inscrite au Patrimoine mondial de l'Unesco, cette merveille naturelle est entièrement composée d'organismes vivants. Nous vous donnons des informations utiles pour vous aider à définir votre port d'attache.

RANI ZERAFA/GETTY IMAGES ©

En pratique

S'y rendre La traversée en catamaran à moteur entre Port Douglas ou Cairns et le récif extérieur dure 1 heure 30. De Townsville ou Bundaberg, comptez environ 2 heures.

Quand La saison sèche et chaude (mai-octobre) offre les conditions idéales pour la plongée et le snorkeling. Nombre de tour-opérateurs assurent néanmoins des excursions toute l'année.

Écran solaire respectueux des coraux Seuls des filtres minéraux bloquant les UV, comme l'oxyde de zinc et le dioxyde de titane, ne polluent pas le Reef.

La plongée et le snorkeling sur la Grande Barrière se pratiquent surtout depuis un bateau. Il est néanmoins possible, sur certaines îles, d'accéder à de magnifiques coraux en plongeant non loin du rivage. Les croisières à la journée dans le secteur incluent la mise à disposition gratuite d'un masque, de palmes et d'un tuba, et comprennent en général 3 heures de découverte sous-marine. Les excursions avec nuit à bord (*liveaboard*) sont l'occasion d'une approche plus approfondie des récifs.

Si vous n'avez jamais plongé, sachez que la plupart des prestataires proposent des circuits d'initiation.

Gardez à l'esprit que la Grande Barrière de corail est fragile et qu'il est impératif d'adopter des pratiques responsables durant votre séjour afin de réduire au minimum votre impact.

En haut : Lady Musgrave Island (p. 233)
Page de gauche : poisson-papillon, Grande Barrière de Corail

Double page suivante, à gauche : plongeurs, SS *Yongala*
à droite, en haut : raies mantas, Lady Elliot Island
En bas : polype

Nord du Reef

Cette zone s'étend du détroit de Torrès à Hinchinbrook Island, au nord de Townsville. Les ports d'accès principaux sont Cairns et Port Douglas, souvent via leurs clubs de vacances. Néanmoins, on trouve, à plus petite échelle, des excursions organisées depuis Cape Tribulation et Mission Beach. Et si l'on veut casser sa tirelire, on peut séjourner à Lizard Island.

Les offres des prestataires sont multiples, mais ayez à l'esprit que plus les bateaux sont grands, moins ils tanguent mais plus il y a de personnes à bord. Au départ de Cairns, on a le choix entre de simples excursions à la journée et des formules avec nuit sur place à Green Island et Fitzroy Island.

Centre du Reef

Cette partie va de Townsville à Mackay. Des excursions vers les récifs extérieurs sont possibles depuis Townsville, Orpheus Island, Magnetic Island, Airlie Beach, les Whitsundays et Mackay.

Contribuer à la protection du Reef

Participez à la collecte de données en soumettant vos observations sur l'application Eye on the Reef.

Choisissez un opérateur accrédité High Standard pour embarquer avec un guide expert du Reef (consultez le site de l'autorité du parc : www2.gbrmpa.gov.au).

Soutenez les entreprises qui protègent le Reef ; la plupart sont certifiées Advanced Ecotourism par l'organisation Ecotourism Australia.

Rejoignez Citizens of the Great Barrier Reef (Citoyens du Reef) pour protéger le Reef depuis chez vous.

Respectez la devise de la Reef Authority : "See the Reef, Love the Reef, Protect the Reef" (Admirez le Reef, aimez-le et protégez-le).

David Wachenfeld
Directeur scientifique de la Great Barrier Reef Marine Park Authority jusqu'en 2023 @ReefChiefSci

Tortues

Mon Repos Turtle Centre (parks.desi.qld.gov.au/parks/mon-repos/attractions/mon-repos-turtle-centre). Dès novembre, on peut effectuer une visite de nuit avec un ranger pour observer les tortues marines nicher sur la côte, près de Bundaberg. Les bébés tortues naissent entre janvier et fin mars.

Cairns Turtle Rehabilitation Centre (www.cairnsturtlerehab.org.au). Ce centre de Fitzroy Island soigne les tortues malades et blessées. Réservez une visite pour rencontrer les patientes.

NICO FARAMAZ/SHUTTERSTOCK ©

Non loin de Townsville se trouvent le musée d'art subaquatique (Museum of Underwater Art, MOUA ; p. 215) et l'épave du bateau à vapeur SS *Yongala* (coulé par une tempête en 1911) considérée comme l'un des sites de plongée *aussie* les plus incroyables. Si les spots de snorkeling autour des îles du centre du Reef sont appréciables, ils n'égalent en rien ceux du récif extérieur, comme Hardy Reef. Accessible grâce aux excursions de Cruise Whitsundays (www.cruisewhitsundays.com ; à partir de 309 $) depuis Airlie et les Whitsundays, le Reefworld Pontoon de Hardy Reef propose de coucher en mer, au choix : sous l'eau, dans l'une des Reefsuites ou au campement Reefsleep, installé sur le ponton.

Sud du Reef

Moins visitée, la partie méridionale de la Grande Barrière se termine à Lady Elliot Island, qui abrite le principal resort écologique du Reef. Près de Lady Musgrave Island, île coralienne inhabitée du récif extérieur, un ponton (Lady Musgrave HQ) a été ancré comme port d'attache pour les excursions au départ de Bundaberg. Paisible et peu profond, le lagon est idéal pour les familles.

À DROITE : HOTFLASH/SHUTTERSTOCK © ; À GAUCHE : JOAO INACIO/GETTY IMAGES ©

Des excursions à la journée partent deTown 1770 et Gladstone pour Lady Musgrave Island. On peut aussi passer une nuit à Heron Island ou sur sa voisine, Wilson Island. Plus proches du continent, bien que partie intégrante du Great Barrier Reef Marine Park, les Keppel Islands se visitent depuis Yeppoon.

On peut apercevoir des raies mantas près de Lady Elliot Island, et des tortues près de Heron Island et Lady Musgrave Island.

36 Les îles WHITSUNDAY

ÎLES | RANDONNÉES | ART RUPESTRE

Telles des émeraudes disséminées sur les eaux aigue-marine de la mer de Corail, les Whitsundays constituent un fantastique terrain de jeu pour les plaisanciers, plongeurs, campeurs et pêcheurs. Whitehaven Beach est considérée comme l'une des plus belles plages du pays, tandis qu'Airlie Beach, principal tremplin vers les îles, compte pléthore de restaurants, hébergements et lieux festifs.

P&F PHOTOGRAPHY/ALAMY STOCK PHOTO ©

En pratique

S'y rendre Les aéroports d'Hamilton Island et de la Whitsunday Coast sont à 30 minutes d'Airlie Beach.

Quand Pour la semaine de régate d'Airlie Beach en juillet et celle de Hamilton Island en août. Sinon, aux saisons intermédiaires, à savoir avril-mai et novembre-décembre, pour éviter le rush touristique.

Couchers de soleil Le bar One Tree Hill, juché au sommet d'une colline sur Hamilton Island, offre un joli spectacle en fin de journée.

BEN CALLAHAN/SHUTTERSTOCK ©

DAVID PRUTER/SHUTTERSTOCK ©

Page de gauche en haut : Honeyeater Lookout
En bas : Hamilton Island
Ci-contre : voile dans les Whitsunday

Plaisirs au grand air

Airlie Beach Située sur le continent, Airlie est la base la moins chère pour explorer les îles des Whitsunday (au nombre de 74), partie intégrante du Great Barrier Reef Marine Park. On y trouve de nombreux bars à l'ambiance décontractée, mais aussi des auberges de jeunesse et des resorts, parfaits pour les familles. Des prestataires locaux proposent chaque jour des excursions vers le récif extérieur et les îles. Ne manquez pas l'une des plus belles vues sur l'archipel : une randonnée de 8,2 km aller-retour (3 heures) permet d'accéder au Honeyeater Lookout (bélvédère).

Hamilton Island à pied Plus de 20 km de beaux sentiers serpentent sur la plus vaste des îles inhabitées des Whitsunday. L'Escape Beach Trail (5,1 km aller-retour) mène à une magnifique baie isolée, où un grand hamac en rondins de bois invite à la détente. Prévoyez 2 heures pour cette randonnée depuis l'entrée du Scenic Trail, ou revenez *via* South East Head (1 heure de marche en plus).

Balade d'île en île Quicksilver Cruises (www.quicksilver-cruises.com ; Crystalbrook Marina ; adulte/enfant/famille 312/164/796 $) propose un forfait à la journée permettant de naviguer entre Airlie Beach, Hamilton Island et le Daydream Island Resort. Sur place, de nombreux prestataires proposent des croisières à la journée ou, pour ceux qui le peuvent, la location de voiliers avec skippeur (sur plusieurs jours), à moins de pouvoir barrer soi-même. Notez que dans cette région, le permis bateau n'est étrangement pas nécessaire. Il vous faudra néanmoins suivre une formation d'une demi-journée avant de partir en mer.

Art rupestre caché

Les 74 îles des Whitsunday sont depuis neuf millénaires le territoire des Ngaro, peuple aborigène marin. Les excursions organisées au départ d'Airlie par Ngaro Indigenous Cultural Tours (whitsundayparadiseexplorer.com.au/services/cultural-tours ; 2 heures ; 295 $) vous éclairent sur l'histoire et la culture de ce peuple marin. Accompagné d'un guide aborigène, on peut découvrir un site d'art rupestre, comprendre comment les Ngaro vivent des ressources de l'océan, et s'exercer à utiliser une lance de pêche traditionnelle. Cette visite mémorable est la première menée par des Aborigènes dans la région. Elle est organisée en partenariat avec Whitsunday Paradise Explorer, une compagnie locale d'excursions en bateau.

37 K'GARI, le paradis

TOUT-TERRAIN | LOISIRS EN EAU DOUCE | CAMPING SAUVAGE

Plus grande île sablonneuse au monde (120 km sur 15 km) et seul endroit où la forêt humide pousse sur du sable, Fraser Island a repris son nom traditionnel en 2023 : K'gari (paradis en langue butchulla). On déambule sur ce site inscrit au Patrimoine mondial en quête de trous d'eau, de vestiges historiques, de dingos… Même si maisons d'hôtes et resorts sont là pour vous accueillir, préférez le camping, qui vous laissera de plus beaux souvenirs. Partez à l'aventure en pleine nature !

PETER UNGER/GETTY IMAGES ©

En pratique

S'y rendre Des ferrys et des barges partant de River Heads (au sud de Hervey Bay) accostent sur la côte ouest de K'gari. Une barge effectue le trajet entre le continent (Inskip Point) et l'extrémité sud de l'île (Hook Point).

Quand K'gari se visite toute l'année, mais pour une baignade assurée, privilégiez les mois d'été.

Douche chaude Prévoyez des pièces de 2 $ pour vous doucher aux campings de Central Station, de Dundubara et de Waddy Point Top.

MATT MUNRO/LONELY PLANET ©

CAM LAIRD/SHUTTERSTOCK ©

Page de gauche, en haut : Lake Wabby
En bas : dingo
Ci-contre : épave du *Maheno*

Baignade en eaux douces Les baignades en mer ne sont pas recommandées sur l'île : les courants sont forts et les plages non surveillées. Toutefois, les bassins rocheux, à deux pas de la côte, et les lacs d'eau douce valent largement le déplacement. Le bleu éclatant des eaux des lacs McKenzie et Birrabeen en sont la preuve. Activité incontournable : arpenter l'Eli Creek Boardwalk (200 m de long), avant de se mettre à l'eau et se laisser flotter vers l'aval. Au nord d'Indian Head, les Champagne Pools font des bulles lorsque l'eau de mer se déverse dans leurs bassins rocheux. Et quel bonheur, après 4,1 km à pied dans le bush et à travers les dunes géantes, de s'immerger dans le lac Wabby !

Sur les pistes ou les sentiers À pied ou en 4x4, K'gari demande à être explorée au-delà de son littoral. Les quatre routes dans les terres offrent de jolies vues, mais ont l'inconvénient de comprendre nids-de-poule et embouteillages.

Intégrés au Great Sandy National Park, les 40 itinéraires de randonnée balisés mènent dans des paysages étonnants allant de denses forêts tropicales à des dunes d'une hauteur saisissante. Vous pourrez apercevoir des tortues de Krefft le long du Lake Allom Circuit (1,4 km).

Sites culturels et historiques K'gari est la terre des Butchulla, peuple à l'histoire vieille d'au moins 5 000 ans. L'île regorge de fosses, artefacts et arbres marqués qui témoignent du lien profond et continu des premiers habitants avec elle.

Environ 2 km après Eli Creek gît la coque rouillée du *Maheno*, paquebot échoué ici après un cyclone en 1935 et très populaire auprès des photographes. Vous trouverez d'autres informations sur les incidents maritimes de K'gari, ainsi que des anecdotes datant de la Seconde Guerre mondiale, sur le Sandy Cape Lighthouse Walk (4,8 km aller-retour), à l'extrémité nord de l'île.

Gare aux dingos !

K'gari hébergerait quelque 200 dingos, répartis en une trentaine de meutes. Tant pour votre sécurité que pour la leur, suivez ces quelques conseils du Queensland National Parks and Wildlife Service :

Ne jamais nourrir les dingos.

Rester près de ses enfants.

Marcher en groupe, avec un bâton et sans jamais courir.

Camper, si possible, dans des zones closes.

Stocker toute nourriture dans des boîtes sécurisées, et ne jamais laisser ni aliment ni boîte dans sa tente.

Sécuriser ses déchets, puis les emporter au moment du retour, car il y a peu de poubelles sur l'île.

LA TASMANIE

HISTOIRE | PLEIN AIR | RESTAURATION

Cradle Mountain-Lake St Clair National Park (p. 262)

Découvrez le cœur montagnard de la Tasmanie au **Dove Lake** (p. 263), à Cradle Mountain.

1 heure 30 de Devonport

Voguez sur la Pieman River, entre **Corinna** (p. 258) et l'océan Austral.

3 heures de Stanley

Explorez le passé des bagnards au Macquarie Harbour, sur la tristement célèbre **Sarah Island** (p. 259).

4 heures 30 d'Hobart

LA TASMANIE
à la carte

Découvrez l'histoire et les plages d'Hobart avant de partir à l'aventure à l'intérieur de l'île. Gravissez un sommet emblématique ou faites le tour d'un lac de type alpin. Sur la côte est, savourez produits de la mer, vin et bière ; sur la côte ouest, plus isolée, offrez-vous une croisière fluviale.

Lancez-vous à la conquête de l'**Hartz Peak**, un des "Abels", près de Geeveston (p. 261).

1 heure 30 d'Hobart

Observez la faune et explorez des grottes près de **Mole Creek** (p. 262).
1 heure de Devonport

Apprenez-en plus sur l'histoire maritime de la Tasmanie à **Low Head** (p. 253).
45 minutes de Launceston

Marchez sur les traces des Aborigènes à Launceston, dans la **Cataract Gorge** (p. 252).
10 minutes de Launceston

Dégustez des produits de la mer frais et des vins de la côte est à la **Freycinet Marine Farm** (p. 257).
2 heures 30 d'Hobart

Prenez un verre dans l'un des pubs historiques d'**Hobart** (p. 248).
2 heures de Sydney

Reprenez de l'énergie à **Kingston Beach** (p. 247), après le trajet à pied ou à vélo depuis Hobart.
30 minutes d'Hobart

Informations pratiques

REDZAAL/GETTY IMAGES ©

À L'ARRIVÉE

Hobart Airport Le principal aéroport domestique (ainsi que la Nouvelle-Zélande en saison) de Tasmanie se situe à Cambridge, à 19 km à l'est de la ville. Un taxi pour le centre-ville coûte environ 45 $. Les navettes SkyBus (www.skybus.com.au/hobart-express), disponibles à l'arrivée de chaque vol, desservent 6 arrêts dans Hobart.

Launceston Airport Vols domestiques uniquement. Les bus et les taxis (environ 40 $) vont jusqu'au centre-ville, à 14 km au nord.

Devonport C'est la ville d'arrivée du car-ferry *Spirit of Tasmania* (www.spiritoftasmania.com.au), qui part de Geelong, près de Melbourne.

BUDGET

Tourte aux noix de Saint-Jacques au curry 10 $

Bière artisanale 12 $

Pass de 2 mois pour les parcs nationaux 90 $

QUAND Y ALLER

DÉC-FÉV
Temps plus chaud et plus sec. Nombreux festivals estivaux.

MARS-MAI
Journées agréables et soirées plus fraîches. Temps parfait pour la marche.

JUIN-AOÛT
Matins frais et journées plus courtes. La saison idéale pour siroter un whisky au coin du feu.

SEPT-NOV
Le printemps est doux. Great Eastern Wine Week et Junction Arts Festival à Launceston.

COMMENT CIRCULER

Voiture La Tasmanie est une destination idéale pour un road trip, que ce soit sur la côte est, la Tarkine Drive ou la Tamar Valley Wine Route. Les routes peuvent être humides et verglacées en hiver. Il arrive souvent que des animaux s'aventurent sur les routes rurales, évitez de circuler à l'aube, au crépuscule et la nuit, lorsqu'ils sont plus actifs.

Bus Des bus relient Hobart à Launceston en passant par le centre de la Tasmanie. Des lignes longent la côte est *via* le Freycinet National Park, et d'autres circulent entre Burnie, au nord, et Strahan, plus au sud-ouest. Les départs peuvent être sporadiques.

Avion Vols entre Launceston et Flinders Island ; vers King Island et Flinders Island au départ de Burnie-Wynyard. Il y a aussi quelques vols entre King Island et Melbourne (Essendon).

SE RESTAURER ET PRENDRE UN VERRE

Les huîtres, les coquilles Saint-Jacques, le homard et le bœuf nourri à l'herbe de Cape Grim sont les spécialités du coin. Les régions viticoles les plus touristiques se trouvent sur la côte est et dans Tamar Valley. On y trouve aussi des brasseries et des distilleries artisanales. Sur la route, ne manquez pas les tourtes dans les boulangeries et les marchés fermiers du week-end, ainsi que les restaurants d'Hobart et Launceston, qui innovent à partir d'ingrédients de saison. Au sud de Devonport, la route gastronomique Cradle to Coast (tastingtrail.com.au) donne à découvrir maints producteurs artisanaux.

Meilleur bar de bières artisanales Saint John Craft Beer Bar (p. 264)

Produits de la mer et vue Lobster Shack (p. 257)

SE CONNECTER ET S'ORIENTER

Téléphones mobiles La réception est très limitée dans les sites les plus reculés de la côte ouest et du nord-ouest. Seul le réseau australien Telstra est accessible sur King Island et Flinders Island.

Wi-Fi Une carte des accès Wi-Fi gratuits (avec les infos de connexion) est disponible sur le site freewifi.tas.gov.au. Wi-Fi dans les bibliothèques publiques.

ARGENT

On trouve des distributeurs automatiques de billets, même dans les petites villes. Les paiements sans contact sont possibles à peu près partout. À Launceston, profitez du bus gratuit, Tiger Bus, qui dessert les sites principaux.

OÙ LOGER

On trouve des motels et des B&B dans toute la Tasmanie, mais Hobart affiche un choix plus varié d'hébergements, avec des auberges de jeunesse, des hôtels et des appartements en bord de mer.

Localité	Pour/contre
Hobart	Bon choix d'hébergements ; les meilleurs bars et restaurants de Tasmanie.
Launceston	Excellents B&B et restaurants ; vie culturelle et artistique dynamique. Près de la Tamar Valley.
Coles Bay	Accès facile au Freycinet National Park, mais prix élevés. Bicheno est une autre possibilité.
Devonport	Bars et restaurants en plein développement ; bon emplacement pour visiter le Cradle Country et la côte nord-ouest.
Stanley	Hébergements dans des édifices historiques et bon accès à la Tarking Drive. Peu de bars et restaurants.
Cradle Mountain	Juste à côté du parc national, mais hébergements onéreux.

FAITES LE PLEIN

Sur la côte ouest, faites le plein dès que vous le pourrez, les stations-service étant rares dans les régions plus reculées.

Les grands classiques

Pour les infos pratiques de chaque site, reportez-vous au Carnet d'adresses p. 264.

HENK VRIESELAAR/STOCK.ADOBE.COM ©

MONA

À 12 km au nord d'Hobart, le MONA occupe une péninsule qui s'avance dans la Derwent River. Ce remarquable musée d'Art ancien et nouveau a donné une vraie place culturelle à la Tasmanie à l'échelle mondiale. Réparti sur trois niveaux souterrains attenants à une paroi rocheuse, ce musée est tout à la fois éducatif, subversif et ludique.

FILEDIMAGE/STOCK.ADOBE.COM ©

ROB D/STOCK.ADOBE.COM ©

Battery Point

Battery Point, l'un des plus anciens quartiers d'Hobart, abritait une batterie dominant le Derwent, qui servait à protéger la ville contre les menaces maritimes, réelles ou fantasmées, et a donné son nom à ce quartier pittoresque caractérisé par ses ruelles entrelacées et ses maisons du XIXe siècle.

Port Arthur Historic Site

Port Arthur est au cœur d'un splendide écrin de nature appartenant au Tasman National Park, mais c'est ce fascinant site de convicts, classé au Patrimoine mondial de l'Unesco en 2010 avec dix autres sites de bagnes australiens, qui attire les foules. C'est l'une des grandes curiosités touristiques de Tasmanie.

OLGA K/STOCK.ADOBE.COM ©

Wineglass Bay

Souvent photographiée, cette superbe baie semi-circulaire est blottie sur la côte orientale, ensoleillée, de la Tasmanie. La randonnée vers Wineglass Bay est l'une des plus prisées de la région. Pour fouler son sable blanc et s'offrir une baignade rafraîchissante, il faut traverser le massif de granit rose des Hazards.

JOSHUA/STOCK.ADOBE.COM ©

Cradle Mountain

C'est autour de cette montagne emblématique située au cœur du Cradle Mountain-Lake St Clair National Park, classé au Patrimoine mondial, que se concentrent les paysages et sentiers les plus prisés, dont l'Overland Track, un trek épique de 65 km. Le parc abrite sept des plus hauts sommets de Tasmanie, dont le plus élevé, le Mt Ossa (1 617 m), ainsi que le lac St Clair, le plus profond d'Australie (200 m).

THOMAS JASTRAM /STOCK.ADOBE.COM ©

Three Capes Track

Cette randonnée déroule ses 46 km sur les larges falaises du Tasman National Park, parmi les plus hautes de l'hémisphère Sud. Elle culmine au cap Pillar avec la bien nommée "lame" (Blade), une formation rocheuse tranchante. L'aventure commence par une traversée en bateau entre le Port Arthur Historic Site et le point de départ du sentier.

38 PARCOURS découverte

PLAGES | RANDONNÉE | HISTOIRE

La côte méridionale d'Hobart, qui ondoie au sud de Salamanca Place, abonde en plages, criques, sentiers de randonnée et sites historiques peu visités. Elle se prête à l'exploration à pied ou à vélo (et même en kayak de mer). Plus l'on pousse au sud, plus la vue est superbe. Cet itinéraire, envisageable en transports en commun, est presque plat.

En pratique

Circuler Vous pourrez suivre une grande majorité de cet itinéraire avec les bus Metro (www.metrotas.com.au), mais vérifiez bien les horaires le week-end.

Quand Cette randonnée peut s'entreprendre en toute saison. Les baigneurs garderont à l'esprit que l'eau est froide (12-16°C) presque toute l'année.

Nos conseils À pied, le parcours peut être couvert dans sa totalite (20 km) en une journée ; on peut aussi n'en parcourir que quelques sections. Prévoyez un pique-nique, car il y a peu de cafés dans la partie sud. Les vélos sont interdits sur l'Alum Cliffs Track.

Version courte Une courte marche depuis Salamanca Place mène à **Short Beach**, dans Sandy Bay. Cette petite plage est appréciée des promeneurs de chien et des amateurs de paddle, mais a peu d'attraits.

Version longue Continuez vers le sud pour admirer la Derwent River. À **Nutgrove Beach**, contournez le cap jusqu'à **Long Beach**, bel endroit pour un brunch avec ses cafés, espaces verts et aires de jeu.

Le fort De l'autre côté de Sandy Bay Rd, la colline abrite les ruines de l'**Alexandra Battery**, bâtie dans les années 1880 pour protéger la Derwent. Belle vue sur la côte depuis la tour de garde.

Pause à Truganini Grimpez dans le bush et gravissez Porter Hill. Le verdoyant versant sud est voisin de la **Truganini Conservation Area**, une réserve naturelle qui borde Cartwright Creek.

DARREN TIERNEY/SHUTTERSTOCK ©

Balade pédagogique Le **Taroona Coastal Discovery Trail**, derrière la Taroona High School, est un sentier de 3 km ponctué de 11 codes QR renvoyant vers des entretiens avec des experts locaux.

En hauteur Suivez l'**Alum Cliffs Track**, dans les terres, jusqu'à la Taroona Shot Tower, un édifice en grès haut de 58 m datant de 1870. Pour atteindre le sommet et profiter d'une vue à 360°, il faut gravir 256 marches – voire plus depuis le salon de thé, aménagé au sous-sol dans le style d'un salon victorien. Ici, les thés du Devonshire sont de rigueur.

La récompense Continuez sur l'Alum Cliffs Track jusqu'à **Kingston Beach**, une plage venteuse où on peut se restaurer et siroter une bière fraîche avant de revenir en bus à Hobart.

Au plus près de la côte

Voici quelques conseils d'orientation sur la côte :

- Un raccourci pratique mène à Lords Beach.
- Toute plaisante qu'elle soit, Red Chapel Beach est un cul-de-sac.
- Nutgrove Beach est accessible par les escaliers voisins de la Sandy Bay Infants School.
- La plage au sud de The Searchlight est jolie, mais est également un cul-de-sac.
- Traversez Porter Hill pour éviter une longue marche sur une route sans grand attrait.
- Allez jusqu'au bout de Grange Ave, puis prenez le chemin qui descend jusqu'à l'eau. Ce sentier non balisé, sur les hauteurs, longe le bord de la falaise et des jardins jusqu'à la Taroona High School.

En haut : Kingston Beach

LES BARS
historiques d'Hobart

01

02

03

04

05

01 Shipwright's Arms
À Battery Point, "Shippie" (ouvert vers 1847), décoré de vitraux et d'objets maritimes, sert des bières fraîches et une légendaire soupe de poissons !

02 The Whaler
Ce bar typique de Salamanca Pl, qui a souvent changé de nom, sert des bières depuis 1829. À l'époque de la chasse à la baleine, c'était aussi une maison close.

03 Customs House
Le grès ne manquait pas en 1846, lorsque cette auberge d'angle a été construite. Aujourd'hui, c'est la bière qui abonde. Chambres, happy hour et vue sur la mer.

04 Hope & Anchor
Cet établissement se targue d'être le plus ancien pub d'Australie en activité sans discontinuer depuis sa création (vers 1807). Il trône sur Macquarie St depuis que le front de mer, autrefois très proche, a reculé.

05 The Chowk
Après une reconversion des plus originales, ce pub est désormais tout ce qu'il y a de plus népalais. Accompagnez vos brochettes de chèvre et votre dahl d'une Mustang fraîche.

06

07

08

09

10

06 Shamrock
Avec sa façade Art déco, sans conteste le meilleur bar de quartier d'Hobart (ouvert en 1823). Sans chichis, il sert de solides rumstecks à prix raisonnables.

07 New Sydney
S'il pleut, réchauffez-vous près de l'âtre de ce bar fondé en 1835. Sirotez une bière artisanale et profitez du fameux *craic* (fun) irlandais.

08 Crescent
Un établissement avec pignons à l'ancienne et intérieur raffiné, où sont servies des petites assiettes aux saveurs innovantes.

09 Republic Bar
Les burgers et les steaks sont copieux, mais ce sont les concerts de qualité qui attirent le public dans ce lieu emblématique datant de 1831.

10 The Winston
Adresse grunge, le "Winnie" (ouvert en 1833) est idéal pour une bière artisanale l'après-midi quand le soleil vient l'illuminer.

Retrouvez les infos pratiques de ces adresses p. 264-265

L'Alcatraz australienne

UN OBSTACLE NATUREL EMPÊCHAIT LES BAGNARDS DE S'ÉVADER

À Port Arthur, les prisonniers languissaient de s'évader. Le bush alentour offrant un abri, il aurait pu sembler simple de s'enfuir. Or cette colonie de bagnards isolée avait l'isthme de Teralina/Eaglehawk Neck pour protection naturelle.

À gauche : Port Arthur Historic Site
Au milieu : Teralina/Eaglehawk Neck
À droite : intérieur du pénitentiaire

SARAWUT KONGANANTDECH/SHUTTERSTOCK ©

On peut considérer que les sentences prononcées à l'encontre de certains repris de justice britanniques étaient bien lourdes. Il ne suffisait pas de purger sa peine, comme il fallait se retrouver emprisonné à l'autre bout du monde et ce, après un long voyage éprouvant. À l'arrivée, leur désespoir devait être encore plus grand lorsqu'ils se rendaient compte que l'homme, avec l'aide de la nature, avait fait de Port Arthur un lieu d'où l'on ne s'évade (presque) jamais. La péninsule de Turrakana/Tasman est reliée à la Tasmanie par l'isthme de Teralina/Eaglehawk Neck, large d'un peu plus de 100 m en son point le plus étroit. Pour éviter les évasions, il suffisait aux autorités de surveiller cette petite langue de terre et d'empêcher les bagnards de s'enfuir à la nage.

Chiens d'alerte

Pour dissuader les bagnards de se jeter à l'eau, on leur disait qu'elle était infestée de requins (ce qui était faux). Ne restait donc, comme issue, que l'isthme. En 1831, après les quelques tentatives d'évasion ayant ponctué la première année d'existence de la colonie pénitentiaire de Port Arthur, des sentinelles furent postées sur Teralina/Eaglehawk Neck, mais le bruit de l'océan couvrait celui des fuyards. Un officier eut alors l'idée de former une "ligne de chiens" sauvages sur la largeur de l'isthme.

Bushranger

Le terme bushranger désigne les criminels de l'outback australien, l'équivalent des hors-la-loi du Far West américain.

GREG BRAVE/SHUTTERSTOCK ©

ONPATROLPHOTO/GETTY IMAGES ©

Ladite ligne était formée de dix-huit niches en bois, stratégiquement espacées de sorte que leurs occupants se touchent presque lorsqu'ils arrivaient au bout de leurs chaînes. D'autres chiens furent postés sur des plateformes flottantes, afin de détecter les prisonniers essayant de s'enfuir à la nage. Des coquillages furent également semés sur l'isthme. Les fuyards n'avaient d'autre choix que de marcher dessus, avec le risque d'alerter les animaux.

Aujourd'hui, la statue en bronze d'un chien, représenté attaché, sur Teralina/Eaglehawk Neck, marque l'emplacement de la ligne.

Tentatives d'évasion

Désespérés, certains bagnards essayaient malgré tout de s'enfuir. Le plus connu d'entre eux, le *bushranger* Martin Cash, parvint à dépasser deux fois la ligne des chiens. La première, il réussit à traverser à la nage Eaglehawk Bay, l'étroite baie située à l'ouest de l'isthme, mais il fut promptement rattrapé et ramené à Port Arthur. En 1842, avec deux autres bagnards, il s'enfuit une nouvelle fois à la nage (ce qui témoigne de l'effet dissuasif des chiens). Ce fut un succès et le début d'une cavale de huit mois.

Le prix de la tentative d'évasion la plus originale revient à George "Billy" Hunt. Cet Écossais, envoyé en Australie pour avoir volé un mouchoir, s'enroula dans la peau d'un kangourou avant de tenter de traverser l'isthme en sautillant. Peut-être aurait-il réussi si les gardes n'avaient pas vu là de quoi améliorer leur maigre ordinaire. Lorsqu'ils levèrent leurs fusils, George Hunt se débarrassa de la peau du marsupial et se rendit.

L'histoire de Port Arthur

À 1 heure 30 de route d'Hobart, Port Arthur servit de colonie pénitentiaire aux Britanniques entre 1833 et 1877. Le pénitencier en est l'édifice le plus marquant. Il s'agissait à l'origine d'un grenier à blé et d'un moulin à farine (plus tard, les bagnards le faisaient parfois tourner en arpentant une roue de labeur), avant d'être converti en un bagne fort de 136 cellules. La prison, située sans un bâtiment séparé, est plus effrayante que ce mastodonte en ruine. Lorsque nécessaire, certains bagnards y étaient enfermés 23 heures par jour dans des cellules d'isolement, où on les empêchait de parler. Juste à côté de la colonie pénitentiaire, la jolie Port Arthur fut, à une époque, l'une des plus grandes villes de Tasmanie. C'est à elle que le site doit, malgré un sombre passé, d'être devenu une destination touristique une fois le bagne fermé.

39 HISTOIRE de la Tamar River

HISTOIRE | PATRIMOINE ABORIGÈNE | VIN

La Kanamaluka/Tamar River, une voie navigable historique aujourd'hui bordée de vignobles, offre l'expérience d'une croisière au cœur de l'histoire des pionniers ayant découvert la Tasmanie. Partez aussi à la découverte du riche passé des Aborigènes et des colons de la Cataract Gorge et de Launceston lors d'une visite guidée pédestre ou d'une excursion en bateau.

En pratique

Circuler La Tamar Valley se visite plus facilement en voiture. Parcourez-en l'est jusqu'à George Town et Low Head, avant de revenir franchir le Batman Bridge et de parcourir la Tamar Valley Wine Route.

Festival Visitez Launceston en mars, pour profiter des événements organisés à la Cataract Gorge lors du festival MONA FOMA, ou en septembre pour le Junction Arts Festival. Des événements et des concerts prennent place dans le quartier historique de Princes Sq.

Formée par le confluent de la North Esk River et de la South Esk River, la Kanamaluka/ Tamar River coule vers le nord depuis Launceston sur 64 km pour se jeter dans le détroit de Bass, à Low Head. Cette voie navigable historique a joué un rôle essentiel dans le développement de l'île.

Histoire des Aborigènes et des colons La **Cataract Gorge** est très proche des édifices historiques du centre de Launceston, l'une des villes les plus anciennes d'Australie (établie en 1806). Remontez les flots de ce site naturel sauvage, bordé d'une forêt, sur le *Lady Launceston*, réplique d'un bateau des années 1890, ou joignez-vous à une marche guidée dans le bush avec Geoff McLean, de **Wallaby Walkabout Tours** (p. 266), pour découvrir l'importance de la gorge dans la culture des Aborigènes de Tasmanie.

La planque d'un bushranger Non loin, à

ROB D CREATIONS/SHUTTERSTOCK ©

Home Point, embarquez sur le *Tamar Odyssey*, de **Tamar River Cruises** (p. 267), pour parcourir 40 km sur le plus long estuaire navigable d'Australie, au-delà de la Brady's Lookout State Reserve (p. 266). Dans les années 1820, le *bushranger* Matthew Brady profitait de l'affleurement pour repérer de potentielles victimes sur la route en contrebas.

George Town et Low Head
Les croisières passent sous le **Batman Bridge**, construit en 1966 à quelques méandres du détroit de Bass. À George Town, visitez le Bass and Flinders Centre (p. 266), qui raconte l'histoire des aventuriers ayant fait le tour de la Tasmanie en 1798 pour confirmer qu'il s'agissait d'une île. Non loin, Low Head abrite la plus ancienne station de pilotage maritime (p. 266) d'Australie, établie en 1805, qui guide toujours les navires depuis le détroit de Bass.

Architecture notable à Launceston

Albert Hall Construit en 1891 à l'orée du City Park, cet édifice victorien abrite le Brindley Air Organ, le plus grand orgue d'Australie, datant d'avant 1860, et que distinguent ses soufflets en peau de kangourou.

General Post Office (p. 266)
La poste centrale, qui date de 1889, est connue pour les motifs de sa façade et sa haute tour, dont l'horloge fut ajoutée en 1910. L'intérieur, non moins imposant, abrite une exposition consacrée à l'histoire du bâtiment.

Holyman House (p. 266)
Cet édifice Art déco de 1936, dont l'aspect rappelle celui d'un paquebot, abritait à l'origine une compagnie de navigation et de voyage. À l'intérieur, admirez l'élégant ascenseur et le bel escalier.

En haut : Batman Bridge

40 LES SAVEURS de la côte est

VINS | PRODUITS DE LA MER | PLAGES

Après avoir observé les wombats sur Maria Island et exploré la baie du Freycinet National Park, goûtez les vins de la côte est, les bières artisanales de Tasmanie, ainsi que des produits de la mer, pêchés dans ces eaux froides de manière durable.

TRABANTOS/SHUTTERSTOCK ©

En pratique

Circuler Une voiture est conseillée, mais Long Lunch Tour Co (longlunchtourco.com.au) et Ageing Barrel Tours (ageingbarrel.com.au) organisent des visites guidées des vignobles.

Quand Entre mars et mai pour admirer les jolies couleurs des vignes, ou entre décembre et février pour profiter des plages et s'adonner aux sports nautiques.

à vélo Swansea Cycle Tours (p. 267) propose des visites guidées et indépendantes des vignobles de Cranbrook. Location de vélos pour aller jusqu'au Melshell Oyster Shack (p. 257), à Dolphin Sands.

KIRSTEN COVINGTON/SHUTTERSTOCK ©

East Coast Wine Trail

La route viticole de la côte est de Tasmanie comprend 14 vignobles. Planifiez votre itinéraire sur le site eastcoastwinetrail.com.au, ou explorez les alentours de Cranbrook et Apslawn, riches en exploitations. **Milton Vineyard** propose le déjeuner dans son restaurant, le Higher Ground (p. 265), et des dégustations. On peut goûter un excellent pinot gris dans les anciennes écuries de **Spring Vale** (springvalewines.com), qui datent de 1842. Le pinot noir et le chardonnay sont les stars du **Gala Estate** (galaestate.com.au), à la cave aménagée dans une ancienne poste. Visitez aussi le **Craigie Knowe Vineyard** (craigieknowe.com.au), plus ancien vignoble de la côte est, aux très bons pinots noirs et rieslings. Le **Devil's Corner** (www.devilscorner.com.au) est très bien situé et l'on a, depuis sa

LEISA TYLER/ALAMY STOCK PHOTO ©

Great Eastern Wine Week

Ce festival se tient dans les caves de la région en septembre. Plus de 40 événements sont programmés sur 10 jours : dégustations, séances d'accords mets-vins, et concerts de groupes australiens connus. Pensez à réserver votre hébergement. Plus d'informations sur eastcoastwinetrail.com.au.

Tout à gauche : Devil's Corner
À gauche : Craigie Knowe Vineyard
En haut : verres de vin à Milton Vineyard

tour, une belle vue sur la péninsule de Freycinet. Sur place, des food trucks vendent des pizzas cuites au feu de bois et des produits de la mer locaux. Proche du Freycinet National Park, le **Freycinet Vineyard** (freycinetvineyard.com.au) produit un excellent sauvignon blanc.

Au paradis du houblon

Dans les cafés, bars et restaurants de la région, goûtez les bières artisanales des brasseries de la côte est, telles que Bicheno Beer Co (p. 264) et Scottsdale's Little Rivers (p. 264). Au sud de St Helens et de la superbe Bay of Fires, la brasserie **Ironhouse** (p. 264), à Four Mile Creek, possède un café avec vue sur l'océan. Elle distille aussi du whisky et du gin. La Little Beach XPA est parfaite en été. À Bicheno, **Farm Shed** (p. 264) propose un bon choix de bières, cidres, whiskys et gins locaux, ainsi que de bons accords mets-vins avec ses planches de fromage et de charcuterie. Installez-vous dans le *beer garden* de **The Social** (p. 264), à St Helens, pour savourer des en-cas de food truck et des bières artisanales de Tasmanie.

Les meilleurs cafés et restaurants de la côte est (p. 264-265)

Waterloo Inn Inscrits sur des ardoises, les menus de saison sont créés avec art par le Chef Zac Green dans le restaurant du au Waterloo Hotel, un hôtel des années 1980 de Swansea.

Governörs Une bonne adresse pour des toasts au fromage, un café et des roulés à la cannelle.

The Branch Des petites assiettes élaborées avec des produits locaux et servies avec des vins de la côte est, de bons cocktails de Swansea et des bières artisanales de Tasmanie.

Granite Savourez le meilleur café de Coles Bay et un bon petit déjeuner, puis revenez pour une pizza après 17h.

Lifebuoy Œufs Bénédicte, plats du jour et pâtisseries maison, à déguster en admirant la déco maritime évoquant le passé de St Helens.

À gauche : repas au Freycinet Marine Farm
En bas : Waubs Harbour

The Surfside (p. 265), un motel rétro cool des années 1970 proche des belles plages de Beaumaris, sert des burgers copieux et des bières.

Whisky inspiré par l'océan

Dans une ancienne écloserie d'huîtres de Bicheno, **Waubs Harbour** (waubsharbourwhisky.com) élabore des whiskys single malt au goût iodé subtil, mûris avec le plus grand soin dans un environnement maritime imprégné de sel. La distillerie, située au bord de l'eau, donne sur le Gulch. Il n'est pas rare de voir des dauphins passer devant. Réservez en ligne pour des dégustations guidées dans une salle avec vue sur l'océan, ou une intéressante visite de la distillerie et des salles de stockage.

Délices iodées

Explorez la côte est pour déguster, au bord de l'eau, les meilleurs produits de la mer de Tasmanie. Au **Lobster Shack** (p. 257), à Bicheno, installez-vous à l'extérieur, commandez l'emblématique sandwich au homard et admirez la vue sur le Gulch. Juste au nord de Swansea, Dolphin Sands, une fine langue de sable, abrite **Melshell Oyster Shack** (p. 265), qui sert des bivalves frais depuis une caravane rétro. La **Freycinet Marine Farm** (p. 265), à

Coles Bay, propose des huîtres, des coquilles Saint-Jacques, des moules et des *fish and chips*, ainsi qu'une excellente carte de bières et de vins de Tasmanie. Réservez auprès d'**Oyster Bay Tours** (oysterbaytours.com) une visite où vous enfilerez des cuissardes et apprendrez comment y sont élevées et récoltées leurs huîtres juteuses.

41 DÉCOUVERTE des fleuves de la côte ouest

FLEUVES | HISTOIRE | PANORAMA CÔTIER

La côte ouest, une région reculée, invite à une plongée dans l'histoire de la Tasmanie, au fil de ses trois fleuves, ainsi qu'une remontée dans le temps dans un ancien village de mineurs, devenu aujourd'hui l'un des lieux de séjour les plus zen de l'État.

VISUAL COLLECTIVE/SHUTTERSTOCK ©

Tarkine Drive

La superbe route en boucle Tarkine Drive s'enfonce dans la région sauvage de Takayna/Tarkine, d'une grande importance historique et culturelle pour la communauté aborigène de Tasmanie. En chemin, on admire la vue sur la côte déchirée, on longe des rivières et on traverse la deuxième plus grande forêt tropicale tempérée au monde. Une carte interactive est disponible sur le site discoverthetarkine.com.au.

En pratique

Circuler Envisagez de louer un 4x4 pour parcourir plus confortablement la Western Explorer Rd, assez reculée. La plupart des routes qui bifurquent de la Tarkine Drive ne sont pas goudronnées.

Quand En été (de janvier à mars) : les routes sont plus sèches et il y a moins de pluie.

En pratique Les années paires, Queenstown fait la fête lors de The Unconformity, une innovante biennale artistique qui célèbre le réveil créatif de la côte ouest.

01 Après avoir découvert les édifices historiques de **Stanley**, prenez le télésiège jusqu'au sommet du volcan éteint The Nut pour admirer le beau panorama sur le détroit de Bass et la côte nord-ouest de la Tasmanie.

02 À Gardiner Point, ou "bout du monde" (photo à gauche), sur les rives de l'**Arthur River**, éprouvez le vent des quarantièmes rugissants, qui souffle depuis l'Amérique du Sud, puis embarquez sur l'historique MV *George Robinson* (p. 267) pour vous enfoncer dans la forêt tropicale.

03 Affrontez la rude Western Explorer Rd et passez la nuit au Wilderness Experience à **Corinna**, un ancien village de mineurs. Une croisière sur la Pieman River est proposée, jusqu'à l'océan Austral, à Pieman Heads.

04 À **Strahan**, partez en croisière (p. 266) dans Macquarie Harbour et remontez la Gordon River, inscrite au Patrimoine mondial, pour tout apprendre sur l'histoire des mineurs et des bûcherons de la région, ainsi que sur le bagne de Sarah Island.

05 Avec RoamWild (p. 266), à **Queenstown**, suivez en 4x4 une visite historique de la côte ouest, descendez dans des mines datant de l'époque des colons et admirez la vue sur la King River depuis le sommet du Mt Owen.

À PARTIR DE LA GAUCHE : CRBELLETTE/SHUTTERSTOCK ©, SHUANG LI/SHUTTERSTOCK ©

42 Conquête des ABELS

MONTAGNE | AVENTURE | TREKKING

Le premier Européen à apercevoir les côtes tasmaniennes fut le navigateur hollandais Abel Tasman, qui y arriva par accident en 1642. Ces montagnes, qui ont hérité de son prénom, sont au nombre de 158, et leur accès va de facile à terriblement reculé. Sachez qu'on ne conquiert pas un Abel : on communie avec lui.

PAPARWIN TANUPATARACHAI/GETTY IMAGES ©

En pratique

Définition Un Abel est un sommet de Tasmanie de plus de 1 100 m d'altitude, avec un vide de 150 m de chaque côté.

Quand La météo est capricieuse en Tasmanie. Évitez l'hiver. En toute saison, soyez toujours prêt à faire demi-tour, car la prudence prime.

Notre conseil Commencez par les ascensions faciles. Il y a moins d'alpinistes ayant conquis les 158 Abels que de personnes ayant atteint le sommet de l'Everest.

ROBERT CICCHETTI/SHUTTERSTOCK ©

MICHAEL KAI/GETTY IMAGES ©

En haut à gauche : Kunyani/Mt Wellington
En bas à droite : Cradle Mountain
À gauche : Federation Peak

Les Abels proches d'Hobart On peut atteindre en voiture le sommet du Kunyani/Mt Wellington, mais c'est de la triche. Il faut faire l'ascension à pied au moins depuis The Springs voire plus bas, au niveau de Fern Tree. Il y a trois autres Abels au bout du plateau du Wellington : Collins Bonnet, Trestle Mountain et Mt Marian. Connus sous le nom collectif de Collinsvale Peaks, ces trois sommets peuvent se grimper en une seule et longue journée au départ de Myrtle Forest. Plus au sud, Hartz Peak forme une excursion prisée d'une journée près de Geeveston.

Cradle et Walls L'Overland Track et, non loin, les Walls of Jerusalem, comportent plusieurs Abels faciles d'accès, comme Cradle Mountain et Barn Bluff, qui peuvent représenter des excursions d'une journée. Il faut généralement passer une nuit sur place pour conquérir le Mt Jerusalem et le King David's Peak. Plusieurs jours sont nécessaires pour atteindre le plus haut sommet de Tasmanie, le Mt Ossa.

Côté lac Les quelques Abels proches de l'extrémité nord du Lake St Clair sont parfaits pour plusieurs week-ends d'aventure. Pine Valley et Upper Labyrinth sont de bons camps de base.

En pleine nature La plupart des sommets du sud-ouest exigent une bonne préparation, beaucoup d'expérience, de l'autonomie et du temps (4 à 10 jours). C'est ici que l'on trouve l'Eastern Arthur Range et le Western Arthur Range, le fameux Federation Peak (le saint graal des Abels) et le Mt Anne, un imposant bloc de dolérite.

Pics de prédilection

Lors d'un entretien avec ABC Radio Hobart, Bill Wilkinson, spécialiste des Abels, a avoué que son préféré était le Mt Orion, dans la Western Arthur Range, au sud-ouest. Selon lui, la région recèle "sans doute la plus belle randonnée d'Australie". La chaîne est épique car les journées s'y mesurent, non en kilomètres parcourus, mais en heures passées à contourner, monter et descendre les versants abrupts et déchiquetés qui se trouvent sur le chemin des quarantièmes rugissants. Mon préféré, c'est le Federation Peak, un sommet acéré de l'Eastern Arthur Range, ardu à conquérir.

Steve Waters
Auteur Lonely Planet qui a gravi plus de 25 Abels.

43 Nature et FAUNE

FAUNE | RANDONNÉES DANS LA FORÊT | GROTTES

Combinez une visite du Cradle Mountain-Lake St Clair National Park avec un séjour à Mole Creek. Les hébergements et les restaurants sont ici plus abordables que dans le reste de la Tasmanie. Au programme : observation des animaux, exploration de grottes... Sirotez une bière fraîche dans le pub typique de Mole Creek.

VISUAL COLLECTIVE/SHUTTERSTOCK ©

En pratique

Circuler Situé à 1 heure de route à l'est du Cradle Mountain Visitor Information Centre (p. 266), Mole Creek est une bonne base pour visiter le Cradle Mountain-Lake St Clair National Park.

Quand En été et au début de l'automne (de décembre à avril) : le temps est plus chaud, les jours sont plus longs, et les plantes des montagnes sont en fleur.

Incontournable Prendre un verre au Tassie Tiger Bar (molecreekhotel.com.au), au Mole Creek Hotel. Le loup de Tasmanie empaillé fait vraiment peur.

CATHERINE SUTHERLAND/LONELY PLANET ©

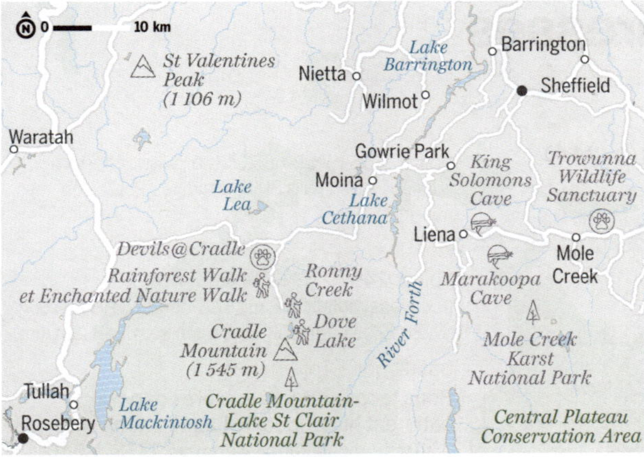

En haut à gauche : Cradle Mountain-Lake St Clair National Park, près de Dove Lake
En bas à droite : diable de Tasmanie

Le pays des diables Des populations de diables de Tasmanie prospèrent dans deux réserves naturelles du Cradle Country. Au **Trowunna Wildlife Sanctuary** (p. 267), à Mole Creek, les repas des diables donnent lieu à des spectacles énergiques, toutes dents dehors, avec grognements en prime. On y trouve aussi des wombats et des chats marsupiaux.

Dans le parc national, le refuge alpin **Devils@Cradle** (p. 267) abrite une quarantaine de diables de Tasmanie. On peut observer ces animaux principalement nocturnes lors d'une balade de nuit, et voir les marsupiaux juvéniles l'après-midi, lors des Joey Encounters. Cradle Mountain est également connue pour sa faune indigène abondante, souvent visible : wombats, diables de Tasmanie, échidnés, chats marsupiaux à queue tachetée et chats marsupiaux mouchetés.

Une boucle parfaite Le tour du **Dove Lake**, près de Cradle Mountain, forme une jolie boucle de 6,5 km. Arpentez des passerelles en bois praticables par tous les temps, arrêtez-vous sur des plages de galets bordées d'eaux couleur tanin, et aventurez-vous sous la silhouette emblématique de Cradle Mountain avant de passer par les hauts arbres couverts de mousse de la Ballroom Forest.

Sous terre Les merveilles naturelles de Mole Creek se dissimulent sous terre. Dans le **Mole Creek Karst National Park** (p. 267), laissez-vous surprendre par les couleurs somptueuses et les formations variées de la **King Solomons Cave** (p. 267), tandis que la **Marakoopa Cave** (p. 267), dont le nom provient d'un mot aborigène signifiant "beau", offre un paysage souterrain entre fistuleuses, stalactites, cristaux étincelants et vers luisants.

Cradle Mountain : des balades accessibles à tous

Ronny Creek Empruntez les passerelles qui forment le début de l'emblématique Overland Track, un sentier de 65 km. Regardez les wombats se promener dans les prairies alpines adjacentes.

Rainforest Walk Cette marche de 15 minutes dans la forêt tropicale commence au niveau du Ranger Station and Interpretation Centre de Cradle Mountain. La passerelle mène, à travers une forêt tropicale tempérée de pins étroits et de myrtes, jusqu'aux Pencil Pines Falls.

Enchanted Nature Walk Cette promenade de 20 minutes débute près du Cradle Mountain Lodge et longe Pencil Pine Creek. Une grande partie du trajet est accessible aux poussettes et aux fauteuils roulants. On aperçoit parfois des thylogales et des wombats dans la forêt.

Carnet d'adresses

Les grands classiques (p. 244)

MONA (Museum of Old and New Art)

(☎ 03-6277 9900 ; www.mona.net.au ; 655 Main Rd, Berriedale ; adulte/-18 ans/-12 ans 35/10 $/gratuit, ⏲ 10h-17h tlj).

Port Arthur Historic Site

(☎ 1800 659 101 ; portarthur.org.au ; 6973 Arthur Hwy ; adulte/enfant/famille accès site + visite thématique 77/37/205 $; ⏲ visites guidées et bâtiments 9h-17h, parc 9h-coucher du soleil).

Bières et en-cas

Bicheno Beer Co

Voir p. 256 (☎ 04-1166 5438 ; www.bichenobeer.com.au ; 22 Fraser St, Bicheno)

Customs House

Voir p. 248 (☎ 03-6234 6645 ; www.customshousehotel.com ; 1 Murray St, Hobart ; ⏲ bar 12h-tard tlj, restaurant 7h-10h, 12h-14h30 et 17h30-21h tlj)

Farm Shed

Voir p. 256 (☎ 03-6375 1868 ; www.thefarmshedtas.com.au ; 53a Burgess St, Bicheno ; ⏲ 10h-17h tlj)

Fern Tree Tavern $$

Sur les pentes du Kunanyi/Mt Wellington, parfait pour un café ou une bière. Feu de cheminée en hiver. (☎ 03-6239 1171 ; www.ferntreetavern.com.au ; 680 Huon Rd, Fern Tree ; ⏲ 11h30-20h mer-jeu et dim, 11h30-21h ven-sam)

Hope & Anchor

Voir p. 248 (☎ 03-6236 9982 ; www.hopeandanchorhotel.com.au ; 65 Macquarie St, Hobart ; ⏲ 17h-19h45 lun-jeu, 12h-14h mer-jeu et dim, 12h-19h45 ven-sam)

Ironhouse

Voir p. 256 (www.ironhouse.com.au ; 21 554 Tasman Hwy, Four Mile Creek ; ⏲ 12h-16h mer-dim)

Little Rivers

Voir p. 256 (☎ 03-6352 4886 ; www.littlerivers.com.au ; 22 Victoria St, Scottsdale ; ⏲ 12h-16h mer-dim)

New Sydney Hotel

Voir p. 249 (☎ 03-6234 4516 ; www.newsydneyhotel.com.au ; 87 Bathurst St, Hobart ; ⏲ 12h-22h30 lun-jeu, 12h-0h ven-sam, 16h-22h dim)

Saint John Craft Beer Bar $

Bons tacos, burgers et bières dans un bâtiment historique de Launceston. (☎ 03-6333 0340 ; saintjohncraftbeer.com.au ; 133 St John St ; ⏲ 12h-tard tlj, cuisine 12h30-15h et 15h30-21h)

Salty Dog $$

Bonne adresse pour reprendre des forces avec un steak de Cape Grim, des moules de Spring Bay et une bière mousseuse. Concerts le dimanche. (☎ 03-6229 6185 ; www.thesaltydog.net.au ; 2 Beach Rd, Kingston Beach ; ⏲ 12h-20h lun, 12h-21h mar-jeu, 12h-22h ven, 9h-21h sam, 9h-20h dim)

Shamrock

Voir p. 249 (☎ 03-6234 3892 ; 195 Liverpool St, Hobart ; ⏲ 11h-22h tlj)

Shipwright's Arms

Voir p. 248 (☎ 03-6223 1846 ; www.shipwrightsarms.com.au ; 29 Trumpeter St, Battery Point ; ⏲ 11h30-tard tlj)

Stanley Wine Bar $$

Pizzas, planches, alcools et bières artisanales dans un cadre rétro. Une des meilleures cartes des vins de Tasmanie. (☎ 04-1128 3489 ; stanleywinebar.com.au ; 2 Church St, Stanley ; ⏲ 17h-21h tlj, horaires réduits hiver)

The Branch

Voir p. 256 (☎ 03-6117 0002 ; www.thebranchswansea.com.au ; 7 Maria St, Swansea ; ⏲ 13h-tard lun-mar et ven-dim)

The Social

Voir p. 256 (☎ 04-7531 1653 ; 32 Quail St, Saint Helens ; ⏲ 15h-21h jeu-sam oct-déc, lun-ven jan-avr)

The Surfside

Voir p. 257 (☎ 03-9495 9500 ; thesurfside.com.au ; 269 Tasman Hwy, Beaumaris ; ⏲ 12h-22h tlj été, 16h-20h lun-mer, 12h-22h jeu-dim hiver)

The Whaler

Voir p. 248 (☎ 03-6200 1854 ; thewhaler.com.au ; 39 Salamanca Pl, Battery Point ; ⏲ 12h-tard tlj)

The Winston

Voir p. 249 (☎ 03-6231 2299 ; thewinstonbar.com ; 381 Elizabeth St, North Hobart ; ⏲ 16h-tard tlj)

Wandering Trout Taphouse $$

Agréable bar-brasserie où déguster des bières artisanales et des en-cas alléchants, comme des nems au canard et du porc séché épicé. Concerts parfois le week-end, (☎ 03-6388 9252 ; www.wanderingtrout.com.au ; 100 Pioneer Dr, Mole Creek ; ⏲ 12h-15h sam-dim, 16h-21h30 mer-dim, sur rdv juil-août)

Bon café et bons plats

Blac Fig $

Doughnuts et café à emporter, sur la plage de Sandy Bay. En été, glaces artisanales et granités. (☎ 03-6237 5111 ; www.blacfig.com.au ; 527 Sandy Bay Rd, Sandy Bay ; ⏲ 7h-19h tlj)

Bread + Butter $$

Café-boulangerie dans un ancien garage de motos. (☎ 03-6124 2299 ; www.bread-andbuttertasmania.com.au ; 70 Elizabeth St, Launceston ; ⏲ 7h-14h lun-sam, 7h-13h dim)

Coffee Shack $

Meilleur café de Strahan, pâtisseries de style maison, petit déjeuner classique et plats du jour le midi. (☎ 03-6471 7095 ; 19 Esplanade, Strahan ; ⏲ 6h-14h)

Freycinet Marine Farm

Voir p. 257 (☎ 03-6257 0261 ; www.freycinetmarinefarm.com ; 1784 Coles Bay Rd ; ⏲ 9h-16h oct-mai, 9h-15h juin-oct)

Governörs

Voir p. 256 (☎ 04-3499 0964 ; @governors.bicheno ; 43 Foster St, Bicheno ; ⏲ 11h30-13h30 et 16h30-19h30 tlj, 16h30-19h30 mer-dim hiver)

Granite

Voir p. 256 (☎ 03-6257 0358 ; Esplanade, Coles Bay ; ⏲ 8h-14h lun-sam, 8h-13h dim)

Higher Ground

Voir p. 255 (☎ 03-6257 8298, 04-0802 5964 ; www.miltonvineyard.com.au/restaurant ; 14635 Tasman Hwy ; ⏲ 12h-15h lun et ven-dim)

Lifebuoy

Voir p. 256 (☎ 04-0027 6389 ; www.thelifebuoycafe.com ; 29 Quail St, St. Helens ; ⏲ 7h30-15h lun-ven, 7h30-13h sam)

Lobster Shack

Voir p. 243 (☎ 03-6375 1588 ; www.lobstershacktasmania.com.au ; 40 Esplanade, Bicheno ; ⏲ 11h-19h tlj)

Melshell Oyster Shack

Voir p. 257 (☎ 0428 570 334, 03-6257 0269 ; melshelloysters.com.au ; 9 Yellow Sandbanks Rd, Dolphin Sands ; ⏲ 10h-16h lun-ven)

Republic Bar

Voir p. 249 (☎ 61 3 6234 6954 ; republicbar.com ; 299 Elizabeth St, North Hobart ; ⏲ 12h-1h ven-sam, 12h-22h dim, 15h-22h lun-mar, 12h-23h mer-jeu)

The Chowk

Voir p. 248 (☎ 03-6229 6525 ; chowk.com.au ; 124 Davey St, Hobart ; ⏲ 12h-22h tlj)

Waterloo Inn

Voir p. 256 (☎ 04-7265 4528 ; www.waterlooswansea.com ; 1A Franklin St, Swansea ; ⏲ 17h-21h mer-sam sept-juin)

Repas chics en ville

Aloft $$$

Savourez les menus de dégustation en admirant la plus belle vue sur le port d'Hobart. (☎ 03-6223 1619 ; www.aloftrestaurant.com ; Brooke St Pier, Hobart ; ⏲ 17h30-22h mar-sam)

Crescent

Voir p. 249 (☎ 03-6231 1529 ; crescenthotelhobart.com ; 100 Burnett St, North Hobart ; ⏲ 12h-23h lun-jeu et dim, 12h-0h ven-sam)

Stillwater $$$

Dans un ancien moulin à farine des années 1830, à l'entrée de Cataract Gorge, ce restaurant propose une cuisine à base d'ingrédients de saison de Tasmanie.(03-6331 4153 ; www.stillwater.net.au ; 2 Bridge Rd, Launceston ; 11h30-14h tlj sauf dim, 17h30-23h tlj sauf dim fin-oct à fin-juin, 17h30-23h mar-sam juil à mi-oct)

Sites historiques

Bass and Flinders Centre

Voir p. 253 (03-6382 3792 ; bassandflinders museum.com.au ; 8 Elizabeth St, George Town ; tarif plein/4-13 ans/famille 8/4/20 $; 10h-16h tlj)

General Post Office

Voir p. 245 (03-6236 8329 ; 9 Elizabeth St, Hobart ; 9h-17h lun-ven)

Holyman House

Voir p. 253 (04-6332 1222 ; www.ltcc.com.au ; 52 Brisbane St, Launceston)

Low Head Maritime Museum

Voir p. 253 (03-6382 1143 ; 411 Low Head Rd ; adulte/enfant/famille 5/3/15 $; 10h-16h)

RoamWild

Voir p. 259 (0407 049 612 ; www.roamwild.com.au ; Paragon Theatre, 11 McNamara St ; adulte 75-300 $, enfant 55$; visites 9h30 et 14h)

Sarah Island

Voir p. 259 (03-6409 1020 ; parks.tas.gov.au/explore-our-parks/sarah-island ; Strahan ; accès libre ; journée)

The Ark

Ce B&B de luxe propose cinq suites somptueuses dans une demeure historique. (thearkstanley.com.au ; 18 Wharf Rd, Stanley)

The Ship that Never Was

Assistez à une représentation de The Ship That Never Was, une pièce à deux acteurs qui raconte l'évasion de bagnards de Sarah Island en 1834. Participation du public. (0476 651 089, www.roundearth.com.au ; West Coast Visitor Information Centre, Esplanade, Strahan ; tarif plein/réduit/enfant/famille 30/25/5/65 $, prix réduits hiver ; spectacle 17h30 tlj sept-mai, 17h30 juin-juil)

Wallaby Walkabout Tours

Voir p. 256 (04-3997 9183 ; launcestonwalking tours.com.au ; Prince's Square, Launceston ; circuit 45 $; sur rdv)

West Coast Wilderness Railway

Montez à bord de ce train à vapeur des années 1890 pour traverser la forêt tropicale. Le train part de Strahan et Queenstown. (wcwr.com.au ; Queenstown Station, 1 Driffield St ; wagon standard adulte/enfant/famille 45-55/25-35/110-140 $, wagon "wilderness" 85-95 $; billetterie 9h-16h tlj sauf dim)

Achat de matériel

Find Your Feet

Cette boutique locale d'Hobart vend des chaussures de randonnée et du matériel technique. (03-6237 5111 ; www.blacfig.com.au ; 527 Sandy Bay Rd, Sandy Bay ; 7h-19h tlj)

Mountain Creek

Les vendeurs de cette boutique familiale connaissent très bien la région. Bonne adresse pour acheter du matériel de camping. (03-6237 5111 ; www.blacfig.com.au ; 527 Sandy Bay Rd, Sandy Bay ; 7h-19h tlj)

Loisirs de plein air

Brady's Lookout State Reserve

Voir p. 253 (04-2235 1323 ; West Tamar Highway, Rosevears ; accès libre ; 24h/24)

Cradle Country Adventures

Explorez la région autour de Cradle Mountain à cheval lors d'une excursion guidée. (04-4779 0363, cradleadventures.com.au ; 878 Bridle Track Rd, Kimberley ; circuits 199-490 $/pers ; sur rdv tlj)

Cradle Mountain Canyons

Diverses activités autour des six cascades du Dove Canyon. Kayak sur le Dove Lake, dans un kayak en pin local. (1300 032 384 ; cradlemountaincanyons.com.au ; Cradle Mountain Rd ; canoë 6 heures 275-295 $, kayak 3 heures 155 $; canoë tlj nov-avr, kayak 9h et 13h déc-avr et sur rdv)

Cradle Mountain Visitor Information Centre

Voir p. 262 (03-6492 1110 ; parks.tas.gov.au/explore-our-parks/cradle-mountain ; 4057 Cradle Mountain Rd, Cradle Mountain ; 9h-16h)

Freycinet Adventures

Sorties guidées de 3 heures en paddle au départ de Coles Bay, en longeant le pied du massif de granit de Hazard jusqu'à Honeymoon Bay. (☎ 03-6257 0500 ; www.freycinetadventures.com.au ; 2 Freycinet Dr, Coles Bay ; adulte/enfant 145/115 $)

Hobart Bike Hire

Vélos électriques et vélos-remorques pour les enfants. Des cartes et des itinéraires de randonnée sont fournis. (☎ 04-4828 2546 ; www.hobartbikehire.com.au ; 1a Brooke St ; location vélo/vélo électrique à partir de 30/50 $ par jour ; ⏲ 9h-17h tlj avr-sept, 9h-17h30 tlj oct-mars)

George Robinson

Voir p. 259 (☎ 04-2788 5792 ; www.arthurrivercruises.com.au/mv-george-robinson-the-red-boat ; Arthur River Rd, Arthur River ; tarif plein/13-17 ans/4-12 ans 110/40/25 $; ⏲ 10h-15h tlj sauf lun)

King River Rafting

Expédition "King for a day" de 20 km et de 6 heures sur la King River jusqu'au Macaquarie Harbour. (☎ 0409 664 268 ; www.kingriverrafting.com.au ; Queenstown Station, 1 Driffield St ; adulte/enfant 260/190 $, 4 pers min ; ⏲ 8h-17h)

Roaring 40s Kayaking

Sorties en paddle faciles de 2 heures 30 sur le littoral d'Hobart. Kayak de mer autour de la péninsule de Tasman ou dans les grottes d'Hobart et les grottes marines, afin d'explorer la Tinderbox Marine Nature Reserve (☎ 0455 949 777 ; www.roaring-40skayaking.com.au ; Marieville Esplanade, Sandy Bay ; adulte/enfant 120-260/70 $; ⏲ 8h ou 10h oct-avr, plus 16h sam-dim oct-mars et 16h tlj déc-jan)

Swansea Cycle Tours

Voir p. 255 (☎ 04-0089 9956 ; swanseacycletours.com.au ; 17 Old Spring Bay Rd, Swansea ; circuit 3-4 heures 165-185 $/pers ; ⏲ sur rdv août-mai)

Tamar River Cruises

Voir p. 253 (☎ 03-6334 9900 ; tamarrivercruises.com.au ; Home Point Pde ; sorties tarif plein/réduit/famille 40-159 $/20-45 $/99-279 $)

Merveilles naturelles

Bicheno Penguin Tours

Visites guidées de 1 heure à la découverte d'une plage privée et d'une colonie de manchots. (☎ 03-6375 1333 ; bichenopenguintours.com.au ; 70 Burgess St, Bicheno ; adulte/enfant selon la saison 46,50-73,50/22-29,50 $)

Devils@Cradle

Voir p. 263 (☎ 03-6492 1491 ; devilsatcradle.com ; 3950 Cradle Mountain Rd ; adulte/enfant 25/15 $, famille à partir de 75 $, circuit nourrissage nocturne adulte/enfant 37,50/20 $, famille à partir de 105 $, Joey Encounter 75/50 $; ⏲ 9h30-17h tlj)

East Coast Natureworld

Profitez d'une rencontre nocturne "Devils in the Dark" pour manger du fromage de Tasmanie, boire du vin local et voir de près des diables de Tasmanie dévorer une carcasse entière. (☎ 04-0124 6777 ; www.natureworld.com.au ; 18356 Tasman Hwy ; adulte/enfant/famille 32/19/89 $; ⏲ 9h30-15h hiver, 9h30-16h été)

King Solomons Cave

Voir p. 263 (☎ 03-6363 5182 ; parks.tas.gov.au ; Liena Rd, Liena ; adulte/enfant/famille 19/9,50/47,50 $; ⏲ visite guidée 10h30, 11h30, 12h30, 14h30 et 15h30)

Marakoopa Cave

Voir p. 263 (☎ 03-6363 5182 ; parks.tas.gov.au ; 330 Mayberry Rd, Mayberry ; adulte/enfant/famille 19/9,50/47,50 $; ⏲ visites toutes les heures 10h-15h, plus 16h oct-mai)

Mole Creek Karst National Park

Voir p. 263 (☎ 03-6363 5182 ; parks.tas.gov.au/explore-our-parks/mole-creek-karst-national-park ; 330 Mayberry Rd, Mayberry ; visite tarif plein/enfant/famille 19/9,50/47,50 $; ⏲ grottes sur rdv)

Trowunna Wildlife Sanctuary

Voir p. 263 (☎ 03-6363 6162 ; www.trowunna.com.au ; 1892 Mole Creek Rd ; adulte/enfant/famille 30/18/85 $; ⏲ 9h-17h tlj, visites guidées 11h, 13h et 15h)

ADÉLAÏDE ET L'AUSTRALIE-MÉRIDIONALE

FESTIVALS | VIN | NATURE SAUVAGE

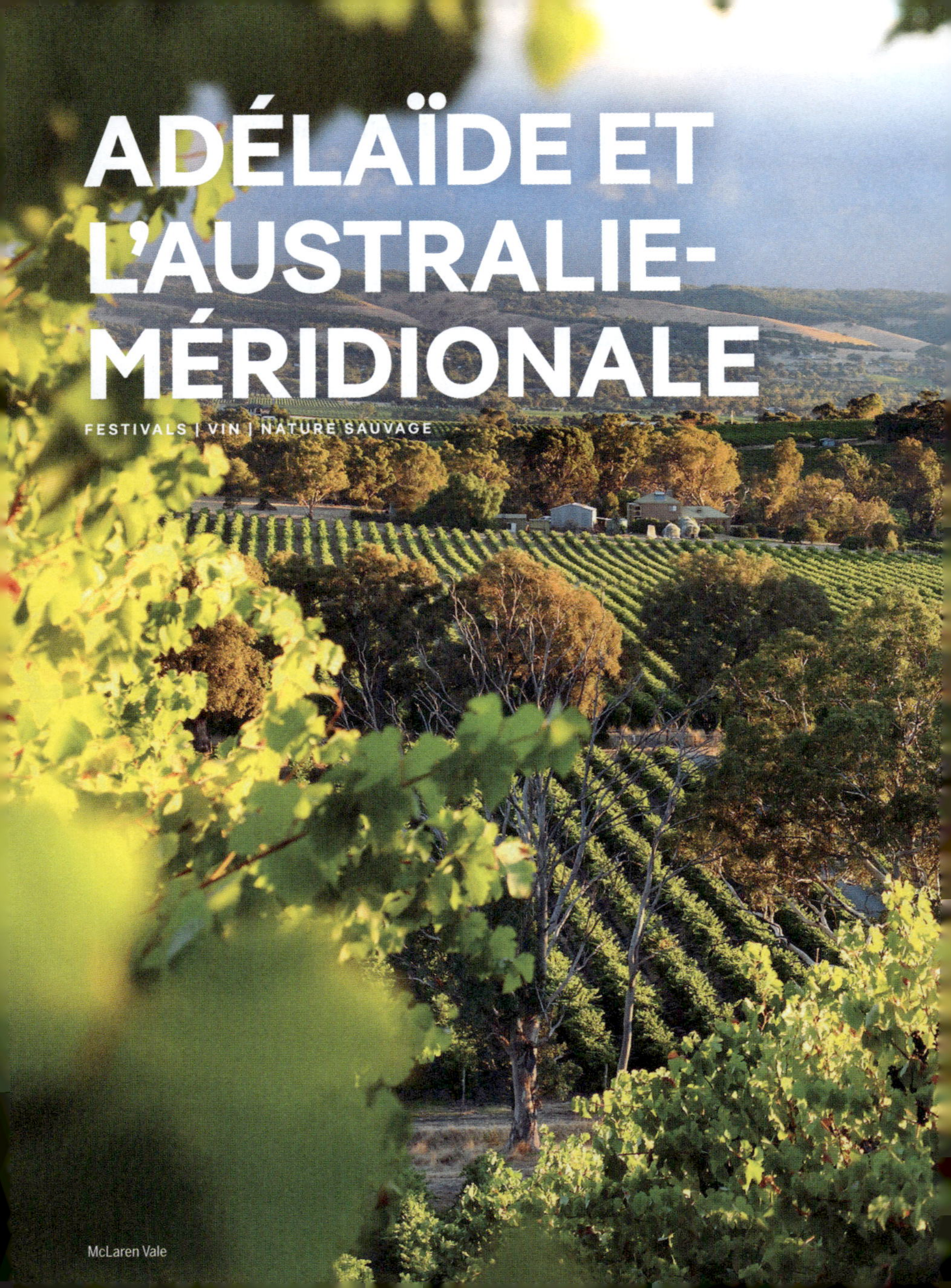

McLaren Vale

ADÉLAÏDE ET L'AUSTRALIE-MÉRIDIONALE

à la carte

Située au centre de la côte sud et baignée de soleil, l'Australie-Méridionale se démarque par ses paysages anciens, son littoral accidenté, une scène gastronomique et vinicole florissante et un calendrier riche en événements, qui attire aussi bien les festivaliers que les gourmets ou les amoureux de la nature.

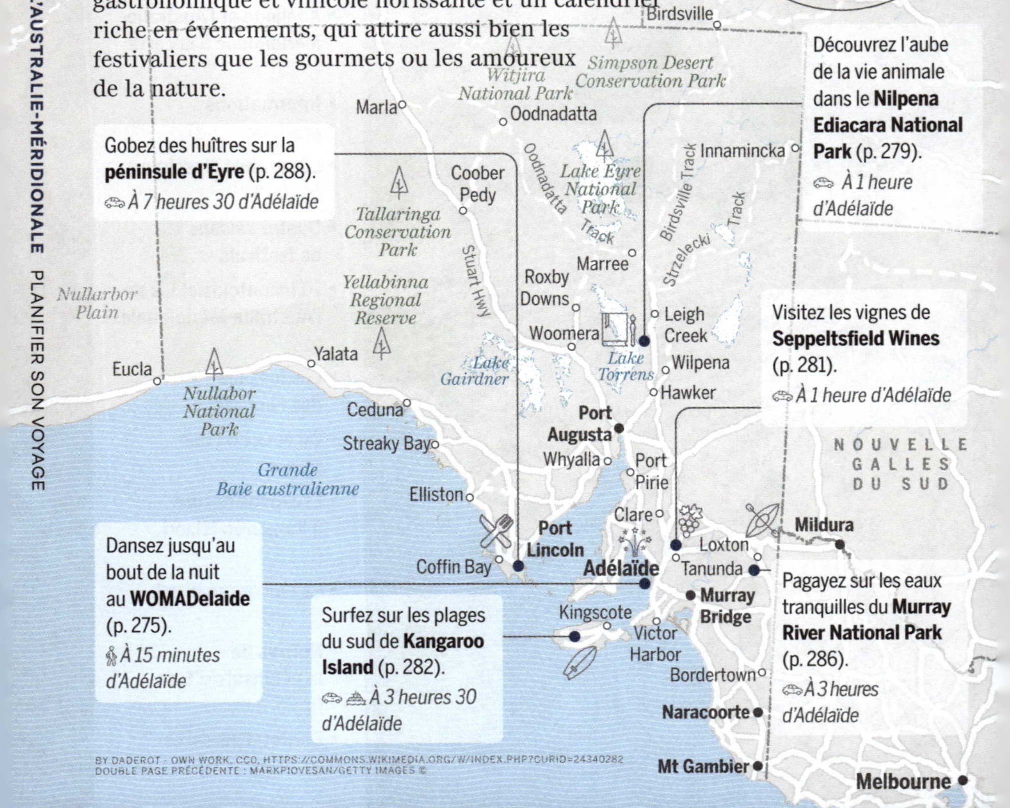

Gobez des huîtres sur la **péninsule d'Eyre** (p. 288). À 7 heures 30 d'Adélaïde

Découvrez l'aube de la vie animale dans le **Nilpena Ediacara National Park** (p. 279). À 1 heure d'Adélaïde

Visitez les vignes de **Seppeltsfield Wines** (p. 281). À 1 heure d'Adélaïde

Dansez jusqu'au bout de la nuit au **WOMADelaide** (p. 275). À 15 minutes d'Adélaïde

Surfez sur les plages du sud de **Kangaroo Island** (p. 282). À 3 heures 30 d'Adélaïde

Pagayez sur les eaux tranquilles du **Murray River National Park** (p. 286). À 3 heures d'Adélaïde

Informations pratiques

À L'ARRIVÉE

Adelaide International Airport Le point d'arrivée de la plupart des visiteurs, 6 km à l'ouest de la ville. Location de voiture et bus publics au rez-de-chaussée.

S'ORIENTER

Le plan en damier d'Adélaïde et la brièveté des heures de pointe rendent la circulation en voiture facile et rapide.

ARGENT

L'Australie-Méridionale allie parcs naturels, plages et campings gratuits, mais l'entrée et les services des parcs nationaux sont payants.

OÙ LOGER

Localité	Pour/contre
Adélaïde	Lieux de festivals, avec des parcs et de bons cafés. Somnolente le week-end.
Clare Valley	Région viticole propice à la détente, forte de B&B originaux.
Riverland	Région agricole paisible et cours tranquille du fleuve Murray. Porte d'accès aux États du Victoria et de la Nouvelle-Galles du Sud.
Kangaroo Island	Maisons de vacances en bord de mer, nature sauvage et faune endémique. Destination très isolée et trajet en ferry coûteux.

COMMENT CIRCULER

Transports publics Adelaide Metro (www.adelaidemetro.com.au) dessert les banlieues nord et sud. Un tram emblématique va d'Adelaïde à Glenelg, sur la côte. Les bus Adelaide Metro et LinkSA (www.linksa.com.au) desservent la banlieue et les régions.

Voiture Louez une auto, surtout pour atteindre les plages, sentiers et domaines vinicoles reculés.

SE RESTAURER ET PRENDRE UN VERRE

Des huîtres fraîches de Coffin Bay (photo du haut) à l'abondance de fruits des Adélaïde Hills toute l'année, en passant par la syrah prisée de la Barossa Valley (photo du bas), l'Australie-Méridionale se pose comme une destination gastronomique qui séduit par la diversité de ses saveurs. Au cœur de la région, le Central Market d'Adélaïde abonde en produits locaux et aliments artisanaux vendus directement du producteur au consommateur. À côté, Chinatown compte son lot de restaurants bon marché proposant des cuisines d'Asie authentiques.

DÉC-FÉV

Temps sec et très chaud, mais on peut se rafraîchir sur les plages et en basse montagne.

MARS-MAI

La chaleur de la journée cède à la fraîcheur du soir ; c'est la haute saison des festivals.

JUIN-AOÛT

Températures fraîches en ville ; temps doux dans les Flinders Ranges, idéal pour randonner.

SEPT-NOV

Journées chaudes et nuits glacées ; la nature fleurit.

Les grands classiques

Pour les infos pratiques de chaque site, reportez-vous au Carnet d'adresses p. 290.

Art Gallery of South Australia

Dans ce musée emblématique, tous les grands noms de l'art australien sont représentés. Y sont exposées des œuvres australiennes, dont celles d'artistes aborigènes et d'insulaires du détroit de Torrès, à côté d'œuvres asiatiques, nord-américaines et européennes (dont 20 bronzes de Rodin !). Des expositions temporaires avant-gardistes occupent le sous-sol.

KEITMA/STOCK.ADOBE.COM ©

GEORGECLERK/GETTY IMAGES ©

Mt Lofty

Le sommet du Mt Lofty (727 m) est l'un des points de vue les plus prisés dans les Adelaide Hills. Il préside à un panorama époustouflant sur les plaines d'Adélaïde jusqu'aux eaux scintillantes du golfe Saint-Vincent. Les deux sentiers de randonnée principaux sont le très escarpé Waterfall Gully Track (8 km aller-retour, 2 heures 30) et le Mt Lofty Botanic Gardens Loop Trail (boucle de 7 km, 2 heures).

MYPHOTOBANK.COM.AU/STOCK.ADOBE.COM ©

Barossa Valley

Mondialement réputée, cette vallée compacte, de 25 km de longueur, produit à elle seule 21% des vins australiens. Elle peut s'explorer en un jour au départ d'Adélaïde. Fondées en 1842 par des colons allemands fuyant les persécutions religieuses en Prusse et en Silésie, les localités de la Barossa conservent une forte influence germanique. Avant la viticulture, la région était le territoire des Peramangk.

ANEKOHO/STOCK.ADOBE.COM ©

Kangaroo Island

Kangaroo Island, au sud d'Adélaïde, est un paradis pour les amoureux de la nature et de la faune. On peut y admirer otaries, lions de mer, oiseaux, dauphins, échidnés et, bien sûr, kangourous. Ses plages sont magiques ; on peut s'y balader parmi de fabuleux coquillages et des ossements de baleine, et même apercevoir de délicats hippocampes feuilles parmi les algues.

R.AMANDA/STOCK.ADOBE.COM ©

Plaine de Nullarbor

La traversée de cette plaine immense, entre Perth et Adélaïde, constitue un road trip emblématique : 2 700 km d'une voie express en ligne droite, ponctuée de relais routiers et sillonnée par des camions à plusieurs remorques sous un soleil implacable, dans un paysage littéralement sans ombre – "Nullarbor", dérivé du latin, signifie "sans arbre".

ALEXANDRE ROSA/STOCK.ADOBE.COM ©

Naracoorte Caves National Park

Le parc national des grottes de Naracoorte est inscrit au Patrimoine mondial de l'Unesco. La découverte d'un Thylacoleo fossilisé (marsupial "lion") dans ces grottes calcaires a été une incroyable surprise et a permis de résoudre les énigmes qui entouraient cette espèce disparue depuis quelque 50 000 ans. Les 28 grottes calcaires, dont l'Alexandra Cave, la Stick-Tomato Cave et la Victoria Fossil Cave, renferment d'étonnantes stalactites et stalagmites.

44 Quatre saisons de FESTIVALS

ARTS | ÉVÉNEMENTS | TOUTE L'ANNÉE

Si les plaques d'immatriculation de l'Australie-Méridionale arborent fièrement les inscriptions "Festival State" et "Creative State", ce n'est pas pour rien. Ici, les manifestations artistiques ont lieu toute l'année et les festivals font partie de l'identité locale. À Adélaïde, ces événements créatifs englobent toutes sortes de disciplines et de publics, attirant des acteurs et des participants du monde entier.

PETERTEA/FLICKR/WIKI COMMONS/CC BY-ND 2.0 DEED ©

En pratique

Circuler À Adélaïde, les espaces dédiés aux festivals se situent généralement dans le centre, ou à proximité, et sont facilement accessibles.

Quand L'automne se caractérise par un large ensoleillement et des températures agréables de l'ordre de 20°C.

Mad March La saison des festivals culmine au mois de mars, surnommé Mad March ("mars fou"), avec trois événements phares : Adelaide Fringe, Adelaide Festival et WOMADelaide. Places et hébergement à réserver bien à l'avance.

MARIANGELA CRUZ/SHUTTERSTOCK ©

BING CHEN CHUAH/GETTY IMAGES ©

Été À partir de mi-février, l'**Adelaide Fringe** (p. 291) électrise l'État un mois durant avec une brochette impressionnante d'artistes internationaux œuvrant dans divers domaines (arts plastiques, musique, théâtre, cinéma, danse, cabaret, cirque...), dans une ambiance de fête communicative.

Automne En mars, le **WOMAD** (World Of Music Arts & Dance ; p. 292) présente, sur quatre jours, une affiche musicale de premier ordre, tandis que l'**Adelaide Festival** (p. 291) célèbre les arts de la scène sur deux semaines. En mai, le **DreamBIG Children's Festival** (p. 291) titille l'imaginaire des plus jeunes.

Hiver L'esprit créatif d'Adélaïde réchauffe la période hivernale dans le CBD. En juin, l'**Adelaide Guitar Festival** (p. 291) fait résonner ses mélodies, contribuant au titre de "ville musicale" attribué par l'Unesco à la capitale de l'Australie-Méridionale. Alors que les nuits rallongent, le paysage urbain rayonne grâce aux installations lumineuses d'**Illuminate Adelaide** (p. 292). L'**Adelaide Cabaret Festival** (p. 291) fête le mois de juillet avec un mélange de musique, de théâtre et d'humour.

Printemps Octobre est marqué par trois temps forts : l'**Adelaide Film Festival** (p. 291), qui fait la part belle au cinéma innovant ; **OzAsia** (p. 292), consacré aux liens entre l'Australie et l'Asie ; et **Tarnanthi** (p. 292), qui met à l'honneur l'art et la culture aborigènes. Enfin, le **Feast Festival** (p. 291), organisé en novembre, porte la voix de la communauté LGBTQI+, clôturant l'année en beauté.

En haut à gauche : WOMADelaide
En bas à gauche : Adélaïde Fringe Festival
Ci-contre : OzAsia

Musique live

Dans les rares moments où il n'y a pas de festival officiel à Adélaïde, des concerts sont organisés à divers endroits de la ville.

Parmi les pubs à musique populaires du CBD figurent le **Crown & Anchor** (p. 291), le **Grace Emily Hotel** (p. 292) et l'**Exeter Hotel** (p. 292). À 10 minutes en tramway (gratuit), direction Hindmarsh, se trouve le mythique **Governor Hindmarsh Hotel** (p. 291), alias "The Gov", le temple de la musique live à Adélaïde, avec une programmation rock, folk, jazz, blues, salsa, reggae et dance.

Nouveau venu dans le quartier de Bowden, **Oddio** (p. 292) occupe une ancienne église de 1851, où l'on fabrique désormais deux marques de vin et un apéritif. Les sorties d'albums et les DJ sets assurent une super-ambiance, et il y a des food trucks pour les petites faims.

10 INCONTOURNABLES
de l'Australie-Méridionale

01

02

04

03

05

01 Café glacé Farmer's Union
L'Australie-Méridionale est le seul marché au monde où les ventes d'une boisson lactée au café dépassent celles du Coca-Cola.

02 Ediacaran Golden Spike
Un éperon rocheux incrusté de fossiles datant de l'Édiacarien, il y a 635 millions d'années.

03 Heysen Trail
Le sentier de randonnée (p. 294) le plus long d'Australie s'étire de la côte sud aux étendues arides de l'outback, au nord, en passant par des forêts luxuriantes et des vignobles.

04 Plus ancien vignoble de syrah
Gardienne du patrimoine viticole de la Barossa Valley, la Langmeil Winery (p. 293) préserve le plus ancien vignoble de syrah en activité au monde : il date de 1843.

05 Pie Floater
Plat de street food 100% australien, cette tourte à la viande servie dans un bol de soupe de petits pois et nappée de sauce tomate est souvent vendue dans des stands ambulants. Vous pouvez aussi la goûter à la Bakery on O'Connell (p. 291).

06 Opales
Dans les terres de l'Australie-Méridionale, les mines de Coober

06

10

08

07

09

Pedy fournissent 70% des opales de la planète.

07 Adelaide Fringe Festival
À partir de mi-février, Adélaïde accueille le plus grand festival artistique de l'hémisphère Sud.

08 Patrimoine aborigène
Le South Australian-Museum (www.samuseum.sa.gov.au) rassemble la plus grande collection d'objets aborigènes au monde et collabore avec les populations autochtones pour la diffusion de leur histoire.

09 Requins blancs
Port Lincoln, dans la péninsule d'Eyre, est l'un des rares endroits où se pratique la plongée en cage à la rencontre des requins blancs (p. 293).

10 Seiches géantes
Entre mai et août, ces céphalopodes aux couleurs changeantes migrent vers le rivage rocheux de Point Lowry, offrant un spectacle fascinant.

Les fossiles des Flinders

L'AUBE DE LA VIE ANIMALE

Au milieu des terres brûlées de l'Adnyamathanha Country, le centre et le nord des Flinders Ranges révèlent un passé géologique remontant à la nuit des temps. Déchiffrez le récit des origines de la vie, inscrit dans la pierre au cœur d'un paysage unique en son genre.

À gauche : Flinders Ranges près de Wilpena
Au centre : Tanderra Saddle
À droite : peintures rupestres d'Arkaroo Rock

SOUTHERN LIGHTSCAPES-AUSTRALIA/GETTY IMAGES ©

Se déployant sur 430 km du golfe Saint-Vincent aux étendues salines du lac Callabonna, asséché, les Flinders Ranges ont été façonnées au cours de 800 millions d'années. Une mer ancienne a d'abord déposé des sédiments riches en minéraux dans le géosynclinal d'Adélaïde, que la tectonique des plaques a soulevé pour former une haute chaîne de montagnes il y a quelque 300 millions d'années. L'érosion a ensuite fait son œuvre, produisant un massif en dents de scie composé de grès, de mudstone, de calcaire et de quartzite.

Golden Spike

Située dans l'**Ikara-Flinders Ranges National Park** (p. 294), à environ 430 km au nord d'Adélaïde, **Wilpena Pound** constitue la formation géologique la plus emblématique des Flinders. Entourée de plaines semi-arides au cœur de l'Adnyamathanha Country, cette vallée de grès ocre s'inscrit entre les parois d'un amphithéâtre rocheux, créant un microclimat propice au développement d'une véritable oasis où s'épanouissent des forêts endémiques. Étroitement lié au Temps du rêve (p. 112) aborigène, l'endroit affiche une biodiversité florissante et de beaux sentiers de randonnée. Il a également fait l'objet d'intéressantes découvertes scientifiques.

Les séquences sédimentaires à l'intérieur des roches des Flinders Ranges donnent un aperçu de l'Édiacarien, considéré comme l'"aube de la vie animale". Elles révèlent des archives géologiques s'étalant sur 350 millions d'années qui témoignent des changements dynamiques du climat et des écosystèmes habitables à l'origine du développement de la faune primitive.

HANS WISMEIJER/SHUTTERSTOCK ©

PHOTON-PHOTOS/GETTY IMAGES ©

Cette période, dont le nom vient des Ediacara Hills, est marquée officiellement par la présence, à Enorama Creek, du seul point stratotypique mondial (repère posé entre deux étages géologiques) internationalement reconnu de l'hémisphère sud. Surnommé le "Golden Spike" (clou d'or), il se trouve à 10 minutes du **Trezona Campground** (p. 295) en longeant le lit ombragé de la rivière, à environ 30 km au nord de Wilpena Pound.

Un rêve de paléontologues

S'étendant à côté de l'éphémère Lake Torrens, à l'ouest de l'Ikara-Flinders Ranges National Park, le **Nilpena Ediacara National Park** (p. 295) recèle le dépôt de fossiles édiacariens le plus complet au monde. Ici, des fouilles ont mis au jour 40 lits de grès contenant l'empreinte pétrifiée de milliers d'étranges organismes marins vieux de 550 millions d'années.

Reconnu comme un site d'importance, Nilpena a modifié la compréhension que les scientifiques avaient de l'Édiacarien et de ses milieux naturels. Sans prédateurs, les créatures à corps mou de ce monde sous-marin ont ouvert la voie de l'évolution, inaugurant la locomotion, la reproduction sexuée et un mode d'alimentation basé sur le charognage, tout en bâtissant des écosystèmes complexes.

Des visites guidées comprennent les installations audiovisuelles et des marches à la découverte des fossiles (Informations et réservations sur ediacarafoundation.org/visit). Notez que le parc ferme en été en raison des températures extrêmement élevées.

Sur les traces des Adnyamathanha

Peintures rupestres aborigènes Grimpez la pente douce qui mène à **Arkaroo Rock** (p. 294) pour admirer des illustrations du Temps du rêve tracées à l'ocre et au charbon de bois. Explorez aussi **Sacred Canyon** avec un guide adnyamathanha lors d'un circuit à réserver auprès du Wilpena Pound Resort (p. 295).

Tanderra Saddle Walk Dans l'Ikara-Flinders Ranges National Park, cet itinéraire de randonnée de 21 km aller-retour conduit au St Mary Peak, ancré dans la mythologie aborigène. Le sommet étant tenu pour sacré, il est demandé aux randonneurs de ne pas dépasser le **Tanderra Saddle**, 3 km en amont, d'où l'on a une vue tout aussi splendide.

Yura Udnyu Cultural Walk Lors de cette excursion (p. 295) de 2 heures partant du Wilpena Pound Resort, un guide adnyamatha présente l'histoire de la région du point de vue aborigène.

45 DU VIN et du bon temps

VIGNOBLES | ACTIVITÉS | RÉGIONS

Au-delà des dégustations de vins et des repas arrosés, les régions viticoles d'Australie-Méridionale recèlent des expériences enrichissantes pour tous les goûts. Leurs caves proposent en effet des visites des vignobles, des dîners gastronomiques, des expositions artistiques et patrimoniales et des marches dans la nature pour petits et grands, buveurs ou non.

MIKE BRAND/ALAMY STOCK PHOTO ©

Le berceau vinicole du pays

L'Australie-Méridionale produit la moitié des vins en bouteille du pays et 80% de ses crus les plus prestigieux. Que ce soit à Adélaïde ou dans les 340 caves réparties à travers 18 régions viticoles, les adorateurs de Bacchus auront l'embarras du choix pour faire leurs libations.

En pratique

Circuler À moins d'avoir réservé un circuit organisé, le plus pratique consiste à se déplacer en voiture. L'Epicurean Way, un itinéraire routier de 223 km, traverse McLaren Vale, les Adelaide Hills, la Barossa Valley et la Clare Valley.

Quand Venez de préférence au début de l'automne (mars-avril), quand les températures sont plus basses, que les vignes revêtent des teintes dorées et que l'on célèbre le début des vendanges.

Notre conseil Un départ à 11h donne le temps d'explorer, de déjeuner et de se détendre.

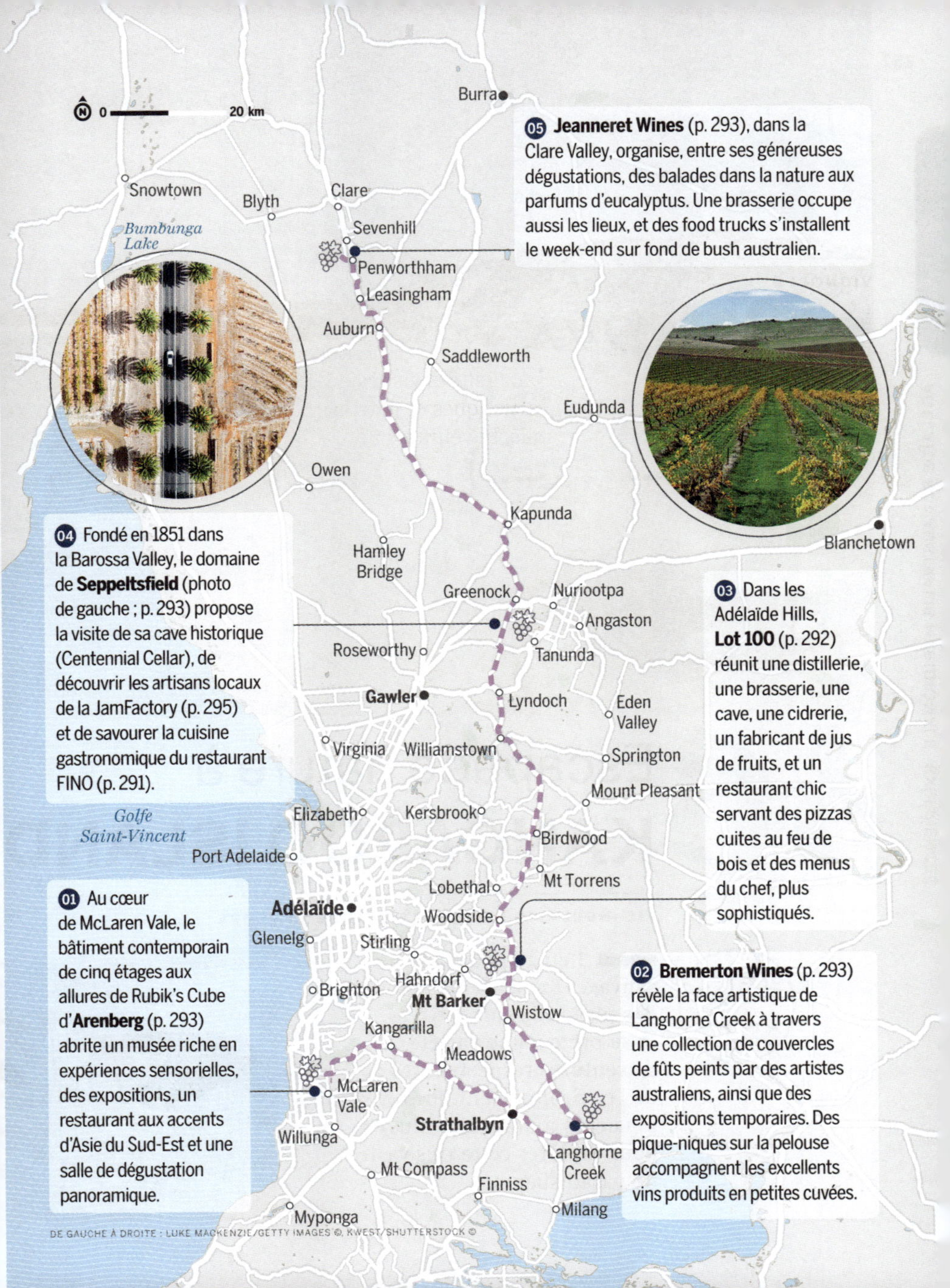

01 Au cœur de McLaren Vale, le bâtiment contemporain de cinq étages aux allures de Rubik's Cube d'**Arenberg** (p. 293) abrite un musée riche en expériences sensorielles, des expositions, un restaurant aux accents d'Asie du Sud-Est et une salle de dégustation panoramique.

02 **Bremerton Wines** (p. 293) révèle la face artistique de Langhorne Creek à travers une collection de couvercles de fûts peints par des artistes australiens, ainsi que des expositions temporaires. Des pique-niques sur la pelouse accompagnent les excellents vins produits en petites cuvées.

03 Dans les Adélaïde Hills, **Lot 100** (p. 292) réunit une distillerie, une brasserie, une cave, une cidrerie, un fabricant de jus de fruits, et un restaurant chic servant des pizzas cuites au feu de bois et des menus du chef, plus sophistiqués.

04 Fondé en 1851 dans la Barossa Valley, le domaine de **Seppeltsfield** (photo de gauche ; p. 293) propose la visite de sa cave historique (Centennial Cellar), de découvrir les artisans locaux de la JamFactory (p. 295) et de savourer la cuisine gastronomique du restaurant FINO (p. 291).

05 **Jeanneret Wines** (p. 293), dans la Clare Valley, organise, entre ses généreuses dégustations, des balades dans la nature aux parfums d'eucalyptus. Une brasserie occupe aussi les lieux, et des food trucks s'installent le week-end sur fond de bush australien.

46 Escapade nature à KANGAROO ISLAND

VIE INSULAIRE | PLEIN AIR | FAUNE ET FLORE

Refuge pour la faune sauvage, Kangaroo Island abrite des plages de surf retirées et se prête à une variété d'aventures respectueuses de l'environnement. Prévoyez plusieurs jours (voire plus) pour explorer cette très vaste île paradisiaque.

EMMA SHAW/LONELY PLANET ©

En pratique

Circuler En l'absence de transports publics, il faut impérativement être motorisé. Louez une voiture, participez à un circuit organisé ou venez avec votre véhicule à bord du car-ferry SeaLink.

Quand L'été est la meilleure saison pour profiter de l'île.

Kangaroo Island Tour Pass (p. 294). Ce forfait donne accès, à moindre coût, au Flinders Chase National Park, à Seal Bay et aux grottes de Kelly Hill.

En haut à gauche : Vivonne Bay
En bas à gauche : Remarkable Rocks (p. 285)
Ci-dessous : Admirals Arch (p. 285)

JULIEN VIRY/GETTY IMAGES ©

Plages et surf

Englobant 540 km de plages dorées et de falaises escarpées, le littoral baigné de soleil de Kangaroo Island mérite amplement sa renommée mondiale.

La côte nord offre des conditions plus sûres pour nager. Lézardez sur le sable blanc d'**Emu Bay** ou barbotez dans le bassin rocheux de **Stokes Bay**, accessible par un tunnel creusé dans la falaise. À Middle River, l'arc sablonneux de 660 m que constitue **Snelling Beach** recèle des coins de baignade abrités, mais gare aux courants, qui emportent vers les rochers. Novice en plongée ? Le **Kingscote Tidal Pool**, un bassin de marée, vous épargnera les courants.

Les meilleurs spots de surf se concentrent au sud, où la houle est plus propice en hiver. **Vivonne Bay** et **Pennington Bay** possèdent

UWE-BERGWITZ/GETTY IMAGES ©

Incendies ravageurs

À l'instar du continent, Kangaroo Island est confrontée à des feux de brousse saisonniers. La vague d'incendies qui a frappé l'Australie en 2019-2020 a profondément abîmé les écosystèmes de cette île. Cet épisode tragique a toutefois favorisé un changement positif qui donne la priorité au tourisme durable, à la rénovation des infrastructures, en mettant l'accent sur la reconstitution de la faune et de la flore.

des breaks pour tous les niveaux. Les surfeurs expérimentés peuvent s'attaquer à **D'Estrees Bay** et **Hanson Bay**. Louez des planches sur le continent car vous n'en trouverez pas sur place.

Sentiers de randonnée

À la pointe ouest de l'île, le **Flinders Chase National Park** (p. 294) compte plusieurs sentiers pédestres qui sillonnent les lagunes et les bois riches en faune. À 15 minutes au sud, des itinéraires parcourent la lande balayée par le vent et offre de beaux points de vue.

Aventurez-vous au nord pour entreprendre l'étonnante randonnée de la **ravine des Casoars** (7 km aller-retour ; 1 heure). En descendant à travers la broussaille, vous remarquerez le changement de couleur de la terre, qui passe du brun roux au blanc immaculé, avant de déboucher sur une vaste baie sablonneuse où des cavernes côtières invitent à des aventures spéléologiques.

Pour une immersion de cinq jours en pleine nature, otez pour le **Kangaroo Island Wilderness Trail** (66 km ; p. 294), qui révèle

Observer la faune de Kangaroo Island

À Penneshaw, le sentier de randonnée qui monte à **Ironstone Hill** (4 km aller-retour) va à la rencontre des **wallabies de l'île Eugène** et des **grands dauphins** qui s'ébattent dans la baie.

De la plateforme **Admirals Arch**, on peut voir des **otaries à fourrure de Nouvelle-Zélande** lézarder au soleil sur les rochers.Un circuit guidé dans le **Seal Bay Conservation Park** (www.parks.sa.gov.au/experiences/seal-bay) permet d'approcher des **lions de mer australiens**, une espèce menacée.

Des **koalas** et des **ornithorynques** ont été introduits dans le **Flinders Chase National Park** durant les années 1920, lorsque l'on craignait l'extinction de ces espèces sur le continent. En l'absence de prédateurs, ils se sont multipliés.

À la tombée de la nuit, regardez les **manchots pygmées** qui viennent sur le rivage, en participant à un circuit guidé du **Penneshaw Penguin Centre** (p. 294).

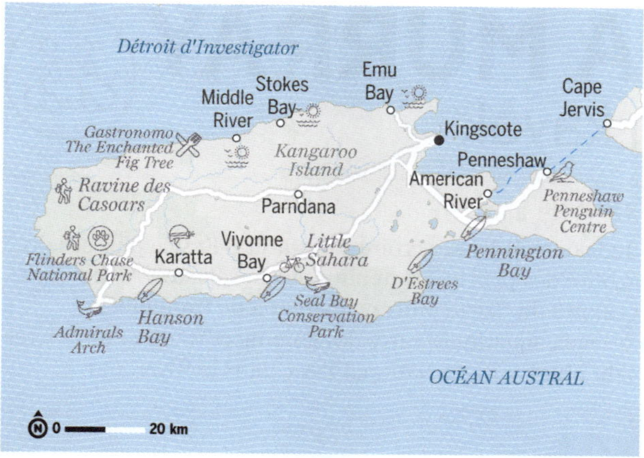

les merveilles géologiques du parc *via* un scrub semé de fleurs sauvages, des rivages blancs et des falaises majestueuses. Des aires de camping isolées se prêtent au bivouac.

Trésors naturels

La route bordée de scrub au sud de Rocky River mène au cap du Couedic. Une passerelle en planches descend en zigzag jusqu'à **Admirals Arch**, une immense arche creusée par les éléments, en passant par une colonie d'otaries à fourrure de Nouvelle-Zélande.

Plus à l'est, les **Remarkable Rocks**, des rochers de granit sculptés par l'érosion faisant penser à des œuvres de Dalí, coiffent un dôme rocheux qui plonge dans l'océan, 75 m plus bas.

En aval du **Kelly Hill Conservation Park** (p. 294), couvert d'eucalyptus et proche de Karatta, se trouve un labyrinthe de grottes calcaires hérissées de stalactites et de stalagmites. Accompagné d'un ranger, vous pourrez entreprendre une visite souterraine assortie de commentaires et d'illuminations.

Aventures inattendues

Ici, le surf ne se pratique pas que sur les vagues. Le long de la côte sud, les dunes de **Little Sahara** se prêtent en effet au *sandboard*.

À gauche : otarie, Seal Bay Conservation Park
Ci-dessous : koala, Kangaroo Island

Des excursions en buggy ou à vélo à pneus larges y sont également organisées.

À Kangaroo Island, même un repas gastronomique peut être aventureux. Au **Gastronomo The Enchanted Fig Tree** (p. 291), vous dînerez entre les branches enchevêtrées d'un vénérable figuier vieux de 120 ans.

47 LA MURRAY en kayak

KAYAK | FAUNE ET FLORE | CAMPING

Contrairement à ce que pourrait laisser croire son statut d'État le plus sec du pays, l'Australie-Méridionale offre des plaisirs inattendus aux kayakistes. À quelque 250 km d'Adélaïde, les eaux calmes du fleuve Murray invitent à de tranquilles excursions. Contemplez les oiseaux aquatiques rares, les gommiers rouges des rivières et les ciels nocturnes étoilés du Murray River National Park, dans le Riverland.

BENGOODE/ISTOCKPHOTO ©

En pratique

S'y rendre Mieux vaut disposer d'une voiture, pour plus de flexibilité. Des bus Stateliner assurent toutefois des liaisons quotidiennes avec le Riverland.

Quand Début mars, la chaleur estivale baisse mais la température de l'eau reste agréable pour la baignade. Attention : Pâques est une période avec beaucoup d'affluence, les *house-boats* troublent le calme du fleuve.

Eau potable Apportez suffisamment d'eau ou un purificateur.

Kayak Canoe Adventures (p. 293) et Canoe the Riverland (p. 294) sont les spécialistes de la région en matière de location d'équipement et de circuits organisés.

EDWARD DAVID TAYLOR/SHUTTERSTOCK ©

En haut à gauche : Murray River
En bas à gauche : kayak sur la Murray River
Ci-contre : Woolshed Brewery, Wilkadene

Pagayer Depuis sa source, dans les Snowy Mountains, la puissante Murray River serpente le long de la frontière entre la Nouvelle-Galles du Sud et le Victoria jusqu'en Australie-Méridionale, puis sur 1 900 km en aval dans le Riverland. Peu après Renmark, le troisième plus long fleuve navigable du monde se faufile à travers les zones humides explorables et les lagunes ombragées du **Murray River National Park** (p. 295).

On peut se lancer à l'eau depuis divers points accessibles au public, mais les rampes de Renmark et de Berri sont parfaites pour faire provision d'en-cas et de crème solaire. Ensuite, le courant de 1 km/h (3-6 km/h lors des crues en amont) vous portera. Le retour par Katarapko Creek, un bras de la Murray River, évite de passer deux fois aux mêmes endroits. Pour plus de commodité, prévoyez un véhicule qui viendra vous chercher en aval.

Faune Avec ses gommiers rouges au bord de l'eau, ses bois de gommiers noirs et ses vastes plaines parsemées de *saltbush* (arroche nummulaire), le Murray River National Park constitue un excellent habitat pour la faune, parmi laquelle figurent plus de 50 espèces d'oiseaux indigènes qu'il n'est pas aisé d'apercevoir, dont la rousserole d'Australie, la mégalure menue, le mérion superbe et la perruche mélanure, hélas menacée. Sur terre, ouvrez l'œil pour surprendre des kangourous, des échidnés et des varans bigarrés venus s'abreuver.

Campings On trouve des terrains de camping sur les rives de Lyrup Flats et Katarapko Creek, avec des vues imprenables sur les **falaises de Bookpurnong** (alias Booky Cliffs) – les réservations s'effectuent en ligne (parks.sa.gov.au/parks/murray-river-national-park). Ces lieux isolés sans fioritures se révèlent idéals pour s'imprégner de l'ambiance et dormir sous les étoiles lors d'escapades en autonomie. Pensez à remplir votre coffre de provisions avant de partir.

Une petite pause ?

Les berges fluviales inondables du Riverland demeurent peu construites. Il existe cependant quelques endroits au bord de l'eau où s'hydrater et se sustenter à mi-parcours.

La **Woolshed Brewery** (p. 293), à Wilkadene, en amont de Renmark, propose des bières innovantes et des *hard lemonades* (limonades alcoolisées), ainsi que des plats tout prêts du mercredi au dimanche. Des food trucks s'y installent le week-end.

Le **Renmark Club** (p. 292), ouvert depuis 1909, est une institution, où vous pourrez savourer, en terrasse, un café, un déjeuner ou un verre de vin du Riverland.

Le **River Jacks Cafe** (p. 291), à Berri, sert toute la journée petits déjeuners, salades et burgers sous les voiles d'ombrage de sa terrasse installée le long du fleuve.

48 HUÎTRES de la péninsule d'Eyre

HUÎTRES | CIRCUITS | FOIRES

En parcourant la côte ouest de l'Eyre Peninsula, arrêtez-vous pour visiter une ferme ostréicole, gober des huîtres dans des bars en bord de route et profiter de l'ambiance festive des foires célébrant le divin mollusque. À moins que vous vous installiez sur la plage pour en déguster une douzaine. L'industrie huîtrière fait partie intégrante de la vie de la région.

BEYONDIMAGES/GETTY IMAGES ©

En pratique

S'y rendre Depuis Adélaïde : vol pour Port Lincoln (50 minutes), puis location d'une voiture à l'aéroport ou 7 heures par la route.

Quand C'est en hiver que les huîtres du cru sont les plus succulentes. Par ailleurs, il n'y a personne sur les routes en cette saison et vous aurez l'embarras du choix en matière d'hébergement.

Combien Si les huîtres se paient au prix fort dans les restaurants, vous débourserez des sommes raisonnables dans les fermes ostréicoles et les baraques de fruits de mer.

LYNDONOK/SHUTTERSTOCK ©

En haut à gauche : huîtres de Coffin Bay
En bas à gauche : ferme ostréicole, Coffin Bay

Huîtres à gogo

Sur la vaste péninsule salée d'Eyre, il est rare de faire un repas sans produits de la mer : thon, merlan, calmar… et huîtres. De Port Lincoln à Ceduna, voici les bonnes adresses.

Pêche du jour L'offre est inscrite sur une ardoise à l'entrée de **Fresh Fish Place** (p. 291), une poissonnerie-restaurant de Port Lincoln qui vend des fruits de mer locaux à peine sortis du bateau et des huîtres de Coffin Bay (ces dernières à 2 $ pièce (caissettes à emporter).

Coffin Bay Les huîtres constituent la raison d'être de cette petite localité. Pour voir de quoi il en retourne, participez à une visite de 1 heure 30 dans une ferme ostréicole avec **Oyster Farm Tours**. Vous pataugerez dans l'eau, ramasserez des huîtres et apprendrez à les ouvrir assis sur un ponton à demi immergé, le Salt Water Pavilion. Après quoi, direction le café **Oyster HQ** (p. 291) et sa vue splendide ou le proche **1802 Oyster Bar** (p. 291), haut de gamme.

Ceduna Smoky Bay, Streaky Bay et Ceduna sont aussi de gros producteurs d'huîtres. Si vous êtes dans les parages fin septembre ou début octobre, ne manquez pas la **Ceduna Oysterfest** (p. 292), la reine des fêtes australiennes, données en l'honneur des huîtres. Le reste de l'année, vous pourrez acheter une bourriche à **Ceduna Oyster Barn** (p. 291), à consommer sur le rivage herbeux ou sur le toit de l'établissement, à l'ombre d'un parasol, en regardant les trains qui passent.

☆ L'industrie huîtrière de Coffin Bay

Chaque année, des centaines de tonnes d'huîtres de Coffin Bay sont expédiées dans toute l'Australie et à l'étranger. Les bivalves engraissent vite à Coffin Bay, dont l'accès étroit à la pleine mer piège beaucoup de plancton. L'*ostrea angasi*, de forme plate, a toujours été présente à l'état naturel sur les récifs peu profonds, mais en 1890, elle avait pratiquement disparu du fait de la surpêche. Des huîtres creuses du Pacifique, provenant de Tasmanie et du Japon, ont été introduite avec succès en 1969. Aujourd'hui, jusqu'à 40 bateaux ostréicoles mouillent au large, employant plus d'une centaine de personnes. En même temps, des mesures de protection font revenir l'huître indigène.

Carnet d'adresses

Les grands classiques (p. 272)

Art Gallery of South Australia

(08-8207 7000 ; www.agsa.sa.gov.au ; North Tce ; entrée libre ; 10h-17h).

Naracoorte Caves National Park

(08-8762 1210 ; www.naracoortecaves.sa.gov.au ; 89 Wonambi Rd, Naracoorte ; visites indépendantes adulte/enfant/famille à partir de 12/7,50/33 $, Wonambi Fossil Centre 16/9,50/42,50 $ et visites guidées à différents tarifs ; 9h-17h)

Saveurs du monde à Adélaïde

Adelaide Pho $

à cette adresse discrète de Waymouth St sont préparées en un clin d'œil des soupes réconfortantes et autres classiques vietnamiens. (08-8212 0997 ; 199 Waymouth St, Adélaïde ; 11h-15h et 17h-21h tlj sauf lun)

Africola $$

Un restaurant sud-africain fantasque, dans un bâtiment ancien, en granit. Les grillades gastronomiques côtoient un somptueux menu fixe au dîner (sur réservation), le tout accompagné d'un service chaleureux et attentif. (08-8223 3885 ; www.africola.com.au ; 4 East Tce, Adélaïde ; 18h-tard lun-sam)

Daughter in Law $$

Ce restaurant australo-indien de Rundle St réserve un véritable choc culinaire. Venez plutôt le soir pour profiter du menu Feed Me et ne manquez pas la "boule de bonheur" (Gol Gappa) à la menthe. (08-7228 6182 ; www.daughterinlaw.com.au ; 290 Rundle St, Adélaïde ; 17h-21h lun-jeu et dim, 17h-22h ven-sam)

Golden Boy $$

Installez-vous sur un tabouret à une table commune ou dans un box cosy pour déguster un menu plein de fraîcheur et de saveurs épicées comme en Thaïlande, dans une ambiance animée. (08-8227 0799 ; www.golden-boy.com.au ; 309 North Terrace, Adélaïde ; 12h-14h et 18h-23h tlj sauf dim)

La Popular Taqueria $$

Aménagé dans un bâtiment ancien de Port Adelaide, cet établissement constitue un excellent choix pour ses tacos mexicains au porc braisé, à la joue de bœuf ou végétariens, accompagnés de tequilas et de mezcals importés. (04-6610 5004 ; www.lapopulartaqueria.com.au ; 226 St Vincent St, Port Adelaide ; 17h30-21h mar-sam, 12h-14h30 sam)

Osteria Oggi $$

Offrez-vous un remarquable repas italien dans un décor épuré, au comptoir chic ou sur la terrasse le long de Pirie St. Au programme : pâtes classiques, plats créatifs à partager, desserts exquis et carte des vins en constante évolution. (08-8359 2525 ; www.osteriaoggi.com.au ; 76 Pirie St, Adelaide ; 11h30-23h30 tlj)

Africola

Parwana $$

Dans le quartier ouest de Thebarton, cette table familiale afghane mitonne de délicieux dahls, boulettes d'agneau, currys de pois chiches et plats à base d'aubergines. (☎ 08-8443 9001 ; www.parwana.com.au ; 124b Henley Beach Rd, Torrensville ; ⏲ 18h-22h mar-jeu et dim, 18h-22h30 ven-sam, 11h-15h ven-dim)

Spécialités australiennes

Bakery on O'Connell

Voir p. 276 (☎ 08-8361 7377 ; www.bakeryonoconnell.com.au ; 128-130 O'Connell St, North Adelaide ; ⏲ 24h/24 tlj)

Ceduna Oyster Barn

Voir p. 289 (☎ 0497 085 549 ; www.facebook.com/cedunaoyster ; Eyre Hwy, Ceduna ; ⏲ 10h-19h mar-ven)

Fino Seppeltsfield

Voir p. 280 (☎ 08-8562 8528 ; fino.net.au ; 730 Seppeltsfield Rd, Seppeltsfield ; ⏲ 12h-15h tlj)

Fresh Fish Place

Voir p. 289 (☎ 08-8682 2166 ; www.freshfishplace.com.au ; 20 Proper Bay Rd, Port Lincoln ; ⏲ 8h30-19h30 lun-ven, 8h30-14h sam, restaurant 11h-19h30 lun-ven, 11h-14h sam)

Gastronomo The Enchanted Fig Tree

Voir p. 285 (☎ 04-0948 9151 ; gastronomodining.com.au/locations/the-enchanted-fig-tree ; 5995 N Coast Rd, Middle River ; ⏲ déj lun et mer-sam, dîner jeu-sam)

Oyster HQ

Voir p. 289 (☎ 04-2853 0133 ; www.oysterfarmtours.com.au/oyster-hq-venue ; 100 Esplanade, Coffin Bay ; ⏲ 10h-19h30 lun-mer et ven-sam, 10h-19h jeu et dim)

River Jacks Cafe

Voir p. 287 (☎ 08-8582 4309 ; riverjacks.com.au ; 19 Riverview Dr, Berri ; ⏲ 7h30-16h lun-ven, 7h30-15h sam-dim)

1802 Oyster Bar

Voir p. 289 (☎ 08-8685 4626 ; www.1802oysterbar.com.au ; 61 Esplanade, Coffin Bay ; ⏲ 12h-15h et 18h-20h30 mer-sam, 12h-15h dim)

Festivals et concerts

Adelaide Cabaret Festival

Voir p. 275 (☎ 08-8216 8600 ; www.adelaidecabaretfestival.com.au ; ⏲ juin)

Adelaide Festival

Voir p. 275 (☎ 08-8216 4444 ; www.adelaidefestival.com.au ; ⏲ mars)

Adelaide Film Festival

Voir p. 275 (AFF ; ☎ 08-8394 2505 ; adelaidefilmfestival.org ; ⏲ oct)

Adelaide Fringe

Voir p. 275 (☎ 08-8100 2000 ; adelaidefringe.com.au ; ⏲ fév-mars)

Adelaide Guitar Festival

Voir p. 291 (☎ 08-8216 8600, billets 131 246 ; guitar.adelaidefestivalcentre.com.au ; Adelaide Festival Centre, King William Rd, Adelaide ; ⏲ sept)

Crown & Anchor

Voir p. 275 (☎ 08-8223 3212 ; www.facebook.com/thecrankerhotel ; 196 Grenfell St, Adélaïde ; ⏲ 12h-tard lun-sam, 14h-minuit dim)

DreamBIG Children's Festival

Voir p. 275 (☎ 08-8216 8600, billets 131 246 ; dreambig.adelaidefestivalcentre.com.au ; King William Rd, Adelaide ; ⏲ mai)

Feast Festival

Voir p. 275 (☎ 08-8463 0684 ; feast.org.au ; ⏲ nov)

Governor Hindmarsh Hotel

Voir p. 275 (☎ 08-8340 0744 ; www.thegov.com.au ; 59 Port Rd, Hindmarsh ; ⏲ 15h-tard mer-dim)

Illuminate Adelaide

Voir p. 275 (www.illuminateadelaide.com ; juil)

Oddio

Voir p. 275 (04-3787 6407 ; www.oddio.com.au ; 31 Drayton St, Bowden)

Oysterfest

Voir p. 289 (08-8625 3407 ; www.cedunaoysterfest.com.au ; oct)

OzAsia Festival

Voir p. 275 (08-8216 8600 ; ozasia.adelaidefestivalcentre.com.au ; oct-nov)

Tarnanthi

Voir p. 275 (08-8207 7000 ; www.agsa.sa.gov.au/whats-on/tarnanthi ; North Terrace, Adelaide ; entrée libre ; 10h-17h tlj)

WOMADelaide

Voir p. 275 (08-8271 1488 ; www.womadelaide.com.au ; mars)

Microbrasseries, distilleries et bars

Exeter Hotel

Voir p. 275 (08-8223 2623 ; www.theexeter.com.au ; 246 Rundle St ; 11h-tard tlj)

Grace Emily Hotel

Voir p. 275 (08-8231 5500 ; www.facebook.com/graceemilyhotel ; 232 Waymouth St ; 16h-tard lun-ven, 18h-tard sam)

Grünthal Brew

Cette microbrasserie des Adelaide Hills produit bières, cidres et gins, et sert des plats australiens modernes. La serre accueille des ateliers de fabrication de fromage.
(08-8388 1588 ; grunthal.com.au ; 827 Mount Barker Rd, Verdun ; atelier fromage 190 $/pers ; 10h-16h lun-jeu, 10h-22h ven-sam, 10h-17h dim)

Kangaroo Island Spirits $$

La première distillerie de gin d'Australie se trouve à 10 km de Kingscote. Participez à une master class animée par un expert qui vous fera découvrir l'histoire du gin dans le pays et les plantes entrant dans sa composition, ou concoctez votre propre breuvage selon vos goûts.
(KIS ; 08-8553 9211 ; kangarooislandspirits.com.au ; 856 Playford Hwy, Cygnet River ; visite et dégustation 40-130 $; 10h30-17h30 tlj)

Lot 100

Voir p. 281 (08-7077 2888 ; lot100.com.au ; 68 Chambers Rd, Hay Valley ; 11h-17h tlj sauf lun)

Never Never Distilling Co $

Une distillerie de premier plan qui propose d'excellentes dégustations de gins, des ateliers et des cocktails de saison. Elle fait partie du Chalk Hill Collective de McLaren Vale, comme Chalk Hill Wines et le restaurant italien de street food Cucina di Strada.
(08-8125 5565 ; neverneverdistilling.com.au ; 56 Field St, McLaren ; atelier gin 145 $/pers ; 11h-18h lun-jeu et sam-dim, 11h-21h ven)

Renmark Club

Voir p. 287 (08-8586 6611 ; www.renmarkclub.com.au ; 160 Murray Ave, Renmark ; 9h-tard tlj)

Robe Town Brewery $

Produites en quantité limitée en mettant l'accent sur le développement durable

Manchors pygmées

et les ingrédients du cru, les bières de cette microbrasserie familiale ont le goût caractéristique de la Limestone Coast. (☎ 0415 993 693 ; robetownbrewery.com ; 10 White St, Robe ; ⏲ 12h-17h mar-jeu et dim, 12h-tard ven, 12h-18h sam)

Seppeltsfield Road Distillers $

Venez siroter les gins primés de ce petit distillateur en rupture avec les traditions vinicoles de la Barossa Valley. (☎ 08-7081 2000, 08-7081 2005 ; seppeltsfieldroaddistillers.com.au ; 436 Seppeltsfield Rd, Marananga ; ⏲ 11h-17h lun-jeu et sam-dim, 11h-19h ven)

Woolshed Brewery

Voir p. 287 (☎ 08-8595 8188 ; www.wilkadene.com.au ; Wilkinson Rd, Murtho, via Paringa ; ⏲ 11h-17h mer-dim)

23rd Street Distillery $$

Cet établissement Art nouveau décline un large éventail d'alcools (gin, whisky, cognac...). On peut y prendre un verre en dégustant tapas ou pizzas, et participer, sur réservation en ligne, à une visite des alambics centenaires, à une dégustation ou à un cours de distillation. (☎ 08-8586 8500 ; www.23rdstreetdistillery.com.au ; Angle 23rd St et Renmark Ave, Renmark ; visite 20 $, dégustation 15-25 $, atelier 50 $; ⏲ 10h-16h lun-mer et dim, 10h-22h jeu-sam)

Dégustations de vin

Arenberg Cube

Voir p. 281 (☎ 08-8329 4888 ; www.darenberg.com.au/darenberg-cube ; Arenberg, 58 Osborn Rd, McLaren Vale ; musée 20 $, exposition Dalí 30 $; ⏲ dégustation 10h30-16h30, restaurants 12h-14h lun-ven, 12h-14h30 sam-dim, musée 10h30-16h30)

Bremerton Wines

Voir p. 281 (☎ 08-8537 3093 ; www.bremerton.com.au ; 14 Kent Town Rd, Langhorne Creek ; dégustation 20-25 $/pers ; ⏲ 10h-17h tlj)

Jeanneret Wines

Voir p. 281 (☎ 08-8843 4308, 08-8843 4251, 04-4878 2442 ; jeanneretwines.com ; 22 Jeanneret Rd, Sevenhill ; ⏲ 10h-17h lun-sam, 11h-17h dim)

Langmeil Winery

Voir p. 276 (☎ 08-8563 2595 ; www.langmeilwinery.com.au ; Angle Langmeil Rd et Para Rd, Tanunda ; visite et dégustation 75-150 $/pers, sur rdv ; ⏲ 10h-16h tlj)

Seppeltsfield

Voir p. 281 (☎ 08-8568 6200 ; seppeltsfield.com.au ; 730 Seppeltsfield Rd, Marananga ; visite et dégustation à partir de 149 $/pers ; ⏲ 10h30-17h)

Activités marines

Adventure Kayaking SA

Juste au nord de Port Adelaide, on peut glisser en kayak sur les eaux de l'Adelaide Dolphin Sanctuary, où 40 grands dauphins s'ébattent au milieu des mangroves, des herbes marines et des cimetières de bateaux. (☎ 08-8472 0922 ; www.adventurekayak.com.au ; circuit 1 heure 30 tarif plein/réduit/8-15 ans/famille 55/45/35/170 $ circuit 3 heures 75/65/45/195 $; ⏲ lun-mar et jeu-dim)

Calypso Star Charters

Cet opérateur de Port Lincoln, centré sur les requins, propose des plongées en cage d'une journée entière au large de la péninsule d'Eyre, ainsi que des baignades en compagnie de lions de mer australiens. (☎ 08-8682 3939 ; sharkcagediving.com.au ; 3/10 South Quay Blvd, Port Lincoln ; circuit 215-562 $, combiné 728 $; ⏲ sur rdv)

Canoe Adventures

Voir p. 286 (☎ 0421 167 645 ; canoeadventure.com.au ; location de canoë par jour simple/double 45/65 $, circuits adulte/enfant demi-journée 155/100 $, journée 235/155 $)

Canoe the Riverland

Voir p. 286 (☎ 0475 754 222 ; canoetheriverland.com ; 835 Murtho Rd, Murtho, via Paringa ; location de canoë/kayak par jour simple/double 60/80-85 $, circuits adulte/enfant à partir de 50/30 $)

Kangaroo Island Fishing Adventures

à bord d'un bateau, mettez le cap vers une destination inconnue, au large de Kangaroo Island, avec la garantie d'une belle prise. (☎ 04-2888 8195 ; kangarooislandadventures.com.au ; 735 Western River Rd, Western River ; excursion journée 350 $/pers ; ⏲ 7h-16h sept à mi-juil)

Penneshaw Penguin Centre

Voir p. 284 (☎ 04-3041 1487 ; penneshawpenguincentre.com ; Foreshore, via Middle Tce ; circuit tarif plein/enfant/famille 31/19/89 $; ⏲ crépuscule ven-mer)

Spirit of the Coorong

Des croisières de 1 heure 30 ou d'une demi-journée dans le Coorong National Park qui, riche en faune aviaire endémique, s'étend sur 145 km le long de la côte sud de la péninsule de Fleurieu. Départs de Goolwa. (☎ 08-8555 2203 ; www.spiritofthecoorong.com.au ; Goolwa Wharf ; tarif plein/enfant 165/115 $)

Randonnée

Alligator Gorge Ring Route

Ce sentier en boucle de 9 km à l'intérieur du Mt Remarkable National Park conduit dans une gorge aux tons ocre le long d'une série de plateformes en quartzite (The Terraces) et à travers une étendue de scrub semé de fleurs sauvages. (☎ 08-8841 3400 ; www.parks.sa.gov.au/parks/mount-remarkable-national-park ; Melrose ; véhicule 13,50 $)

Arkaroo Rock

Voir p. 279 (☎ 04-5700 6620 ; www.walkingsa.org.au/walk/find-a-place-to-walk/arkaroo-rock-hike ; Arkaroo Rock Rd, via Hawker ; accès libre ; ⏲ aube-crépuscule)

Deep Creek Circuit Hike

Englobant tous les écosystèmes côtiers de la péninsule de Fleurieu, cette boucle exigeante de 11 km passe par des forêts d'eucalyptus et la cascade de Deep Creek. Les marcheurs doivent payer le droit d'entrée du Deep Creek National Park. (☎ 08-8598 0263 ; www.parks.sa.gov.au/parks/deep-creek-national-park ; via Main South Rd, Deep Creek ; 13,50 $/véhicule ; ⏲ 24h/24 tlj)

Flinders Chase National Park

Voir p. 284 (☎ 08-8553 4444, 04-7733 4898, hébergements 08-8553 4410, camping 08-8553 4471 ; www.parks.sa.gov.au/parks/flinders-chase-national-park ; Visitor Centre 442 Cape du Couedic Rd, Flinders Chase ; entrée au parc 1/2 jours 13/18 $, véhicule 28/40,40 $; ⏲ 24h/24, bureau 9h-17h)

Heysen Trail

Voir p. 276 (☎ 08-8212 6299 ; heysentrail.asn.au)

Ikara Flinders Ranges National Park

Voir p. 278 (☎ 08-8648 0048 ; www.parks.sa.gov.au/parks/ikara-flinders-ranges-national-park ; via Wilpena Rd, Wilpena ; 13,50 $/véhicule ; ⏲ 24h/24)

Kangaroo Island Tour Pass

Voir p. 283 (☎ 08-8207 7700 ; www.parks.sa.gov.au/book-and-pay/kangaroo-island-tour-pass ; adulte/4-15 ans/famille 89/54/249 $)

Kangaroo Island Wilderness Trail

Voir p. 284 (☎ 04-2876 6269 ; www.parks.sa.gov.au/experiences/kiwt ; Flinders Chase Visitor Information Centre, South Coast Rd, Flinders Chase ; tarif plein/enfant 206/120 $)

Kelly Hill Conservation Park

Voir p. 285 (☎ 08-8553 4464 ; www.parks.sa.gov.au/parks/kelly-hill-conservation-park ; South Coast Rd, Hanson Bay ; visite tarif plein/enfant/famille 28,80/17,30/79 $; ⏲ centre des visiteurs 10h15-16h30, visite sur rdv 9h-17h)

Murray River National Park

Voir p. 287 (08-8595 2111 ; www.parks.sa.gov.au/parks/murray-river-national-park ; 28 Vaughan Tce, Berri ; entrée libre ; 24h/24 tlj)

Nilpena Ediacara National Park

Voir p. 279 (08-8648 5300 ; www.parks.sa.gov.au/parks/nilpena-ediacara-national-park ; 1385 Nilpena Rd, Nilpena ; visite guidée 82-328 $/pers ; sur rdv mi-mars à nov)

Three Falls Grand Hike

Caché dans les montagnes du Morialta Conservation Park, au nord-est d'Adélaïde, ce circuit pédestre de 7 km n'est qu'à 20 minutes à peine de voiture du centre-ville. Il permet de découvrir des cascades et un bush peuplé d'oiseaux, mais il faut partir tôt pour trouver une place pour se garer. (08-7133 7300 ; www.parks.sa.gov.au/parks/morialta-conservation-park ; Morialta Falls Rd, Woodforde ; entrée libre ; 6h30-21h été, 6h30-19h hiver)

Yura Udnyu

Voir p. 279 (Yura Udnyu, Our Culture, Your Culture ; 1800 805 802 ; www.wilpenapound.com.au/experiences/aboriginal-cultural-tours ; Wilpena Rd, Hawker ; 2 heures tarif plein/enfant/famille 55/45/200 $, min 4 pers ; sur rdv)

Routes des vins à vélo

Barossa Trail

Prenez le temps d'une escapade à vélo dans la Barossa Valley, au milieu de vignobles et de villages charmants, le long de cette véloroute de 42 km entre Gawler et Angaston. L'itinéraire convient aussi bien aux œnophiles sur deux-roues qu'aux vrais cyclotouristes désireux d'entreprendre des excursions de plusieurs jours.

Coast to Vines Rail Trail

Un itinéraire cycliste va de la banlieue d'Adélaïde à la McLaren Vale. Ce parcours de 38 km emprunte le tracé de la Willunga Railway, une voie ferrée désaffectée, via des paysages de bord de mer et des villes patrimoniales. Si vous préférez un itinéraire plus court, prenez un train jusqu'au Seaford Terminus, ce qui réduira le parcours de 23 km.

Alligator Gorge Ring Route

Riesling Trail

À environ 1 heure 30 de trajet au nord d'Adélaïde, la voie cyclable de 35 km bordée d'eucalyptus qui relie Clare à Auburn suit une ancienne voie ferrée construite en 1860 à travers des vignes et à la découverte de caves. Mieux vaut réserver une location de vélo et un transfert pour un aller simple plutôt que de rentrer en pédalant après des dégustations de vins.

Hébergements

Trezona Campground

Voir p. 279 (08-8648 0048 ; www.parks.sa.gov.au/parks/ikara-flinders-ranges-national-park/booking/72081 ; Brachina Gorge)

Wilpena Pound Resort

Voir p. 279 (08-8648 0004, réservation 1800 805 802 ; www.wilpenapound.com.au ; Wilpena Rd, Wilpena ; restaurant 12h-14h et 17h30-20h30 tlj)

Art et achats

JamFactory

Voir p. 280 (08-8562 8149 ; www.jamfactory.com.au ; 730 Seppeltsfield Rd, Seppeltsfield ; entrée libre ; 11h-17h tlj)

PERTH ET SA RÉGION

PLAGES | ACTIVITÉS DE PLEIN AIR | VIE CITADINE

Coogee (p. 323)

0 — 5 km

Dénichez le **Jazz Cellar**, un espace souterrain tenu par des octogénaires (p. 304).

15 minutes de la gare ferroviaire de Perth

Déambulez dans les rues de Perth, véritable **galerie de street art** à ciel ouvert, pour voir des œuvres tel que *Sugar Glider* d'Amok Island (p. 316).

Centre de Perth

OCÉAN INDIEN

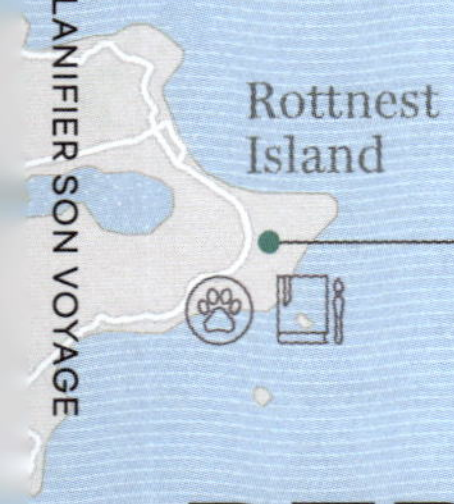

Alliez des aventures en pleine nature, parmi les quokkas, à de la relaxation intense sur **Rottnest Island** (p. 326).

30 minutes de Perth

PERTH ET SA RÉGION
à la carte

Gâtés par une météo des plus clémentes, les habitants de Perth et des villes voisines apprécient un mode de vie fait de virées à la plage, pique-niques dans des parcs arborés et balades le long de rues ponctuées de street art... Les soirées, plus animées, sont à tendance chic, entre clubs de jazz, petits bars et bâtiments historiques reconvertis. Une vie de rêve !

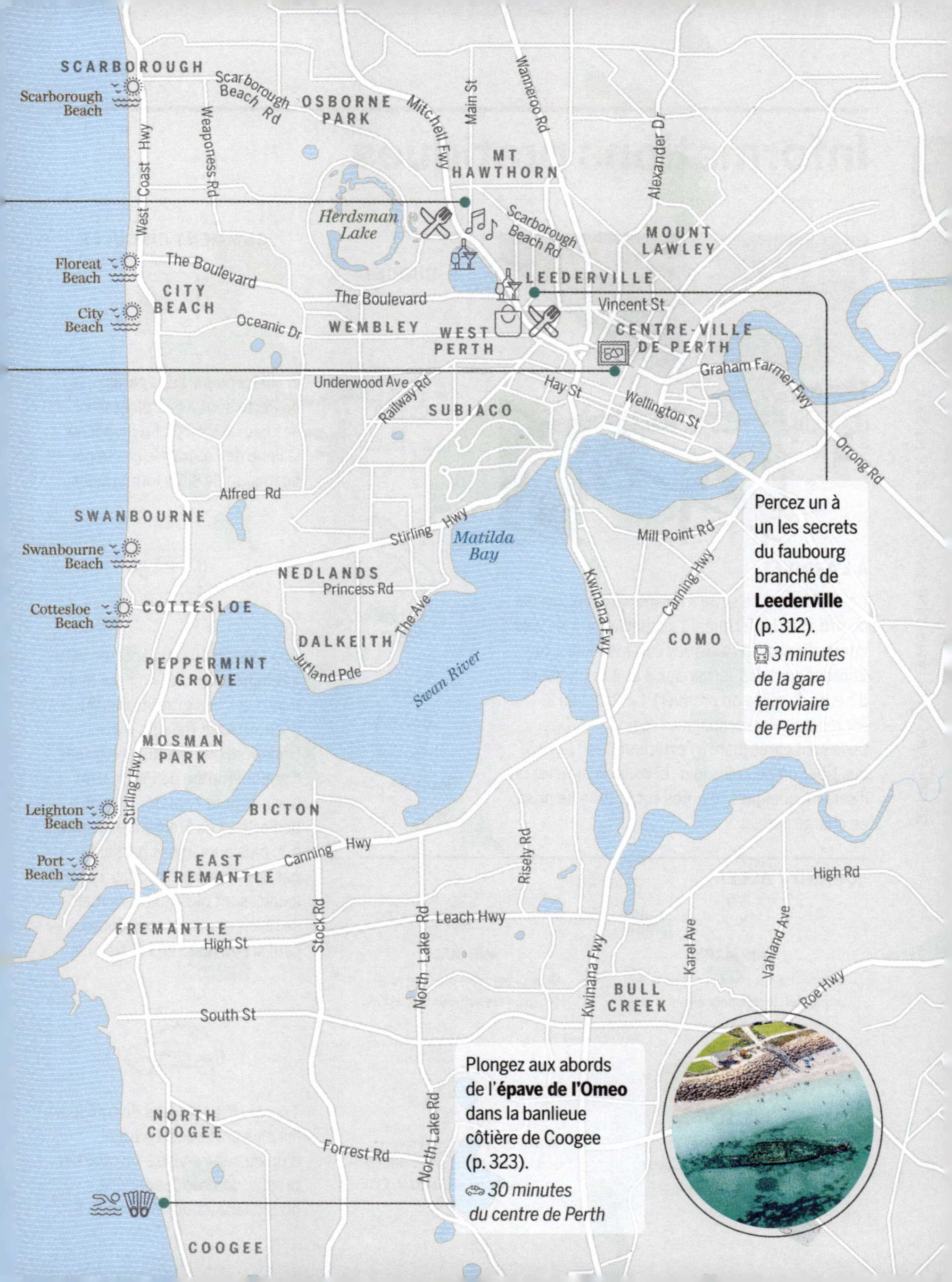

Percez un à un les secrets du faubourg branché de **Leederville** (p. 312).
3 minutes de la gare ferroviaire de Perth

Plongez aux abords de l'**épave de l'Omeo** dans la banlieue côtière de Coogee (p. 323).
30 minutes du centre de Perth

Informations pratiques

BEEBOYS/SHUTTERSTOCK ©

À L'ARRIVÉE

Perth Airport se situe à environ 25 minutes du centre-ville. Le Terminal 1 accueille tous les vols internationaux et quelques vols intérieurs, qui utilisent aussi les Terminaux 3 et 4 (à un quart d'heure de route du premier). Le Terminal 2 est réservé aux compagnies régionales. Des taxis sont garés juste à l'extérieur des T1 et T3, des Uber un peu plus loin : si vous en appelez un, il sera en quelques minutes sur la zone de prise en charge dédiée.

BUDGET

Bière fraîche
11 $

Burger
25 $

Boule de glace
5 $

QUAND Y ALLER

JAN-MARS
Grosse chaleur, soleil et pas un nuage dans le ciel : le rêve pour aller à la plage.

AVR-JUIN
Chaleur agréable et grand soleil : idéal pour les activités de plein air.

JUIL-SEPT
Hiver avec une alternance de pluie et de soleil. Des matins frisquets et des nuits froides.

OCT-DÉC
Retour du printemps, synonyme de douceur et de champs envahis de fleurs sauvages.

COMMENT CIRCULER

Train La plupart des gares de Perth sont assez éloignées des lieux d'intérêt. En revanche, la ligne de Fremantle passe par beaucoup de sites touristiques.

Bus Identifiables à l'énorme logo à l'effigie d'un chat noir sur leurs flancs, les bus gratuits de CAT (Central Area Transit ; www.transperth.wa.gov.au), gérés par l'agglomération de Perth, sont parfaits pour explorer le centre de Perth et de Fremantle, d'autant que plusieurs lignes passent par des lieux touristiques. Les bus locaux sont plus réguliers mais se révèlent moins commodes, sauf si l'on reste en centre-ville.

Taxi et Uber Moyens de transport les plus pratiques. Le trajet d'un du centre-ville à un quartier proche, comme Leederville ou Subiaco, coûte environ 12 $.

SE RESTAURER ET PRENDRE UN VERRE

Éloignée de la côte est de l'Australie, Perth propose une cuisine davantage influencée par l'Asie voisine, offrant ainsi des plats fusion moderne, très inventive. Ces dernières années, l'accent est aussi mis sur les ingrédients locaux, notamment aborigènes. De nombreux menus gourmets incluent des *marrons* (écrevisses d'eau douce), parfois avec de la fleur de cire de Geraldton pour une touche citronnée, ou du kangourou (photo en haut à droite), viande maigre servie saignante, éventuellement rehaussée de baies de poivre ou de poudre de *quandong* (pêche du désert).

Le meilleur cocktail Negroni Darling Darling (p. 307)

Les top des marrons Wildflower (p. 325)

SE CONNECTER ET S'ORIENTER

Wi-Fi Il y a des points d'accès gratuits en centre-ville, ainsi que dans les localités urbaines telles Leederville, Fremantle et Subiaco, et la plupart des institutions culturelles. Toutefois, une carte SIM locale prépayée garantit un accès plus aisé.

Navigation Perth est traversée par la Swan River et donne sur l'océan Indien. La plupart des lieux à visiter se trouvent forcément proches de l'eau !

ARGENT

À Perth, presque tout peut se régler par carte et avec l'application de paiement des smartphones. Ayez toutefois du liquide pour les urgences et les petits articles. La première heure de stationnement est souvent gratuite.

OÙ LOGER

Il y a davantage d'hôtels et de transports publics au centre de Perth, mais si vous louez une voiture, logez plutôt dans un quartier périphérique.

Localité	Pour/contre
Centre de Perth	Neuf et clinquant, au bord du fleuve. Shopping, vie nocturne et restaurants. Déplacements faciles. Prix moyens à très élevés.
Northbridge	Vie nocturne, petits bars animés, Chinatown. Proche des centres culturels, des transports publics et du CBD. Plus abordable.
Leederville	Quartier branché, peu étendu, avec moult cafés et du street art. Prix moyens.
Subiaco	Ambiance européenne, rues arborées. Calme mais avec une vie nocturne. Cher.
Cottesloe	Front de mer, chic et décontracté, cafés. Voiture indispensable. Cher.
Fremantle	Cité portuaire pittoresque à l'écart du centre et prisée des routards. Rues historiques. Toutes gammes de prix.

VÉLO

De nombreux hôtels prêtent des vélos, et, ces dernières années, Perth a beaucoup développé ses pistes cyclables, désormais bien éclairées et sûres.

Les grands classiques

Pour les infos pratiques de chaque site, reportez-vous au Carnet d'adresses p. 330.

WA Museum Boola Bardip

Ce musée récent fait partie du Perth Cultural Centre. Déployé sur huit galeries, il offre une expérience immersive et éducative. "Boola Bardip", qui signifie "beaucoup de récits" en noongar, est un hommage à la riche histoire et aux cultures des peuples aborigènes de la région.

ADWO/SHUTTERSTOCK.COM ©

Pinnacles Desert

Le désert des Pinnacles, hérissé de centaines de colonnes de calcaire pouvant atteindre 3,5 m de hauteur, est au cœur du Nambung National Park. Surgissant du sable, ces étranges concrétions sont le résultat de l'érosion millénaire de couches de coquillages compactés qui recouvraient autrefois cette plaine.

MICHAEL EVANS/STOCK.ADOBE.COM ©

ANASTAS_STYLES/ SHUTTERSTOCK.COM ©

Art Gallery of Western Australia (AGWA)

Ce musée datant de 1895, récemment rénové, abrite la plus belle collection d'art de l'État. On y voit de grands noms australiens, comme Arthur Boyd, Russell Drysdale et Sidney Nolan, et des œuvres variées allant de sculptures à peintures sur toile ou sur écorce.

DUDLAJZOV/STOCK.ADOBE.COM ©

Rottnest Island

Bien qu'elle ait jadis abrité une prison pour Aborigènes, "Rotto" est le lieu de vacances favori des familles. À 19 km seulement au large de Fremantle, cette île sans voitures, ourlée de baies et de plages idylliques, semble pourtant à mille lieues du continent. Elle est idéale pour le vélo, le snorkeling, la pêche, le surf, la plongée et l'observation du quokka.

MICHAEL/STOCK.ADOBE.COM ©

Cottesloe Beach

Comptant parmi les plages urbaines les plus appréciées d'Australie, Cottesloe Beach s'étend sur 1,5 km. Elle est idéale pour se baigner en toute sécurité et profiter de fantastiques couchers de soleil. Chaque année, l'événement "Sculpture by the Sea" transforme cette plage en une galerie d'art en plein air, où sont présentées des œuvres contemporaines d'artistes du monde entier.

Fremantle Prison

Avec ses murs hauts de 5 m, cette ancienne prison du temps des convicts domine toujours Fremantle. Différentes visites guidées y présentent les conditions de vie des détenus de l'époque, la psychologie de certains criminels et les cellules d'isolement. La prison est classée au Patrimoine mondial de l'Unesco depuis 2010.

MARCO TALIANI/STOCK.ADOBE.COM ©

DUDLAJZOV/STOCK.ADOBE.COM ©

Kings Park and Botanic Garden

Avec ses 400 ha de bush en plein centre-ville et ses saisissants points de vue, ce parc fait la fierté de Perth. Son jardin botanique compte plus de 3 000 espèces de plantes endémiques d'Australie-Occidentale, dont un gigantesque baobab de 750 ans. À ne pas manquer : le Lotterywest Federation Walkway, un sentier de 620 m dont la passerelle de verre et d'acier traverse, sur 222 m, la canopée d'une forêt d'eucalyptus.

49 SOIRÉE animée et jazzy

MUSIQUE | CULTURE | DÉCOUVERTE

Niché à l'abri des regards dans une paisible rue de banlieue, au bout d'un parking, le Jazz Cellar (p. 337) est une authentique institution underground. Même s'il existe depuis 20 ans, cet espace souterrain, où l'on entre par une cabine téléphonique rouge, reste un secret jalousement gardé. Découvrez également deux autres établissements semblables pour explorer plus avant la scène jazz de la ville.

En pratique

S'y rendre Depuis le centre-ville, prenez le bus 15 jusqu'à Mt Hawthorn, descendez devant l'IGA, puis marchez 10 à 15 minutes. Pour les autres clubs de jazz, prenez un taxi ou un Uber.

Billets L'idéal est d'acheter un billet au moins deux semaines à l'avance (jazzcellar.net.au). Prévoyez 30 $ en liquide, en sus, pour l'entrée.

Quand Le Jazz Cellar ouvre ses portes à 17h45. Le concert démarre à 19h.

Entrez par la cabine téléphonique rouge Chaque vendredi soir, sur une petite scène, un groupe de seniors joue du jazz, aussi bien enlevé que vintage, du swing et du charleston. Le lieu est intime, car la salle n'accueille guère plus de 80 personnes, mais il est très animé : l'ambiance est électrique et propice à la danse.

Réussir à dénicher l'entrée participe au plaisir. Après avoir localisé la boutique solidaire de l'Armée du Salut (Salvos Salvation Army), sur Buxton St, franchissez la grille ouverte à sa droite, qui donne sur un parking. Entrez dans la cabine téléphonique rouge et descendez l'étroit escalier qui mène à une petite cave sans fenêtres, aux murs couverts d'affiches vintage.

Côtoyez les plus grands L'**Ellington Jazz Club** (p. 337) accueille chaque soir les passionnés de jazz de Perth, ainsi que des professeurs et

JAZZ CELLAR ©

Conseils de pro

Le Jazz Cellar minimisera vos coûts, car vous pourrez apporter nourriture et boisson (BYO). Plutôt que de commander une pizza dans le boui-boui du coin de la rue, préférez en commander une à emporter au **Neighbourhood Pizza and Pasta** (p. 334). Cette pizzeria se situe à 10 minutes à pied, près de la trépidante Scarborough Beach Rd, dans la lumineuse Anvil Lane, une ruelle qui sépare le magasin Vinnies (p. 337) du restaurant Tsukaya (p. 334). Pour la boisson, direction **The Mezz** (p. 334), centre commercial avec un supermarché Woolworths et un débit de boissons BWS. Vous y trouverez aussi des enseignes de restauration qui donnent sur la cour intérieure, arborée.

des étudiants de la Western Australian Academy of Performing Arts (éminente école dont sont issus des jazzmen réputés, tel Jamie Oehlers), venus écouter les meilleurs artistes de la scène jazz et parler musique.

Plaisir musical et gustatif

Dans une ancienne usine de l'est de Fremantle, le **Duke of George** (p. 337) propose un dîner-spectacle dans son espace en sous-sol. Au fil d'une programmation variée, on y savoure des plats servis à table. Le jazz est de haut vol et l'ambiance, joyeuse, avec parfois de la danse.

Ci-dessus : Jazz Cellar

50 TRÉSORS cachés de Fremantle

LIEUX SECRETS | CHOUCHOUS LOCAUX | SORTIES

Affectueusement appelé “Freo” par ses habitants, le faubourg portuaire de l’agglomération de Perth a la faveur des touristes, mais a su garder quelques pépites cachées, à l’exemple d’un rooftop à l’emplacement totalement insoupçonnable, d’un bar minuscule évoquant la marine du XIXe siècle et de l’établissement servant les plus délicieux “bas morceaux” de poissons qui soient.

RUBEN M RAMOS/SHUTTERSTOCK ©

En pratique

S’y rendre Prenez la ligne de train Fremantle. La gare est proche de tout, et on a bonheur à flâner à pied dans le coin.

Quand Fremantle jouit d’une météo agréable toute l’année. Il y a deux fois plus de monde le week-end qu’en semaine et, le soir venu, la foule plutôt familiale de la journée cède la place aux fêtards.

À savoir Ayez de la monnaie sur vous : les rues de Freo fourmillent de musiciens.

JASON KNOTT/ALAMY STOCK PHOTO ©

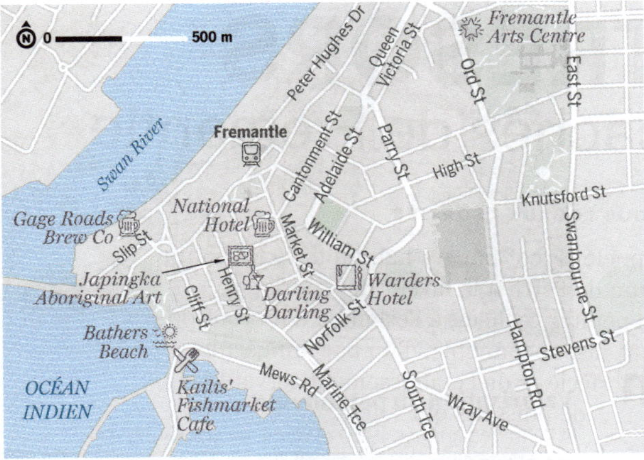

Toit-terrasse secret Sans doute entendrez-vous parler du **National Hotel** (p. 336) avant de le voir. Le bar principal de ce pub sur plusieurs niveaux, datant de la fin du XIXe siècle, programme souvent de la musique live, mais continuez votre chemin : empruntez l'étroite entrée latérale et montez l'escalier en prenant le temps d'admirer les œuvres accrochées aux murs colorés. Tout en haut vous attend une terrasse ensoleillée avec moult tables, sièges et canapés. Prenez place parmi une clientèle locale et appréciez la vue sur l'océan, les toits de la ville et le port de Fremantle.

Navire marchand à quai En fin d'après-midi, lovez-vous dans l'un des 25 fauteuils du **Darling Darling** (p. 334), entouré d'une déco très maritime : cordages usés, gouvernails en bois, tonneaux (remplis de cacahuètes en coques offertes) et luminaires suspendus à des chaînes. L'ambiance est extraordinaire, on a l'impression d'être sous le pont d'un vrai navire. Aucune réservation n'étant possible, il y a souvent la queue le week-end.

Repas à prix doux Nul en-cas de Fremantle ne vaut les ailes de poisson à 6 € du **Kailis' Fishmarket Café** (p. 335), sur le joli front de mer. Taillés dans le pourtour de l'aileron, ces morceaux, particulièrement tendres et doux, sont encore meilleurs que les filets. Avec un peu d'audace, vous pourrez aussi goûter à l'aileron lui-même, frit à la manière d'une chips.

En haut à gauche : National Hotel
En bas à gauche : Kailis' Fishmarket Café

Conseils d'un amoureux de Freo

Gage Roads Brew Co (p. 335) Observez le défilé incessant de remorqueurs et de cargos depuis cette brasserie face au port.

Japingka Aboriginal Art (p. 331) Soutenez les artistes aborigènes exposés dans cette galerie d'High St.

Fremantle Arts Centre (p. 330) Un dimanche d'été, assistez à un concert gratuit en plein air.

Warders Hotel (p. 337) Logez dans ces cottages jadis habités par des gardiens de prison, ou contentez-vous d'une pause dans son microbar Gimlet ou son restaurant, Emily Taylor (p. 333).

Bathers Beach Baignez-vous là où les premiers colons européens de la colonie de la Swan River accostèrent en août 1829.

Ryan Mossny
Guide de circuits touristiques pédestres chez Two Feet & a Heartbeat (p. 331) ; @twofeetperth

Ambitieux projets de restauration de Perth

SI LES MURS POUVAIENT PARLER

Depuis une vingtaine d'années, Perth, où l'on rasait jadis, sans états d'âme, des bâtiments patrimoniaux au profit d'édifices en verre et acier, revient aux fondamentaux, en rénovant de vieux sites à de nouvelles fins. Moult hôtels, bars et restaurants sont ainsi à découvrir au sein de ces augustes bâtiments.

À gauche : State Buildings
Au centre : The Rechabite
À droite : Fremantle Markets

JASON KNOTT/ALAMY STOCK PHOTO ©

Valorisation du patrimoine

À la fin des années 1960 et dans les années 1970, maintes perles architecturales de Perth furent détruites, depuis des chefs-d'œuvre néogothiques jusqu'à de luxueux hôtels bâtis durant la ruée vers l'or. Adopté en 1999, le State Heritage Act permit de sauver quelques constructions de la fin du XIXe et du début du XXe siècle, encore debout parmi les gratte-ciel. Cette loi sur le patrimoine national marqua le début d'une prise de conscience de la valeur historique de bâtiments dont la réhabilitation présentait, de surcroît, un intérêt pratique face à l'accroissement de la population de Perth : freiner l'expansion urbaine en augmentant la densité de logement. Depuis peu, l'aspiration à un bâti plus durable, à motifs autant sociaux qu'environnementaux, pèse également dans la balance.

De l'ombre à la lumière

Bâtiment grandiose de 1874, le **Treasury** (p. 325) est l'une des transformations les plus marquantes et appréciées de Perth. Au sortir de presque deux décennies d'oubli, l'un des fondateurs de l'empire brassicole Little Creatures (aujourd'hui promoteur immobilier) investit plusieurs millions de dollars dans la réhabilitation de cet édifice jadis occupé par les bureaux du Trésor public et du gouvernement, et bureau de poste central d'origine de la capitale d'Australie-Occidentale. Rouvert en 2015 sous le nom de State Buildings, avec 95% du bâtiment d'origine préservés, il abrite des bars, des restaurants et des boutiques de luxe, ainsi qu'un hôtel cinq étoiles.

DOMONABIKE/ALAMY STOCK PHOTO ©

BEEBOYS/SHUTTERSTOCK ©

Siège d'une société secrète

Dans le quartier voisin de Northbridge, l'imposant bâtiment blanc éclatant de 1924 **The Rechabite** accueillait à l'origine le siège d'une société secrète : The Independent Order of Rechabites. Il servit pour des offices religieux, des spectacles d'établissements scolaires ou comme bureau de vote, puis devint un dancing avant de tomber en désuétude durant des décennies. Finalement, son immense escalier en bois, ses hauts plafonds et ses sols carrelés décorés furent minutieusement restaurés, et l'édifice, qui rouvrit en 2019, est aujourd'hui la salle de spectacles la plus en vue de Perth, avec abondance de néons, un bar en toit-terrasse et un autre en sous-sol, ainsi qu'un restaurant aux allures de mess. Drôle de reconversion, quand on sait que les Rechabites fustigeaient jadis les méfaits de l'alcool ! Prenez l'ascenseur de verre pour monter les quatre niveaux et observer les étapes de construction laissées apparentes à dessein.

Un lourd passé

À son ouverture en 2020, le **Warders Hotel** (p. 307), aux abords du port de Fremantle, fit une croix sur son passé : ses onze cottages mitoyens de 1851 en pierre calcaire où habitaient les gardiens de l'ancienne prison de la ville sont désormais des chambres d'hôtel. L'établissement inclut aussi le plus petit bar de la ville, le **Gimlet**, et un restaurant asiatique en plein air, **Emily Taylor**, du nom d'un navire de commerce d'épices naufragé au large de Fremantle en 1830. Une croyance tenace voulant que les lieux soient hantés, on fit intervenir un chasseur de fantômes, mais des clients affirment en voir encore. L'aimable personnel de ce boutique-hôtel voisin des Fremantle Markets autorise volontiers les personnes qui le souhaitent à jeter un coup d'œil à l'intérieur.

Reconversions patrimoniales

Le quartier du West End de Fremantle compte plus de 250 bâtiments historiques. L'espace artistique contemporain **PSAS** (psas.com.au) occupe un ancien entrepôt maritime en face de **Republic of Fremantle** (p. 336), distillerie haut de gamme et bar à cocktails, tout près de l'excellent café-boulangerie **Bread in Common** (p. 332), l'une des reconversions patrimoniales dont l'architecture est l'une des plus primées d'Australie-Occidentale. Ne ratez pas non plus **Paperbird** (p. 332), une librairie pour enfants, comprenant une galerie d'illustrations, qui accueille le Woylie Aboriginal Story Festival (p. 337) en juillet.

Marcus Canning
Fondateur du Fringe World Festival (p. 337) et du Movies (p. 330), et à l'origine de la réhabilitation de The Rechabite ; @therechabitehall

51 Surprenante SWAN VALLEY

VIN | MARCHÉS | CURIOSITÉS

Ce paysage n'est que vignobles depuis plus de 180 ans : les immigrants européens furent les premiers à produire du vin dans cette région, activité perpétuée par leurs descendants. Dans cet endroit vraiment à part, situé à une demi-heure de voiture de Perth, d'éminents domaines viticoles côtoient des exploitations rustiques et familiales.

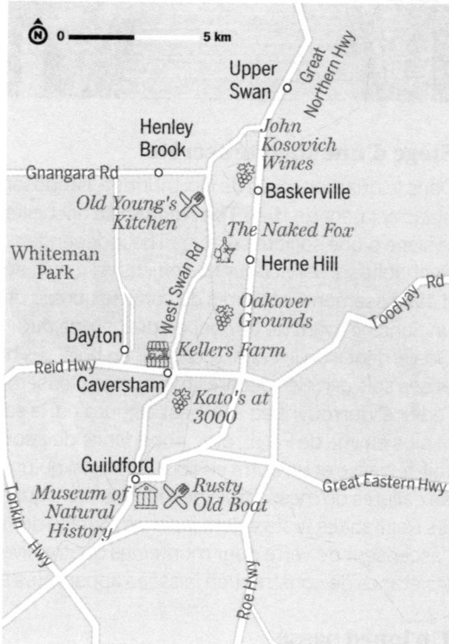

En pratique

Circuler Disposer d'un véhicule est le moyen le plus simple d'explorer la Swan Valley. On peut aussi s'inscrire à un circuit organisé pour parcourir, par exemple, le Swan Valley Food & Wine Trail qui, sur 32 km, passe par la plupart des curiosités.

Quand À tout moment, mais les festivals renaissent au printemps, tel **Entwined in the Valley** (p. 335), en octobre.

Expérience originale Louez une carriole tirée par des chevaux ou tentez un circuit-dégustation en bateau ou kayak, avec GoGo Active Tours (p. 331).

Pépite viticole Le bar à vins **The Naked Fox** (p. 336) est tenu par un jeune couple. Tous deux ont quitté leurs anciens emplois pour se consacrer à leur amour du vin local. Malgré un espace limité à 100 clients, la carte affiche 280 crus issus de vignobles indépendants d'Australie-Occidentale. À l'extérieur, des plaids sont à disposition pour pique-niquer dans l'herbe, près des vignes. Le couple produit ses propres assemblages sous l'étiquette Beneath the Vines.

Produits fermiers Les routes de la Swan Valley ne mènent pas qu'au vin : les stands de fruits et légumes frais sont légion. **Kato's at 3000** (p. 337) propose une quinzaine de variétés de raisins, que la famille récolte de janvier à fin mars. À Dayton, le week-end, la **Kellers Farm** (p. 332) sort des étals et vend des produits de saison, conserves et œufs fermiers, au milieu des poulets et des chèvres en liberté. Le Suisse, Philipp Keller, confectionne du pain

au chocolat de son pays, et sa femme Marija, d'origine croate, prépare au feu de bois un pain au levain exquis, garni de cheddar et de *jalapeños*.

Fraîcheur et gastronomie

À Guildford, **Rusty Old Boat** (p. 334), à l'ambiance maritime, sert un *fish and chips* haut de gamme, élaboré avec du poisson issu d'une pêche durable, et un grand choix de vins et de cocktails. Parfait pour un long déjeuner, **Old Young's Kitchen** (p. 334) sublime la cuisine locale avec son chorizo de crocodile saupoudré de feuilles de roselle, son tartare de kangourou au *youlk* (radis endémique), et son thazard saumuré accompagné de salicornes et de feuilles de fleur de cire de Geraldton.

À voir aussi

John Kosovich Wines (Baskerville ; p. 335). En 2022, cette épatante exploitation viticole familiale a fêté ses 100 ans. Certains de mes premiers souvenirs vinicoles sont liés à cette cave. J'aime son chenin vieilli en bouteille et son malbec (MPV), et je ne rate jamais une dégustation de son Rare Muscat.

Oakover Grounds (Middle Swan ; p. 335). Une exploitation éclectique : dégustations de vin, de cidre et de café, épicerie fine, pédalos gratuits pour s'amuser sur le lac...

Museum of Natural History (Guildford ; p. 332). Une floppée d'animaux empaillés (émeus, tatous, dauphins...) peuple cet ancien théâtre des années 1920.

James Young
Distilleur et PDG de Old Young's
@oldyoungsdistillery

Ci-dessus : The Naked Fox

52 LEEDERVILLE comme un habitant

VIE CITADINE | QUARTIER | CULTURE

Au cœur de l'agglomération de Perth, Leederville en est l'un de ses quartiers les plus singuliers, apprécié pour la diversité de ses boutiques et de ses bars, ses restaurants abordables et originaux, ses ruelles lumineuses et son street art. Il faut lui consacrer au moins une journée pour en prendre la mesure.

JACK LOVEL ©

En pratique

S'y rendre Depuis le centre de Perth, prenez le bus 15 ou la ligne de train Joondalup (souvent appelée Butler sur les panneaux dynamiques) jusqu'à Leederville. Dans les deux cas, vous arrivez sur Oxford St, rue des cafés par excellence.

Quand Leederville est plaisant toute l'année. Parfait pour le shopping en journée, et pour les bars et restaurants le soir.

À savoir Sachez, si vous êtes en voiture, qu'il y a un immense parking derrière Oxford St, accessible par le magasin Good Grocer.

BIG STATE IMAGES/ALAMY STOCK PHOTO ©

Avec ses rues égayées de parasols rayés rouge et blanc, où les restaurants en plein air s'immiscent entre les places de parking et où chaque devanture de magasin est unique, Leederville ressemble à un quartier de centre-ville comme les autres, mais il est bien plus que ça.

Ainsi une simple enseigne "Babylon" identifie-t-elle l'étroit **Babylon Cafe** (p. 332), coincé dans une petite rue derrière un magasin de tapis. Mais passez l'imbroglio de plantes en pots et de chaises de jardin dépareillées, pénétrez par l'entrée en briques, à plafond bas : vous voici dans un lieu trépidant, où règne une bonne odeur de café. Celui servi ici serait d'ailleurs, au dire de beaucoup, le meilleur du coin.

Non loin de là, le disquaire **Urban Records** (p. 337), l'un des vétérans d'Oxford St,

MAURITIUS IMAGES GMBH/ALAMY STOCK PHOTO ©

Electric Lane

Une ruelle de Leederville a été réhabilitée pour devenir un lieu social. Flanquée de bars, de magasins et d'immeubles de bureaux, elle a été baptisée Electric Lane en 2021 en mémoire du Leederville Hotel qui, en 1905, fut le premier établissement commercial du secteur à se doter de l'éclairage électrique.

En haut à gauche : Servo
Ci-contre : plaques de rue de Leederville
Ci-dessus : train roulant vers la gare de Joondalup

vend toute sorte de vinyles, ainsi qu'une poignée de CD d'occasion, des vêtements décontractés, des montres et des platines. Rien d'extraordinaire, en soi… jusqu'à ce que vos pas vous mènent à l'**Urban Depot** (p. 337). Cette improbable boutique dans la boutique propose des produits branchés, aussi bien des livres que des bacs à glaçons cocasses, des cartes de vœux osées et des articles de mode pour femme : l'endroit parfait pour une idée cadeau ! Jamais avare de conseils sur le quartier, le propriétaire débonnaire, Paul, est installé ici depuis des dizaines d'années.

Étant donné sa localisation, sur le littoral, l'Australie-Occidentale est un paradis pour les amateurs de produits de la mer ultrafrais. En la matière, ne ratez pas le **Kailis Bros Fish Market** (p. 334), dont le personnel peut, sur demande, vous conduire au bassin ouvert et vous attraper une *marron* (écrevisse d'eau douce). Tout se mange, même les pinces !

Incontournables de Leederville

Jardin partagé secret
Le parc au bout de Muriel Place renferme des jardins potagers, avec une profusion d'aromates : un vrai bonheur !

Luna Palace Cinemas (p. 337) Ce cinéma mythique projette des films australiens et internationaux dans un cadre d'antan, et dispose même d'un cinéma extérieur en toit-terrasse.

Robert's on Oxford (p. 316) Ce petit bar, huppé mais convivial, porte le prénom de son propriétaire.

Jenny Lam
Ancienne candidate de MasterChef Australie, et créatrice de Bunn Mee (p. 333) et Phat Lon (p. 333), à Leederville, @jennylamau

De là, traversez la rue pour gagner le monumental **Leederville Hotel** (p. 336), édifice historique rénové en 2021.

Ensuite, contournez-le pour rejoindre la ruelle derrière et **Servo** (p. 334). Ce nouveau restaurant dynamique sert l'une des cuisines les plus audacieuses du quartier, comme des moules au pollen de fenouil sur une baguette à l'encre de seiche. Il possède aussi un autre atout majeur : derrière les portes vitrées, à l'extérieur, mais en retrait du jardin et de la terrasse, un garage renferme une cabane de jeu, un tableau noir mural et des blocs de construction en plastique. Si vous avez de jeunes enfants, Servo garantit donc un bon moment pour toute la famille.

À gauche : Luna Palace Cinemas
Ci-dessous : Kailis Bros

53 Circuit à la découverte du STREET ART

ART | BALADE | INCONTOURNABLE

La ville de Perth est très impliquée dans son patrimoine street artistique au point qu'elle se qualifie de galerie d'art urbaine. Offrez-vous une balade insolite et artistique qui vous révéleront des chefs-d'œuvre cachés.

SUGAR GLIDER BY AMOK ISLAND, PHOTO BY BEWLEY SHAYLOR, COURTESY OF FORM ©

En pratique

S'y rendre Prenez un train ou un bus pour la gare centrale de Perth, et en marche !

Quand Peu importe. En journée, vous appréciez tous les détails des œuvres, mais le soir, vous pourrez faire halte dans les bars, notamment au Toots, secret et convoité, sur Nicks Lane.

Budget Admirer le street art ne coûte rien, mais prévoyez quelques dépenses dans les restaurants et bars du coin !

↑ Levez les yeux !

Certaines des œuvres d'art public les plus dynamiques de Perth ne sont pas à hauteur d'homme et échappent malicieusement au regard. La nuit, en traversant le centre-ville, levez la tête dans la ruelle adjacente à l'Alex Hotel pour voir le néon *Blue Sun* de Joshua Webb qui éclaire la voie vers plusieurs bars et clubs cachés.

Tabitha McMullan *Présidente de FORM, association culturelle à but non lucratif, @formwa*

01 Descendez Wolf Lane pour apprécier le **Dracula** de Stormie Mills, situé à peu près au milieu de la rue. Des personnages de cet artiste local parsèment toute la ville.

02 À l'endroit où l'étroite ruelle pavée bifurque et s'élargit, le street art abonde. Regardez bien en l'air pour ne pas rater **Untitled**, mur blanc constellé de personnages en lévitation, de l'artiste de rue argentine Hyuro.

03 Sur Nicks Lane, à Northbridge, vous attend une chauve-souris en plein vol en forme de paume ouverte, **Sugar Glider** (photo page ci-contre), d'Amok Island, artiste amstellodamois habitant Fremantle.

04 Les ruelles à l'arrière de Northbridge sont une vraie mine d'or, à l'image de **Chinatown Dragon** de Yok, Sheryo et Fecks, nomades internationaux du street art.

05 Gros plan sur les détails complexes de la dentelle avec **Mural** de la Polonaise NeSpoon, qui a réalisé des œuvres dans le monde entier. Flânez dans le secteur, riche en street art.

FLEURS SINGULIÈRES
d'Australie-Occidentale

01

02

03

04

01 Parfum de guêpe
L'orchidée araignée carrousel (*Caladenia arenicola*) imite si bien les guêpes endémiques (jusque dans les phéromones) que des insectes mâles essaient de s'accoupler avec.

02 Fleurs odorantes
Dans le pays, beaucoup d'arbres possèdent des fleurs odorantes. C'est le cas de l'*Eucalyptus kingsmillii*, espèce native d'Australie-Occidentale et d'Australie-Méridionale, présente dans le quartier Kings Park de Perth.

03 Grevillea variifolia
Il existe des centaines de sortes de *Grevillea variifolia*, surnommée "plante araignée". Cet arbuste résistant à la sécheresse prospère dans le sable et le gravier sur la Ningaloo Coast.

04 Accro au soleil
L'orchidée solaire parfumée (*Thelymitra macrophylla*) apparaît partout à la saison des fleurs sauvages, de juin (dans le centre-nord de l'Australie-Occidentale) à fin octobre (dans le sud).

05

06

08

07

05 Piège à insectes
Rusée et carnivore, la plante gâchette (*Stylidium araeophyllum*) attrape des insectes grâce au pollen répandu sur ses tiges et ses pétales.

06 Fringed Lily
Les bords du *Thysanotus multiflorus* sont semblables à la dentelle utilisée en haute couture. Les frêles pétales violets de cette fleur s'ouvrent à l'aube et se ferment le soir.

07 Orchidée âne
Avec ses pétales voyants semblables à des oreilles d'âne, la *Diuris magnifica* évoque vraiment cet animal. Cette orchidée, également facilement identifiable à ses couleurs vives, est un plaisir pour l'œil.

08 Beauté cachée
La *Banksia menziesii*, qui pousse dans les bois, a l'allure d'une plante grasse et piquante, mais de près, elle se révèle aussi complexe que jolie.

54 PLAGES méconnues de Perth

PLAGES | PLEIN AIR | ÉPAVE

Perth est l'une des très rares grandes villes à avoir d'aussi belles plages. Celles-ci ne sont pas seulement merveilleuses pour leur sable blanc très fin et leurs eaux cristallines : il y a aussi des bassins naturels creusés dans la roche et, le soir venu, on peut se baigner tout en applaudissant des tourneurs de feu.

MICHAEL WILLIS/ALAMY STOCK PHOTO ©

En pratique

S'y rendre La voiture est le moyen le plus simple de rejoindre ces plages. Une piste cyclable passe par les principaux sites côtiers.

Quand Les plages de Perth s'apprécient principalement d'octobre à juin, mais les vrais accros aux embruns en profitent même en hiver.

Notre conseil Arrivez sur la côte avant 10h pour profiter d'une eau à la fois calme et des plus limpides avant que ne se lève la Fremantle Doctor (petit nom donné à la fraîche brise marine qui s'abat les après-midi d'été sur les côtes de l'Australie-Occidentale).

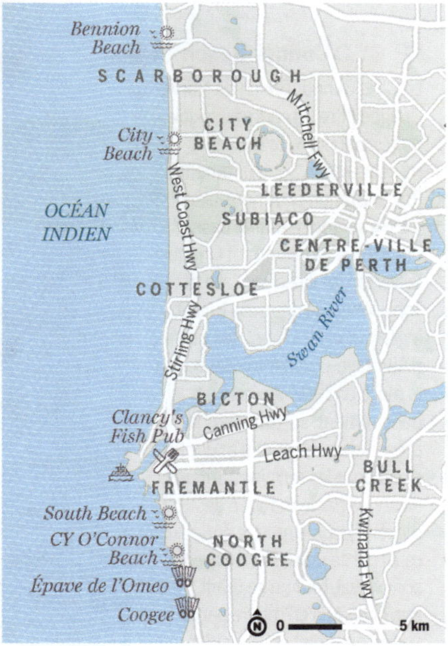

Un écrin de quiétude Si vous aimez les bassins naturels creusés dans la roche et vous tapir dans des grottes érodées, **Bennion Beach**, dans le nord de Perth, est faite pour vous ! Cette minuscule plage est coincée entre les très prisésTrigg Beach et Mettams Pool, le second surtout pour le snorkeling et la pêche annuelle aux ormeaux. Explorez **Bennion Beach** pour dénicher un petit coin rien qu'à vous face à des coraux mous et des eaux calmes et peu profondes. Les connaisseurs viennent ici pour la tranquillité, parfaite pour se plonger dans un bon livre !

Le paradis des hippies Pas de sable immaculé à **South Beach** (c'est un mélange de grains brun clair et noirs), mais un spectacle permanent ! En journée, l'activité se concentre sur la zone herbeuse de pique-nique et le terrain de jeu à l'ombre des pins

En haut à gauche : Bennion Beach
En bas à gauche : Trigg Beach

de Norfolk qui rejoint une eau calme, idéale pour le stand-up paddle. En début de soirée, l'ambiance décontractée, s'anime nettement grâce à des tourneurs de feu, des joueurs de *footbag* (qu'on pratique avec une balle en tissu remplie de sable), des musiciens et toutes sortes de visiteurs excentriques. Les samedis d'été, de 17h à 21h, le parc accueille les stands, le bar éphémère et les spectacles des Sunset Markets (p. 337), dans une atmosphère festive. Les rares visiteurs étrangers à s'aventurer au nord de Fremantle ne le regrettent pas !

Le plus beau coucher de soleil City Beach est la plage la plus proche du centre de Perth et l'une des rares à être éclairées de nuit ; elle est donc parfaite pour une baignade relaxante lors d'une soirée torride. Mais c'est aussi un lieu privilégié pour assister au coucher du soleil entre amis ou en famille en dégustant un *fish and chips* acheté au tout proche café de plage, **Clancy's Fish**

CY O'Connor Beach

La CY O'Connor Beach de North Coogee offre un cadre aussi joli qu'historique, avec les ruines massives de la South Fremantle Power Station en arrière-plan. Visible surtout à marée basse, une statue représentant Charles Yelverton, réalisée par l'artiste Tony Jones, se dresse là où cet ingénieur civil en chef de l'État d'Australie-Occidentale se donna la mort, en 1902. Anéanti par le dénigrement, surtout dans la presse, de son projet d'adduction d'eau pour les terrains aurifères, ainsi que par le manque de moyens pour le mettre en œuvre, il se jeta à la mer, avec son cheval, tout en se tirant une balle. Mis en œuvre par la suite, son projet est considéré aujourd'hui comme l'une des grandes prouesses techniques du début du XXe siècle.

Marcus Canning
Artiste et explorateur

La plage, mode d'emploi

Ceux qui fréquentent les plages de Perth ont l'habitude d'avoir beaucoup d'espace et un soleil généreux. Ne vous installez donc pas trop près d'eux ni juste devant, ce serait mal vu. Comme il y a peu de vols, nous n'aurez guère à craindre pour vos affaires sur la plage : gardez-les seulement à portée de vue.

ALISA HR/SHUTTERSTOCK ©

Pub (p. 334). On aime ici voir l'astre diurne s'abîmer dans les flots, à l'horizon.

L'épave engloutie À voir ses eaux cristallines et son sable blanc immaculé, il est étonnant que le quartier côtier récent de **Coogee**, tout au sud de Perth, ait tant tardé à attirer l'attention (notamment des promoteurs immobiliers). Un escalier en acier improbable partant d'une rue enjambe les rochers pour finir dans l'océan, peu profond. Tout près de là se trouve l'**épave de l'Omeo**, cargo à vapeur qui s'échoua ici en 1905 et fait aujourd'hui le bonheur des snorkeleurs. Si vous avez des enfants ou n'êtes pas un nageur aguerri, venez à marée basse, car vous pourrez alors parcourir une partie du site en marchant dans environ 1 m d'eau. Sinon, piquez une tête et suivez éventuellement le **Coogee Maritime Trail**, itinéraire de snorkeling sur lequel la profondeur varie de 2 m à 7 m. Le lion de mer doré, dont le museau sort de l'eau, est inratable.

À DROITE : DYLAN ALCOCK/SHUTTERSTOCK ©; À GAUCHE : EA GIVEN/SHUTTERSTOCK ©

Page ci-contre : statue de Tony Jones à CY O'Connor Beach
En haut à droite : épave de l'Omeo
Ci-dessus : City Beach

55 SAVEURS aborigènes

CULTURE ABORIGÈNE | DIVERSITÉ | CUISINE

Il y a moult manières de découvrir les saveurs du bush australien et la diversité culinaire de l'Australie-Occidentale (myrte citronné, *Syzygium smithii*, fourmis arboricoles, etc.), que ce soit dans un restaurant ultrachic de Perth ou au contact d'un ancien de la communauté aborigène.

CLEARVIEWIMAGES RF/ALAMY STOCK PHOTO ©

En pratique

Circuler On peut atteindre à pied les différents sites cités ou, pour les moins sportifs, en taxi.

Quand Chaque saison apporte de nouvelles saveurs et de nouveaux produits frais. Pour en savoir plus et planifier votre visite, consultez le calendrier des 6 saisons établi par les Noongar de la région de Perth.

À savoir Les menus ne signalant pas forcément quels sont les produits aborigènes, demandez aux serveurs de vous les indiquer.

THE RITZ-CARLTON, PERTH ©

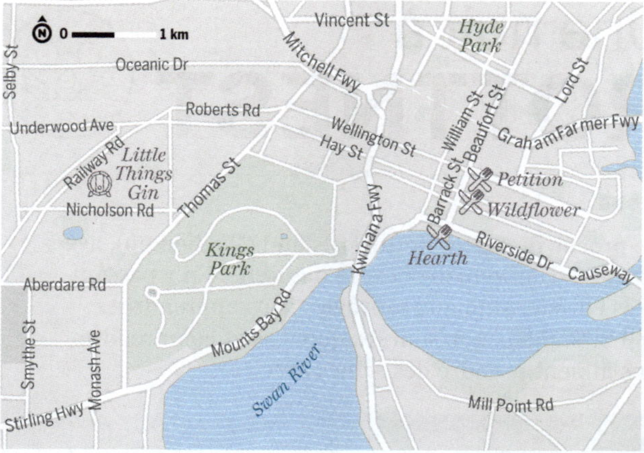

En haut à gauche : noix de bunya
En bas à gauche : Hearth

Les chefs les plus créatifs de Perth axent de plus en plus leur cuisine sur les ingrédients du cru. Présents en abondance, ceux-ci ont toujours été exploités par les peuples aborigènes. Leur fraîcheur et leurs saveurs inédites (minéralité du *saltbush* croustillant, piquant de l'*Acronychia acidula*, croquant de la tétragone...) séduisent désormais les palais audacieux.

Gastronomie à l'origine de menus aux saveurs du bush de plusieurs restaurants de Perth, on trouve le chef Jed Gerrard, désormais parti pour de nouvelles aventures dans celui d'un domaine viticole de Margaret River (le Wills Domain). Ayant fait ses armes au **Hearth** (p. 334), le restaurant phare du Ritz-Carlton, il a, par la suite, élaboré la carte du **Wildflower** (p. 331), voisin, dont l'espace vitré trône à l'étage supérieur du boutique-hôtel Como The Treasury (p. 337). Les plats de saison servis ici suivent le calendrier noongar, mais sont aussi au menu toute l'année, des *marrons*, ces écrevisses d'eau douce présentent uniquement en Australie-Occidentale. Ne manquez pas non plus de goûter aux pipis (palourdes endémiques) du luxueux **Petition** (p. 334), dans les State Buildings.

Gin de sélection **Little Things Gin** (p. 335) propose un mélange botanique d'exception à base de myrte citronné, de menthe de rivière native et de thym australien. En dehors de ce bar-distillerie, privilégiez le gin natif australien de Giniversity, réalisé à partir de fleur de cire de Geraldton (qui a le même goût que les feuilles de combava), de myrte citronné et de *Podocarpus drouynianus*.

Expérience culinaire unique

Le chef et fondateur du restaurant éphémère et nomade **Fervor** (p. 331), Paul Iskov, exploite et valorise si bien les saveurs aborigènes qu'il est peut-être le meilleur représentant de la scène culinaire d'Australie-Occidentale. Les ingrédients sont fraîchement cueillis avant chaque événement pour composer un dîner, toujours surprenant. Attendez-vous à manger des fourmis arboricoles, de la lime du désert, des noix de bunya, des tubercules de baobab et une myriade d'aliments dont vous n'avez jamais entendu parler. Fervor organise la plupart de ses événements dans des lieux retirés d'Australie-Occidentale et quelques-uns à Perth. Consultez le site Internet pour connaître le calendrier, et réservez bien à l'avance le cas échéant.

56 Une nuit à ROTTNEST

ÎLE | FAUNE SAUVAGE| PLAGES

Lieu de villégiature proche de Perth, Rottnest Island (Wadjemup), avec ses criques paisibles, est d'une exceptionnelle beauté naturelle. En y passant une ou deux nuits parmi ses curieux animaux sauvages, vous apprendrez à connaître ces charmants marsupiaux que sont les quokkas et comprendrez donc pourquoi tant de gens aiment prendre des selfies avec eux.

BENNY MARTY/SHUTTERSTOCK ©

En pratique

S'y rendre Vous pourrez rejoindre Rottnest en ferry depuis le centre-ville de Perth, Fremantle ou Hillarys Boat Harbour.

Circuler Si la plupart des gens louent un vélo classique ou à assistance électrique, vous pourrez choisir de marcher, de prendre la navette gratuite ou d'acheter un billet pour le bus qui fait le tour de l'île, longue de 11 km, en s'arrêtant aux sites importants.

Quand De septembre à mai, chaleur et ciel bleu garantis !

GRAKHANTSEV NIKOLAI/SHUTTERSTOCK ©

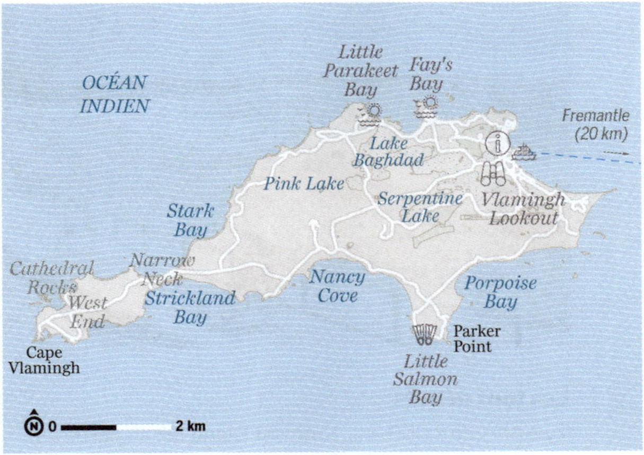

Après le départ des foules En quittant Rottnest Island par le dernier ferry de la journée, la plupart de ses dizaines de milliers de visiteurs annuels ne la voient jamais sous son meilleur jour : quand le soleil décline, que le calme s'installe et que les quokkas se montrent. Ceux-ci sortent en nombre à l'approche de la nuit et bondissent sur les sentiers, grimpent aux arbres, se chamaillent et grignotent l'herbe. Mais en journée, ces marsupiaux nocturnes sont plutôt léthargiques et ne se montrent que parce qu'il y a du monde. Il ne faut ni les nourrir, ni déranger ceux qui dorment, recroquevillés en position assise, la tête posée sur la queue.

Lâcher-prise à "Rotto" Essayez de vous aventurer hors de la zone d'habitation principale pour rejoindre des sentiers de randonnée et des promenades en bois peu empruntés, et les plages enchanteresses de l'île. Bordée de roches calcaires érodées, la paradisiaque **Little Parakeet Bay** fait face à un bassin d'eau de mer. À **Fay's Bay**, une plage plate en arc de cercle cède la place à des rochers irréguliers, parsemés d'herbes marines à feuilles, avec des bassins naturels à leur base : parfait pour les enfants aventuriers et les pêcheurs à la ligne amateurs ! Si vous aimez le snorkeling, vous adorerez l'excellent sentier jalonné de panneaux sous-marins informatifs à **Little Salmon Bay**, une anse abritée.

En haut à gauche : Little Salmon Bay
En bas à gauche : quokkas

Faits insolites sur les quokkas

Au XVIIe siècle, lorsque les marins hollandais débarquèrent sur cette île escarpée et virent ces petites boules de poils, ils les prirent pour de gros rats, et nommèrent le lieu en conséquence : Rottnest ("nid à rats" en néerlandais).

Les quokkas boivent très peu d'eau, car ils s'hydratent presque exclusivement par le biais de la végétation qu'ils mangent, notamment des herbes, des plantes grasses et des jeunes pousses.

Les bébés sortent leur petite tête de la poche de leur mère en septembre, et l'île organise, le temps d'un week-end, le Quokka Birthday, (p. 332) une fête en l'honneur des nouveau-nés. Les *joeys* (bébés marsupiaux) sont très mignons, mais ne les touchez surtout pas.

Un sombre passé

L'HISTOIRE COMPLEXE DE ROTTNEST ISLAND

Les quokkas ont fait la réputation de Rottnest Island (ou Wadjemup, en noongar), mais ces adorables marsupiaux ne doivent pas occulter la richesse historique des lieux : les bâtiments patrimoniaux reconvertis témoignent des périodes successives de la colonisation, de l'emprisonnement des Aborigènes et du rôle de l'île lors des guerres mondiales.

À gauche : Thomson Bay
Au centre : chemin depuis le Vlamingh Lookout
À droite : magasin de sel, Rottnest Island

JON ARNOLD IMAGES LTD/ALAMY STOCK PHOTO ©

Les tout débuts

Il y a près de 7 000 ans, Rottnest Island faisait partie du continent de l'Australie-Occidentale. Au vu de divers objets retrouvés, tel un outil coupant en chaille de 27 000 ans, les Noongar Whadjuk, premier peuple à avoir occupé les lieux, y seraient venus par le pont terrestre, avant la montée des eaux, pour des rencontres et des cérémonies.

L'installation d'Européens sur Rottnest Island remonte à 1831. Robert Thomson, sa femme et leurs enfants auraient été les premiers d'entre eux. Rejoints par d'autres colons, ils élevèrent du bétail, cultivèrent tout ce qui était possible (céréales, tabac, fruits...) et récoltèrent du sel dans les lacs salins du centre.

Des parties de la propriété et du puits des Thomson sont encore visibles, et un sentier pédestre de 4 km traverse les terres qu'ils exploitaient. Suivez-le depuis le sommet du Vlamingh Lookout pour redescendre sur la promenade surélevée, entre les lacs salins rosés et les tapis de salicorne, et finir dans Little Parakeet Bay (p. 327).

Un pan d'histoire caché

La propriété privée sur Rottnest Island ayant été interdite en 1839, la famille Thomson fut la dernière à en jouir. À peu près à la même époque, l'île devint une colonie pénitentiaire pour Aborigènes, et près de 4 000 hommes et garçons y furent emprisonnés au cours du siècle qui suivit.

Soumis à des travaux forcés extrêmement durs, les prisonniers extrayaient des pierres et construisirent la plupart des bâtiments coloniaux encore présents dans Thomson Bay. Des centaines d'entre eux auraient tragiquement péri, et reposeraient encore dans des

EA GIVEN/SHUTTERSTOCK ©

FRITZ16/SHUTTERSTOCK ©

lieux révélés au plus grand nombre seulement dans les années 1980. Toutes ces vies perdues expliquent l'importance si particulière de Wadjemup (littéralement "lieu après l'eau où vivent les esprits") aux yeux des Aborigènes d'Australie-Occidentale. Quod, la prison, fut "officiellement" fermée en 1904, même si le dernier détenu en sortit en 1931. Un projet en cours vise à mettre en lumière et à préserver les sites liés à cette époque tragique.

À l'aube d'une nouvelle ère

La fermeture de la prison laissa le champ libre aux activités de loisir. Les bâtiments de Rottnest, dont les murs chaulés renvoyaient une aveuglante lumière solaire, furent recouverts d'une teinte ocre aujourd'hui encore typique des cottages historiques de l'île. L'utilisation de celle-ci comme camp de prisonniers de guerre et base de défense militaire durant les deux guerres mondiales suspendit évidemment toute activité touristique, mais cette dernière reprit ensuite. Les vieux canons et les vestiges des casernes sont devenus des curiosités, la maison de correction pour garçons a été convertie en lieu d'hébergement, et la résidence d'été du gouverneur, en pub.

Les seules personnes habilitées à résider à Rottnest sont les employés de service y travaillant de longue date (environ 200). Malgré de réelles améliorations, les logements de vacances restent basiques. Il a fallu attendre les années 1990 pour avoir des douches à l'eau douce et non plus salée, et 2006 pour disposer de la télévision dans les chambres (même si l'on peut très bien s'en passer !). Les nombreux habitués de l'île en apprécient la vie simple, les pieds dans le sable.

La destination la plus durable d'Australie-Occidentale

Déclarée réserve naturelle de classe A en 1917 (l'année même où la chasse au quokka y fut interdite), Rotto est devenue en 2018 la première destination touristique d'Australie-Occidentale à obtenir la certification de durabilité **EarthCheck**. Des panneaux solaires et une éolienne assurent 45% de ses besoins en électricité. L'eau provient d'une usine de désalinisation qui filtre environ 150 000 000 l par an, et les eaux usées traitées servent à l'irrigation. Une pépinière gérée par des bénévoles produit chaque année 30 000 plants paillés par des déchets verts et destinés à la revégétalisation de l'île, où seuls des véhicules de service sont autorisés.

Carnet d'adresses

Les grands classiques (p. 302)

Art Gallery of Western Australia (AGWA)

(☎ 08-9492 6622 ; www.artgallery.wa.gov.au ; Perth Cultural Centre ; entrée libre ; ⊙ 10h-17h mer-lun).

Fremantle Prison

(☎ 08-9336 9200 ; www.fremantleprison.com.au ; 1 The Terrace ; visite simple journée adulte/enfant 23/13 $, billet combiné journée 33/23 $, visite à la lampe torche "Torchlight Tour" 29/19 $; ⊙ 9h-17h).

Kings Park and Botanic Garden

(☎ 08-9480 3600 ; www.bgpa.wa.gov.au ; ⊙ visites guidées gratuites 10h, 12h et 14h).

WA Museum Boola Bardip

(☎ 1300 134 081 ; www.museum.wa.gov.au ; Perth Cultural Centre ; ⊙ 9h30-17h).

En plein air

Esplanade Park

Le temps passe vite dans ce vaste espace vert face au port de Fremantle, doté d'une pyramide de corde, d'un grand toboggan, d'un skatepark pour tout âge et d'une zone de parkour. (☎ 08-9432 9999 ; www.fremantlefishingboatharbour.com/attraction/esplanade-park-fremantle ; Marine Terrace, Fremantle ; ⊙ 8h-21h lun-ven, 8h-17h sam, 11h-17h dim)

Fremantle Arts Centre

Voir p. 307 (☎ 08-9432 9555 ; www.fac.org.au ; 1 Finnerty St ; entrée libre ; ⊙ 10h-17h tlj)

Hyde Park

Grand parc vert avec des sentiers de promenade à l'ombre d'énormes figuiers de Moreton Bay, autour d'un lac tranquille où vivent des tortues endémiques. (☎ 08-9273 6000 ; www.vincent.wa.gov.au/parks-and-facilities/hyde-park ; William St, Highgate ; entrée libre ; ⊙ 24h/24)

Rooftop Movies

Ce cinéma sur le toit d'un parking de 6 niveaux, uniquement ouvert l'été, déploie des poufs face à un écran fixé à des conteneurs maritimes, des caravanes rétro, des palmiers et des food trucks. (☎ 08-9227 6288 ; rooftopmovies.com.au ; 68 Roe St ; ⊙ mar-dim fin oct-fin mars)

Somerville Auditorium

Dans le superbe parc de l'université d'Australie-Occidentale, ce cinéma en plein air entouré de pins projette des films internationaux sous le ciel étoilé de novembre à avril. Apportez un coussin et commandez une pizza sur le site. (☎ 04-1069 9075 ; www.perthfestival.com.au/venues/somerville-auditorium ; 35 Stirling Hwy, Crawley ; ⊙ nov-mars)

Plus vieille culture vivante du monde

Djurandi Dreaming

Explorez les lacs du sud de Perth à la lampe-torche avec un guide noongar et apprenez-en plus sur les lieux où la communauté se retrouvait et se nourrissait. (☎ 0458 692 455 ; www.djurandi.com.au ; circuits lacs adulte/enfant 70/45 $).

Go Cultural

En marchant dans Elizabeth Quay, zone de Perth en front de mer, on peut découvrir l'usage culturel de l'endroit avant la colonisation européenne. Le guide noongar montre les anciens lieux de rencontre, de chasse et de rassemblement des Aborigènes. (☎ 0459 419 778 ; www.gocultural.com.au ; circuit 80 $)

Fervor

Voir p. 325 (04-2903 3326 ; fervor.com.au ; voir le calendrier des événements culinaires sur le site)

Japingka Aboriginal Art

Voir p. 307 (08-9335 8265 ; japingkaaboriginalart.com ; 47 High St, Fremantle ; 10h-17h lun-ven, 12h-17h sam-dim)

Nyungar Tours

Les Aborigènes d'Australie-Occidentale utilisaient beaucoup Kings Park pour les cérémonies et le Temps du rêve. Suivez la guide noongar sur le pont au-dessus des arbres du parc et dans le bush, en écoutant ses histoires sur les femmes whadjuk yorga. (nyungartours.com.au ; tarif plein/enfant 80/30 $; sur rdv)

Two Feet & a Heartbeat

Voir p. 307 (1800 459 388, 04-2405 7077 ; www.twofeet.com.au ; visites à partir de 60 $)

Wildflower

Voir p. 325 (08-6168 7855 ; wildflowerperth.com.au ; State Buildings, 1 Cathedral Ave ; 12h-14h30 et 17h30-tard mer-ven, 17h30-tard mar et sam)

Activités de plein air extra

Heirrison Island

Rendez-vous à vélo, à pied ou en voiture sur Heirrison Island, face à la ville. Côté sud-ouest, quelques kangourous vivent dans un sanctuaire clôturé. Tôt le matin ou au coucher du soleil, vous êtes quasi sûr de les voir brouter dans les zones marécageuses ou herbeuses.

Hike Collective

Les randonnées écoresponsables (toutes à moins d'une heure du centre-ville) valorisent le lien avec la nature. Découvrez ainsi les lacs et les baies de Rottnest Island ou les jardins

DAVID STEELE/SHUTTERSTOCK ©

Hyde Park

paysagers de l'Araluen Botanic Park. (04-1317 3794 ; www.hikecollective.com.au ; circuit 2 heures adulte à partir de 45 $; sur rdv)

GoGo Active Tour

Partez en kayak sur la Swan River avec un guide pour dénicher des coins secrets dans les falaises que même les habitants ne connaissent pas, explorer les habitats des oiseaux d'eau et les grottes calcaires, avant de visiter une cave viticole. (04-1116 6586 ; gogoactivetours.com.au ; circuit 3 heures adulte/enfant 89-99/69-79 $; sur rdv oct-mai)

Perth Waterbike Co

Vous pouvez louer un vélo aquatique, écologique pour pédaler sur la Swan River à votre rythme, seul ou en circuit organisé, en essayant d'observer les dauphins, et avec une vue superbe et originale sur Perth. (04-0232 4758 ; www.sailingeventide.com.au/destinations/perth-waterbike-co ; South Perth ; circuit 30 minutes/1 heure 49/75-135 $; 9h-16h tlj)

Whale Watching Perth

La plus longue migration de baleines au monde passe par le littoral de Perth. De septembre à novembre, plusieurs opérateurs organisent des excursions pour les observer. (08-6270 6002 ; www.whalewatchingperth.com ; Shop 56 Southside Dr,

Hillarys ; circuit 2 heures tarif plein/4-12 ans/famille 75/40/190 $; 12h30 lun, mer et ven-dim sept-nov)

Détente en famille

Elizabeth Quay Water Park

Dans ce parc en face de la station Elizabeth Quay, les enfants adorent se lancer entre les jets d'eau alternatifs, passer leurs mains sur le sol en mosaïque et, le soir, s'émerveiller devant le spectacle de lumières colorées. (08-9482 7499 ; Elizabeth Quay, The Esplanade ; entrée libre ; 10h-22h tlj déc-fév, 10h-18h mer-lun mars-nov)

Kellers Farm

Voir p. 310 (04-4897 2477 ; www.facebook.com/KellersFarmSwanValley ; 104 Victoria Rd, Dayton ; 8h-16h sam-dim)

Museum of Natural History (Guildford)

Voir p. 311 (08-9377 3884 ; academyoftaxidermy.com/museum-of-natural-history ; 131 James St, Guildford ; tarif plein/-12 ans 8/4 $, visite guidée 75 $; 10h-17h tlj sauf lun)

Paperbird

Voir p. 309 (08-9430 7038 ; paperbird.com.au ; 42 Henry St, Fremantle ; 9h-17h tlj)

Perth Zoo

Parmi la faune sauvage native, citons les casuariidés et les dendrolagues, un enclos à reptiles avec des serpents venimeux géants et une maison nocturne avec des bilbys et des quokkas. (08-9474 0444 ; perthzoo.wa.gov.au ; 20 Labouchere Rd, South Perth ; tarif plein/enfant 38,10/19,05 $; 9h-17h tlj)

Quokka Birthday

Voir p. 337 (Rottnest ; sept)

Scitech

Planétarium, souffleries obscures où se déplacent des organismes fluorés, courses de bateaux, commande de bras électroniques, etc. : ce centre scientifique interactif et pratique comble les enfants. (08-9215 0700 ; www.scitech.org.au ; City West Centre, Sutherland St ; adulte/enfant 26/17 $; 9h-16h tlj)

Cafés du meilleur cru et en-cas

Babylon Cafe

Voir p. 313 (04-1730 6714 ; @babylon_cafe ; 106 Oxford St, Leederville ; 6h30-15h lun-ven, 7h30-14h sam)

Bread in Common

Voir p. 309 (04-4958 8404 ; breadincommon.com.au ; 43 Pakenham St ; 11h30-tard tlj).

Chu Bakery $

Il suffit d'une bouchée du croissant feuilleté au kaya (crème de noix de coco) pour oublier les 15 minutes de queue préalables. Le pain au levain, aussi, est un régal. (04-2224 8674 ; www.chubakery.com.au ; 498 William St, Highgate ; 7h-16h tlj sauf lun)

Lil' Toastface

Sans doute le plus petit de Perth, ce café à peine visible sert d'excellents cafés et des toasts extra. Installez-vous sur une chaise vintage et regardez passer les stars de Northbridge. (@liltoastface ; 179 William St, Northbridge ; 6h30-14h lun-ven, 8h-13h sam-dim)

EA GIVEN/SHUTTERSTOCK ©

Elizabeth Quay Water Park

PERTH ET SA RÉGION CARNET D'ADRESSES

Pixel Coffee Brewers

C'est là, au nord du quartier des cafés de Leederville, que les jeunes branchés prennent leur café, surtout pour la mignonne petite terrasse sur la rue, même si l'intérieur avec les plantes et le carrelage mural vert et blanc est charmant. (☎04-8403 9999 ; www.facebook.com/pixelcoffeebrewers ; 2/226 Oxford St, Leederville ; ⏲7h-15h lun-sam, 8h-15h dim)

Telegram Coffee

Chaque matin, ce petit café des immenses State Buildings actionne les poulies d'ouverture qui relevant les panneaux d'eucalyptus de son stand et voit se former une file d'attente. (☎08-9328 2952 ; telegramcoffee.com.au ; rdc State Buildings, angle St Georges Tce et Barrack St, Perth ; ⏲6h-16h lun-ven)

Petits déjeuners de roi

Hylin $$

Ce charmant café avec des tables sous les arbres, en bord de route, sert un excellent café et des petits déjeuners roboratifs (essayez le Brisket Benny). (☎04-7664 4997 ; hylincafe.com ; 178 Railway Parade, West Leederville ; ⏲6h30-14h30 lun-sam, 7h-14h30 dim)

Moore & Moore $$

Dans le West End historique, endroit emblématique de Fremantle pour le petit déjeuner et le brunch, avec jardin et galerie d'art. (☎08-9335 8825 ; www.mooreandmoorecafe.com.au ; 46 Henry St, Fremantle ; ⏲7h30-14h45 tlj)

Odyssea $$

Savourez face à l'océan un jus de fruits frais et une purée d'avocat avec du chorizo et des œufs pochés. (☎08-9385 7979 ; www.odysseacitybeach.com.au ; 187 Challenger Parade, City Beach ; ⏲7h-tard mar-sam, 7h-15h lun et dim)

Cuisine asiatique

Bun Mee

Voir p. 314 (☎04-5052 0157 ; @bunn.mee ; 112 Oxford St, Leederville ; ⏲10h30-14h30 lun-sam, 10h30-14h dim)

Emily Taylor

Voir p. 307 (☎08-9239 3300 ; emilytaylorbar.com.au ; 19-29 Henderson St, Fremantle ; ⏲11h30-22h lun-ven, 9h-23h sam, 9h-22h dim)

Good Fortune Duck House $

Le canard rôti désossé est ici d'un niveau supérieur, talonné par les crêpes au canard de Pékin. Goûtez aussi les haricots verts avec du porc haché au piment. (☎08-9228 3293 ; www.goodfortuneduckhouse.com.au ; 354 William St, Northbridge ; ⏲10h-21h tlj sauf mar)

Le Vietnam $

Sa baguette blanche croustillante garnie de pâté, porc émincé et aromates asiatiques vaut à son banh mi une solide réputation. (☎08-6114 8038 ; www.facebook.com/levietnamcafe ; 1/80 Barrack St ; ⏲10h-15h lun-ven)

Moonflower Modern Chinese Restaurant $$

L'ambiance bouillonnante est parfois un peu oppressante, mais cet endroit est vraiment le paradis du yum cha chinois (brunch avec dim sum et thé). (☎08-9228 2107 ; www.moonflower.au ; 66 Francis St, Northbridge ; ⏲10h30-15h lun-ven, 10h-15h sam-dim, 17h30-22h tlj)

Phat Lon

Voir p. 314 (☎08-6507 4745 ; www.phatlonleederville.com ; 106 Oxford St, Leederville ; ⏲17h30-22h lun-jeu, 17h30-22h30 ven-sam)

Tak Chee House $

Ce restaurant malaisien sert un authentique riz au poulet d'Hainan dans un cadre simple et gai. L'accueil est un peu rustre, mais la cuisine savoureuse, à un prix très raisonnable. (☎08-9328 9445 ; 1/364 William St ; ⏲11h-15h et 17h-21h mar-dim)

Tsukaya

Voir p. 305 (☎ 08-6102 2878 ; www.facebook.com/tsukayarestaurant ; 167 Scarborough Beach Rd, Mount Hawthorn ; ⊙ 17h30-21h mer-jeu, 17h30-21h45 ven-sam)

Viet Hoa $

Pour une fumante soupe phô ou un traditionnel bœuf cru à la menthe fraîche et aux germes de soja croustillants, ne cherchez pas plus loin ! (☎ 08-9228 2127 ; www.viethoa.com.au ; 349 William St, Northbridge ; ⊙ 10h-21h tlj)

Dîner après 21h

Bar Rogue $$

Ce bar à vins d'Highgate, sans réservation possible, propose surtout des snacks, mais il ne faut pas le bouder tant sa cuisine est exquise, à l'instar des gaufres et poulet frit froid et de la poitrine de porc glacée au miso. (www.barrogue.com.au ; 515 Beaufort St, Highgate ; ⊙ 17h-22h lun et mer-jeu, 17h-0h ven-sam, 15h-22h dim)

Tiny's $$

Ce restaurant en retrait de la route, dans l'ouest de la ville, est une référence pour son poulet rôti avec une sauce maison et des pommes de terre à la graisse de canard. (☎ 08-6166 9188 ; www.tinysbar.com.au ; QV1 Plaza, angle Hay St et Milligan St ; ⊙ 11h30-23h mer-jeu, 11h30-0h ven, 16h-0h sam)

Vincent Wine $$

Ce bar à vins européen, avec zinc et terrasse, sert des spécialités françaises jusque tard. (www.vincentwine.com.au ; 465 William St, Perth ; ⊙ 16h-tard mer-jeu, 12h-tard ven-dim)

Autres bonnes options de restauration

Clancy's Fish Pub

Voir p. 322 (☎ 08 9385 7555 ; clancysfishpub.com.au/ 195 Challenger Pds, City Beach : ⊙ 6h30-tard)

Hearth

Voir p. 325 (☎ 08-6559 6822 ; www.hearthrestaurant.com.au ; 1 Barrack St, Perth ; ⊙ 17h30-21h mar-ven, 18h-21h sam)

Kailis Bros

Voir p. 314 (☎ 08-9443 6300 ; kailisbrosleederville.com.au ; 101 Oxford St ; ⊙ boutique 9h-18h lun-ven et dim, 8h-18h sam, café 7h-22h lun-ven, 8h-22h sam-dim)

Kailis' Fishmarket Café

Voir p. 307 (☎ 08-9335 7755 ; kailisfremantle.com ; 46 Mews Rd, Fremantle ; ⊙ 10h30-tard tlj)

Neighbourhood Pizza and Pasta

Voir p. 305 (☎ 04-1950 7432 ; neighborhood-pizzapasta.com.au ; 7 Anvil Lane, Mt Hawthorn ; ⊙ 16h30-21h mer-sam, 16h30-20h dim)

Petition Kitchen

Voir p. 325 (☎ 08-6168 7771 ; statebuildings.com/venues/petition ; angle St Georges Terrace et Barrack St ; ⊙ 7h-23h lun-ven, 8h-23h sam-dim)

Old Young's Kitchen

Voir p. 311 (☎ 08-9296 6656 ; www.oldyoungskitchen.com.au ; 10 581 W Swan Rd, Henley Brook ; ⊙ 11h-16h lun et mer-jeu, 11h-22h ven, 11h-17h sam-dim)

Rusty Old Boat

Voir p. 311 (☎ 08-9379 1719 ; www.rustyoldboat.com.au ; 127 James St, Guildford ; ⊙ 12h-15h et 17h-20h mer-dim)

Servo

Voir p. 315 (☎ 08-9202 8288 ; www.servoleederville.com.au ; 9 Electric Lane, Leederville ; ⊙ 11h30-tard lun-ven, 8h-11h et 12h-tard sam-dim)

The Mezz

Voir p. 305 (☎ 08-9426 8864 ; www.hawaiian.com.au/the-mezz ; 148 Scarborough Beach Rd, Mt Hawthorn)

Bonnes tables de Rottnest Island

Lontara $$$

Ce restaurant, référence du complexe hôtelier Samphire qui domine l'océan, sert une cuisine aux saveurs asiatiques osées. Par sécurité, demandez toujours au personnel le degré de piment des plats. (08-9292 5011 ; lontara.com.au ; 1 Bedford Ave, Rottnest Island ; 7h-10h tlj, 12h-15h tlj sauf lun, 17h30-21h mar-sam)

Luxe Island Seafood Cruise $$$

Dégustez à bord d'un bateau privé de Rottnest Cruises un menu gourmet composé d'excellents produits de la mer et servi avec des vins assortis sur une nappe blanche. Mais avant, essayez d'attraper, à l'aide d'un casier, l'une de ces langoustes australiennes si convoitées. (08-9586 1136 ; rottnestcruises.com/cruises ; départ de Thomson Bay Fuel Jetty ; 319 $/pers ; sur rdv mer-dim nov-mars)

Vins naturels

Casa $$$

En fin d'après-midi, installez-vous à une table sur le trottoir ou au bar étroit, à l'arrière, et faites votre choix parmi les nombreux vins d'intervention minimale de ce convivial bar branché de Mount Hawthorn. (www.casa-casa-casa.com ; 399 Oxford St, Mount Hawthorn ; 16h-tard mar-sam)

Nieuw Ruin $$

Ce bar accueillant de Fremantle, où l'on aime s'attarder, propose une sélection originale de 300 vins principalement issus de petites production locales. (04-2098 8610 ; www.nruin.com ; 12 Norfolk St, Fremantle ; 17h-tard mer-jeu, 12h-tard ven-dim)

Oakover Grounds

Voir p. 311 (08-9374 8000 ; oakovergrounds.com.au ; 80 Yukich Close, Middle Swan ; 11h-16h mer-dim)

Wines of While $$

Un jeune médecin œnophile a ouvert ce bar-boutique de 50 places à Northbridge pour partager sa passion pour les vins bio. (04-0185 1379 ; winesofwhile.com ; 458 William St ; 16h-0h mer-jeu, 16h-23h ven, 12h-23h sam, 12h-18h dim).

À consommer avec modération

Darling Darling

Voir p. 307 (www.facebook.com/darlingfreo ; 36 Henry St, Fremantle ; 16h-0h lun-jeu, 12h-0h ven-dim)

Entwined in the Swan Valley

Voir p. 310 (04-9207 8899 ; www.swanvalley.com.au/entwined)

Gage Roads Brewery

Depuis cette brasserie de 100 m de long, aménagée dans un ancien entrepôt du port de Fremantle à la manière des cabanes de plage, on voit les ferrys avec Rottnest en toile de fond. (08-9314 0000 ; gageroads.com.au ; A-Shed, Walyalup Waterfront, Fremantle ; visite 35 $/pers ; 11h-tard tlj)

Gimlet

Voir p. 307 (08-9239 3300 ; www.wardershotel.com.au/gimlet ; angle Henderson St et Market Lane, Fremantle ; 7h-tard tlj)

John Kosovich Wines

Voir p. 311 (08-9296 4356 ; johnkosovichwines.com.au ; 180 Memorial Ave, Baskerville ; visite 10h30-16h30 tlj sauf mar)

Little Things Gin

Voir p. 325 (www.littlethingsgin.com.au ; 205a Railway Rd, Subiaco ; atelier 55 $/pers ; 15h-22h jeu-ven, 13h-22h sam-dim, atelier jeu et sam)

Mistelle $$

Perché en haut d'un coteau d'Hainault Vineyard, dans les Perth Hills, ce restaurant français sert des spécialités de l'Hexagone sur un balcon dominant les vignes. (☎04-9370 6210 ; www.mistelle.com.au ; 205 Nicholson Rd, Shenton Park ; ⏲17h30-22h30 mar-sam, bar à partir de 16h)

Republic of Fremantle

Cette distillerie spécialisée dans le gin est dotée d'un bar animé et d'une drôle de terrasse. Elle propose une excellente cuisine et des visites expliquant le procédé traditionnel de distillation par lots, à partir de raisins locaux. (☎08-9249 1222, 08-9331 7222 ; republicoffremantle.com ; 3 Pakenham St, Fremantle ; atelier gin 180 $/pers ; ⏲bar 11h-tard mer-dim, visites 11h-18h, ateliers sur rdv)

Robert's on Oxford

Voir p. 314 (☎04-5060 5176 ; www.robertsonoxford.com.au ; 173 Oxford St, Leederville ; ⏲14h-0h lun-jeu, 12h-0h ven-sam, 12h-22h dim)

Running with Thieves

Dans un vaste hangar en face de South Beach, sirotez des bières de saison créatives, souvent en édition limitée : stout chocolat-orange, bière à l'avoine et au lactose, seltzer cosmopolite aux fruits de la passion… (☎04-9919 8145, 04-5545 4605 ; runningwiththieves.com ; 218 Marine Terrace, South Fremantle ; visite et dégustation 26,50-53 $/pers ; ⏲11h-22h tlj, visitessur rdv jeu-dim)

The Naked Fox

Voir p. 310 (☎04-1270 7449 ; thenakedfox.com.au ; 8990 W Swan Rd, Henley Brook ; ⏲6h30-14h lun et jeu-ven, 7h30-21h sam, 8h-17h dim)

Bars secrets ou historiques

Astral Weeks

Cette ancienne herboristerie chinoise, désormais sans enseigne, est devenue le paradis des amateurs de vinyles, équipé d'un système audio Line Magnetic pour une qualité d'écoute supérieure. Des vins naturels y sont proposés. (astral-weeks.com.au ; 12/66 Roe St, Northbridge ; ⏲16h-tard tlj sauf lun)

Leederville Hotel

Voir p. 315 (☎04-9202 8288 ; www.theleedervillehotel.com.au ; 742 Newcastle St, Leederville ; ⏲11h-22h lun-jeu, 11h-1h ven-sam, 11h-0h dim)

Toots

Cette boîte de nuit paradisiaque, à la déco pastel et avec des boules à facettes des années 1970, se trouve dans un bar secret du quartier chinois, où il faut un mot de passe pour entrer les vendredis et samedis soir. Après avoir pris vos repères, allez au bar pour commander et demandez à parler à Toots. (www.lavishhabits.com.au/venues/toots ; Northbridge ; ⏲18h-0h jeu-sam)

Rooftops magiques

Mechanics Institute

Situé au deuxième étage d'un bâtiment au fond d'une ruelle, ce bar branché au décor chic et désuet plaît pour sa terrasse ouverte et ses cocktails raffinés. Sans parler des burgers que l'on peut commander au restaurant du rez-de-chaussée. (☎08-9228 4189 ; mechanicsinstitutebar.com.au ; 222 William St, Northbridge ; ⏲16h-tard mar-jeu, 15h-0h ven-dim)

National Hotel

Voir p. 307 (☎08-9335 6688 ; www.nationalhotelfremantle.com.au ; 98 High St)

QT Hotel

Le toit du QT Hotel offre une vue merveilleuse sur la ville qui s'étend tout autour, à apprécier idéalement le soir, un cocktail à la main. (☎08-9225 8000 ; www.qthotels.com/perth ; 133 Murray St)

Songbird

Même si ce n'est pas un vrai rooftop, ce bar bling bling extérieur, au premier niveau du Ritz, en donne l'impression, surtout depuis la terrasse dominant Elizabeth Quay.

(☎ 08-6559 6822 ; www.songbirdbar.com.au ; 1 Barrack St, Perth ; ⏲ 15h-21h jeu, 15h-0h ven, 12h-0h sam, 14h-21h dim)

Hébergement

Como The Treasury

Voir p. 325 (☎ 08-6168 7888 ; www.comohotels.com/perth/como-the-treasury ; State Buildings, 1 Cathedral Ave)

Warders Hotel

Voir p. 307 (☎ 08-9239 3300 ; www.wardershotel.com.au ; 19-29 Henderson St, Fremantle

Concerts, cinéma et festivals

Duke of George

Voir p. 305 (☎ 08-9319 1618 ; www.dukeofgeorge.com.au ; 135 George St, East Fremantle ; ⏲ 18h-tard jeu-sam, 17h-22h dim)

Fringe World Festival

Voir p. 309 (☎ 08-9227 6288 ; fringeworld.com.au ; tarifs variables selon les spectacles ; ⏲ jan-fév)

Jazz Cellar

Voir p. 305 (☎ 04-1999 3180 ; jazzcellar.net.au ; angle Buxton St et Scarborough Beach Rd, Mount Hawthorn ; entrée 30 $/pers ; ⏲ 17h30-tard ven)

Luna Palace Cinemas

Voir p. 314 (☎ 08-9444 4056 ; lunapalace.com.au/cinemas+1+luna-leederville ; 155 Oxford St, Leederville)

Sunset Markets

Voir p. 322 (☎ 08-6559 6822 ; scarboroughsunsetmarkets.com ; The Esplanade, Scarborough ; ⏲ 15h-20h sam mai-oct, 17h-21h jeudi nov-avr)

The Ellington Jazz Club

Voir p. 304 (☎ 08-9228 1088 ; www.ellingtonjazz.com.au ; 193 Beaufort St, Perth ; ⏲ 18h-tard tlj)

Woylie Aboriginal Story Festival

Voir p. 309 (☎ 08-9430 7038 ; paperbird.com.au/about-us/our-initiatives/woylie ; 42 Henry St, Fremantle)

Achats

Kato's at 3000

Voir p. 310 (☎ 04-3159 6489 ; www.facebook.com/p/Katos-at-3000-100041555843490 ; 3000 West Swan Rd, Caversham ; ⏲ jan-mars)

Urban Depot

Voir p. 314 (☎ 08-9443 4355 ; www.urbandepot.com.au ; 117 Oxford St, Leederville ; ⏲ 10h-17h30 lun-sam, 10h30-16h30 dim)

Urban Records

Voir p. 313 (☎ 08-9201 2500 ; www.urbanrecords.com.au ; 117 Oxford St, Leederville ; ⏲ 10h-17h30 lun-sam, 10h30-16h30 dim)

Vinnies

Voir p. 305 (☎ 08-9245 4370 ; www.vinnies.org.au/wa/vinnies-shops/vinnies-scarborough ; 3/160 Scarborough Beach Rd, Scarborough ; ⏲ 9h-16h tlj sauf dim)

57 Détour à WAVE ROCK

OUTBACK | AVENTURE | ROCHERS

Imaginez une vague monstrueuse sur le point de se briser. C'est la scène que propose Wave Rock, une paroi de granit de 15 m de haut et 110 m de long, vieille de 2,7 milliards d'années, et située à proximité d'un site d'art rupestre et d'un lac salé.

MARTIN HELGEMEIR/SHUTTERSTOCK ©

En pratique

S'y rendre Il existe des circuits organisés, mais mieux vaut être motorisé pour explorer le secteur à sa guise. Comptez 4 heures de trajet depuis Perth.

Sur la route Passez par la ville historique d'York, les chevaux insolites de la Tin Horse Hwy, le toboggan aquatique de 182 m du Kulin Aquatic Center (⏲ nov-avr) et le cimetière canin de Corrigin (Jose Rd).

Quand Évitez la période estivale.

Notre conseil Garez-vous aux abords du village de Wave Rock pour ne pas avoir à payer le tarif de stationnement élevé à proximité du site.

JAMESTEOHART/SHUTTERSTOCK ©

Wave Rock et musées insolites

Situé à environ 300 km à l'est de Perth, **Wave Rock** (☎ 08-9880 5182 ; Wave Rock Rd ; 12/5/3 $ par véhicule/adulte/enfant ; ⏲ 24h/24) s'inscrit dans un paysage de *scrub* et de terre aride brûlée par le soleil. Cette "vague de pierre" en granit ocre, érodée par les éléments, est devenue célèbre dans les années 1960 grâce à une photo publiée dans le magazine *National Geographic*. La paroi rocheuse incurvée porte des stries verticales dont les couleurs proviennent de l'oxyde de fer et des carbonates contenus dans les eaux de ruissellement.

En pleine journée, la forte luminosité tend à estomper les nuances chromatiques de la roche. Venez de préférence au coucher du soleil. À mesure que la lumière décline, l'ampleur de la "vague" devient

MINO SURKALA/SHUTTERSTOCK ©

Tin Horse Highway

Depuis la route principale, faites un crochet de 15 minutes par la Tin Horse Hwy (Kulin-Lake Grace Rd ; ⏲ 7h-17h lun-ven). Plus de 70 chevaux originaux en tôle et autres pièces métalliques, soudés et peints par des fermiers du coin, jalonnent cet axe sur 15 km. La plupart d'entre eux se trouvent entre Gorge Rock et Lake Grace Rd.

En haut à gauche : Wave Rock
En bas à gauche : Tin Horse Highway
En haut à droite : au sommet de Wave Rock

plus évidente et il est beaucoup plus agréable de se promener alentour. Longez la base et marchez prudemment jusqu'au sommet, d'où la vue splendide embrasse le bush et les terres agricoles.

À quelques mètres de là, l'inattendu **Miniature Soldier Museum** (9h-17h tlj) rassemble quelque 10 000 petits soldats mis en scène dans des dioramas de batailles, avec de grands bateaux réalisés à partir de boîtes de conserve et de capsules de bouteilles. Ont été reconstitués, entre autres, les deux conflits mondiaux, les campagnes napoléoniennes et la guerre de Sécession. Sous le même toit, le **Lace Place** (9h-17h tlj) renferme une large collection de dentelles sous un faible éclairage. Chaque centimètre de ces pièces délicates représente, au bas mot, une heure de travail. En sortant par le café attenant, levez les yeux pour voir les grandes compositions en forme de papillons réalisées à partir de fleurs séchées par le propriétaire, dans les années 1980, en guise d'isolation.

Un vignoble défiant la nature

Le **Walkers Hill Vineyard** (www.walkershillvineyard.com.au ; 10h-16h mer-dim août-juin) se situe à 1 heure en voiture de Wave Rock, soit une courte distance pour la région. En théorie, il ne devrait pas être possible de faire pousser de la vigne aussi loin à l'est, et des vignerons traditionnels ne s'y seraient pas risqués. Les propriétaires de ce domaine, un ex-camionneur et un ancien coiffeur, ont été surpris de voir que les terres qu'ils venaient d'acheter comprenaient un vignoble : ils ont donc décidé de continuer l'aventure ! Leur vin a le goût du terroir – siliceux et ferrugineux – et ils préparent la meilleure cuisine à des kilomètres à la ronde (réservation indispensable). Des vendanges, auxquelles tout le monde peut participer, ont lieu chaque année en février ou mars. Les dates sont annoncées sur leur site environ une semaine à l'avance.

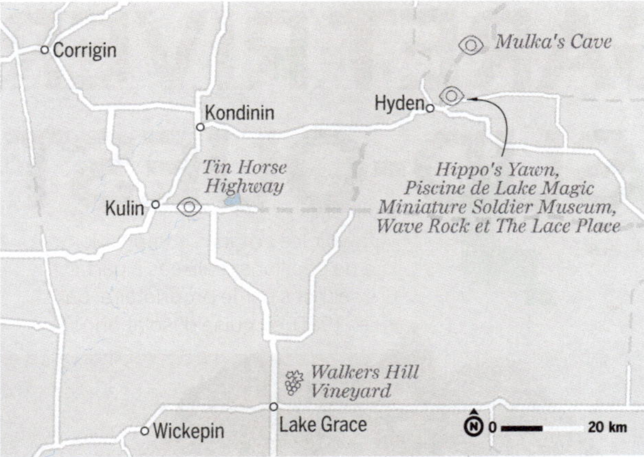

À gauche : Hippo's Yawn
Ci-dessous : Mulka's Cave

Lake Magic

Situé à seulement 800 m de Wave Rock, le **Lake Magic**, riche en gypse, doit son nom à ses reflets changeants au crépuscule. Il alimente une **piscine** dont l'eau contient une si forte teneur en sel qu'on y flotte comme en apesanteur. Cette dernière fait partie du **Wave Rock Resort** (1 Wave Rock Rd ; ☎ 61 8 9880 5022) mais tout le monde peut s'y baigner. Descendez les marches avec précaution, car elles peuvent être glissantes. Des bungalows en pierre calcaire avec hamacs et douches ont été construits autour du bassin rond, ce qui donne à l'ensemble un air de spa du désert.

Hippo's Yawn

Du parking de Wave Rock, un sentier en boucle de 1,7 km mène à **Hippo's Yawn**, un rocher de près de 13 m de haut censé évoquer la gueule d'un hippopotame en train de bailler. On peut ramper jusqu'au fond de la cavité et grimper sur les blocs de pierre. Si les enfants se faufilent facilement, les adultes ont plus de mal.

Mulka's Cave

Avec quelque 450 motifs couvrant ses parois, cette **grotte** (Bates Rd ; ⏲ 24h/24) sombre et fraîche recèle le plus grand ensemble de peintures noongar du sud-ouest de l'Australie-Occidentale. En regardant attentivement, on distingue des centaines d'empreintes de mains aborigènes réalisées en pulvérisant de la poudre d'ocre, ainsi que d'autres représentations tracées à l'aide de sept pigments différents. Le site se trouve à 15 minutes de Wave Rock par une piste de terre nivelée de 18 km – conduisez prudemment.

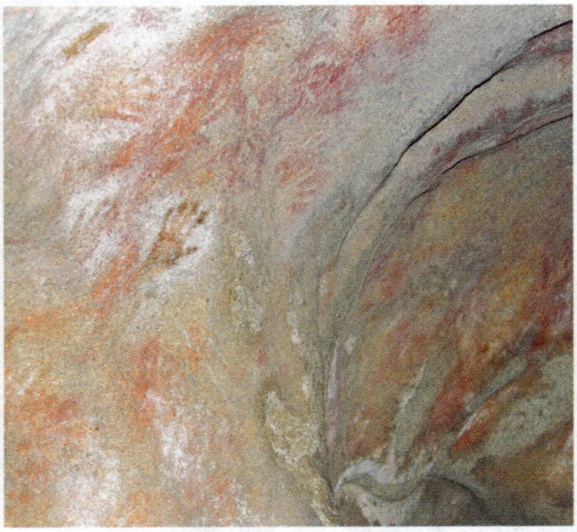

MARGARET RIVER ET LE SUD-OUEST

PLAGES | FORÊTS | CAVES À VIN

Sugarloaf Rock (p. 353)

MARGARET RIVER ET LE SUD-OUEST
à la carte

Plages de sable blanc immaculées et sensationnels breaks de surf, vastes forêts d'eucalyptus d'une rare beauté et pittoresques sentiers de marche et de vélo, mais aussi grottes scintillantes et charmants villages : la renommée internationale de ce paradis se justifie pleinement – et c'est sans compter sa gastronomie. Ajoutez-y des caves viticoles, des brasseries et des restaurants de premier choix, une scène artistique florissante et des hôtels de luxe où vous faire dorloter, et vous obtenez le site rêvé pour vous évader du monde et suivre vos envies.

Surfez à **Yallingup** ("l'endroit des trous", en wardandi), spot de classe mondiale (p. 355).
30 minutes de Margaret River

Faites pétiller vos sens à **Margaret River** (Wooditchup pour les Noongar), épicentre d'une scène gastronomique et vinicole mondialement connue (p. 348).
3 heures de Perth

Séjournez à **Busselton** (Undalup) pour une ambiance balnéaire animée et familiale, et des plages de sable blanc bordant une mer paisible (p. 356).
45 minutes de Margaret River

Assistez à la migration annuelle des baleines vers le nord quand elles longent la côte dans **Flinders Bay**, à Augusta (p. 354).
30 minutes de Margaret River

Informations pratiques

À L'ARRIVÉE

Busselton Vols directs de la compagnie Jetstar depuis Melbourne et Sydney à l'aéroport Busselton de Margaret River.

Bunbury Deux trains par jour depuis Perth.

Pemberton Deux liaisons quotidiennes en bus Transwa depuis Perth.

S'ORIENTER

Vous n'aurez sans doute pas de réseau mobile ni de GPS dans les lieux les plus isolés, mais les centres des visiteurs disposent de cartes fiables.

ARGENT

Hormis les sites reculés et les stands en bord de route où il faut régler en espèces, le paiement par carte est la norme, surtout en ville.

OÙ LOGER

Localité	Pour/contre
Busselton	Hôtels de luxe, terrains de caravaning acceptant les animaux, campings familiaux avec aires de jeux. Près de Margaret River.
Yallingup	Spas prestigieux, camping rustique et glamping.
Bridgetown/ Balingup	Glamping, hébergements en forêt et à la ferme.
Pemberton	Séjour dans un joli cottage en forêt ou au bord d'un lac.

COMMENT CIRCULER

Voiture Le meilleur moyen de transport ; choisissez un 4×4, si vous êtes assez à l'aise et aguerri, pour rejoindre les sites isolés.

Transports publics Des bus relient la plupart des villes, formant un réseau fiable mais sporadique.

Circuits organisés Des visites des caves viticoles aux excursions en canoë, il y en a pour tous les goûts.

EN HAUT : JASON KNOTT/ALAMY STOCK PHOTO ©
EN BAS : ARIANA SVENSON/LONELY PLANET ©

SE RESTAURER ET PRENDRE UN VERRE

Restaurants gastronomiques, caves viticoles, brasseries artisanales, distilleries novatrices et artisans chocolatiers (ci-contre, en haut), fromagers et producteurs d'huile d'olive composent la scène culinaire et viticole que le monde envie à Margaret River. Un éventail de pauses gourmandes vous attend sur Caves Rd, entre les caps Naturaliste et Leeuwin.

Meilleure ferme à visiter One Table Farm (p. 349)

Le must de la glace à la lavande Cape Lavender Teahouse (p. 365)

BIRAK	BUNURU	DJERAN	MAKURU	DJILBA	KAMBARANG
DÉC ET JAN	FÉV ET MARS	AVR ET MAI	JUIN ET JUIL	AOÛT ET SEPT	OCT ET NOV
Activité maximale, début des grosses chaleurs.	Saison la plus chaude.	Temps clair et plus frais. Baleines faciles à observer.	Froid, pluies et fortes tempêtes.	Vent et retour de la douceur en journée.	Temps sec. Explosion de fleurs sauvages

Les grands classiques

Pour les infos pratiques de chaque site, reportez-vous au Carnet d'adresses p. 362.

LISAGAGELER/STOCK.ADOBE.COM ©

Margaret River

Margaret River compte davantage de touristes que d'habitants, mais n'en garde pas moins un charme campagnard. Cette ville est proche des mémorables vagues de Margaret River Mouth et de Southside, ainsi que des plages de Prevelly et Gracetown.

JOSIE ELIAS/STOCK.ADOBE.COM ©

Cap Naturaliste

Situé au nord-ouest de Dunsborough, le cap Naturaliste recèle de superbes plages de sable blanc, un phare offrant une vue époustouflante et le très photogénique Sugarloaf Rock. On y trouve de courtes promenades et de beaux panoramas, un excellent site de snorkeling à Shelley Cove et l'épave du HMAS *Swan*, plus au large. Les baleines fréquentent la pointe de Bunker Bay, où le plateau continental chute de 75 m.

LISAGAGELER/STOCK.ADOBE.COM ©

Gloucester Tree

Se dressant près de Pemberton, cet arbre célèbre pour sa taille et son diamètre permet de tester sa sensibilité au vertige et sa forme physique. Un livre d'or contient les récits de ceux qui, une fois au sommet, ont réalisé qu'il leur faudrait redescendre par la même échelle instable.

RONAN O'CONNELL/LONELY PLANET ©

Musées de Bunbury

Le **Museum and Heritage Centre** est une mine d'informations sur la ville de Bunbury, les Wardandi (premiers occupants), les explorateurs qui y accostèrent et les colons qui s'y établirent. Il abrite de nombreuses installations multimédias, d'intéressants objets anciens et une ancienne salle de classe. Quant au **Regional Art Gallery**, aménagé dans un couvent restauré de la fin du XIXe siècle à la façade rose, il présente, sur deux niveaux, d'excellentes expositions

Augusta

Augusta se trouve à l'embouchure de la Blackwood River, à quelques kilomètres au nord du cap Leeuwin. C'est une bourgade comme il en reste peu, où les familles passent les vacances à la plage, pêchent ensemble depuis la jetée ou font des sorties en bateau, et où les enfants vadrouillent à vélo en toute sécurité.

DYLAN ALCOCK/STOCK.ADOBE.COM ©

58 SAVEURS de Margaret River

CUISINE | CAVES VITICOLES | CIRCUITS ORGANISÉS

La région de Margaret River est un secteur viticole majeur d'Australie. On y produit des vins d'excellente qualité, du cabernet sauvignon au chardonnay, et on s'y enorgueillit d'une cuisine tout aussi délectable. Mais ne vous contentez pas de mettre les pieds sous la table : découvrez les secrets de culture et suivez une route des vins biologiques ou une visite guidée sur les dernières techniques de vinification naturelle.

MICHELLE MORRISON PHOTOGRAPHY ©

En pratique

Circuler Pour faire le tour des caves et des brasseries, désignez un conducteur qui restera sobre. Sinon, optez pour un circuit touristique en bus.

Fruits et légumes frais Autour de Manjimup, des stands en bord de route vendent fruits à noyau, baies, pommes, asperges, avocats, etc. ultrafrais et de saison.

Notre conseil Achetez directement aux producteurs, chaque samedi matin au **Margaret River Farmers Market** (margaretriverfarmers market.com.au).

PHIL HILL/ALAMY STOCK PHOTO ©

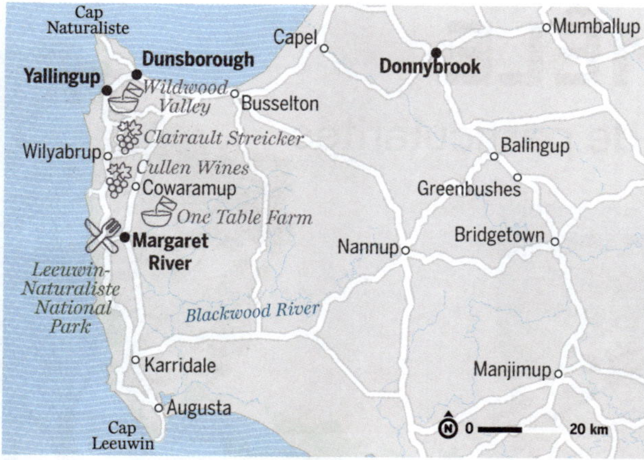

En haut à gauche : Wildwood Valley
En bas à gauche : Cullen Wines

Cours de cuisine Dans une ferme bio de Cowaramup, l'école de cuisine **One Table Farm** (p. 366), gérée par Tim et Cree dans un esprit communautaire, fait découvrir l'agriculture régénérative par le biais d'ateliers et de visites guidées. Le temps d'une journée, suivez un atelier consacré au pain au levain, un cours de cuisine "de la terre à l'assiette" ou une visite de cette ferme qui œuvre pour une production durable. À Yallingup, à 30 km au nord, la cheffe expérimentée de **Wildwood Valley** (p. 366) vous accueille pour un atelier autour de produits frais locaux et de leurs accords dans des recettes toscanes ou thaïes, qui se termine par un sympathique repas.

Caves viticoles La région en comptant plus de 200, le choix est vaste. **Cullen Wines** (p. 365), à Wilyabrup, est réputée pour ses excellents vins bio et en biodynamie, dont le cabernet rouge Diana Madeline et le chardonnay Kevin John. Idéal pour affûter vos connaissances sur les assemblages en même temps que votre palais, l'atelier de **Clairault Streicker** (p. 365) vous permet de mettre en bouteille votre propre assemblage de cabernet sauvignon ou de syrah avec le matériel *ad hoc*, sous la conduite d'un viticulteur expert.

Fête gastronomique Fin novembre, une cuisine créative s'invite dans les paysages vierges de la région de Margaret River, lors du festival très couru **Western Australia Gourmet Escape** (gourmetescape.com.au). On y retrouve certes quelques-uns des plus grands noms de la gastronomie australienne et mondiale, mais au-delà d'une élite de *foodies*, cet événement s'adresse à tous les amoureux de la bonne cuisine.

Meilleurs circuits culturels et viticoles

Koomal Dreaming (p. 363) Au cours d'une visite guidée par Josh Whiteland, gardien traditionnel wardandi, découvrez les ingrédients de la cuisine aborigène de la région de Margaret River. Au programme : cueillette dans le bush, présentation des us culturels et déjeuner de saison autour d'un feu de joie, pouvant inclure du kangourou, de l'émeu, des ormeaux, des aromates de la côte ou du *quandong*.

Margaret River Discovery Tour (p. 365) Lancez-vous en canoë puis en 4x4, pour vivre une expérience viticole et gastronomique de premier ordre.

Walk Talk Taste (p. 366) Plongez dans la scène locale du bien-manger et du bien-boire en rencontrant ceux qui la font vivre, et écoutez-les parler des produits qui les inspirent, dans le cadre tamisé d'une visite nocturne de Margaret River.

PÊLE-MÊLE

de records et de particularités

01

03

02

04

05

01 La plus longue jetée
L'interminable jetée de Busselton atteint la folle longueur de 1,8 km : c'est la plus longue de l'hémisphère Sud et la 2e plus longue au monde.

02 Village saugrenu
Incroyable mais vrai : Gnomesville, au nord de Donnybrook, est une ville habitée exclusivement par des nains de jardin. Vous pourrez même y installer le vôtre.

03 Beauté délicate
Plus de 350 espèces d'orchidées terrestres poussent dans le Sud-Ouest, dont les délicates orchidées araignées, comme la très répandue *Caladenia catenata*, blanc-rose, ou la *Caladenia flava*, jaune vif avec des nervures rouges.

04 Snorkeling de rêve
Goûtez aux joies du snorkeling dans l'Aquarium (p. 363), une piscine naturelle proche de Smiths Beach Rd, à Yallingup.

05 Géants sylvestres
Le karri (*Eucalyptus diversicolor*), reconnaissable à son écorce crème, est le 14e plus haut arbre

06

07

08

09

du monde et 5e pour le genre *Eucalyptus*.

06 Le point le plus méridional du Sud-Ouest
Le phare du cap Leeuwin (p. 358) se dresse à la rencontre des océans Indien et Austral, une zone battue par les vents où la mer montre toute sa puissance.

07 Couleurs d'automne
Aux premiers frimas, le Golden Trees Park de Balingup, plus grand arboretum de l'État, se pare de teintes chatoyantes.

08 Paradis blanc
En octobre, les centaines de pommiers de Donnybrook se couvrent de magnifiques fleurs rose et blanc.

09 Bain à remous naturel
L'Injidup Natural Spa (p. 364) est une piscine naturelle qui se remplit à mesure que les vagues s'écrasent sur les rochers.

59 Majestueux LITTORAL

PLAGES | SURF | VIE MARINE

Doté de spots de surf de classe mondiale qui accueille des championnats de renom, le littoral de cette région séduit aussi les non-surfeurs avec ses formations rocheuses surprenantes, ses piscines naturelles et son importante faune marine.

SARA BIANCARDI/SHUTTERSTOCK ©

En pratique

Circuler Une voiture classique convient, mais ces routes de campagne étroites et sinueuses, que traversent de nombreux animaux, nécessitent une conduite prudente. Renseignez-vous sur les conditions météo.

Quand venir Entre juin et décembre, les baleines longent la côte lorsqu'elles migrent vers le nord pour des eaux plus chaudes.

Vigilance baignade Vu la puissance et la dangerosité de l'océan, soyez très prudent, surtout dans les zones côtières rocheuses. Respectez impérativement les interdictions de baignade.

Roches millénaires et paradis naturels

Des millénaires de ressac puissant et continu ont modelé les formes uniques des roches de gneiss granitique sur la côte entre les caps Leeuwin et Naturaliste. **Canal Rocks** (p. 363), près de Yallingup, et **Sugarloaf Rock**, au cap Naturaliste (où s'extasier sur un magnifique coucher de soleil), sont particulièrement remarquables. Non loin de ce dernier, de l'autre côté du cap, **Meelup Beach** se prête à un moment de détente dans des eaux d'un turquoise cristallin, bordées de sable blanc immaculé. Si vous préférez des vagues plus mousseuses, cherchez l'**Injidup Natural Spa** (p. 364), qui a des allures de bain à remous quand les vagues s'écrasent sur les rochers et emplissent le bassin naturel. Autre piscine rocheuse, près de Smiths Beach, l'**Aquarium** (p. 363) permet de faire du snorkeling en toute sécurité.

En haut à gauche : Injidup Natural Spa
Page ci-contre : Canal Rocks

Balades sur la côte

Rien de mieux que de courtes marches tonifiantes pour apprécier la côte ! Version facile et accessible en fauteuil roulant : le chemin allant du phare du cap Naturaliste (p. 358) à Sugarloaf Rock (4 km). Version plus sportive : une portion du Cape to Cape Track (p. 362), 4 km aller-retour, entre les **Quinninup Falls** et le parking de Moses Rock, au cœur de la nature sauvage.

Si vous le pouvez, venez entre septembre et fin novembre : les fleurs sauvages parsèment la lande côtière, les températures sont douces et des jets d'eau apparaissant sporadiquement au large indiquent le passage des baleines migrant vers le nord. Méfiez-vous : c'est aussi la saison des serpents.

Guetter le ballet aquatique des raies

La ravissante **Hamelin Bay**, au sud de Margaret River, attire maints amateurs de plages, mais

L'autoroute des baleines

Dans leur remontée depuis l'Antarctique, les baleines bleues, baleines franches australes et baleines à bosse approchent la terre ferme une première fois dans Flinders Bay, dans la ville d'Augusta, en Australie-Occidentale. Entre juin et août, des croisières d'observation permettent de les voir de plus près sans les déranger. De septembre à novembre, d'autres excursions d'observation partent de Dunsborough, car les baleines reprennent la route du sud après la naissance de leurs petits dans les eaux septentrionales, plus chaudes. Si vous préférez observer les cétacés depuis le plancher des vaches, sachez que les phares des caps Naturaliste et Leeuwin, ainsi que Sugarloaf Rock, se prêtent aussi très bien à l'exercice.

Surf à Yallingup

Yallingup a vu naître le surf australien au début des années 1950, et on y trouve de quoi pratiquer ce sport. Les débutants peuvent tenter Yallingup Main Break, mais ce spot s'adresse davantage aux surfeurs un peu expérimentés. La **Margaret River Surf School** (p. 362) propose des cours à Redgate Beach, et la **Josh Palmateer's Surf Academy** (p. 362) vous attend à Gnarabup Beach.

pas seulement : sa renommée tient surtout aux trois espèces de raies coutumières des lieux, *Dasyatis brevicaudata* (à queue courte), *Dasyatis thetidis* (à queue épineuse) et *Myliobatidae* (raies aigles). Les matins calmes, elles frôlent la vieille jetée pittoresque des eaux peu profondes d'Hamelin Bay. Si beau soit le spectacle, elles restent des animaux sauvages : il ne faut pas s'en approcher ni les toucher, et encore moins les nourrir.

Aventures en 4×4

La région réserve de très belles aventures aux conducteurs aguerris. Les **Yeagarup Dunes**, amas de sable mobile et quasi vierge, constituent l'un des plus grands systèmes de dunes enclavées au monde. Parcourir leur sommet en 4×4 ou à pied, entre forêts de karris et sable pur, est impressionnant. Formé il y a 135 millions d'années, l'imposant ensemble de colonnes basaltiques de **Black Point** réserve, lui aussi, un spectacle époustouflant, tout comme le **Lake Jasper**, à proximité, plus important lac d'eau douce naturel d'Australie-Occidentale. Adressez-vous à Pemberton Discovery Tours (p. 363), qui organise des circuits sur mesure.

Page ci-contre : baleine en plein saut
En haut à droite : Yeagarup Dunes
Ci-dessus : Black Point

60 Détente familiale à BUSSELTON

FAMILLE | AVENTURE | TERRAINS DE JEUX

La petite station balnéaire de Busselton (Undalup) attire chaque année, depuis des générations, de vacanciers de tout l'Ouest australien, venus en famille, notamment pour que les enfants profitent de son estran rempli d'attractions ludiques. Les excursions à la journée sur la côte, à Dunsborough et Margaret River par exemple, raviront petits et grands.

ARIANA SVENSON/LONELY PLANET ©

En pratique

Circuler Depuis Busselton, prenez le volant pour des excursions à la journée.

Où loger Au choix : à Busselton, des hôtels dotés de toboggans aquatiques, trampolines gonflables et piscines, ou bien des hébergements à la ferme ou en forêt (avec aires de jeux), où l'on peut nourrir des animaux.

Pause-café À Myalup, The Crooked Carrot (p. 366) propose une aire de jeux et de vieux tramways de Melbourne restaurés, et l'Old Coast Road Brewery (p. 365), un minigolf sur le thème de l'Australie-Occidentale.

KAI EGAN/SHUTTERSTOCK ©

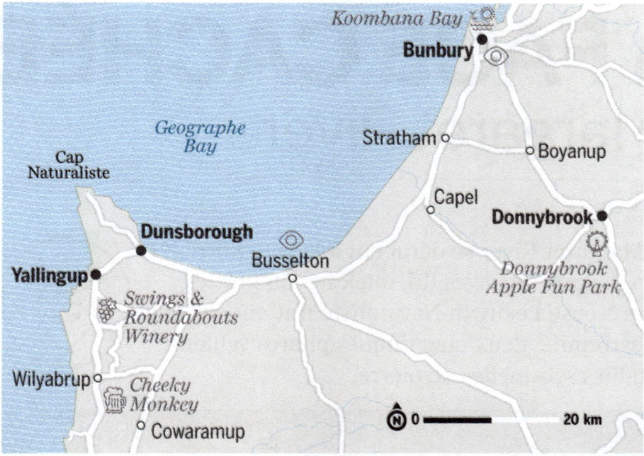

Jetée et estran de Busselton Petits et grands enfants montent avec joie à bord du joli train à énergie solaire qui mène jusqu'au bout des 1841 m de la **jetée de Busselton** (p. 363), où l'**Underwater Observatory** offre une vision fascinante du monde sous-marin, à 8 m de profondeur. Sur la terre ferme vous attendent une super-aire de jeux, une fête foraine saisonnière et la **Shelter Brewery Company** (p. 366).

Caves et brasseries à faire en famille La plupart des restaurants de la région proposent un menu enfant et une aire de jeux pour les plus jeunes. **Swings & Roundabouts Winery** (p. 366), à Yallingup, à 30 minutes de route à l'ouest de Busselton, s'est paré d'une aire de jeux tout en bois et de balançoires en guise de sièges. À 10 minutes plus au sud sur Caves Rd, à Wilyabrup, **Cheeky Monkey Brewery Venue** (p. 366) sert d'excellentes bières dans une sympathique ambiance familiale, avec vue sur le lac.

Le roi du divertissement À environ 60 km à l'est de Busselton, le **Donnybrook Apple Fun Park** (p. 364), qui s'enorgueillit du titre de "parc d'attractions gratuit le plus amusant du pays", a fait peau neuve.

Détour par Cowtown Cowaramup tient son nom du mot aborigène *cowara*, "lori à couronne pourpre", mais gagna le surnom de Cowtown grâce à son industrie laitière prospère. Ceci explique les 40 vaches Holstein noir et blanc grandeur réelle dans sa rue principale. Admirez ce curieux tableau, arrêtez-vous à la confiserie **Candy Cow** (p. 364) et offrez-vous une boule de glace à la **Millers Ice Creamery** (p. 365), à l'extérieur de la ville.

En haut à gauche : Donnybrook Apple Fun Park
En bas à gauche : jetée de Busselton

Divertissements et frissons dans le Sud-Ouest

AMaze'n (Margaret River ; p. 364). L'un des plus grands labyrinthes végétaux d'Australie, doublé d'un minigolf.

Discover Deadly (Carbunup River ; p. 364) Partez à la découverte de l'univers des serpents et autres reptiles.

Koombana Bay (Bunbury ; p. 364). Aire de jeux sur l'estran qui vaut vraiment le détour, à côté du **Bunbury Dolphin Discovery Centre** (p. 364), centre d'interprétation très moderne où l'on peut réserver une sortie accompagnée pour apercevoir les dauphins qui s'aventurent dans la baie presque chaque matin d'octobre à avril, saison la plus chaude.

Manjimup Heritage Park (p. 364). Après un tour à l'Adventure Playground et une glissade sur un toboggan géant, visitez le **Power Up Electricity Museum** (p. 364) et son exposition interactive.

61 LA FACE CACHÉE de Margaret River

GROTTES | HISTOIRE | PHARES

Certains trésors de Margaret River se dérobent à la vue. Entre les caps Naturaliste et Leeuwin, le long de Caves Rd, quelque 150 grottes nées de l'érosion de l'arête gréseuse Leeuwin-Naturaliste n'attendent que d'être explorées. À chaque extrémité, deux magnifiques phares veillent sur le littoral sauvage, véritables sentinelles de pierre.

MATT DEAKIN/SHUTTERSTOCK ©

Les phares des caps

Datant du tournant du XXe siècle et toujours en activité, les **phares des caps Naturaliste et Leeuwin**, balayés par les vents marins, permettent d'apprécier le spectacle des vagues déchaînées : rien à voir avec la pénombre des grottes ! Situé à l'extrémité sud-ouest de l'Australie, celui du cap Leeuwin (ci-dessus) est le plus haut phare terrestre du pays.

En pratique

Circuler En voiture, il faut environ 1 heure 30 pour se rendre d'un cap à l'autre, par Caves Rd, mais vous gagnerez à prendre votre temps et apprécier les grottes, forêts paisibles et lieux où se restaurer qui jalonnent la route. Si le temps vous est compté, concentrez-vous sur l'un des deux caps pour ne pas passer votre séjour en voiture.

Quand venir La même atmosphère un peu moite et fraîche règne dans toutes les grottes tout au long de l'année.

Bonne condition physique Mieux vaut être en forme pour visiter les deux phares et les grottes, car tous comportent beaucoup de marches.

01 La visite guidée de la **Ngilgi Cave** (p. 364), grotte la plus au nord, près de Yallingup, étant assez brève, vous aurez ensuite amplement le temps d'admirer seul et à votre guise les parois de couleurs vives et les forêts de stalagmites et de stalactites.

02 Visitable avec un audioguide, la première section de la **Mammoth Cave** (p. 364), à 15 minutes de Margaret River, est accessible en fauteuil roulant et convient aux jeunes enfants.

03 Depuis l'entrée nichée entre les karris, on emprunte de (très) nombreuses marches jusqu'à la **Lake Cave** (p. 363) où des formations calcaires se reflètent dans une rivière souterraine.

04 Avec 86 m de profondeur, la **Giants Cave** (p. 363) s'adresse aux aventuriers plutôt sportifs. Réservez une excursion avec descente en rappel et spéléologie auprès de Margaret River Climbing Co (margaretriverclimbingco. com.au).

05 À 8 km au nord-ouest d'Augusta, la **Jewel Cave** (p. 363) est la plus méridionale et l'une des plus spectaculaires. Vous y verrez trois splendides salles massives, ornées de fossiles et de formations cristallines, dont l'une des plus longues stalactites connues du pays.

DEPUIS LA GAUCHE : NATALIA VOSTRIKOVA/SHUTTERSTOCK ©,
MICHAEL HERITAGE/SHUTTERSTOCK ©.

62 Le grand FRISSON

AVENTURE | TYROLIENNE | SPORTS NAUTIQUES

Rien de tel que de se creuser l'appétit avant d'apprécier la cuisine et les vins raffinés de la région à l'aide d'activités de plein air aussi uniques qu'inoubliables, sur terre, sur l'eau ou dans les arbres ! De la tyrolienne à l'accrobranche, en passant par le coasteering (ou canyoning côtier), le surf et le kayak, vous êtes sûr d'avoir votre dose d'adrénaline, tout en vous amusant dans des paysages sublimes.

TIM CAMPBELL ©

En pratique

En confiance Toutes ces activités sont exaltantes, mais il faut avoir le cœur bien accroché. Si vous ne vous sentez pas d'attaque pour l'expérience, ne vous forcez pas ou parlez-en d'abord avec l'organisateur.

Surf pour tous
Margaret River ne s'adresse pas qu'aux surfeurs expérimentés. De nombreuses écoles proposent des cours d'initiation sur des plages et dans des baies abritées, vous permettant ainsi de tester, à votre rythme, ce sport grisant.

LEAH PIRONE/SHUTTERSTOCK ©

En haut à gauche : Forest Adventures, Busselton
En bas à gauche : Sugarloaf Rock
Ci-contre : kayak, Margaret River

Tyrolienne et accrobranche Pour vous mettre au défi tout en évoluant au plus près des arbres, osez l'un des deux parcs d'accrobranche de la région : le familial **Next Level Monkey Business** (p. 362), qui jouxte le Clancy's Fish Pub, (p. 366) à Dunsborough, ou **Forest Adventures** (p. 362), à Busselton, pour filer en tyrolienne entre les immenses *Eucalyptus gomphocephala*.

Pagayer Vous pourrez faire du stand-up paddle presque partout. Essayez **Stand Up Surfing** (p. 363), entre le sable blanc et les eaux turquoise de Gnarabup Beach. Si vous préférez admirer le panorama au fil de l'eau, sachez que **Margaret River Discovery Tours** (p. 365) organise des circuits en canoë sur la Margaret River au coucher du soleil. **Bushtucker Tours** (p. 365) allie une sortie sur ce paisible cours d'eau à la dégustation de produits du cru. Mais pour une vraie déconnexion en kayak, privilégiez la magique Blackwood River, plus large rivière du sud-ouest de l'Australie, pour vous régaler de portions de paysages totalement vierges ; réservez un circuit auprès de **Blackwood River Canoeing** (p. 362) ou de **Margaret River Stand Up Paddle** (p. 362).

Jet-ski Basé à Dunsborough, **Jet Adventures** (p. 362) vous garantit l'ivresse et l'adrénaline contre un effort physique minimal. Lancé sur votre jet-ski, vous découvrez la côte et nombre d'endroits magnifiques sous un angle inédit, comme Castle Rock et Sugarloaf Rock, inaccessibles autrement. Ouvrez l'œil pour apercevoir phoques, dauphins, lions de mer et oiseaux.

Qu'est-ce que le coasteering ?

On peut définir le coasteering (parfois appelé canyoning côtier) comme une sorte d'alpinisme au bord de l'océan : vous franchissez des brèches, sautez sur les rochers et dans la mer, passez des bras de mer en tyrolienne et posez le pied dans des endroits sinon inaccessibles.
Les participants – équipés de combinaison, gilet de sauvetage et casque – recherchent souvent le grand frisson. Ici, la mer n'est pas très houleuse, c'est pourquoi la saison hivernale offre une pratique plus énergique de l'activité. Tout en sauts, éclaboussures et même surf sur les vagues, cette expérience immersive est incroyable.

Cam O'Beirne
Propriétaire de Margaret River Adventure Co (p. 362)
@margaretriveradventure

Carnet d'adresses

Les grands classiques (p. 346)

Museum and Heritage Centre

(www.bunburymuseum.com.au ; 1 Arthur St ; entrée libre ; 10h-16h mar-dim)

Regional Art Galery Bunbury

(08-9792 7323 ; www.brag.org.au ; 64 Wittenoom St ; entrée libre ; 10h-16h)

Épopées sportives

Bibbulmun Track

Ce chemin de randonnée longue distance (quasi 1 000 km) entre Kalamunda, en banlieue de Perth, et Albany, sur la côte sud, est l'un des plus beaux au monde. N'en parcourir qu'une petite portion est très plaisant. (08-9481 0551 ; www.bibbulmuntrack.org.au ; Princess Royal Dr)

Blackwood River Canoeing

Voir p. 361 (08-9756 1209 ; www.facebook.com/BlackwoodRiverCanoeing ; Poison Swamp Rd, Nannup)

Cape to Cape Track

Il faut environ 7 jours pour parcourir les 124 km de ce magnifique chemin de randonnée qui suit l'arête Leeuwin-Naturaliste du cap Naturaliste, au nord, au cap Leeuwin, au sud. (08-9752 5555 ; www.capetocapetrack.com.au)

Forest Adventures

Voir p. 361 (08-9780 5908 ; www.forestadventures.com.au ; 12 Ludlow Park Rd, Busselton ; adulte/enfant 48/38 $; 9h-17h lun et jeu-dim, dernière entrée à 14h30)

Jet Adventures

Voir p. 361 (04-8859 1911 ; www.cicerellosjetadventures.com.au ; 44 Mews Rd. Fremantle ; adulte/enfant/famille 59/49/179 $; lun et ven-dim août-mars)

Josh Palmateer's Surf Academy

Voir p. 355 (04-1895 8264 ; www.mrsurf.com.au ; Rivermouth Rd, Margaret River ; cours 2 heures 160 $; 9h-17h tlj)

Margaret River Adventure Co

Voir p. 361 (04-1880 8993 ; www.margaretriveradventure.com.au ; Caves Rd, Margaret River ; circuit 2 heures 100 $/pers ; sur rdv, 8h-18h)

Margaret River Stand Up Paddle

Voir p. 361 (0447 923 811 ; www.standupsurfing.com.au/ ; cours en groupe à partir de 60 $; nov-avr)

Margaret River Surf School

Voir p. 355 (0401 616 200 ; www.margaretriversurfschool.com ; Margaret River ; cours groupes/individuel à partir de 60/155 $, cours 3/5 jours à partir de 150/230 $)

Munda Biddi Trail

Avec 1 000 km ininterrompus, cet itinéraire cycliste passe par Collie, Donnybrook, Manjimup et Northcliffe, avant de rejoindre la côte sud. "Munda Biddi" signifie "sentier à travers la forêt" en noongar. (08-6186 6995 ; mundabiddi.org.au)

Next Level Monkey Business

Voir p. 361 (08-9717 6670 ; nextlevelmonkeybiz.com.au ; 1710 Caves Rd, Dunsborough ; 10-65 $; sur rdv tlj)

Pemberton Discovery Tours

Voir p. 355 (☎ 08-9776 0484, 04-2713 3335 ; www.pembertondiscoverytours.com.au ; 6 Brockman St, Pemberton ; adulte/enfant/famille 150-195/75-80/430-490 $; ⏲ départ 9h et 14h)

Stand Up Surfing

Voir p. 361 (☎ 04-4792 3811 ; www.standupsurfing.com.au ; Gnarabup, Margaret River ; adulte/enfant 70/50 $; ⏲ oct-avr)

Contact avec la communauté

Donnybrook Artisan Hub

Soutenez les artistes locaux au Donnybrook Artisan Hub, qui expose des créations artistiques et artisanales variées, ou au concept store Makers on Mount, à Manjimup. (☎ 08-9731 1720, 04-0907 6453 ; donnybrookwa.com.au/listing/donnybrook-artisans ; Old Railway Station, South Western Hwy, Donnybrook ; ⏲ 9h-16h lun-ven, 9h-14h sam, 10h-14h dim)

Koomal Dreaming

Voir p. 349 (☎ 04-1241 5355 ; www.koomaldreaming.com.au ; Yallingup Caves Rd, Yallingup ; atelier 3 heures adulte/enfant 175/125 $, 10 pers minimum ; ⏲ sur rdv, fermé en hiver)

Ngalang Wongi Aboriginal Cultural Tours

Pour découvrir la culture et la nourriture des Noongar à Bunbury et alentour, rien ne vaut un circuit à pied avec Tony, guide aux multiples talents. (☎ 0457 360 517, 04-0952 8381 ; www.ngalangwongi.com.au ; Bunbury Visitor Centre ; adulte/enfant à partir de 80/50 $)

Origins Centre

Ce lieu permet de faire une retraite dans un cadre paisible au bord de la charmante Balingup Brook, une rivière au milieu de jolis jardins et du bush. (☎ 08-9764 1109 ; www.originscentre.org ; 157 Jayes Rd, Balingup)

BRUCE ASPLEY/ STOCK.ADOBE.COM ©

Jetée de Busselton au coucher du soleil

Sites et curiosités

Aquarium

Voir p. 353 (Smiths Beach Rd, Yallingup ; accès libre ; ⏲ 24h/24)

Canal Rocks

Voir p. 353 (exploreparks.dbca.wa.gov.au/site/canal-rocks ; Canal Rocks Rd ; accès libre)

Giants Cave

Voir p. 359 (☎ 08-9757 7422 ; exploreparks.dbca.wa.gov.au/site/giants-cave ; Caves Rd, Forest Grove ; adulte/enfant/famille 19/9,50/45 $; ⏲ 10h-13h oct-avr, 9h30-15h30 vacances et jours fériés)

Jewel Cave

Voir p. 359 (☎ 08-9757 7411 ; www.margaretriverattractions.com/caves/jewel-cave ; Jewel Caves Rd, Deepdene ; adulte/enfant 24/12 $; ⏲ 9h-17h tlj)

Jetée de Busselton

Voir p. 357 (☎ 08-9754 0900 ; www.busseltonjetty.com.au ; Geographe Bay Rd, Busselton ; adulte/enfant 4 $/gratuit ; underwater observatory adulte/enfant 40/25 $; ⏲ centre d'interprétation oct-avr 8h30-17h15, mai-sept 9h30-16h15)

Lake Cave

Voir p. 359 (☎ 08-9757 7411 ; www.margaretriverattractions.com/caves/lake-cave ; Conto Rd, Forest Grove ; adulte/enfant 24/12 $; ⏲ 9h-17h tlj)

Mammoth Cave

Voir p. 359 (☎ 08-9757 7411 ; www.margaretriver.com/things-to-do/attractions/caves/mammoth-cave ; Caves Rd, Forest Grove ; adulte/enfant 24/12 $; ⏲ 9h-17h tlj)

Ngilgi Cave

Voir p. 359 (☎ 08-9757 7411 ; www.margaretriverattractions.com/caves/ngilgi-cave ; Yallingup Caves Rd ; adulte/enfant 32/16 $; ⏲ 9h-17h tlj)

Power Up Electricity Museum

Voir p. 357 (☎ 08-9771 7777 ; manjimupheritagepark.com.au/attraction/power-up-museum/ ; 33 Edwards St, Manjimup ; adulte/enfant/famille 14/8/30 $; ⏲ 9h-17h lun-sam, 9h-15h dim)

Activités en famille

A Maze'n

Voir p. 357 (☎ 08-9758 7439 ; amazenmargaretriver.com.au ; 9978 Bussell Hwy, Margaret River ; adulte/enfant/famille 28/18/82 $; ⏲ 10h-17h lun et jeu-dim)

Bunbury Dolphin Discovery Centre

Voir p. 357 (☎ 08-9791 3088 ; dolphindiscovery.com.au ; Casuarina Dr, Bunbury ; circuit adulte/enfant 140-220/95-220 $; ⏲ 8h-15h tlj, circuits 9h45 nov-avr)

Candy Cow

Voir p. 357 (☎ 08-9755 9155 ; www.candycow.com.au ; 3/69 Bussell Hwy, angle Bottrill St, Cowaramup ; ⏲ 10h-16h tlj)

Discover Deadly

Voir p. 357 (☎ 08-9755 1771 ; www.discoverdeadly.com.au ; 10 Wildwood Rd, Carbunup ; adulte/enfant/famille 24/16/82 $; ⏲ 10h-16h tlj sauf mar)

Donnybrook Apple Fun Park

Voir p. 357 (☎ 08-9780 4200 ; www.donnybrook-balingup.wa.gov.au/apple-fun-park.aspx ; 19 Collins St, Donnybrook ; entrée libre ; ⏲ 24h/24)

Injidup Natural Spa

Voir p. 353 (Cape to Cape Track, Yallingup ; ⏲ 24h/24)

Koombana Bay

Voir p. 357 (Casuarina Dr, Bunbury ; entrée libre)

Manjimup Heritage Park

Voir p. 357 (☎ 08-9771 7777 ; manjimupheritagepark.com.au ; 33 Edwards St, Manjimup ; entrée libre ; ⏲ tlj)

Café matinal

Drift $$

D'excellents produits frais composent les petits déjeuners et les brunchs réconfortants de cette institution de Margaret River. (☎ 08-9757 2237 ; www.driftcafe.com.au ; 1/72 Willmott Ave, Margaret River ; ⏲ 7h45-14h tlj)

Egberts $

Café exceptionnel et très bonnes pâtisseries : un favori des habitants de Margaret River. (☎ 08-9758 8338 ; www.facebook.com/egbertsmargaretriver ; 2/124 Bussell Hwy, Margaret River ; ⏲ 6h-13h mar-sam)

White Elephant Cafe $$

Café extra et délicieux petits déjeuners à savourer dans un lieu d'exception sur Gnarabup Beach. (☎ 08-9757 1990 ; www.whiteelephantcafe.com.au ; Gnarabup Rd, Margaret River ; ⏲ 7h30-15h tlj)

MICHAEL/STOCK.ADOBE.COM©

Injidup Natural Spa

Nourriture spirituelle

Hidden River Estate $$

Ce domaine de Pemberton propose des dégustations et de succulents repas avec une vue splendide sur les vignes. Les familles aiment le wagon de tramway reconverti en espace de restauration et la maison d'enfants, idéal pour laisser jouer les petits. (08-9776 1437 ; www.hiddenriver.com.au ; 156 Mullineaux Rd, Pemberton ; 11h-16h mer-dim)

Hooked Up Fish n Chips $

Prenez une couverture et trouvez un coin où savourer votre délicieux fish and chips en regardant le soleil se coucher sur Surfers Point, à Prevelly. En journée, admirez les surfeurs. (www.hookedupfishandchips.com.au ; Surfers Point Rd, Prevelly ; 16h-20h tlj déc-fév, mar-dim mars-nov)

Miki's Open Kitchen $$$

À Margaret River, le plaisir d'un menu dégustation japonais sur mesure avec des goûts uniques, à partir de produits frais locaux. (08-9758 7673 ; www.mikisopenkitchen.com.au ; 131 Bussell Hwy, Margaret River ; menu dégustation 77-95 $; 18h-tard mar-sam)

Millers Ice Creamery

Voir p. 357 (08-9755 9850 ; www.millersicecream.com.au ; 314 Wirring Rd, Cowaramup ; 11h-16h30 tlj, fermé en hiver)

Park Donnybrook $

Gâteaux et plats salés sains, locaux et préparés avec amour : l'endroit idéal où s'arrêter lors d'un road trip. (04-8419 1614 ; @park.donnybrook ; 2 Collins St, Donnybrook ; 8h-15h mer-dim, 17h-23h ven)

Saveurs et produits locaux

Bushtucker Tours

Voir p. 361 (08-9757 9084 ; bushtuckertours.com ; 20 Auger Way , Margaret River ; adulte/enfant 120-160/70-110 $; 8h-20h tlj sept-juil)

BEN CLARK/500PX ©

Malurus à cap Naturaliste

Cape Lavender Teahouse

Pour une pause douceur à Yallingup autour d'un thé, avec des scones et des produits à la lavande, notamment la glace, très réputée. (08-9756 6609 ; lavenderonline.com.au ; 2 Canal Rocks Rd, Yallingup ; 9h30-17h tlj)

Clairault Streicker

Voir p. 349 (08-9755 6225 ; www.clairaultstreickerwines.com.au ; 3277 Caves Rd, Wilyabrup ; atelier d'assemblage de vin 95 $/pers ; 10h-17h mer-dim)

Cullen Wines

Voir p. 349 (08-9755 5277 ; www.cullenwines.com.au ; 4323 Caves Rd, Wilyabrup ; dégustation 15-100 $/pers ; 10h-16h30 tlj)

Margaret River Discovery Tour

Voir p. 349 et p. 361 (04-3990 0064 ; margaretriverdiscovery.com.au ; 100 Bussell Hwy, Margaret River ; circuit 75-218 $, circuit sur mesure à la journée à partir de 750 $/2 pers, déjeuner inclus ; sur rdv)

Old Coast Road Brewery

Voir p. 356 (1300 792 106 ; ocrb.com.au ; 1238 West Break Rd, Myalup ; minigolf adulte/enfant/famille 20/10/50 $; 11h-15h jeu, 11h-17h ven-dim)

Olio Bello

Faites une escapade méditerranéenne à Cowaramup en visitant cette oliveraie bio et sa salle de dégustation. Le café-restaurant sert des pâtes délicieuses, et la boutique de cadeaux vend des produits de beauté bio. (☎08-9755 9771 ; oliobello.com ; 36 Armstrong Rd, Cowaramup ; ⏲10h-16h30 tlj, café 11h30-15h tlj)

One Table Farm

Voir p. 349 (www.onetablefarm.com.au ; Cowaramup ; atelier 65-250 $)

Swings & Roundabouts Winery

Voir p. 357 (☎08-9756 6640, 08-9756 6735 ; www.swings.com.au ; 2807 Caves Rd, Yallingup ; ⏲10h-17h tlj, horaires réduit hiver)

The Crooked Carrot

Voir p. 356 (☎08-9720 1560 ; crookedcarrot.com.au ; Forrest Hwy, Myalup ; ⏲6h-16h tlj)

Tinderbox

Entrez dans cette boutique bohème de Balingup et laissez le parfum des divins produits de beauté artisanaux vous détendre. (☎08-9764 1034 ; tinderbox.com.au ; 37 South Western Hwy, Balingup ; ⏲9h-17h lun-ven, 10h-16h sam-dim)

Walk Talk Taste

Voir p. 349 (☎04-0187 8261 ; www.walktalktaste.com ; Margaret River ; 150$/pers, 8 pers minimum ; ⏲sur rdv)

Wildwood Valley Cooking School

Voir p. 349 (☎08-9755 2120 ; www.wildwoodvalley.com.au/cooking-classes ; 1481 Wildwood Rd ; cours 180 $/pers ; ⏲9h45-16h)

Yallingup Cheese Company

Profitez d'un atelier immersif dirigé par le chef fromager pour fabriquer votre propre fromage artisanal à partir de lait bio de vaches locales et apprendre à associer vins et fromages. (www.facebook.com/yallingupcheese ; 1071 Wildwood Rd, Yallingup ; ⏲10h-17h tlj)

Bières artisanales et pubs

Beerfarm

Cette brasserie novatrice propose beaucoup de bières originales, dont les Calm Ya Farm et Milk Stout, mais prévoit aussi des activités formidables pour les enfants. (☎08-9755 7177 ; www.beerfarm.com.au ; 177 Gale Rd, Metricup ; ⏲11h-17h lun-jeu et dim, 11h-21h ven, 11h-18h sam)

Cheeky Monkey Brewery Venue

Voir p. 357 (☎08-9755 5555 ; cheekymonkey.com.au/venues/cheeky-monkey-brewpub ; 4259 Caves Rd, Wilyabrup ; ⏲11h-17h tlj)

Clancy's Fish Pub

Voir p. 361 (www.clancysfishpub.com.au)

Nannup Brewing Company

Bière artisanale extra, cuisine de pub et événements musicaux léchés dans cette microbrasserie à l'ambiance décontractée. (☎08-9700 9011 ; www.nannupbrewingco.com.au ; 1 Warren Rd, Nannup ; ⏲17h-20h30 mer, 12h-20h30 jeu, 11h-21h30 ven-sam, 11h-20h30 dim)

Shelter Brewery Company

Voir p. 357 (☎08-9754 4444 ; shelterbrewing.com.au ; 11 Foreshore Parade, Busselton ; ⏲10h-22h tlj)

Surfeur lors d'une compétition à Margaret River

The Cidery

Manjimup est le berceau de la pomme Pink Lady, délicieuse en tarte, et essentielle dans plusieurs cidres et jus de pommes uniques et 100% naturels de cette cidrerie de Bridgetown. (☎08-9761 2204 ; www.thecidery.com.au ; 43 Gifford Rd, Bridgetown ; ⏲sam-jeu 11h-16h, 11h-20h ven)

Fêtes locales

Blues at Bridgetown Festival

En novembre, ce festival du blues attire certaines des plus grandes pointures internationales du genre, mais c'est aussi un vrai tremplin pour les talents australiens : John Butler y a fait ses débuts comme musicien de rue. (☎08-9761 2921 ; www.bluesatbridgetown.com.au ; ⏲nov)

Manjimup Cherry Harmony Festival

En décembre, la ville de Manjimup se pare de rouge pour fêter la récolte des cerises et la diversité de l'industrie horticole, florissante dans ce véritable écrin nourricier. (☎04-0911 8296 ; www.cherryfestival.com.au ; Giblett St, Manjimup ; ⏲déc)

CHRIS DE BLANK/SHUTTERSTOCK ©

Truffes, Manjimup

Nannup Flower and Garden Festival

Les tulipes sont au centre de ce festival aoûtien, avec un nombre record (20 000) de bulbes plantés ces dernières années. (www.nannupgardens.org.au ; Nannup ; ⏲août)

Truffle Kerfuffle Festival

Plus grande productrice de truffes noires (Tuber melanosporum) de l'hémisphère Sud, la région de Manjimup célèbre ce mets délicat chaque année en juin à Fonty's Pool. (trufflekerfuffle.com.au ; 699 Seven Day Rd, Manjimup ; ⏲juin)

L'OUTBACK

ART | PAYSAGES | VIE LOCALE

Alice Springs

L'OUTBACK
à la carte

L'outback, aux multiples facettes, est le creuset d'expériences variées, des curiosités à découvrir sur et sous terre de Coober Pedy à l'aventure du Savannah Way sous l'immensité céleste, en passant par l'art moderne complexe du Red Centre et les paysages saisissants d'Australie-Occidentale.

Traversez le Top End, de Broome à Cairns, par le mythique **Savannah Way** (p. 383).
12 heures d'Alice Springs

Au nord de Broome, explorez la sauvage **péninsule de Dampier** (p. 384).
2-6 heures de Broome

Admirez la nuit éclairée par les Light-Towers de **Kings Canyon** (p. 377).
3 heures 45 d'Alice Springs

Contemplez les œuvres d'art moderne s'inspirant des étoiles du désert à **Uluru** (p. 376).
5 heures d'Alice Springs

Plongez dans l'art du désert à **Alice Springs** (p. 377).
2 heures 45 de Sydney

Découvrez la vie souterraine des mineurs d'opale dans l'atmosphère surréelle de **Coober Pedy** (p. 380).
2 heures d'Adélaïde

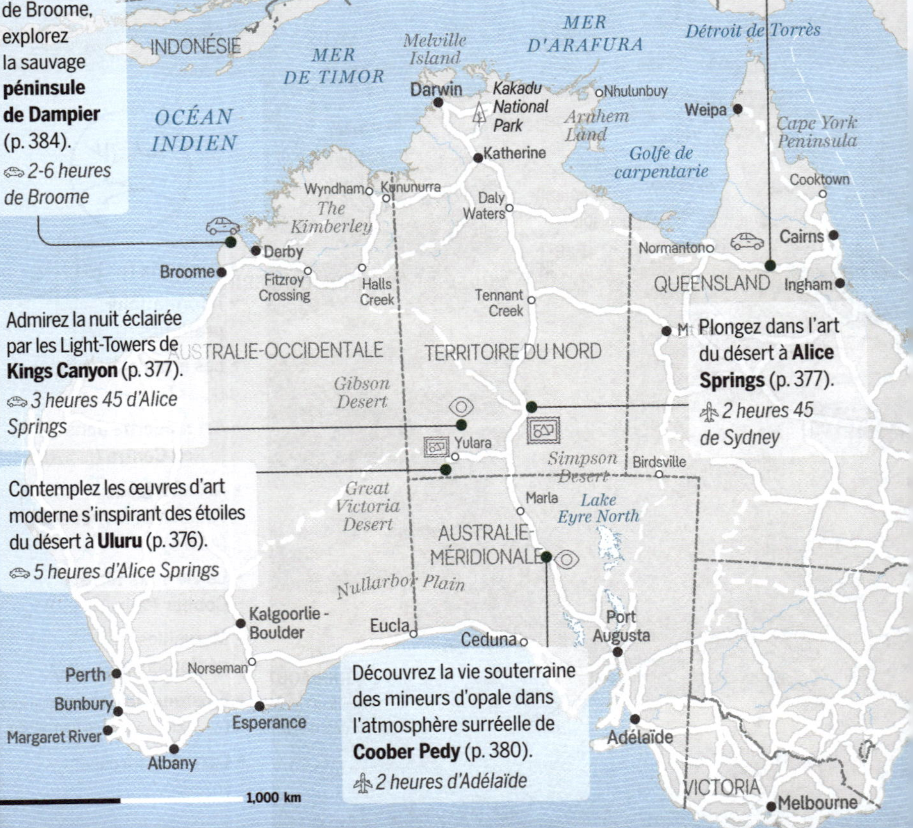

Informations pratiques

À L'ARRIVÉE

Alice Springs Airport À 15 km au sud de la ville. Vous y trouverez une navette et des taxis vous emmenant en ville.

Broome Airport Une navette et des taxis attendent à l'arrivée des vols.

Coober Pedy Airport À 5 km de la ville.

SE CONNECTER

La plupart des hôtels et certains espaces publics disposent du Wi-Fi, mais hors des villes, le réseau mobile est quasi inexistant.

ARGENT

Cartes bancaires largement acceptées mais prévoyez des espèces, une coupure de courant étant possible.

OÙ LOGER

Localité	Pour/contre
Alice Springs	Petite ville, mais large choix d'hébergements pour tous les budgets.
Broome	Excellents resorts de luxe (surtout près de Cable Beach), motels abordables et terrains de caravaning.
Mt Isa	Surtout des motels et des terrains de caravaning. Un boutique-hôtel et une auberge bon marché.
Coober Pedy	Motels, terrains de caravaning et logements troglodytiques.

COMMENT CIRCULER

Voiture et 4×4 De nombreuses routes sont bitumées et adaptées aux voitures classiques, mais les chemins de l'outback requièrent un 4×4. Prévoyez de longs trajets (1 168 km d'Alice Springs à Mt Isa) et un carburant coûteux.

Avion Étant donné les distances, envisagez de rallier les grands centres de l'outback en avion, même s'il existe peu de vols directs.

SE RESTAURER ET PRENDRE UN VERRE

Dans l'outback, il faut se contenter de ce que l'on trouve – et ne pas craindre les fritures un peu grasses. Cela dit, Alice Springs et Broome sont dotées d'excellents restaurants.

Meilleure cuisine asiatique Hanuman Restaurant (p. 389) à Alice Springs.

Produits de la mer et bière artisanale Commandez 500 g de crevettes et une Chango (bière 50/50 piment/mangue) à la Matso's Broome Brewery (photo ci-dessus, p. 389).

DÉC-FÉV
Chaud et ensoleillé au centre, humide au nord.

MARS-MAI
Fin de la saison des pluies dans le Top End.

JUIN-AOÛT
Douceur et ciel dégagé dans le désert et le Top End.

SEPT-NOV
Météo clémente, mais humidité croissante au nord en octobre.

Les grands classiques

Pour les infos pratiques de chaque site, reportez-vous au Carnet d'adresses p. 386.

Uluru

Long de 3,6 km, ce monolithe aux nombreuses strates s'élève à 348 m au-dessus du sable qui l'entoure (867 m au-dessus du niveau de la mer), et la partie visible ne représenterait qu'un tiers de sa masse rocheuse. Pétri de spiritualité, il incarne toute la quiétude du désert. Les jeux d'ombre et de lumière sur sa surface offrent un spectacle naturel unique. Plusieurs sites sacrés se trouvent à la base d'Uluru, dont les accès sont restreints par la loi anangu.

Kata Tjuta

Ce groupement de 36 rochers arrondis dans l'Uluru-Kata Tjuta National Park est impressionnant. Le plus haut, le Mt Olga/Kata Tjuta (546 m), environ 200 m plus haut qu'Uluru, est très important dans le *tjukurpa* (ensemble des droits et coutumes aborigènes) ; il faut donc rester sur les sentiers. Les formations rocheuses sont situées à 36 km à l'ouest d'Uluru.

BENNYMARTY/STOCK.ADOBE.COM ©

Kings Canyon

Emblématique de l'Australie centrale, ce gouffre béant, dans le Watarrka National Park, impressionne par sa taille et sa beauté brute, avec ses falaises rouges à pic qu'on peut gravir pour admirer la vue. Des traces de l'eau qui coulait dans le canyon sont imprimées dans la pierre ; certains dômes étaient autrefois des dunes. Le canyon a servi de refuge, de source d'eau et de lieu cérémoniel pour les Luritja, propriétaires traditionnels de ces terres.

KEITH WHEATLEY ©

Oodnadatta Track

Cette piste de terre rouge isolée de 615 km entre Marla, sur la Stuart Hwy, et Marree, dans les Northern Flinders Ranges, traverse principalement le pays arabana. Elle suit l'ancienne ligne ferroviaire sur laquelle circulait le célèbre Ghan. La piste est ponctuée de localités retirées et de paysages désertiques insolites, et passe par l'immense lac Eyre.

SEBASTIEN BUREL/STOCK.ADOBE.COM ©

Kakadu National Park

Inscrit au Patrimoine mondial, ce parc de 20 000 km2, dans le Top End (extrême nord du Territoire Nord), illustre le lien profond entre les Aborigènes et leur terre. Il abrite un écosystème spectaculaire et une fabuleuse concentration d'art rupestre. Au programme : billabongs (trous d'eau) remplis d'animaux, peintures vieilles de 25 000 ans, baignade dans des bassins au pied de chutes et balade sur de très anciens escarpements en grès.

Kalgoorlie Boulder

Kalgoorlie-Boulder est une ville minière prospère comme l'outback en compte peu. Elle conserve de beaux édifices historiques et un certain air de Far West, avec ses pubs anciens tenus par des *skimpies* (jeunes femmes peu vêtues), réminescence de pratiques d'un autre temps. On y découvre des mines anciennes ou modernes, d'excellentes galeries d'art aborigène et une grande variété de restaurants.

TARAS VYSHNYA/STOCK.ADOBE.COM ©

BENNYMARTY/STOCK.ADOBE.COM ©

Palm Valley

Palm Valley, dans le Finke Gorge National Park, au sud d'Hermannsburg, est un joyau méconnu de l'outback. Ce site remarquable, au cœur de l'une des plus belles réserves naturelles d'Australie centrale, se distingue par ses palmiers-choux rouges uniques au monde. Ces reliques de l'époque préhistorique donnent à la vallée des airs d'oasis. Plusieurs sentiers permettent d'explorer la vallée.

Stuart Highway

La Stuart Hwy, entre Port Augusta et Darwin, est l'un des itinéraires les plus fabuleux du pays : 2 724 km de sable rouge, de maquis et d'émeus gambadant en bord de route. Goudronnée et rythmée par les relais routiers, elle est aussi le point d'accès privilégié vers de nombreux sites incontournables.

ADWO/STOCK.ADOBE.COM ©

BRETT/STOCK.ADOBE.COM ©

Katherine Gorge

La spectaculaire Katherine Gorge forme l'épine dorsale du Nitmiluk National Park, à 30 km de Katherine. Une série de 13 profondes gorges en grès, creusées par la Katherine River entre la Terre d'Arnhem et la mer de Timor, offre un spectacle splendide. Durant la Dry (avr-sept), la rivière, calme, est idéale pour le canotage ; pendant la Wet (oct-mars), l'eau et les rapides se transforment en un torrent bouillonnant.

SIGLINDE/STOCK.ADOBE.COM ©

Walga Rock

Se dressant à 48 km à l'ouest de Cue, Walga Rock est le plus grand monolithe de granit du pays après Uluru. Une grotte peu profonde abrite la plus vaste collection de peintures rupestres aborigènes de l'État. Vieilles de 10 000 ans, celles-ci représentent des varans, des serpents, des lances, des spirales ou encore des empreintes de mains. Un voilier, gravé par Sammy Hassan au XIXe siècle, raconte l'histoire de ce marin naufragé du *Xantho*, qui vécut parmi les Aborigènes.

KEITMA/STOCK.ADOBE.COM ©

MacDonnell Ranges

Les superbes MacDonnell Ranges, érodées par les intempéries, s'étendent sur quelque 400 km à travers le désert, sur le territoire traditionnel des Arrernte. À une journée de route d'Alice Springs, ces montagnes cachent des gorges spectaculaires, une faune et une flore rares et un patrimoine aborigène unique.

63 Art moderne dans le RED CENTRE

ART INDIGÈNE | ART CONTEMPORAIN | HISTOIRE CULTURELLE

Le Red Centre, qui désigne le "cœur rouge" de l'Australie, couvrant les territoires entre Alice Springs et Uluru, est indissociable de son identité artistique. En sus des créations traditionnelles émanant de la culture aborigène, on y trouve des installations plus modernes, comme ces illuminations nocturnes habillant de magnifiques paysages.

ARTISTE : BRUCE MUNRO 2024 ©
PHOTOGRAPHIE : SERENA MUNRO ©

Field of Light

Les Anangu nomment l'installation *Field of Light* (2016, photo ci-contre) de Bruce Munro "Tili Wiru Tjuta Nyakutjaku" ("regarder plein de belles lumières", littéralement). Ses 52 000 ampoules solaires, telles des coquelicots ondulant dans l'air du désert, sont réparties sur l'équivalent de plusieurs terrains de football. L'installation qui ne devait rester en place que six mois est aujourd'hui un incontournable. À Yulara (réservation obligatoire).

En pratique

S'y rendre Prendre un vol pour l'Alice Springs Airport ou l'Ayers Rock Airport.

Quand venir La chaleur étant torride en été, évitez de venir entre novembre et février.

Où loger Les chambres sont parfois terriblement chères. L'Ayers Rock Resort (ayersrockresort.com.au) dispose parfois d'offres promotionnelles.

Pique-nique avec vue Ne manquez pas d'assister au coucher de soleil sur Uluru dans la zone prévue à cet effet (Uluru Sunset Viewing Area ; parksaustralia.gov.au/uluru/do/sunrise-sunset). Prenez de quoi vous sustenter pour un dîner mémorable.

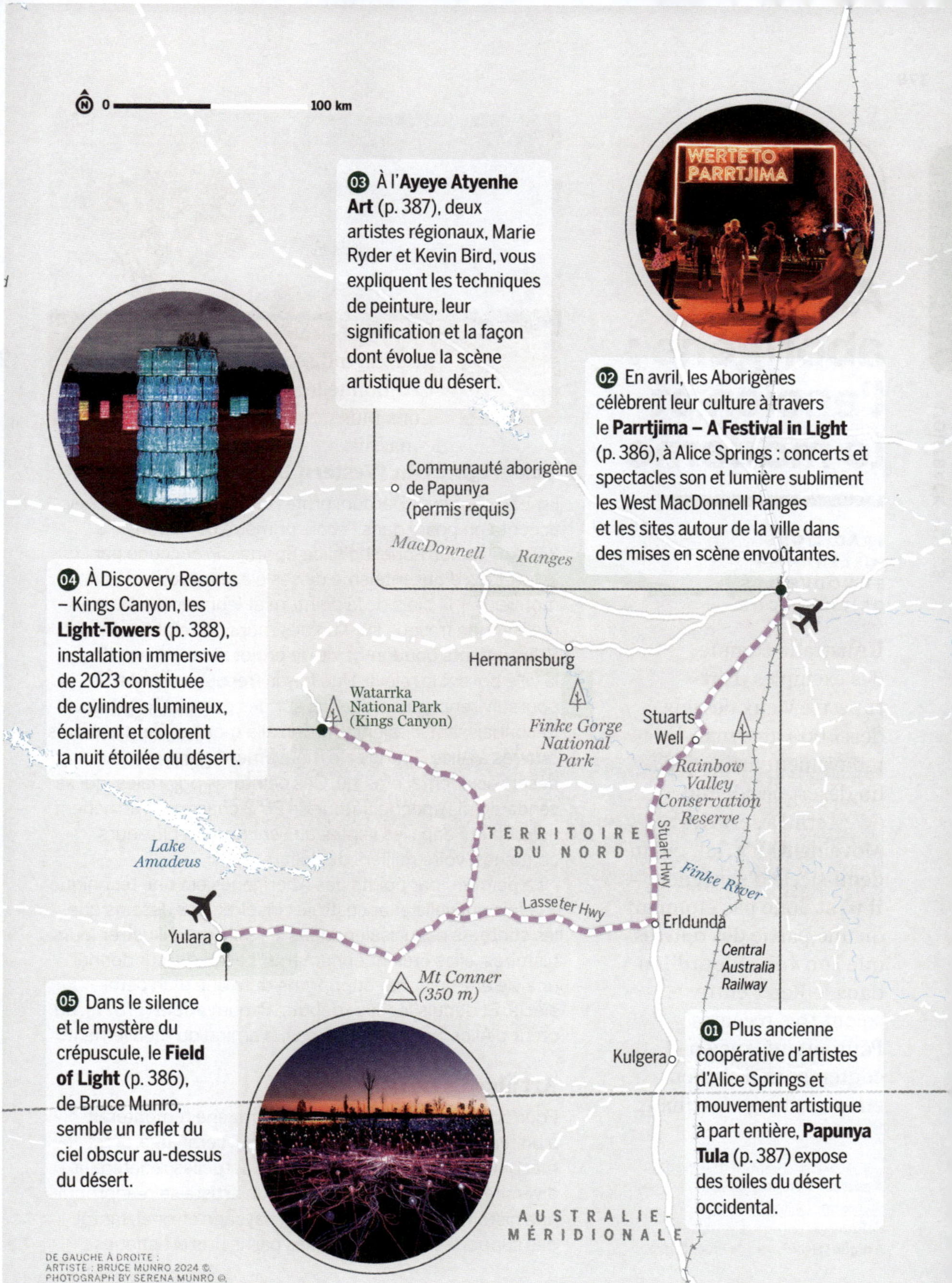

01 Plus ancienne coopérative d'artistes d'Alice Springs et mouvement artistique à part entière, **Papunya Tula** (p. 387) expose des toiles du désert occidental.

02 En avril, les Aborigènes célèbrent leur culture à travers le **Parrtjima – A Festival in Light** (p. 386), à Alice Springs : concerts et spectacles son et lumière subliment les West MacDonnell Ranges et les sites autour de la ville dans des mises en scène envoûtantes.

03 À l'**Ayeye Atyenhe Art** (p. 387), deux artistes régionaux, Marie Ryder et Kevin Bird, vous expliquent les techniques de peinture, leur signification et la façon dont évolue la scène artistique du désert.

04 À Discovery Resorts – Kings Canyon, les **Light-Towers** (p. 388), installation immersive de 2023 constituée de cylindres lumineux, éclairent et colorent la nuit étoilée du désert.

05 Dans le silence et le mystère du crépuscule, le **Field of Light** (p. 386), de Bruce Munro, semble un reflet du ciel obscur au-dessus du désert.

Art aborigène : l'ancien et le moderne

TRADITIONS MILLÉNAIRES ET NOUVELLES ORIENTATIONS

L'Australie compte des exemples d'art rupestre vieux de plus de 47 000 ans, mais le mouvement artistique du désert occidental (Western Desert Art Movement) n'a, lui, qu'un demi-siècle d'existence. Il n'est donc pas étonnant qu'une partie des œuvres que l'on voit aujourd'hui dans le Red Centre soient très récentes. Pour autant, ancien et contemporain s'allient en un mélange fascinant.

À gauche : arbre près de Papunya
Au centre : Clifford Possum, artiste de Papunya
À droite : *Light-Towers* de Bruce Munro

Aux origines du Western Desert Art Movement

En 1971, Geoffrey Bardon, professeur de dessin à Sydney, accepta un poste dans l'école primaire de Papunya, à 240 km au nord-ouest d'Alice Springs. Préoccupé par le fort taux d'absentéisme de ses élèves, il voulut les motiver par le biais de la peinture et leur demanda de réaliser une fresque sur l'un des murs de l'établissement. Si les enfants boudèrent vite le projet, des Anciens de la ville prirent la relève. Une fois la fresque achevée, ils poursuivirent leurs créations sur des panneaux de bois. Reconnaissant le talent, Bardon alla montrer les premières œuvres à Alice Springs : le mouvement artistique du désert occidental était né. Ces peintures originales, qui se vendaient à l'époque autour de 20 $ chacune, s'arrachent aujourd'hui dans les ventes aux enchères à plusieurs centaines, voire milliers de dollars.

La peinture par points des Aborigènes est une technique à la fois nouvelle et ancestrale : inspirée des dessins que les conteurs esquissaient dans le sable pour illustrer leurs histoires, elles étaient éphémères. Le fait de leur donner une vie éternelle, sur support ne date que d'un demi-siècle. Et depuis les tout débuts, Papunya Tula (p. 377), au cœur d'Alice Springs, est le navire amiral du mouvement.

Art aborigène moderne

Pour bon nombre de gens, l'art aborigène remonterait à un temps immémorial dans lequel il serait figé. C'est méconnaître le fait que les œuvres actuelles reflètent la diversité de leurs auteurs. Tantôt un artiste se réapproprie une histoire traditionnelle ou un paysage éternel, tantôt des supports modernes ou des partis pris artistiques

JOHN VAN HASSELT-CORBIS/GETTY IMAGES ©

ARTISTE : BRUCE MUNRO 2024 ©. PHOTOGRAPH BY SERENA MUNRO ©

inédits s'invitent parmi les techniques anciennes. Ainsi, en 2016, les Aborigènes créaient à Alice Springs le Parrtjima – A Festival in Light (p. 377), en même temps que l'artiste autochtone Bruce Munro inaugurait à Uluru son célèbre *Field of Light* (p. 376), célébrant le désert à sa façon.

Autres initiatives : des centres artistiques communautaires soutiennent des artistes aborigènes, tel Tangentyere Artists (p. 387), qui s'occupe de ceux d'une communauté de la banlieue d'Alice Springs. Empreintes d'un esprit plus citadin, leurs réalisations (bijoux en étain recyclé, textiles aux motifs audacieux) témoignent des mutations profondes du quotidien des Aborigènes, ancré aujourd'hui dans la modernité et répondant aux demandes du marché.

> Pour bon nombre de gens, l'art aborigène remonterait à un temps immémorial dans lequel il serait figé. C'est méconnaître le fait que les œuvres actuelles reflètent la diversité de leurs auteurs.

Mais l'art, les récits et la terre sont des vecteurs d'unité qui tissent depuis la nuit des temps la vaste trame des communautés aborigènes, dont les artistes se font la voix. Répondant à ceux qui trouveraient que l'art aborigène est devenu trop commercial, Paul Sweeney, ancien directeur de Papunya Tula, a déclaré que la réflexion au cœur de la création artistique a peu changé : Quel est le lieu ? Que s'y est-il passé ? Quelle est l'histoire ? Ici, la peinture est une forme de narration transformée en source de revenus régionale. La narration reste néanmoins l'épine dorsale de tout le processus.

Controverse

En 2023, est sortie une vidéo montrant une employée d'un centre artistique aborigène retoucher une œuvre de Yaritji Young, artiste aborigène particulièrement cher aux Australiens, après que la directrice des lieux le lui a demandé. Le fait que toutes deux ne soient pas aborigènes n'arrangea pas les choses. Cet acte est, selon certains, le reflet du racisme systémique que subissent les Aborigènes en Australie. À la suite de ces événements, plusieurs grandes galeries annulèrent leurs expositions, les ventes d'art aborigène dégringolèrent, et la National Gallery of Australia (NGA) lança une enquête indépendante sur l'utilisation d'assistants par les artistes et les conséquences que cela implique sur la paternité de leurs œuvres.

64 La vie sous terre à COOBER PEDY

HISTOIRE | ARCHITECTURE | PIERRES PRÉCIEUSES

Après la découverte, en 1915, de dépôts d'opale, Coober Pedy vit débarquer des mineurs dans des maisons troglodytiques pour fuir la chaleur du désert. Plus tard, ce cadre incroyable chatouilla l'imaginaire des cinéastes, qui affluèrent pour y filmer des œuvres telles que *Mad Max au-delà du dôme du tonnerre*. Aujourd'hui, ce monde souterrain, avec ses hôtels, églises et demeures historiques, attire les visiteurs curieux.

ALEXANDRE.ROSA/SHUTTERSTOCK ©

En pratique

S'y rendre Coober Pedy est à 9 heures d'autoroute ou à 2 heures de vol d'Adélaïde. Depuis l'aéroport, vous pouvez louer une voiture ou parcourir à pied les 4,4 km jusqu'en ville (attention à la chaleur).

Quand Venir en hiver permet de parcourir la région sans suffoquer.

En plateau Prenez-vous pour un figurant de cinéma en visitant l'immense vaisseau spatial sur Hutchison St, vestige déroutant du film *Pitch Black* (2000).

MARK HIGGINS/SHUTTERSTOCK ©

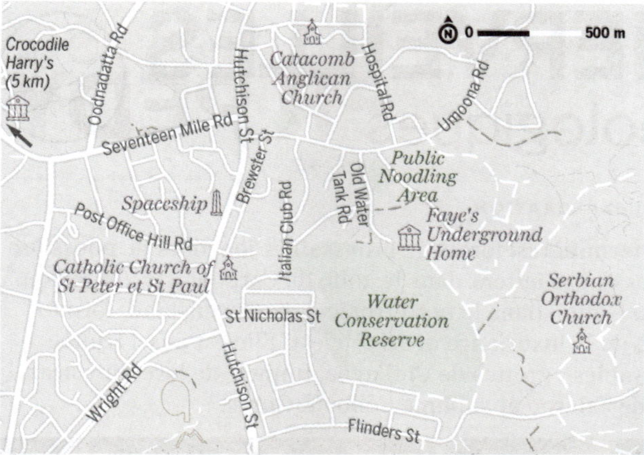

En été, le thermomètre grimpe parfois jusqu'à 50°C à C à Coober Pedy ! Les premiers mineurs comprirent rapidement qu'il valait mieux s'installer sous terre, où la température ne dépasse jamais 23°C.

Maisons souterraines À **Crocodile Harry** (p. 388), vous pourrez jeter un coup d'œil à la vie troglodytique d'antan. Cette ancienne demeure souterraine, follement excentrique, arbore aux murs des graffitis, affiches, casquettes et autres souvenirs de la vie amoureuse mouvementée de son ancien propriétaire, le Lettonien Avid von Blumenthal. Plus modeste, la **Faye's Underground Home** (p. 388), creusée à la main par trois femmes dans les années 1960, est toutefois plus représentative du mode de vie des trogoldytes du siècle dernier à Coober Pedy.

Culte troglodytique Coober Pedy compte trois **églises souterraines** (www.cooberpedy.com/underground-churches). La petite St Peter and St Paul Catholic Church (p. 388), dans la rue principale, charme par son ambiance intimiste, ses statues dans des niches et une musique classique de fond. Sous la colline, The Catacomb Church (p. 388), anglicane, est une construction dépouillée en forme de croix. L'église souterraine la plus impressionnante, la Serbian Orthodox Church (p. 388), se situe dans l'est de la ville. On y trouve des œuvres raffinées taillées dans la roche, un vitrail et un somptueux plafond voûté. Pensez à éteindre les lumières en sortant.

Dormir sous terre Certains hôtels de Coober Pedy proposent à la fois des chambres classiques et des chambres sous terre, où la climatisation est inutile. C'est le moment où jamais de tenter une expérience unique.

Page ci-contre en haut :
Faye's Underground Home
Page ci-contre en bas :
veine d'opale à Coober Pedy

Visite de mines en quête d'opales

S'aventurer seul et non préparé dans les quelque 70 champs d'opales de Coober Pedy est extrêmement risqué : plus d'un million de puits n'ont pas été répertoriés, certains atteignant 30 m de profondeur. Toutes les anciennes mines de la ville proposent des visites guidées ou audioguidées. Rendez-vous dans la zone sécurisée et en libre accès 24h/24 et 7j/7, où vous pourrez tamiser des gravats dans l'espoir de dénicher des opales qui auraient échappé aux mineurs. Certains chanceux en ont trouvé d'une valeur de 4 000 $. Et il s'agit bien de chance, car il n'existe aucun moyen de détecter l'opale sous terre.

■ **Brilyanz Mance**
Employée à l'Umoona Opal Mine and Museum (p. 387)
@umoonaopal

65 MERVEILLES géologiques

AVENTURE | SITES ISOLÉS | EXPLORATION

Plaines herbeuses, termitières, forêts de broussailles jonchées de poussière rouge, rivières saisonnières qui se jettent dans le golfe de Carpentarie : la région de Gulf Savannah (Pays du Golfe), dans le nord tropical du Queensland, forme un paysage saisissant, loin de la luxuriance de la côte est. Elle est aussi truffée de sites géologiques incroyables : grottes de Chillagoe, tunnels de lave du volcan Undara, sources chaudes de Talaroo et sublime Cobbold Gorge.

PAULHARDINGOO/SHUTTERSTOCK ©

En pratique

Quand venir
De préférence durant la saison sèche (avr-oct), car la plupart des sites géologiques sont fermés pendant la saison humide (nov-mars).

S'y rendre Les distances sont tellement immenses dans Gulf Savannah qu'il vaut mieux louer une voiture. Sinon, le *Savannahlander* quitte Cairns une fois par semaine, avec des arrêts et des liaisons pour Chillagoe, Undara et la Cobbold Gorge : une aventure ferroviaire unique dans l'outback.

KIWI EXPLORERS/SHUTTERSTOCK ©

Page ci-contre, en haut :
Cobbold Gorge
Page ci-contre, en bas :
Balancing Rock

Le Savannah Way est un itinéraire mythique de 3 700 km qui traverse le nord du pays, entre Cairns et Broome, en Australie-Occidentale. Sa partie est sillonne Gulf Savannah, contrée sauvage tant en surface que sous terre.

Arrêtez-vous dans la localité isolée de **Chillagoe** (prononcé *chila-go*), pour parcourir ses formations rocheuses (en réalité, un ancien récif corallien) à couper le souffle. C'est aussi un formidable endroit pour les familles, qui peuvent se baigner dans quelques-unes des 560 grottes calcaires dépourvues de crocodiles.

Le volcan bouclier **Undara** entra en éruption il y a 190 000 ans, ses coulées de lave engloutissant les zones alentour. Elles refroidirent et durcirent en surface, mais la lave brûlante continua de s'écouler au centre, pour créer les plus longs tunnels de lave au monde, un univers complexe et fascinant à observer (visites guidées uniquement, adressez-vous au Discovery Resort – Undara).

Après la terre et le feu, l'eau. À **Talaroo Hot Springs** (p. 388), les Ewamian, dont c'est la première structure touristique, organisent des circuits accompagnés permettant de découvrir les sources chaudes, nées de pluies ayant inondé le massif voisin de Newcastle pour resurgir 20 000 ans plus tard à Talaroo. Vous apprendrez l'importance de ces sources pour leurs gardiens traditionnels et pourrez tester, lors d'une baignade, leurs vertus bienfaisantes.

Avec sa splendide oasis, la **Cobbold Gorge**, vieille de 1,7 million d'années et mesurant à peine 2 m de large par endroits, fait partie des trouvailles inattendues dans l'outback. À découvrir lors d'une sortie guidée en bateau.

Détente à Chillagoe

Il y a forcément une activité pour vous autour de Chillagoe !

Voyagez (presque) au centre de la terre, en compagnie d'un guide ranger, à la découverte des spectaculaires **Royal Arch Caves** (p. 388), de leurs passages cachés, de leurs salles et formations calcaires insolites et même de leurs fossiles marins.

En surface, un petit circuit pédestre (440 m) mène à l'étonnant **Balancing Rock**, qui semble défier les lois de la physique.

Quelques kilomètres au sud-est de la ville, grimpez aux **Ramparts**, une corniche rocheuse, pour admirer la jolie vue. Cherchez, sur la partie inférieure, les peintures rupestres réalisées par les Aborigènes de la région qui s'abritaient ici pendant la saison humide.

■ **Wendy Wagner**
Propriétaire des Chillagoe Cabins ; chillagoe.com

66 Environs de BROOME

PLAGES | NATURE | CULTURE

On peut vouloir visiter Broome pour elle-même, mais cette ville est surtout un fabuleux camp de base pour découvrir la péninsule de Dampier. Le silence y est quasi spirituel, comme pourront vous l'expliquer les communautés aborigènes. À vous les jolis caps, dont le cap Leveque et James Price Point, les plages et les falaises de *pindan* rouges, parmi les secrets les mieux gardés de Broome !

BMPHOTOGRAPHER/SHUTTERSTOCK ©

En pratique

Circuler Réservez un circuit organisé ou louez une voiture : un véhicule classique suffit pour accéder à la plupart des sites.

Quand partir Pour bénéficier d'une météo clémente, venez entre mai et septembre. Fortes pluies entre octobre et avril.

Notre conseil Découvrez la péninsule de Dampier et ses récits traditionnels auprès de Bolo Angus, guide bardi jawi de **Lullumb Tours** (p. 386), et de sa famille.

ABSTRACT AERIAL ART/GETTY IMAGES ©

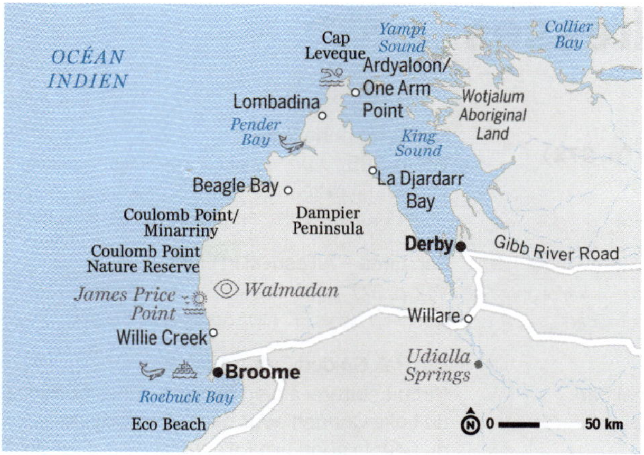

Page ci-contre en haut :
Cap Leveque
Page ci-contre en bas :
James Price Point

Plages au nord de Broome Manari Rd est une piste de sable peu entretenue et comblée, par endroits, par de la tôle ondulée, et qui sillonne le Goolarabooloo Country depuis Broome en direction du nord-ouest. On y croise essentiellement des pêcheurs, des autochtones et des voyageurs aventuriers. Cette route constitue en effet une aventure en soi, mais elle vous emmènera vers des plages désertes, dont celle de James Price Point, de toute beauté, où vous pourrez déambuler au pied ou le long des falaises rouges de *pindan* de **Walmadan** (du nom du fier guerrier qui y vécut autrefois). Cet endroit se trouve, à 35 km de Cape Leveque Rd, au milieu de la ligne de chants de Lurujarri.

Cap Leveque Tout au bout de la péninsule de Dampier, on est soufflé par la magnificence du paysage de cap Leveque, par le contraste entre les sublimes falaises rouges et les plages de sable blanc, aux eaux propices à la baignade et au snorkeling. Quelques kilomètres au sud, entre Middle Lagoon et le cap Leveque, partez à la rencontre de l'accueillante communauté aborigène de Lombadina, qui organise des excursions de pêche, d'observation des baleines, de ramassage de crabes de vase, de kayak et de randonnée, ou encore des sorties en 4×4. Ne manquez pas l'église en niaouli.

Pender Bay Cette baie vierge, merveilleusement isolée, est très appréciée des baleines à bosse au moment de la mise bas : vous pourrez les voir en grand nombre de mai à novembre. Le petit camping de Pender Bay, entre Mercedes Cove et Whale Song, est l'accès le plus simple. Étant donné le peu de visiteurs, il règne ici une atmosphère très particulière et l'on se sent privilégié.

Circuits des mangroves de Roebuck Bay

Juste au sud de Broome, les vasières de Roebuck Bay sont un refuge d'oiseaux migrateurs, et l'un des écrins cachés et souvent déserts du nord-ouest de l'Australie-Occidentale. Sur cette côte, les circuits de l'opérateur écoresponsable **Broome Whale Watching** (p. 388) font vivre un moment exceptionnel aux amateurs de faune sauvage. Ainsi, le Snubfin Dolphin Eco Tour permet d'explorer la baie et de voir l'une des espèces de dauphins les plus rares du pays : le dauphin à aileron retroussé. Possibilité aussi d'un circuit dans la mangrove avec **Narlijia Experiences** (p. 386), qui propose une expérience holistique, et souligne les liens entre la beauté et le bien-être de l'écosystème de la baie, *via* les récits aborigènes.

■ **Bart Pigram**
Propriétaire Yawuru de Narlijia Experiences à Broome ; @narlijia

Carnet d'adresses

Les grands classiques (p. 372)

Kakadu
(www.parksaustralia.gov.au/kakadu)

Kata Tjuta
(monts Olgas, "The Olgas" ; nt.gov.au/parks/regions/alice-springs ; Uluru-Kata Tjuta National Park).

Katherine Gorge
Située dans le Nitmiluk National Park
(☎08-8972 1253, 08-8972 1886 ; nt.gov.au/parks/find-a-park/nitmiluk-national-park),

Uluru
(Ayers Rock ; parksaustralia.gov.au/uluru ; Uluru-Kata Tjuta National Park).

Walga Rock
(Cue-Dalgaranga Rd)

Circuits aborigènes

Field of Light
Voir p. 376 (☎1300 134 044 ; www.ayersrockresort.com.au/experiences/field-of-light ; Napala Rd, Yulara, NT ; adulte/enfant à partir de 48/35 $)

Jarlarloo Riwi Campground
Ce camping, à 5 heures de Broome, propose des visites guidées des grottes de Mimbi en journée et des soirées en compagnie des Aborigènes de la région. (Mimbi Caves Campground ; ☎04-3754 6873, 04-7735 5671, 08-9191 5355 ; www.mimbicaves.com.au ; Mt Pierre Station ; empl par adulte/enfant/famille 22/7/54 $, circuit 2 heures adulte/enfant/famille 90/45/240 $; ⏲8h et 14h lun-ven, 8h sam)

Lullumb Tours
Voir p. 384 (☎04-8294 1107 ; www.lullumbtours.com.au ; Cape Leveque Rd, Dampier Peninsula, Broome, WA ; circuit adulte/enfant 180/80 $; ⏲sur rdv 9h tlj avr-oct)

Narlijia Experience
Voir p. 385 (☎08-9195 0232 ; www.toursbroome.com.au ; Chinatown, Broome, WA ; adulte/enfant circuit 140/100 $, mangroves 100/65 $; ⏲avr-oct)

Parrtjima – A Festival in Light
Voir p. 377 (☎08-8999 5256 ; parrtjimaaustralia.com.au ; Napala Rd, Alice Springs, NT ; ⏲avr)

Tae Rak Guided Cultural Walk
Circuit culturel à pied dans les zones humides du Lake Condah pour découvrir l'origine du peuple gunditjmara et la faune autour de Coober Pedy. (☎03-4504 2193 ; www.budjbim.com.au/visit/cultural-tours/tae-rak-guided-walk ; Breakaway Creek, Vic ; circuit 2 heures adulte/enfant/famille 89/69/285 € ; ⏲10h, 14h mer-dim)

Talaroo Hot Springs Discovery Tour
Voir p. 383. Avant un bain dans les sources chaudes de Talaroo, explorez cette merveille géologique unique et son histoire fascinante avec un guide Ewamian. (☎04-5679 3764 ; www.talaroo.com.au/springs-tours ; Gulf Savannah Way, Mount Surprise, Qld ; circuit adulte/enfant/famille 40/20/110 € ; ⏲8h, 10h, 16h tlj)

Tungatt Mirring
Marche culturelle d'une demi-journée à la découverte de la Kurtonitj Indigenous Protected Area : Lake Surprise, tunnels de lave, grottes et faune sauvage de Coober Pedy. (☎03-4504 2193 ; www.budjbim.com.au/visit/cultural-tours/Tungatt-Mirring-Stone-Country-Half-Day ; Breakaway Creek ; circuit demi-journée adulte/enfant/famille 159/119/499 € ; ⏲9h30 mer-dim)

Uluru Aboriginal
Art and Culture Tour
Excursion d'une demi-journée durant laquelle un guide anangu fait découvrir l'art aborigène et des histoires culturelles d'Uluru. (☎1300 228 546, 08-8956 2171 ; www.aatkings.com/tours/

uluru-ayers-rock/uluru-aboriginal-art-and-cultural-experience ; départ Uluru-Kata Tjuta Cultural Centre ; circuit guidé adulte/enfant 235/165 € juin-oct, 225/159 € nov-mars ; ⏲ départ 7h30 nov-mars, 8h30 avr-oct)

Centres artistiques

Ayeye Atyenhe Art

Voir p. 377 (www.ayeyeatyenheart.com.au ; 475 S Stuart Hwy, Alice Springs, NT ; ⏲ 9h-17h tlj sauf mar)

Gallery of Central Australia

Ce centre culturel éducatif et inspirant d'Uluru met à l'honneur l'art du désert, central et occidental, au travers d'expositions tournantes et de débats artistiques enrichissants. (☎08-8957 7377 ; www.ayersrockresort.com.au/art-gallery/goca ; Yulara Dr ; ⏲9h-17h tlj)

Mulgara Gallery

Cette galerie d'Uluru explore le rôle de l'art aborigène en soutenant l'une des plus anciennes cultures vivantes du monde. (☎08-8957 7439 ; Sails in the Desert Hotel, Yulara Dr, Yulara ; ⏲ 8h30-16h30 tlj)

Nagula Jarndu Women's Resource Centre

Gérée par des femmes yawuru, cette excellente galerie de Broome expose et vend de jolis textiles sérigraphiés et imprimés à la planche. (☎04-9933 0708 ; www.nagulajarndu.com.au ; 1/12 Gregory St, Broome ; ⏲9h-16h lun-ven)

Papunya Tula Artists

Voir p. 377 (☎08-8952 4731 ; papunyatula.com.au ; 63 Todd Mall, Alice Springs, NT ; ⏲10h-16h lun-ven)

Tangentyere Artists

Voir p. 379 (☎08-8951 4232 ; www.towncampdesigns.org.au ; 16 Fogarty St, Alice Springs, NT ; ⏲ sur rdv lun-ven, 10h-14h sam)

The Bungalow

Avec sa collection de toiles d'artistes du Kimberley, cet espace donne un aperçu de l'art des communautés vivant dans des contrées plus reculées. (☎08-9192 6118 ; www.shortstgallery.com.au ; 3 Hopton St, Town Beach, Broome ; ⏲10h-15h lun-ven, 10h-14h sam, horaires différents en basse saison)

The Hub

Ce petit centre d'interprétation et d'information de Chillagoe, avec bibliothèque et bureau de poste, abrite de beaux exemples d'art local. (☎07-4094 7111 ; parks.desi.qld.gov.au/parks/chillagoe-caves ; 21–23 Queen St, Chillagoe, Qld ; ⏲8h-15h30 tlj)

Umoona Opal Mine and Museum

Voir p. 381 (☎08-8672 5288 ; www.umoonaopalmine.com.au ; 14 Hutchison St, Coober Pedy, SA ; musée gratuit, circuits adulte/enfant/famille 15/8,50/34,50 $; ⏲8h30-17h30 tlj, circuits 10h, 14h et 16h)

Randonnées accompagnées

Archway Explorer Lava Tube Tour

Empruntez, en compagnie d'un guide, la promenade en bois qui chemine sous les arches stupéfiantes des tunnels de lave dans l'Undara Volcanic National Park. (☎08-8219 3000, 1800 990 992 ; www.discoveryholidayparks.com.au/undara/activities-and-attractions/archway-explorer ; Undara Rd, Mount Surprise, Qld ; circuit 2 heures adulte/enfant 71/46 $; ⏲sur rdv 8h, 10h30, 13h et 15h30 mars-oct)

Broome Historical Walking Tours

Super-marche de 1 heure 30 dans le passé de Broome (de la perliculture à la Seconde Guerre mondiale) avec visites de sites, menée par le conteur Wil, aux histoires fabuleuses. (☎04-0854 1102 ; www.broomehistoricalwalkingtours.com ; Town Beach, Broome ; visite adulte/-16 ans 80 $/gratuit ; ⏲9h30 mar-jeu avr-oct)

Cobbold Gorge Tours

Cette exploitation d'élevage de bétail organise des excursions à pied sur les formations escarpées de grès, et en bateau dans la Cobbold Gorge. (☎1800 669 922, 07-4062 5470 ; www.cobboldgorge.com.au ; Cobb Rd, Forsayth, Qld ; adulte/enfant/famille 140/70/355 $; ⏲10h tlj fin-mars à sept, plus 13h30 juin-août, 8h oct)

Donna, Trezkinn and Royal Arch Caves Tours
Visite des grottes de calcaire avec un guide ranger dans le Chillagoe-Mungana Caves National Park du Queensland septentrional. (07-4094 7111 ; parks.desi.qld.gov.au/parks/chillagoe-caves/journeys/cave-tours ; Chillagoe, Qld ; visite 1 grotte adulte/enfant/famille 31,50/15,65/79 $, 3 grottes 63,25/32,30/158,70 $; tlj)

Gulflander
Allez de Normanton à Croydon, ancienne ville de la ruée vers l'or, à bord du Tin Hare (lièvre d'étain), train mythique de la vaste immensité de Gulf Savannah. (1800 577 245, Normanton 07-4745 1391 ; www.gulflander.com.au ; aller/aller-retour adulte 75/125 $, enfant 37,50/62,50 $; mi-fév à oct)

Kalkani Crater Rim Walk
Sublime aller-retour à pied de 1 heure 30 dans l'Undara Volcanic National Park, avec montée au bord du Kalkani Crater, marche sur le site et retour au parking, en bas. (Mount Surprise, Qld)

Mail Run Tour
Suivez la tournée d'un facteur par des villes comme Coober Pedy, Oodnadatta et William Creek, et visitez des exploitations d'élevage de bétail. (0418 314 371 ; mailruntour.com.au ; circuit 350 $/pers ; 8h45 lun et jeu)

Riba's Evening Opal Mine Tour
Site de camping sur et sous terre et de caravaning, Riba's organise des visites passionnantes des mines souterraines de Coober Pedy. (08-8672 5614 ; camp-underground.com.au ; 1811 William Creek Rd, Coober Pedy ; visite adulte/enfant 28/16 $; sur rdv 19h mars à mi-déc)

Trek Larapinta
Cet opérateur organise des circuits de 6 jours tout compris (camping, repas, guide professionnel et transport depuis/vers Alice Springs) sur une partie du Larapinta Trail. (1300 133 278 ; www.treklarapinta.com.au ; 3/6 jours à partir de 1 995/3 895 $; avr-sept)

Sites et activités

Broome Whale Watching
Voir p. 385 (08-9192 8163 ; broomewhalewatching.com.au ; 2 Florence Way, Bilingurr, WA ; circuit 3-4 heures guidée adulte/enfant/famille 145/95/440 $; sur rdv mars-déc)

Catacomb Church
Voir p. 381 (église "Catacombes" ; 04-1219 5207, 08-8672 5038 ; catacombchurch.com.au ; 746 Catacomb Rd, Coober Pedy, SA ; entrée libre ; 24h/24 tlj, service 9h30 dim)

Crocodile Harry
Voir p. 381 (04-4863 2583 ; www.facebook.com/crocodileharrys ; Seventeen Mile Rd, Coober Pedy, SA ; adulte/enfant 10/3 $; 8h-20h tlj)

Faye's Underground Home
Voir p. 381 (08-8672 5029, 04-9081 0433 ; www.facebook.com/Fayesundergroundhome ; Old Water Tank Rd, Coober Pedy, SA ; adulte/enfant 20 $/gratuit ; 9h30-16h30 tlj sauf dim)

Light-Towers
Voir p. 377 (08-7210 9600 ; www.discoveryholidayparks.com.au/kings-canyon/activities-and-attractions/light-towers ; Kings Canyon, Luritja Rd, Petermann, NT ; adulte/enfant 30-85/25-70 $; tlj)

Serbian Orthodox Church
Voir p. 381 (église orthodoxe serbe ; 08-8672 3048 ; soc.org.au/en/directory/parishes/sa ; Potch Gully Rd, Coober Pedy, SA ; 5 $; 24h/24)

St Peter and St Paul Catholic Church
Voir p. 381 (église Saint-Pierre-et-Saint-Paul ; 08-8672 5011 ; ppcatholic.org/parishes/coober-pedy ; Hutchinson St, Coober Pedy, SA ; entrée libre ; journée)

Talaroo Hot Springs
Voir p. 383 (04-5679 3764 ; www.talaroo.com.au ; Gulf Savannah Way, Mount Surprise, Qld ; visite guidée adulte/enfant/famille 40/20/110 $; sur rdv tlj)

Umoona Opal Mine and Museum
Voir p. 381 (☎ 08-8672 5288 ; www.umoonaopalmine.com.au ; 14 Hutchison St ; musée gratuit, circuits adulte/enfant 13/7 $; ⌚ 8h30-17h30)

Discovery Resort – Undara
(☎ 61 7 4097 1900 ; www.discoveryholidayparks.com.au/undara ; divers circuits 71 $/pers)

Séjour dans une ferme d'élevage

Barn Hill Beachside Station Stay $
Près de l'océan Indien, terrain de camping de Thangoo Station, l'une des exploitations d'élevage bovin de la région, à 132 km de Broome. (☎ 08-9192 4975 ; www.barnhill.com.au ; Barn Hill, Great Northern Hwy, Broome)

Cobbold Village $$
Ce site dans la Cobbold Gorge de Gulf Savannah réunit camping, chalets et chambres, plus le MacDonalds Deck Bar & Bistro. (☎ 1800 669 922, 07-4062 5470 ; www.cobboldgorge.com.au/stay ; Cobb Rd, Forsayth, Qld ; ⌚ avr-oct, restaurant 7h-8h30, 12h-14h et 17h30-19h30)

Curtin Springs Wayside Inn $$
Loger dans cette exploitation d'élevage en activité à 100 km à l'est d'Uluru et 360 km au sud-ouest d'Alice Springs est parfait pour explorer les environs de Kings Canyon. (☎ 08-8956 2906 ; www.curtinsprings.com ; Lasseter Hwy ; ⌚ 7h-19h)

Dug Out B&B $$$
Hôtel souterrain moderne et luxueux, sous l'une des collines de calcaire légendaires de Coober Pedy. (☎ 04-3738 0983 ; www.cooberpedydugoutbnb.com.au ; 2037 German Gully Rd, Coober Pedy, SA)

Bonnes tables dans l'outback

Croydon Club Hotel $$
Ce seul hôtel restant du Croydon de la ruée vers l'or (années 1880), dans Gulf Savannah, sert une cuisine typique de l'outback. (☎ 07-4745 6184 ; www.croydonclubhotel.com.au ; angle Brown St et Sircom St ; ⌚ 12h-14h jeu-mar, jeu-14h30 mer, 17h30-20h tlj)

Hanuman Restaurant $$
Cuisines thaïe et indienne haut de gamme près du centre-ville d'Alice Springs. (☎ 08-8953 7188 ; www.hanuman.com.au/alice-springs-1 ; Doubletree by Hilton, 82 Barrett Dr ; ⌚ 12h-14h30 mer-ven, 18h-22h tlj)

Ilkari Restaurant $$$
Un choix alléchant de saveurs internationales pour le petit déjeuner, le déjeuner et le dîner dans ce restaurant du resort Sails in the Desert. (☎ 02-8296 8010, 1300 134 044 ; www.ayersrockresort.com.au/dining/ilkari ; Yulara Dr, Yulara, NT, Sails in the Desert ; ⌚ 17h30-21h30 tlj)

Matso's Broome Brewery $$
Bières brassées sur place et cuisine de pub (d'en-cas rapides à des plats plus roboratifs), dans une ambiance décontractée. (☎ 08-9193 5811 ; matsos.com.au ; 60 Hamersley St ; ⌚ 11h-21h tlj)

Outback Bar & Grill $$
Sans doute le meilleur bar et restaurant de Coober Pedy, où vous régaler d'une cuisine de bistrot sans égale, en bavardant avec les habitants. (☎ 08-8672 3250 ; obgcooberpedy.com.au ; 454 Hutchison St ; ⌚ 7h-21h lun-sam, 7h-20h dim)

The Aarli $$
Restaurant favori de la plupart des habitants de Broome, avec une magnifique terrasse et un grand choix de plateaux à partager. (☎ 08-9192 5529 ; www.theaarli.com.au ; 16 Hamersley St, entrée *via* Frederick St ; ⌚ 12h-14h et 17h-21h mar-jeu, 10h-14h et 17h-21h ven-sam)

Carnet pratique

À droite : Twelve Apostles (p. 156)

ARRIVER EN AUSTRALIE

Situé à 8 km au sud du centre-ville, l'aéroport Kingford Smith de Sydney est le plus fréquenté du pays. Le terminal international (T1) et les terminaux domestiques (T2 et T3) sont à chaque extrémité des pistes, et distants de 4 km l'un de l'autre. Chacun comporte une gare. Les aéroports de Melbourne, Brisbane et Perth accueillent aussi des vols internationaux. C'est à Perth qu'arrive les seuls vols directs en provenance d'Europe (Paris ou Londres).

POINTS D'ENTRÉE

Aéroport de Melbourne Le deuxième plus grand aéroport international d'Australie après Sydney accueille des vols avec en provenance d'Europe (avec une escale à Bangkok, Abu Dhabi, Doha, Dubaï, Hanoï ou Singapour ; 23 heures environ au départ de Paris, Bruxelles ou Zurich) ou du Canada (24 heures au départ de Toronto avec une escale à San Francisco ou Hong Kong).

Aéroport de Perth La compagnie australienne, Qantas relie Paris à Perth par vol direct (16 heures) 4 fois par semaine. Au départ de Zurich ou de Bruxelles, comptez entre 20 et 22 heures et une escale (Abu Dhabi, Bangkok, Doha, Istanbul, Dubai, Hong Kong ou Singapour). Au départ de Toronto, le vol dure de 24 à 32 heures, avec une escale (San Francisco ou Hong Kong). L'aéroport de Perth accueille par ailleurs de nombreux vols intérieurs.

Autres aéroports Pour rejoindre Brisbane au départ de Paris, Zurich ou Bruxelles, il vous faudra faire une escale à Dubai, Singapour, Doha, Taipei, Séoul ou Sydney (24 heures). Un vol direct part de Vancouver 3 ou 4 fois par jour (22 heures). Au départ de Toronto, comptez une escale (San Francisco, Séoul ou Taipei, 22-27 heures). L'aéroport de Brisbane accueille de nombreuses lignes régionales du Queensland, et il est bien relié par la route à la Gold Coast et à la Sunshine Coast. Quelques vols internationaux desservent aussi les aéroports de la Gold Coast, de la Sunshine Coast (26 heures au départ de Paris ; 20 heures de Vancouver, avec une escale à Auckland) et de Cairns (21 heures depuis Paris ou Zurich, avec une escale à Singapour ou Sydney ; 25 heures depuis Toronto avec, une escale à Tokyo ou Osaka).

Croisières internationales Les paquebots accostent à l'un des deux terminaux de Sydney. L'Overseas Passenger Terminal, à Circular Quay, est pratique, car situé dans le centre-ville ; le White Bay Cruise Terminal est à Rozelle, en périphérie, à environ 5 km du centre de Sydney. Les jours d'arrivée ou de départ des paquebots, Captain Cook Cruises propose des ferrys entre White Bay, Barangaroo et le King Street Wharf (Darling Harbour), dans le centre-ville.

FORMALITÉS D'ENTRÉE

Un passeport valide et un visa sont obligatoires pour entrer en Australie.

Duty free On peut importer 50 cigarettes et 2,25 l d'alcool (pour les + de 18 ans), ainsi que des produits d'une valeur maximum de 900 $ (450 $ pour les - de 18 ans).

Biosécurité Les produits d'origine animale ou végétale doivent être déclarés. Fleurs et aliments frais (dont la viande et le fromage) sont interdits.

REJOINDRE LE CENTRE-VILLE DE SYDNEY DEPUIS L'AÉROPORT

Train Les trains relient les terminaux au centre de Sydney en 15 minutes (environ 20 $).

Opal Le réseau de transports en commun de Sydney fonctionne avec des cartes Opal (opal.com.au) rechargeables. On les valide au départ et à l'arrivée. Elles sont en vente dans les boutiques WH Smith (terminal international), NewsLink et Relay (terminaux domestiques), et dans les deux gares de l'aéroport. Chargement minimum : 10/5 $ par adulte/enfant (35 $ aux bornes de l'aéroport).

BUDGET

Train
20 $
15 minutes

Taxi
45-55 $
20 minutes

Bus
À partir de 10 $

Taxi Le trajet pour le centre-ville de Sydney coûte de 45 à 55 $ et dure environ 20 minutes (selon la circulation). Prise en charge devant les terminaux.

VTC La prise en charge par Uber et Ola se fait dans les zones de prise en charge prioritaire, près des terminaux ; suivez les panneaux.

Option économique Le bus n°420 relie les terminaux à la proche gare de Banksia, desservie par des trains pour la gare centrale de Sydney. Planifiez vos déplacements sur l'application TripView.

À L'AÉROPORT

Cartes SIM En vente dans les boutiques Optus et Vodafone, dans le hall des arrivées du T1. Dans les villes, les grands supermarchés, comme Woolworth, proposent souvent des cartes d'un meilleur rapport qualité-prix. Telstra offre la meilleure couverture dans les zones rurales d'Australie ; cet opérateur dispose de boutiques dans le centre-ville de Sydney et à Bondi Junction.

Bureaux de change Il y en a dans le hall des arrivées de l'aéroport de Sydney, mais les DAB proposent des taux plus intéressants. Choisissez un DAB du réseau mondial de votre banque pour payer moins de frais.

Wi-Fi gratuit Connectez-vous au réseau Free SYD Wi-Fi, puis suivez les instructions. La connexion est correcte, mais n'atteint pas la zone de prise en charge des Uber.

Distributeurs automatiques de billets Dans le hall des arrivées ; préférez les DAB des grandes banques (ANZ, Commonwealth Bank, Westpac) à ceux des bureaux de change.

Bornes de recharge Partout dans le T1, y compris près des tapis à bagages 6 et 7. Des câbles sont fournis pour les téléphones Android et les iPhones.

CONSEILS PRATIQUES POUR CIRCULER

L'Australie est un pays très vaste : réfléchissez donc bien à vos déplacements. Une voiture vous permettra de voyager à votre rythme et d'explorer des régions isolées, mal desservies par les transports en commun, mais les vols intérieurs sont abordables et vous feront gagner beaucoup de temps pour rejoindre des villes éloignées.

LOCATION DE CAMPING-CAR ET DE VOITURE

Les agences de location australiennes exigent que les conducteurs aient plus de 21 ans ; certaines facturent un supplément aux moins de 25 ans. Le contrat doit comprendre le kilométrage illimité, indispensable en Australie.

PERMIS DE CONDUIRE

Pour conduire en Australie, vous devez disposer d'un permis de conduire valide, émis en anglais. Si ce n'est pas le cas, vous devez avoir un permis international émis dans votre pays d'origine. Toutefois, emportez toujours votre permis de conduire original.

LOCATION DE VOITURE PAR JOUR

à partir de 120 $

Essence environ 2 $ par litre

Péage du Sydney Harbour Bridge/Tunnel à partir de 2,67 $

RESPECTEZ LE CODE DE LA ROUTE Le code de la route est strictement appliqué. Les radars sont fréquents, et il suffit de dépasser de quelques km/h la limite autorisée pour recevoir une lourde amende. Les caméras détectent les conducteurs qui téléphonent au volant : ils seront lourdement sanctionnés. Aux stations de tramway et de *light rail* en bord de route, arrêtez-vous derrière ces derniers ; attendez que les portes se soient refermées et que les passagers aient rejoint le trottoir.

CLUBS AUTOMOBILES Tous les États et territoires possèdent leur club automobile : le NRMA en Nouvelle-Galles du Sud (mynrma.com.au), le RACV dans l'État de Victoria (racv.com.au), le RACQ au Queensland (racq.com.au) ou le RAC en Australie-Occidentale (rac.com.au). Ils sont une bonne source d'informations.

ATTENTION AUX KANGOUROUS
Les kangourous sautent parfois sur les routes de campagne, à l'aube, au crépuscule et la nuit. Si un kangourou surgit devant vous, freinez en ligne aussi droite que possible et écartez-vous quand vous pourrez le faire en toute sécurité.

CODE DE LA ROUTE

KEEP LEFT — On roule à gauche et le volant est à droite.

50 — 100 km/h ou 110 km/h sur autoroute ; sauf indication contraire, 50 km/h en zone urbaine.

0,05% — C'est le taux d'alcoolémie autorisé (0% pour les jeunes ou les titulaires d'un permis provisoire).

Tous les passagers, enfants compris, doivent porter leur ceinture. Les enfants doivent être installés dans un siège aux normes.

Cédez la priorité à droite aux intersections et aux ronds-points.

AVION Le manque de temps et la taille de l'Australie, font de l'avion un moyen de transport très pratique. Le réseau aérien du pays est étendu, sûr et généralement compétitif. Qantas (qantas.com) est la compagnie nationale. Virgin Australia (virginaustralia.com) dessert elle aussi tout le pays. Parmi les compagnies low cost prisées figurent Jetstar (jetstar.com), Rex (rex.com.au) et Bonza (flybonza.com).

BUS ET TRAIN Greyhound Australia (www.greyhound.com.au) dessert toute la côte est, et des bus charters circulent le long de la route côtière principale entre Perth et Broome, ainsi qu'entre Perth et Kununurra ou Wyndham. Les trains longue distance sur la côte est sont confortables et bon marché, mais lents.

VÉLO Il est possible de faire le tour de l'Australie à vélo, mais les distances étant immenses, il faut être en bonne condition physique et bien planifier son itinéraire. Les bandes et les pistes cyclables sont de plus en plus fréquentes dans les grandes villes. Prévoyez un cadenas solide pour éviter les vols. Le port d'un casque est obligatoire dans tout le pays.

CALCULEZ VOTRE EMPREINTE CARBONE Un vol intérieur entre Sydney et Melbourne émet environ 245 kg de dioxyde de carbone par passager. Sur ce même trajet, une voiture en émet environ 187 kg par passager, et un train, environ 57 kg. Plusieurs calculateurs sont disponibles en ligne, dont celui de l'Ademe.

DISTANCES ROUTIÈRES (EN KM)

AUSTRALIE CONTINENTALE

	Adélaïde	Brisbane	Broome	Byron Bay	Cairns	Melbourne	Perth	Sydney
Brisbane	2 000							
Broome	4 000	4 700						
Byron Bay	1 900	160	4 800					
Cairns	3 000	1 700	3 950	1 900				
Melbourne	725	1 800	4 700	1 600	2 800			
Perth	2 700	4 400	2 000	4 300	5 300	3 400		
Sydney	1 375	900	5 200	750	2 400	900	3 900	
Uluru	1 600	3 300	3 200	3 200	2 700	2 300	2 000	2 800

TASMANIE

	Bicheno	Cradle Mountain	Devonport	Hobart	Launceston
Cradle Mountain	280				
Devonport	240	85			
Hobart	180	320	250		
Launceston	180	150	100	200	
Queenstown	380	120	190	260	240

SÉCURITÉ

L'Australie est l'une des destinations les plus sûres au monde. Toutefois, il convient de faire preuve de bon sens et de s'informer sur les quelques risques pontentiels dans l'eau, dans le bush et en ville.

BAIGNADE Au nombre des dangers, citons les baïnes, les requins, les méduses et, dans les régions tropicales, les crocodiles. Respectez les consignes de sécurité et baignez-vous dans les zones délimitées par des drapeaux, qui sont surveillées par des sauveteurs. Attention aux coups de soleil : appliquez une protection SPF50+, et portez un chapeau à bords larges et des lunettes, surtout en été.

FEUX DE BUSH Ces incendies évoluent rapidement et de manière imprévisible, surtout au printemps en été. Informez-vous sur les risques d'incendie (Fire Danger Rating) dans la région où vous vous trouvez. S'il y a un incendie, regardez les actualités et respectez les ordres d'évacuation. L'application Australian Fires est la meilleure pour se tenir informé.

CYCLONES De novembre à avril, il peut y avoir des cyclones dans les régions tropicales, et les années sans grandes tempêtes sont rares. Si vous voyagez le long de la côte dans le nord de l'Australie pendant la saison des cyclones, regardez fréquemment la météo locale et suivez toujours les conseils d'évacuation avant une tempête.

Marche dans le bush Choisissez des sentiers adaptés à votre condition physique et à votre expérience, et adressez-vous aux autorités locales pour en savoir plus sur leur état et la météo. Informez quelqu'un de votre destination et de votre heure de retour.

OLGA KASHUBIN/SHUTTERSTOCK ©

GALEXIA/SHUTTERSTOCK ©

Serpents Il est rare de voir des serpents en ville. Dans le bush, urbain ou rural, restez sur les sentiers et évitez les herbes hautes. Si vous voyez un serpent, laissez-le tranquille. En cas de morsure, appelez une ambulance.

ASSURANCE

Indispensable pour tous les voyageurs. Certaines polices excluent expressément des activités comme le snorkeling, le ski et la marche dans le bush. Vérifiez que la vôtre vous couvre intégralement pour vos centres d'intérêt et les activités que vous avez prévues.

EN STOP

Les Australiens sont généralement amicaux, mais il est dangereux, et toujours déconseillé, de faire du stop. Ceci est valable en ville et ailleurs, que l'on soit seul ou à deux.

$ CONSEILS POUR VOUS AIDER À GÉRER VOTRE BUDGET

LES CARTES BANCAIRES (Visa, MasterCard) sont acceptées pour les hébergements, les activités et les repas, et sont indispensables pour louer une voiture. Le paiement sans contact (Apple Pay et Google Pay) est la norme. Les retraits avec une carte bancaire entraînent des frais. Les cartes Diners Club et American Express (Amex) ne sont pas acceptées partout.

ÉCONOMISER

Dans les grandes villes, il est moins cher d'utiliser une carte de transport rechargeable que des billets uniques ; consultez le site Web des transports de votre destination.

PAYER L'ADDITION

La plupart des cafés proposent un service à table, mais on paie souvent au comptoir en partant. Il arrive que vous deviez aussi commander au comptoir.

MONNAIE

Dollar australien

BUDGET

Flat white
5 $

Pinte de bière artisanale
12 $

Déjeuner pour 2 dans un café
50 $

BUREAUX DE CHANGE Il est possible de changer des devises dans la plupart des banques australiennes et des bureaux de change officiels, comme Travelex, mais le taux de change est toujours meilleur dans les DAB.

DAB ET EFTPOS

On trouve facilement des distributeurs automatiques de billets. Magasins et restaurants sont équipés de terminaux de paiement sans contact Eftpos, utilisés pour les transactions, même modiques.

MARCHANDAGE

Vous pouvez négocier sur certains marchés, mais cette pratique n'est pas courante en Australie. Vous pouvez demander une petite remise sur des articles chers si vous payez en espèces ou si vous en achetez plusieurs.

TAXES ET REMBOURSEMENTS

La GST (équivalent de la TVA) est une taxe de 10% appliquée aux biens et services, et incluse dans les prix. Si vous achetez des produits d'une valeur de 300 $ au moins chez un même marchand et dans les 60 jours précédant votre départ d'Australie, vous pouvez demander le remboursement de cette taxe dans le cadre du Plan de remboursement aux touristes (Tourist Refund Scheme ; TRS). Infos sur le site des Douanes (abf.gov.au).

POURBOIRE

Le pourboire n'est pas obligatoire en Australie, mais de nombreux Australiens laissent environ 10% du montant total si le service d'un restaurant a été exceptionnel. Dans les cafés avec service à table, laissez la monnaie, ou 1 ou 2 dollars. Dans les taxis, arrondissez toujours au dollar supérieur.

VOYAGE RESPONSABLE

Conseils pour réduire votre empreinte écologique, soutenir la vie locale et avoir un impact positif.

SUR LA ROUTE

Signalez les animaux blessés Si vous trouvez un animal blessé, contactez l'organisme de protection de la faune de l'État. Pour en savoir plus, consultez les sites wires.org.au (Nouvelle-Galles du Sud), wildlife.vic.gov.au (Victoria) ou wrq.org.au (Queensland).

Envisagez de louer un véhicule électrique Hertz propose une petite gamme de véhicules hybrides. Evee (evee.com.au), une entreprise australienne d'autopartage, permet aux propriétaires de Tesla de louer la leur dans plusieurs villes du pays.

Eaux ménagères Si vous voyagez en camping-car ou avec une caravane, rendez vos eaux usées plus écologiques en optant pour des savons et des détergents naturels végétaux, en essuyant les assiettes et les couverts avec des serviettes en papier avant de faire la vaisselle, et en nettoyant les canalisations avec du vinaigre et du bicarbonate de soude. Videz régulièrement vos réservoirs d'eaux usées.

Choisissez de la vaisselle et des sacs réutilisables.

GEKKO GALLERY/SHUTTERSTOCK ©

CONTRIBUER

Vous pouvez aider à sauver les koalas affectés par les incendies, la déforestation et les maladies en faisant un don à l'Australia Koala Foundation (www.savethekoala.com) ou au World Wildlife Fund (wwf.org.au).

Faites quelques heures de bénévolat pour un projet de l'Australian Conservation Foundation (acf.org.au) ou de Conservation Volunteers Australia (conservationvolunteers.com.au). Il peut s'agir de planter des végétaux, d'arracher des mauvaises herbes ou de nettoyer une plage.

Opportunités à Broome Le Roebuck Bay Working Group (www.roebuckbay.org.au), le Broome Bird Observatory (www.broomebirdobservatory.com) et Environs Kimberley (www.environskimberley.org.au) proposent des missions bénévoles.

Monkey Mia Marine Reserve (monkeymiavolunteers@westnet.com.au) Postes de bénévoles pour travailler à temps plein avec des dauphins pendant 4 à 14 jours. Ce programme étant très prisé, postulez plusieurs mois à l'avance.

PAS D'IMPAIRS !

Adoptez le point de vue aborigène en participant à des visites et à des expériences menées par des Aborigènes.

Ne photographiez pas sans autorisation les cérémonies aborigènes et les sites.

Ne jetez pas vos mégots dehors ; c'est illégal et cela peut provoquer des feux de bush.

Ne caressez pas les koalas ; cette pratique les stresse et a été interdite dans la plupart des États.

RÉDUIRE VOTRE EMPREINTE CARBONE

Restez plus longtemps au même endroit. Vous réduirez votre empreinte carbone et tisserez de meilleurs liens.

Renseignez-vous sur les banlieues des grandes villes, et choisissez-en une bien desservie et/ou qui permette d'accéder à pied aux sites qui vous intéressent.

Apportez vos sacs réutilisables pour faire vos courses.

Choisissez des tour-opérateurs réputés pour leur respect de l'environnement. Vous en trouverez de nombreux sur le site Eco Tourism Australia (ecotourism.org.au).

GLEN BERLIN/SHUTTERSTOCK ©

SOUTENIR LA VIE LOCALE

Soutenez les petites entreprises locales plutôt que les grandes chaînes.

Mangez durable grâce aux marchés fermiers (farmersmarkets.org.au), aux caves bio et biodynamiques (grenum.com), et aux cafés et restaurants qui font la part belle aux produits locaux de saison et au café durable.

Achetez des souvenirs de fabrication locale. Si vous achetez de l'art aborigène, optez pour des œuvres authentiques (indigenousartcode.org).

VOYAGE ET CHANGEMENT CLIMATIQUE

L'impact des voyages sur l'environnement est aujourd'hui bien connu et impose de faire ce qui est en notre pouvoir pour le limiter. Lonely Planet recommande ainsi aux voyageurs de se renseigner sur l'empreinte carbone de leurs déplacements. Divers outils en ligne permettent de calculer les émissions de CO_2 générées pour chaque trajet, notamment celui de l'Ademe. De nombreuses plateformes de réservation et compagnies aériennes proposent de compenser leurs émissions de gaz à effet de serre par une contribution financière à des projets respectueux de l'environnement, partout dans le monde. Chez Lonely Planet, nous veillons à compenser l'empreinte carbone de tous nos auteurs, tout en étant conscients que ce n'est qu'une solution partielle.

RESSOURCES

ecotourism.org.au
indigenousartcode.org
parksaustralia.gov.au
australiangeographic.com.au

HÉBERGEMENTS TYPIQUES ET INSOLITES

Camping sur des plages sauvages ou boutique-hôtel d'art au cœur d'une ville : les hébergements en Australie offrent un large éventail d'expériences. Déconnectez dans une cabane écologique design, réalignez vos chakras lors d'une retraite holistique dans un spa, ou louez un camping-car et offrez-vous un road trip épique le long des sublimes côtes australiennes.

BUDGET

Lit en dortoir
70 $

Camping sans électricité
40 $

Tiny house
300 $

TARAS VYSHNYA/SHUTTERSTOCK ©

BALADE EN CAMPING-CAR

Avec ses paysages spectaculaires et ses routes bien entretenues, l'Australie est idéale pour un road trip. Si vous avez le temps, louez un camping-car pour voyager en toute indépendance. Les chaînes comme G'day Parks (gdayparks.com.au) et Big4 (big4.com.au), ont des campings dans tout le pays. La plupart sont équipés d'installations intéressantes : piscine, parc aquatique, aire de jeux ou encore laverie. Si vous prévoyez de faire plusieurs escales, adhérez à l'une de ces chaînes afin de bénéficier des remises destinées aux membres. Les réservations pour les campings des parcs nationaux sont gérées en ligne par les départements d'État ; planifiez votre séjour car ceux-ci sont prisés.

HÔTELS D'ART

Choisir ce type d'hôtel revient à séjourner dans une galerie d'art. Parmi ces hébergements qui séduisent avec leurs œuvres d'art contemporain, citons les Art Series (artserieshotels.com.au), des hôtels milieu de gamme à Melbourne, Brisbane et Adélaïde, qui portent le nom (et exposent les œuvres) d'un artiste australien contemporain.

REPOS DANS UN SPA

Si votre budget le permet, séjournez dans un spa pour bénéficier d'un hébergement luxueux et de soins holistiques dans un cadre verdoyant. Parmi les *resorts* courus : Gaia (gaiaretreat.com.au), près de Byron Bay, et le Daintree Eco Lodge (photo ; daintree-ecolodge.com.au) dans l'extrême nord du Queensland (Far North). Ce dernier propose des soins inspirés par les traditions aborigènes.

ELISE HASSEY ©

TINY HOUSES

©CABN.LIFE/@RILEYS_TRAVELS ©

Pour déconnecter et vous immerger dans la beauté naturelle de l'Australie, passez quelques nuits dans une *tiny house*. Ces maisonnettes sont souvent placées au calme, sur un terrain privé. On en trouve à côté de rivières, de vignobles, ou face à des montagnes ou à l'océan.

Les *tiny houses* n'ont (souvent) rien de rudimentaire. Avec leurs lignes sobres et leurs finitions contemporaines, certaines d'entre elles s'inspirent du minimalisme scandinave ou japonais. Leurs baies vitrées permettent d'observer la faune et la lumière du jour. Elles comprennent souvent un lit queen-size ou king-size, une kitchenette, des toilettes sèches haut de gamme et une salle de bains avec douche (chaude). La plupart sont également dotées d'un foyer, parfait pour se détendre le soir sous la voûte étoilée. Certaines sont même parfois luxueuses, avec un sauna, une baignoire en plein air ou les spécialités de producteurs viticoles et artisanaux locaux.

Découvrez les *tiny houses* d'Unyoked (unyoked.co), Cabn (cabn.life), Shacky (shacky.com), In2TheWild (intothewildescapes.com) et Salty Cabins (saltycabins.com), dans l'est et le sud de l'Australie. Pensez à réserver, car ces petits sanctuaires sont de plus en plus prisés.

RÉSERVATIONS

Il est fortement conseillé de réserver ses hébergements bien à l'avance, surtout sur la côte pendant l'été australien (décembre-février), à Pâques et pendant les week-ends prolongés. Réservez aussi en hiver (juin-août) dans les destinations prisées du Queensland, comme la Gold Coast, la Sunshine Coast, les Whitsunday Islands et Port Douglas, quand les vacanciers des États plus frais du Sud viennent chercher le soleil au nord.

Airbnb (airbnb.com) Vaste choix de logements allant d'appartements en ville à des maisons en bord de plage.

Green Getaways (greengetaways.com.au) Belle sélection d'hébergements élégants et écologiques dans toute l'Australie.

Stayz (stayz.com.au) Locations de vacances et appartements, avec un grand choix de logements en bord de plage.

Wotif (wotif.com) Hôtels, resorts, appartements avec services, motels et plus encore.

Great Small Hotels (greatsmallhotels.com) Boutiques-hôtels, auberges et resorts.

Luxury Lodges of Australia (luxurylodgesofaustralia.com.au) Hébergements haut de gamme, souvent axés sur la gastronomie et la beauté naturelle de l'environnement.

APPLICATIONS DE CAMPING

Camps Australia Wide (campsaustraliawide.com) possède une application avec des cartes et des informations sur les campings. Hipcamp (hipcamp.com) propose des conseils et permet de réserver en ligne.

BOÎTE À OUTILS

SHOUTING

Il est d'usage de payer sa tournée (*shouting*) quand on sort avec un groupe d'amis. Si quelqu'un vous offre un verre, il est poli de lui en offrir un en retour.

TOILETTES PUBLIQUES

La National Public Toilet Map (toiletmap.gov.au) est une carte des toilettes publiques, y compris celles accessibles aux personnes handicapées.

FERMETURES À NOËL

La plupart des entreprises ferment ou réduisent leurs heures d'ouverture entre Noël et la deuxième semaine de janvier.

INFOS UTILES

Fuseaux horaires
UTC+8-10

Indicatif de l'Australie
61

Électricité
230 V/50 Hz

À SAVOIR

Tous les visiteurs doivent avoir un visa valide pour entrer en Australie (immi.homeaffairs.gov.au).

La consommation d'alcool est autorisée en Australie à partir de 18 ans.

Restez à gauche sur les escalators, et doublez par la droite. Restez également à gauche dans les escaliers et sur les trottoirs.

S'il y a une file d'attente, respectez-la, et excusez-vous si vous avez doublé quelqu'un sans le vouloir.

En cas d'urgence, composez le 000 (police, pompiers, ambulance).

VOYAGEURS HANDICAPÉS

Les hôtels, certains appartements avec services et auberges de jeunesse sont équipés d'ascenseurs, de rampes et de chambres avec sdb accessibles. Adresses sur Accessible Accommodation (accessibleaccommodation.com).

Les transports en commun des grandes villes sont accessibles en fauteuil roulant, à l'exception de quelques arrêts et stations.

Les compagnies de taxis et Uber disposent de véhicules accessibles en fauteuil, à réserver.

Des tour-opérateurs équipés de véhicules adaptés sont présents dans la plupart des capitales.

Des places de stationnement adaptées sont disponibles dans les centres commerciaux et d'autres sites.

Les grands sites touristiques sont très souvent accessibles. De nombreux sites sont adaptés pour les personnes souffrant de déficiences visuelles ou auditives. Liste sur WheelEasy (wheeleasy.org).

Cafés, pubs et restaurants ne sont pas tous accessibles. Appelez-les avant votre venue.

PONCTUALITÉ

Si vous avez plus de 10 minutes de retard, envoyez un SMS ou appelez pour prévenir et vous excuser.

ALCOOL

Vérifiez les restrictions quand vous visitez des communautés isolées. Il peut être illégal de transporter de l'alcool.

TABAC

Fumer est interdit dans tous les espaces publics intérieurs, et dans quelques espaces extérieurs rassemblant des foules.

SAVOIR-VIVRE

Les Australiens ne sont pas très à cheval sur les règles. Les jurons modérés sont courants entre amis, et ne sont pas toujours considérés comme grossiers. Toutefois, il est très impoli de ne pas dire “s'il vous plaît” et “merci”, ou de poser des questions indiscrètes sur l'âge, le poids ou les revenus d'une personne.

EN FAMILLE

Les transports en commun sont gratuits pour les moins de 4 ou 5 ans. Les enfants plus âgés paient demi-tarif.

L'entrée de certains musées et galeries est gratuite ou à demi-tarif pour les enfants et les familles.

Les hôtels peuvent fournir des lits pour bébés, sur demande préalable. Certains B&B haut de gamme et resorts n'acceptent pas les enfants.

Les cafés, pizzerias et restaurants décontractés accueillent bien volontiers les enfants. Les restaurants chics, en revanche, n'apprécient pas leur présence.

L'allaitement en public est bien accepté.

PHOTOGRAPHIE

Pour les Aborigènes, surtout ceux vivant dans des communautés isolées, les photos peuvent être très intrusives. Il est parfois interdit de photographier des pratiques, des images et des lieux culturels, ainsi que des sites importants et des cérémonies. Le respect est essentiel. En cas de doute, demandez l'autorisation avant de prendre une photo.

FILEDIMAGE/GETTY IMAGES ©

VOYAGEURS LGBTQI+

Le mariage homosexuel est légalement reconnu en Australie, où il est illégal de discriminer quelqu'un sur la base de son orientation sexuelle.

Les Australiens ont généralement l'esprit ouvert mais, dans les régions et les quartiers conservateurs, on est davantage susceptible de se heurter à des attitudes suspicieuses ou hostiles. La scène gay est très dynamique dans le centre de Sydney et de Melbourne.

Les grands événements incluent le Sydney Gay and Lesbian Mardi Gras (mardigras.org.au), le Midsumma Festival de Melbourne (midsumma.org.au) et la PrideFEST de Perth (pridewa.com.au).

Ressources en ligne : Visit Gay Australia (visitgayaustralia.com.au), répertorie les entreprises LGBTQI+ du pays.

LANGUE

Tout visiteur qui croit que l'australien (ou strine) n'est qu'une variante de l'anglais s'expose à quelques surprises. La langue parlée vous déroutera par son étonnant répertoire de mots typiquement australiens. Certains termes n'ont pas la même signification en Australie que dans les autres pays anglophones ; des mots courants ont été raccourcis au point d'être méconnaissables ; d'autres viennent des langues aborigènes ou de l'argot parlé par les bagnards européens lors de la colonisation.

L'ESSENTIEL

Bonjour/salut.
Hello/Hi. hè·lo/haï

Au revoir.
Goodbye. goud·*baï*

Excuse(z)-moi.
Excuse me. ek·*skyouz* mi

Désolé(e).
Sorry. *so*·ri

S'il vous (te) plaît.
Please. pliiz

Merci.
Thank you. *sank* you

Oui./Non.
Yes./No. yès/neo

Parlez-vous français ?
Do you speak french? dou you spik frènn·ch

Je ne comprends pas.
I don't understand. aï *dont* eunn·deur·*stand*

Comment allez-vous/vas-tu ?
How are you? *hao* âr you

Bien. Et vous/toi ?
Fine. And you? faïnn annd *you*

AU RESTAURANT

Je suis végétarien(ne).
I'm vegetarian. aïmbvèdjè·*teu*·rieunn

Santé !
Cheers! *tchiirz*

C'était délicieux !
That was delicious! zat woz dè·*li*·cheus

L'addition, s'il vous plaît.
The bill, please. zeu bil pliiz

Je voudrais..., s'il vous plaît.
I'd like..., please. aïd *laïk*... pliiz

- **une table pour (deux)**
  a table for (two) eu *téï*·beul for (tou)
- **ce plat**
  that dish zat *dich*
- **la carte des vins**
  the wine liste zeu *waïnn* list

SHOPPING

Je cherche...
I'm looking for... aïm *lou*·kiinng for...

Combien est-ce que ça coûte ?
How much is it? *hao* meutch iz it

C'est trop cher.
That's too expensive. zats *tou* èx·*pènn*·siv

Pouvez-vous baisser le prix ?
Can you lower the price? kann you lao·wèr zeu *praïs*

HEURE ET CHIFFRES

Quelle heure est-il ?
What time is it? — wat *taïm* iz it

Il est (1/13) heure(s).
It's (one am/pm) o'clock. — its (wann èï·èm/pi·èm) ok·*lok*

matin	*morning*	*mor*·ninng
après-midi	*afternoon*	af·teur·*noun*
soir	*evening*	*iv*·ninng
hier	*yesterday*	*yès*·teu·dèï
aujourd'hui	*today*	tou·*dèï*
demain	*tomorrow*	tou·*mo*·ro

1	*one*	wann	**6**	*six*	six
2	*two*	tou	**7**	*seven*	sè·veunn
3	*three*	srii	**8**	*eight*	eït
4	*four*	fôr	**9**	*nine*	naïnn
5	*five*	faïv	**10**	*ten*	tèn

HÉBERGEMENT

Où puis-je trouver un hôtel ?
Where's a hotel? — wèrz eu ho·*tèl*

Je voudrais réserver une chambre.
I'd like to book a room. — aïd laïk tou bouk eu *roum*

J'ai une réservation.
I have a reservation. — aï hav eu rè·zèr·*véï*·cheunn

URGENCES

Au secours !
Help! — hèlp

Appelez un médecin !
Call a doctor! — kôl eu *dok*·teur

Appelez la police !
Call the police! — kôl zeu po·*liis*

Je suis perdu(e).
I'm lost. — aïm lost

Je suis malade.
I'm sick. — aïm sik

Où sont les toilettes ?
Where's the bathroom? — wèrz zeu *bass*·roum

TRANSPORTS ET ORIENTATION

Où est... ?
Where's...? — wèrz...

Quelle est l'adresse ?
What's the adress? — wats zi a·*drès*

Pouvez-vous me montrer (sur la carte) ?
Can you show me (on the map)? — kann you *chô* mi (onn zeu *map*)

Un billet pour..., s'il vous plaît.
One ticket for... please. — wann *ti*·kèt for... pliiz

À quelle heure part le bus/le train ?
What time does the bus/train leave? — wat *taïm* daz zeu beus/tréïn liiv

Je voudrais un taxi.
I'd like a taxi. — aïd laïk eu *tak*·si

Ce taxi est-il libre ?
Is this taxi free? — iz zis *tak*·si frii

Arrêtez-vous ici, s'il vous plaît.
Please stop here. — pliiz stop hiir

QUELQUES TERMES EN ANGLAIS AUSTRALIEN

Aussie – un Australien

Back o' Bourke – loin de tout, au milieu de nulle part

brekky – petit déjeuner

bush – campagne, tout ce qui n'est pas la ville

BYO (bring your own) – système permettant d'apporter de l'alcool au restaurant (moyennant quelques dollars pour l'ouverture de la bouteille, ou *corkage*)

catch ya later – au revoir

g'day – bonjour

football, footy – Aussie Rules ou Rugby League ; il s'agit rarement de football, comme on l'entend eu Europe.

home unit, unit – en général, studio ou appartement ; peut aussi désigner un bungalow dans certains cas

how are ya ? – comment ça va ?

loo – toilettes

mall – grande rue commerçante, promenade ou centre commercial couvert

mate – pote, copain (terme familier, employé que l'on connaisse ou non la personne)

middy – petit verre de bière (28,5 cl) en Nouvelle-Galles du Sud

mozzies – moustiques

Oz – l'Australie (Other country)

shark biscuit – littéralement, "biscuit à requin" : surfeur débutant

surf – l'océan ; désigne aussi les vagues sur la côte

Surfeur à Byron Bay

Index

000 Référence des cartes

F

G

H

I

J

K

L

M

W

Y

Z

000 Référence des cartes

Brett Atkinson

travelwriternz

Installé à Auckland, en Nouvelle-Zélande, Brett écrit beaucoup sur les voyages, la gastronomie et la bière. Depuis 2008, il explore les plages, les petites routes et les brasseries artisanales de son État australien favori, la Tasmanie.

Mwende Mutuli Musau

tulimusau

Kényane de naissance et Brisbanaise d'adoption, cette autrice est connue sous le nom de Tuli. Faire une balade culturelle à pied dans Brisbane, c'est pour elle le must car "on s'immerge alors dans la plus ancienne culture survivante au monde".

Nos auteurs invités

Andrew Bain

bainonbike

Andrew vit à Hobart, tout près de ce qu'il aime le plus : l'immense champ des possibles de la nature tasmanienne.

Fleur Bainger

fleurbainger

Fleur aime avoir du temps pour découvrir les trésors cachés de Perth.

Cristian Bonetto

rexcat75

Natif de Melbourne, Cristian est amoureux de sa ville natale et de son café.

Trent Holden

hombreholden

Basé à Geelong, Trent adore tout autant les grandes villes que les espaces naturels.

Jessica Wynne Lockhart

WynneLockhart

Journaliste canadienne, Jessica vit et travaille dans le Queensland.

Sarah Reid

ecotravelist

Éditrice et autrice, Sarah se passionne pour les voyages internationaux.

Ariana Svenson

worldoftravelswithkids

Native d'Australie-Occidentale, Ariana a passé 20 ans à voyager dans le monde entier avant de redécouvrir les grands espaces de son pays.

Phillip Tang

mrtangtangtang

Phillip a grandi à Sydney, et il y revient toujours, attiré par les chants rauques des loriquets arc-en-ciel juchés sur les jacarandas.

Nos auteurs

Anthony Ham
@AnthonyHamWrite

Anthony écrit sur les voyages, la nature et les cultures des Premières nations. Il a rédigé deux livres, dont *The Last Lions of Africa*. Il en consacre un troisième à l'outback australien, dont la sortie est prévue en 2025.

Caoimhe Hanrahan-Lawrence

Autrice wiradjuri originaire de la campagne de la Nouvelle-Galles du Sud, Caoimhe vit aujourd'hui à Sydney, sur des terres wangal-eora. Elle peut passer des journées entières dans des musées d'art et adore les trajets en bus de nuit.

Craig McLachlan
yuricraig

Freelance polyvalent, Craig rédige des guides de voyage pour Lonely Planet depuis un quart de siècle !

Steve Waters
roadtonow

Marcheur invétéré dans le bush et amoureux fou de la nature tasmanienne, Steve a fini par déménager à l'extrême sud. Quand il n'ajoute pas des Abels (p. 260) à sa collection, il passe ses journées à explorer sa nouvelle ville, Nipaluna/Hobart, ainsi que le Kunyani et la côte sud.

Charles Rawlings-Way
crawlingsway

Charles consacre une bonne partie de son temps à rédiger des textes sur le voyage, la musique, la gastronomie et le cricket. Il est l'auteur d'un livre consacré au groupe de rock écossais Del Amitri.

Josh West
trekkingwest

Josh vit à Adélaïde. Il aime la randonnée, le stand-up paddle et la nature.

LES GUIDES LONELY PLANET

Une vieille voiture déglinguée, quelques dollars en poche et le goût de l'aventure, c'est tout ce dont Tony et Maureen Wheeler eurent besoin pour réaliser, en 1972, le voyage d'une vie : rallier l'Australie par voie terrestre via l'Europe et l'Asie. De retour après un périple harassant de plusieurs mois, et forts de cette expérience formatrice, ils rédigèrent sur un coin de table leur premier guide, *Across Asia on the Cheap*, qui se vendit à 1 500 exemplaires en l'espace d'une semaine. Ainsi naquit Lonely Planet, dont les guides sont aujourd'hui traduits dans le monde entier.

À PROPOS DE CET OUVRAGE

Cette 1re édition française du guide *Asutralie* est une traduction-adaptation de la 1re édition du guide *Experience Australia* (en anglais).

Traduction
Frédérique Hélion-Guerrini, Servane Heudiard, Virginie Lochou et Sandrine Richert

Direction éditoriale
Dominique Bovet

Responsable prépresse
Jean-Noël Doan

Coordination éditoriale et adaptation française
Émeline Gontier

Maquette
Laurence Tixier

Cartographie
Nicolas Chauveau pour l'adaption des cartes en français

Couverture
adaptatée en français par Laure Wilmot et Laurent Briard

Remerciements à
Marianne Lesage, Agnès Poujol et Jean-Victor Rebuffet pour leur contribution au texte.

Un merci tout particulier à Laurent Palet pour sa relecture attentive, et à Marie Barriet-Savev, Tina Maalouf et Basile Mariton pour leur précieuse aide. Merci à Stéphanie Rian et à toute l'équipe de Lonely Planet à Paris. Merci enfin à Luan Angel, Kim Else et Nigel longuet à Londres, et à Jean-Pierre Masclef à Melbourne.

Les meilleures expériences en Australie
1re édition
Traduit et adapté de l'ouvrage *Experience Australia, 1st edition, August 2024*
© Lonely Planet Global Limited 2024
© Lonely Planet et Édi8 2024
92 avenue de France - 75013 Paris
lonelyplanet@edi8.fr

Dépôt légal Octobre 2024
ISBN 978-2-38492-528-5
Photographes © comme indiqué 2024
Imprimé par ESTIMPRIM, Autechaux, France
Première impression

#lisez engagé !
www.lisez.com
Imprimé sur du papier issu de forêts gérées durablement.
Plus d'information ci-dessus

En Voyage Éditions | un département édi8